화엄경소론찬요
華嚴經疏論纂要

화엄경소론찬요 ⑤
華嚴經疏論纂要

◉ **일 러 두 기** ◉

1. 이 책의 원서는 명말청초 때의 승려인 도패 스님*이 약술 편저한 《화엄경소론찬요》이다. 《대방광불화엄경》 80권본을 기초로 하여, 경문에 청량 스님의 소초(疏鈔)와 이통현 장자의 논(論)을 붙여 상세하게 풀이하였다.

2. 경(經), 소(疏), 논(論)은 원문에 토를 붙여서 그 뜻을 이해하기 편하도록 했으며, 원문 바로 아래 번역문을 넣었다.

3. 원문을 살려 그대로 옮겨 놓음을 원칙으로 하다 보니 본문의 제목 번호에 있어서 다소 혼동이 올 수 있다. 그럴 경우 목차를 참고하기 바란다.

4. 산스크리트어 표기는 〈표준국어대사전〉과 〈불광 사전〉 등에 등재된 음역어를 사용하였으며, 불교 용어에 대한 설명은 주로 〈불광 사전〉을 참고하였다.

5. 내용을 좀 더 쉽게 풀기 위하여 중간에 체계가 약간 바뀌었음을 밝힌다.

※ 위림도패(爲霖道霈, 1615~1702) 스님은 명말청초 때의 조동종 승려이다. 14세 때 백운사(白雲寺)에서 출가하여 경교(經敎)를 공부했다. 영각원현을 모시며 법을 이었고, 천동산(天童山) 밀운원오(密雲圓吾)에게 배워 크게 깨달았다. 그 후 백장산(百丈山)에 암자를 짓고 5년 동안 정업(淨業)을 닦았다. 나중에 고산(鼓山)으로 옮겨 20여 년 동안 살았는데 귀의하는 사람이 매우 많았다.
저술로는 《인왕반야경합소(仁王般若經合疏)》 3권을 비롯하여 《화엄경소론찬요(華嚴經疏論纂要)》 120권, 《법화경문구찬요(法華經文句纂要)》 7권, 《불조삼경지남(佛祖三經指南)》 3권, 《위림도패선사병불어록(爲霖道霈禪師秉拂語錄)》 2권, 《여박암고(旅泊庵稿)》 4권, 《선해십진(禪海十珍)》 1권, 《사십이장경지남(四十二章經指南)》, 《불유교경지남(佛遺敎經指南)》, 《고산록(鼓山錄)》 6권, 《반야심경청익설(般若心經請益說)》, 《팔십팔불참(八十八佛懺)》, 《준제참(準提懺)》, 《발원문주(發願文註)》 등이 있다.

● 간행사 ●

《화엄경소론찬요》 번역서를 간행하면서

《화엄경》은 비로자나 세존께서 보리도량에서 처음 정각을 성취하신 후, 일곱 도량 아홉 차례의 법문에서 일진(一眞)의 법계(法界)와 제불의 과원(果願)을 보여주시어 미묘한 현지(玄旨)와 그지없는 종취(宗趣)를 밝혀주신 최상의 경전이다. 이처럼 《화엄경》은 법계와 우주가 둘이 아닌 하나로 그 광대함을 말하면 포괄하지 않음이 없고, 그 심오함을 말하면 갖춰 있지 않음이 없어 공간으로는 법계에 다하고 시간으로는 삼세에 통하고 있다.

이러한 이유에서 《화엄경》은 근본 법륜으로 중국은 물론 동양 각국에서 높이 받들며 수많은 주석서가 간행되어 왔다. 그러나 세상에 널리 알려진 것은 청량 국사의 《대방광불화엄경소초(大方廣佛華嚴經疏鈔)》와 통현 장자의 《대방광불화엄경론(大方廣佛華嚴經論)》이다. 소초(疏鈔)는 철저한 장 구(章句)의 분석으로 본말을 지극히 밝혀주었고, 논(論)은 부처님의 논지를 널리 논변하여 자심(自心)으로 회귀하고 있는 것이 특징이다. 이처럼 청량소초와 통현론은 양대 명저(名著)로 모두 수증(修證)하는 데에 지극한 궤범(軌範)이었다.

탄허 대종사께서는 이러한 점을 토대로 통현론을 주(主)로 하고 청량소초를 보(補)로 하여 번역하심으로써 《화엄경》이 동양에 전해진 이후 동양 최초의 《화엄경》 번역이라는 쾌거를 이룩하셨다. 일찍이 한국불교에 침체된 화엄사상은 대종사의 번역에 힘입어 다시 온 누리에 화엄의 꽃비가 내려 화엄의 향기로 불국정토를 성취하여 더할 수 없는, 지극한 법륜을 설하셨다.

그러나 대종사께서 열반하신 이후, 불법은 날로 쇠퇴하고 중생의 근기는 날로 용렬하여 방대한 소초와 논을 열람하기에는 역부족이었다. 이에 대종사의 《화엄경》을 다시 한 번 밝히기 위해서는 또 다른 모색을 필요로 할 시점에 이르렀다. 보다 쉽게 볼 수 있고 간명한 데에서 심오한 데로, 물줄기에서 본원을 찾아갈 수 있는 진량(津梁)을 찾지 않는다면 대종사의 평생 정력을 저버리게 된다는 절박한 마음이 없지 않았다.

청대(清代) 도패(道霈) 대사는 청량의 소초와 통현의 논 가운데 그 정요(精要)만을 뽑아 《화엄경소론찬요(華嚴經疏論纂要)》를 편집하였다. 이는 매우 방대한 소초와 논을 축약하여, 가까이는 청량 국사와 통현 장자의 심법을 전수하였고 멀리는 비로자나불의 묘체(妙諦)를 밝혀주는 오늘날 최고의 《화엄경》 주석서이다.

이에 《화엄경소론찬요》를 대본으로 하여, 다시 대종사의 번역서를 참고하면서 현대인이 보다 쉽게 이해할 수 있는 번역서를 간행하기에 이르렀다.

이제 돌이켜 생각하면 무상한 세월 속에 감회가 적지 않다. 내 지난날 출가 입산하여 겨우 이레가 되던 날, 처음 접한 경전이《화엄경》이었다. 행자 생활을 시작한 영은사는 대종사께서 오대산 수도원이 해산된 후, 이의 연장선상에서 3년 결사(結社)를 선포하시고《화엄경》번역이라는 대작불사를 시작하여 강의하셨던, 한국불교사에 한 획을 그려준 역사의 도량이었다.

그 당시 대종사께서는 행자인 나에게《화엄경》을 청강하라 하시면서 "설령 알아듣지 못할지라도 들어두면 글눈이 생겨 안 들은 것보다 낫다."고 권면하셨다. 이제 생각해보면 행자 출가 즉시《화엄경》공부 자리에 참여했다는 것은 전생의 숙연(宿緣)이 아니었으면 어떻게 그 당시 그 법회에 참석이나 할 수 있었겠는가. 이는 행운 중 행운으로 다겁의 선근공덕이 아닐까 생각되며, 아울러 늦게나마 대종사의 영전에 하나의 향을 올리는 바이다.

처음《화엄경》설법을 듣는 순간, 끝없는 우주법계의 장엄세계가 황홀하고 법계를 맑혀주고 무진 보배를 담고 있는 바다의 불가사의한 공덕이라는 대종사의 사자후가 머릿속에 쟁쟁하게 울려왔을 뿐, 그 도리를 이해한다는 것은 나의 근기로써는 도저히 불가능한 일이었다. "쭉정이만도 못하다."고 꾸지람을 하시던 대종사의 방할(棒喝)을 맞으며 영은사에서의 결사가 끝난 후, 나는 단 한 번도《화엄경》을 펼쳐 볼 엄두를 내지 못했다.

그러던 몇 해 전, 무비 스님께서 범어사에서《화엄경》을 강좌하시면서 서울에서도 《화엄경》 강좌를 열어보라고 권할 적만 하더라도 언감생심 《화엄경》을 강의하겠다는 생각을 하지 못하였다. 그러나 씨앗을 뿌려놓으면 새싹이 돋아나듯, 반드시 인연법은 사라지지 않는 모양이다. 영은사에서의 《화엄경》 인연이 자곡동 탄허기념박물관에 화엄각건립불사를 발원하게 되었고, 화엄각건립불사를 위하여 《화엄경》 강좌를 열기에 이를 줄은 꿈에도 생각지 못하였다.

미력한 소견으로 강좌를 열면서 정리된 강의 자료를 여러 뜻있는 이들과 다시 한 번 토론하고 강마하면서 우선 〈세주묘엄품〉 출간을 시작으로 계속 연차적으로 간행하고 있다.

이 책이 나오도록 기꺼이 설판제자가 되어주신 불자 여러분의 신심에 깊은 감사의 말씀을 드린다. 끊임없이 무주상으로 동참해주신 여러분, 자곡동 화엄각 불사에 앞장서주신 모든 불자들의 향연공덕이 무량하여 이 책이 간행될 수 있었다. 이 귀한 인연으로 다시 한 번 화엄사상이 꽃피어 온 누리에 탄허 대종사의 공덕이 빛나고, 아울러 화엄정토가 구현되어 남북의 통일과 세계의 평화 속에서 부처님 세계 화엄정토가 이루어지길 진심으로 축원하는 바이다.

2018년 5월

五臺山 後學 慧炬 合掌 再拜

◉ 목 차 ◉

간행사 《화엄경소론찬요》 번역서를 간행하면서 5

화엄경소론찬요 제21권 ◉ 사성제품 제8

1. 유래한 뜻 17
2. 품명을 해석하다 17
3. 종취 31
4. 논란을 풀다 31
5. 바로 경문을 해석하다 36

제1. 사바세계에서의 사성제四聖諦 37

제2. 이웃 시방세계 43
    (1) 동쪽의 밀훈세계密訓世界 45
    (2) 남쪽의 최승세계最勝世界 49
    (3) 서쪽의 이구세계離垢世界 54
    (4) 북쪽의 풍일세계豊溢世界 60
    (5) 동북쪽의 섭취세계攝取世界 64
    (6) 동남쪽의 요익세계饒益世界 69

(7) 서남쪽의 선소세계鮮少世界 72
  (8) 서북쪽의 환희세계歡喜世界 75
  (9) 아래쪽의 관약세계關鑰世界 78
  (10) 위쪽의 진음세계振音世界 81

제3. 유류類로 일체에 통하다 82

제4. 주반主伴이 그지없음을 밝히다 83

화엄경소론찬요 제22권 ● 광명각품 제9-1

1. 유래한 뜻 89
2. 품명을 해석하다 96
3. 종취 101
4. 의문점을 풀어주다 102
5. 경문의 해석 108

   장항 산문 112
   　(1) 본계本界의 오염과 청정을 비추다 112
   　(2) 법회로부터 널리 두루 한 모습을 나타내다 120
   게송 133
   　(1) 설법주를 나타내다 133
   　(2) 바로 게송의 글을 밝히다 137
   　　• 제2겹 광명이 시방세계를 비추다 152

화엄경소론찬요 제23권 ⦿ 광명각품 제9-2

- 제3겹 광명이 1백 경계를 비추다 173
- 제4겹 광명이 1천 경계를 비추다 188
- 제5겹 광명이 십천 세계를 비추다 203
- 제6겹 광명이 백천 세계를 비추다 217
- 제7겹 광명이 시방 백만 세계를 비추다 239
- 제8겹 광명이 1억 세계를 비추다 257
- 제9겹 광명이 십억 세계를 비추다 268
- 제10겹 광명이 시방의 무진세계를 비추다 281

화엄경소론찬요 제24권 ⦿ 보살문명품 제10-1

1. 유래한 뜻 301
2. 품명을 해석하다 302
3. 종취 304
4. 경문의 해석 309

⦿ 문답으로 이치를 밝히다 310

제1. 연기가 지극히 심오하다[緣起甚深] 315
    (1) 문수文殊보살의 물음 316
    (2) 각수覺首보살의 게송 대답 356

제2. 교화가 지극히 심오하다[教化甚深] 450
　　(1) 문수文殊보살의 물음 450
　　(2) 재수財首보살의 게송 대답 455

화엄경소론찬요 제25권 ● 보살문명품 제10-2

제3. 업과가 지극히 깊다[業果甚深] 497
　　(1) 문수文殊보살의 물음 497
　　(2) 보수寶首보살의 게송 대답 502

제4. 설법이 지극히 심오하다[說法甚深] 525
　　(1) 문수文殊보살의 물음 525
　　(2) 덕수德首보살의 게송 대답 530

제5. 복전이 지극히 깊다[福田甚深] 540
　　(1) 문수文殊보살의 물음 540
　　(2) 목수目首보살의 게송 대답 542

제6. 바른 가르침이 지극히 깊다[正敎甚深] 557
　　(1) 문수文殊보살의 물음 557
　　(2) 근수勤首보살의 게송 대답 561

제7. 정행이 지극히 깊다[正行甚深] 577
　　(1) 문수文殊보살의 물음 577
　　(2) 법수法首보살의 게송 대답 583

제8. 도에 도움이 지극히 깊다[助道甚深] 601
　　(1) 문수文殊보살의 물음 601
　　(2) 지수智首보살의 게송 대답 607

제9. 하나의 도가 지극히 깊다[一道甚深] 624
　　(1) 문수文殊보살의 물음 624
　　(2) 현수賢首보살의 게송 대답 633

제10. 부처님의 경계가 지극히 깊다[佛境甚深] 651
　　(1) 모든 보살의 물음 652
　　(2) 문수文殊보살의 게송 대답 656

⦿ 사법계를 밝힌 부분을 총체로 끝맺다 677

화엄경소론찬요 제21권
華嚴經疏論纂要 卷第二十一

◉

사성제품 제8
四聖諦品 第八

一

釋此一品에 五門分別이니 初는 來意라

본 품을 해석할 적에 5분야(來意·釋名·宗趣·解難·釋文)로 구분하였다.

1. 유래한 뜻

◉ 疏 ◉

來意者는 此品에 廣前種種語業이니 卽答前佛說法問이오 亦遠答前會佛演說海之一問故니라 上知佛可歸오 次知法可仰이오 又名隨物立이며 法逐機差일새 故次來也니라

유래한 뜻이란 본 품은 앞에서 물었던 '가지가지의 語業'에 대해 자세히 말하고 있다. 이는 곧 앞에서 '부처님의 설법'에 대한 물음을 대답함이며, 또한 멀리는 前會의 '부처님의 연설바다'에 대한 물음을 대답한 것이다. 첫째는 부처님에게 귀의해야 함을 알아야 하며, 다음은 법을 우러러 받들어야 함을 알아야 한다. 또한 명목은 중생을 따라 마련된 것이며, 법은 중생의 근기에 따라 차이가 있는 까닭에 본 품을 다음으로 쓰게 된 것이다.

二 釋名

2. 품명을 해석하다

● 疏 ●

釋名中에 言四聖諦者는 聖者는 正也니 無漏正法을 得在心故오 諦有二義하니 一者는 諦實이오 二者는 審諦니 言諦實者는 此約境辨이니 謂如所說相이 不捨離故오 眞實故오 決定故니 謂世出世 二種因果 必無虛妄하야 不可差失이오 言審諦者는 此就智明이니 聖智觀彼에 審不虛故니 凡夫는 雖有苦集이나 而不審實이라 不得稱諦어니와 無倒聖智는 審知境故일새 故名聖諦니라 故瑜伽九十五에 云 '由二緣故로 名諦니 一 法性故오 二 勝解故니 愚夫는 有初無後어니와 聖은 二具故로 偏說聖諦라 四는 謂苦集滅道이니 總云四聖諦는 帶數釋也라하니라 【鈔_ 瑜伽下는 引證二義니 法性은 是諦實이오 勝解는 是審諦니라 】

명제를 해석하는 가운데 '四聖諦'라 말한 것은 聖이란 올바름이다. 바른 무루법을 마음에 얻었기 때문이다. 諦에는 2가지의 뜻이 있다. (1) 諦實이며, (2) 審諦이다.

'제실'이라 말한 것은 境界로 말한 것이다. 여기에서 말한 경계의 형상을 떠날 수 없기 때문이며, 진실하기 때문이며, 결정되어 있기 때문이다. 세간과 출세간 2가지의 인과는 반드시 허망하지 아니하여 잘못이 없음을 말한다.

'심제'라 말한 것은 지혜의 입장에서 밝힌 것이다. 슬기로운 지혜로 저것을 살펴봄에 살핌이 헛되지 않기 때문이다. 범부는 비록 苦集이 있으나 실제를 살피지 못한다. 이 때문에 諦라 말할 수 없거니와 轉倒가 없는 슬기로운 지혜는 경계를 살펴서 알기 때문에 聖諦라 말한다.

이 때문에 유가경 95에 이르기를 "2가지 인연 때문에 諦라 말한다. 첫째는 법성이기 때문이며, 둘째는 수승한 견해이기 때문이다. 어리석은 사람은 처음은 있으나 뒤가 없거니와 성인은 처음과 뒤 2가지를 모두 갖추었기 때문에 유독 '성제'라 말한다. 四는 苦, 集, 滅, 道를 말한다. 총체로 사성제라 말하는 것은 숫자를 가지고 해석한 것이다."고 하였다. 【초_ '瑜伽' 이하는 2가지의 뜻을 인증한 것이다. 法性은 諦實이며 勝解는 審諦이다.】

性相云何오 逼迫을 名苦니 卽有漏色心이오 增長을 名集이니 卽業煩惱오 寂靜을 名滅이니 謂卽涅槃이오 出離를 名道니 謂止觀等이나 此約相說인댄 通大小乘이니 智論云 '小乘은 三은 是有相이오 滅은 是無相이어니와 大乘 四諦는 皆是無相이라하니라 【鈔_ 性相云何下는 辨體相이니 謂正出體性은 卽說行相이라 故名體相이니 於中亦二니 先은 辨性相이오 二는 屬經結示니라 今初는 通有天台의 四四諦意하니 四四諦者는 一 生滅四諦오 二 無生四諦오 三 無量四諦오 四 無作四諦니라 依常所釋인댄 但有其二니 或名有作無作이오 或名有量無量이니 有作·有量은 卽是小乘이오 無作·無量은 卽是大乘이라 今以義開일새 故成四四니 初卽生滅四諦니라

文分爲二니 初는 正明이라 然句皆二義하니 如逼迫名苦는 卽釋別名이며 二는 以當辨相이니 逼迫身心은 是苦行相故이라 二는 '卽有漏色心'者는 正出體也니 色心은 卽五蘊이니 心是四故오 五盛陰苦故오 不攝無爲故니라

'增長名集'은 是釋名相이니 積集增長故오 '卽業煩惱者'는 出體니라 下

二諦는 例知로되 而道云等者는 等取八正道等이오 '此約相說者는 二
結屬生滅四諦也니라 然四諦에 有相有性하니 上所辨性은 是相性也
오 下說無相은 是眞性也니라 '智論云'下는 引證이오 '通大小乘'도 亦是
結前生後니 結前은 是生滅四諦오 '大乘四諦皆無相'下는 生後無生
四諦也니라 】

    性相이란 무엇인가. 핍박의 어려움을 苦라 말하니 有漏色心이
며, 더욱 키워나가는 것을 集이라 말하니 業煩惱이며, 고요하고 고
요한 것을 滅이라 말하니 열반을 말하며, 벗어난 것을 道라 말하
니 止觀 등을 말한다. 그러나 여기에서 형상으로 말하면 대소승을
통틀어 말한다. 지도론에 이르기를 "소승의 고, 집, 도 3가지는 형
상이 있고 滅은 형상이 없지만, 대승의 四諦는 모두 형상이 없다."
고 하였다. 【초_ '性相云何' 이하는 체상을 말한다. 바로 體性을 말
한 것은 곧 行相을 말한다. 이 때문에 體相이라 말한다. 여기에는
또한 2가지의 뜻이 있다. 첫째는 性相을 논변함이며, 둘째는 경문
에 속한 것으로 끝을 맺음이다. 이의 첫째는 모두 천태의 4가지의
四諦가 있다는 뜻을 말한다. '4가지의 四諦'란 ① 生滅四諦, ② 無
生四諦, ③ 無量四諦, ④ 無作四諦이다. 일상에 의지하여 해석하면
단 2가지이다. 혹은 有作·無作, 혹은 有量·無量이라 말한다. 有作
과 有量은 소승이며, 無作과 無量은 대승이다.

    여기에서는 그 뜻을 밝힌 때문에 4가지의 사성제를 형성한 것
인바, 첫째는 생멸사제이다. 이의 경문은 2가지로 나뉜다.

    처음은 바로 그 뜻을 밝힌 것이다. 그러나 구절마다 모두 2가

지의 뜻이 있다. 하나는 "핍박의 어려움을 고라 말한다[逼迫名苦]."
는 것은 곧 개별의 이름을 해석한 것이며, 또 다른 하나는 마땅함
으로써 형상을 논변함이다. 몸과 마음을 핍박하는 것은 고행의 형
상이기 때문이다.

다음 '卽有漏色心'이라 하는 것은 바로 본체를 말한다. 색심은
곧 五蘊이다. 마음이 4가지이기 때문이며, 五盛陰의 괴로움이기
때문이며, 무위를 받아들이지 못한 때문이다.

'增長名集'은 명상을 해석한 것인바 쌓아 모으고 키워나가기 때
문이다. '卽業煩惱'는 본체를 말한다. 아래 2가지의 성제는 이에 준
해 보면 알 수 있지만 "벗어난 것을 도성제라 말한[出離名道]" 데에
서 '止觀 등'이라 말한 것은 팔정도 등을 대등하게 취한 것이며, "여
기에서 형상으로 말한다[此約相說]."는 것은 다시 生滅四諦를 끝맺은
데에 속한다.

그러나 사성제에는 형상이 있고 자성이 있다. 위에서 논변한
자성은 형상의 자성이며, 아래에서 말한 無相은 眞性이다. '智論云'
이하는 인증이며, "대소승에 통한다[通大小乘]."는 것 또한 앞의 문
장을 끝맺으면서 뒤의 문장을 일으킨 것이다. 앞의 문장을 끝맺는
다는 것은 '생멸사제'이며, '大乘四諦皆無相' 이하는 뒤의 無生四諦
의 문장을 일으킨 것이다.】

涅槃云 '解苦無苦를 名苦聖諦니 謂達四緣生故空이니 則超筌悟旨
成大'라하니라 又涅槃云 '凡夫는 有苦而無諦요 二乘은 有苦니 有苦諦
로되 而無眞實이오 菩薩은 無苦有諦而有眞實'이라하니 謂若苦卽諦인댄

三塗之苦 豈卽諦也리오 二乘이 雖審知之로되 而不達法空하야 不見
眞實이니라【鈔_ 涅槃云下는 二無生四諦니라 然疏有三하니 初는 引
經正明이니 卽十三經에 畧示一苦니 若具인댄 應云 解集無和合을 名
集聖諦오 解滅·無滅 解道·無道等은 影在次文이라 謂達四下는 二
以義釋經이니 云何言無生四諦오 從緣無性空故로 名之爲無오 非
斷無也니라 滅雖無爲나 因滅惑顯도 亦曰從緣이니라 則超筌悟旨成
大者는 苦集滅道로 以爲空筌이니 其猶筌罤으로 以求魚兎니 無相空
理는 卽爲魚兎오 得魚忘筌은 是悟空旨하야 便成大乘이니 非離四外에
別有大也니 如非離筌而得魚矣니라 又涅槃云下는 三引經하야 證成
大小別義오 雙證生滅及無生也니라 經云 善男子여 以是義故로 諸
凡夫人은 有苦無諦오 聲聞緣覺은 有苦有苦諦나 而無眞實이오 諸菩
薩等은 解苦無苦라 是故로 無苦而有眞諦니라 諸凡夫人은 有集無諦
오 聲聞緣覺은 有集有集諦나 而無眞實이오 諸菩薩等은 解集無集이
라 是故로 無集而有眞諦니라 聲聞緣覺은 有滅非眞이오 菩薩摩訶薩은
有滅有眞諦며 聲聞緣覺은 有道非眞이오 菩薩摩訶薩은 有道有眞諦
라하니라 故引此經하야 兼釋解苦無苦下之三句니라 言謂若苦卽諦下
는 釋經凡夫無諦之言이니 涅槃四諦品에 云 佛復告迦葉하사대 所言
苦者는 不名苦聖諦니라 何以故오 若苦是苦聖諦者인댄 一切畜生及
地獄衆生도 應有聖諦라하니 亦卽思益經文에도 此無諦言이니라 約審
諦說인댄 不約諦實이어니와 若約諦實인댄 三塗實苦니라 二乘雖審知
之下 釋二乘有諦無實之言이니 有審諦故로 如實知苦 不同凡夫로되
妄計爲樂하야 無實可知니라】

열반경에 이르기를 "苦에서 풀렸거나 고가 없는 것을 苦聖諦라 말한다. 4가지의 인연이 어떻게 생겨나는지를 통달하였기에 空이라 한다. 이는 언어를 초월한 종지를 깨달아 크게 성취함이다."고 하였다. 또한 열반경에 이르기를 "범부에게는 괴로움이 있을 뿐 성제가 없고, 이승은 괴로움이 있으니 苦諦가 있지만 진실은 없고, 보살은 괴로움이 없고 성제가 있으며 진실이 있다."고 하였다. 만약 괴로움 그 자체를 곧 성제라 말한다면 三途의 괴로움 그 자체를 어떻게 곧 諦라 할 수 있겠는가. 이승은 비록 이러한 것을 잘 살펴서 알고 있지만 법이 공하다는 종지를 깨닫지 못하여 진실을 보지 못한 것이다. 【초_ '涅槃云' 이하는 천태의 '4가지 사제'에서 '② 무생사제'이다. 그러나 청량소에는 3가지로 말하였다.

첫째는 경문을 인용하여 바로 그 뜻을 밝힌 것이니 곧 13경에서 간단하게 하나의 苦를 말해주었다. 만일 이를 구체적으로 말한다면 集에서 풀려 화합이 없는 것을 集聖諦라 이름하고, 解滅·無滅, 解道·無道 등 이에 대해서는 다음 문장에 반영되어 있다.

'謂達四緣生故空' 이하는 두 번째로 그 뜻을 통하여 경문을 해석한 것이다. 무엇 때문에 '無生四諦'라 말하는가. 無性의 空으로 반연한 때문에 이를 無라 말하는 것이지 斷滅의 無가 아니다. 滅이란 비록 무위나 의혹을 없앤 까닭에 나타나는 것 또한 반연을 따른 것이라고 말한다. '則超筌悟旨成大'라 하는 것은 苦集滅道로 공筌을 삼는다. 그것은 통발과 덫으로 물고기와 토끼를 잡는 것과 같다. 형상이 없는 空의 이치는 곧 물고기와 토끼이며, 물고기를 잡고서 통발을 버려두는 것은 공의 종지를 깨달아 곧 대승을 성취함이다. 이 4가지를 떠나서 별도로 대승이 있다는 것은 아니다. 이는 마치 통발을 통하여 물고기를 잡는 것과 같다.

'又涅槃云' 이하는 세 번째로 경문을 인용하여 대소의 차별이 이뤄졌음을 증득함이며, 생멸과 무생을 모두 증득한 것이다. 경문에 이르기를 "선남자여, 이러한 뜻이 있기 때문에 모든 범부는 괴로움이 있으나 聖諦는 없고, 성문연각은 괴로움이 있고 고성제가 있으나 진실이 없고, 모든 보살 등은 괴로움에서 풀려나 괴로움이 없다. 이 때문에 괴로움이 없고 眞諦만이 있는 것이다. 모든 범부는 集이 있으나 성제는 없고, 성문연각은 집이 있고 집성제가 있으나 진실이 없고, 모든 보살 등은 집에서 풀려나 집이 없다. 이 때문에 집이 없고 진제만이 있는 것이다. 성문연각은 멸이 있으나 진제가 아니며, 보살마하살은 멸이 있고 진제가 있으며, 성문연각은 道가 있으나 진제가 아니며, 보살마하살은 도가 있고 진제가 있다." 고 하였다. 이 때문에 이 경문을 인용하여 모두 겸하여 '解苦無苦' 이하의 3구를 해석한 것이다.

'謂若苦卽諦' 이하는 경문에서 말한 "범부는 진제가 없다."는 말을 해석한 것이다. 열반경 四諦品에서 이르기를 "부처님께서 다시 가섭 존자에게 고하여 말하기를 '앞서 말했던 苦는 고성제라 말하지 않는다. 무엇 때문인가. 만약 苦 그 자체를 苦聖諦라 한다면 일체의 축생과 지옥중생들도 마땅히 성제가 있어야 하기 때문이다.'고 하셨다."고 한다. 또한 사익경에서도 "이는 성제가 없다."고 말하였다. 審諦를 가지고 말한다면 諦實이라고 말할 수 없지만, 만약 제실을 가지고 말한다면 三塗가 실로 괴로움이다.

'二乘雖審知' 이하는 "이승은 성제는 있으나 진실이 없다."는 말에 대한 해석이다. 審諦가 있기 때문에 여실하게 괴로움을 아는 것이 범부와 똑같지는 않지만, 잘못된 생각으로 이로써 즐거움을 삼았기에 그에게 진실이 없음을 알 수 있다.】

又二乘은 雖知苦相이나 不知無量相이라 故大經에 云 '苦有無量相하니 非諸聲聞緣覺所知'라하고 瑜伽에 說호되 '苦有一百一十'이라하다 然此經中에 雖彰名異이나 卽表義殊니 以名必召實故니 是無量四諦義也니라 約一界一諦인댄 卽有十千이오 娑婆四諦는 有四百億十千名義일세 而文義包博하야 言含性相이니라【鈔_ '又二乘'下 第三 無量四諦니 疏文有三이라 初는 牒上立理니 前不見法空苦性이라 故無眞實이오 此不知無量하야 不見相故로 亦非見實이오 前卽理智일세 故但見生空이오 不及菩薩이며 此卽量智라 故但知粗相이오 不及菩薩이라 故大經下에 二引文證成이니라 迦葉이 白佛言하사되 '世尊이시여 昔에 佛이 一時에 在恒河岸尸首林中할세 爾時에 如來 取少樹葉하사 告諸比丘하사되 我今手中所捉葉多아 一切因地草木葉多아 諸比丘言호되 世尊이시여 一切因地草木葉多라 不可稱計어니와 如來所捉은 少不足言이로소이다 諸比丘여 我所覺了一切諸法은 如因大地生草木等이오 爲諸衆生所宣說者는 如手中葉이니라 迦葉難言하사되 如來所了無量諸法이 若入四諦는 則爲已說이오 若不入者댄 應有五諦이니다 佛讚迦葉하사되 善哉善哉라 汝今所問은 則能利益安穩快樂無量衆生하리라 善

男子여 如是諸法은 悉已攝在四諦法中이니라 迦葉이 復白佛言하사되 如是等法이 若在四諦인댄 如來何故로 唱言不說이니잇고 佛言하사되 善男子여 雖復入中이나 猶名不說이니라 何以故오 善男子여 知聖諦有二種智니 一者는 中이오 二者는 上이니라 中者는 聲聞緣覺이오 上者는 諸佛菩薩이니라 善男子여 知陰爲苦를 名爲中智오 分別諸陰 有無量相이 悉是諸苦는 非是聲聞緣覺所知니 是名上智니라 善男子여 如是等義라 我於彼經에 竟不說之니라 次歷入界는 皆如陰說이오 又別歷色等五陰에 一一皆言有無量相은 此是無量四諦意也라 瑜伽說苦有一百一十은 卽四十四論에 增數明之니라 】

또한 이승은 괴로움의 형상을 알고 있으나 한량없는 형상을 모른 것이다. 그러므로 대경에서 이르기를 "괴로움에는 한량없는 형상이 있다. 모든 성문과 연각이 알 수 있는 대상이 아니다."고 하였고, 유가론에서 이르기를 "괴로움에는 110가지가 있다."고 하였다. 그러나 이 경문에서 비록 명제의 차이에 대해 밝히고 있지만 그 뜻은 차이가 있음을 나타낸 것이다. 명제란 반드시 실상을 부르기 때문이다. 이것이 한량없는 사성제의 뜻이다. 하나의 경계와 하나의 성제를 가지고 말한다면 곧 십천이 있고, 사바세계의 사성제는 4백억 10천 가지의 명제의 뜻이 있기에 이를 모두 해석하려면 문장의 의의가 너무 광대한 까닭에 性相을 포함하여 말한 것이다.【초_ '又二乘' 이하는 '③ 無量四諦'를 말한 것으로 이에 대해 청량소에서는 3가지로 말하였다. 첫째는 윗글을 이어서 이론을 세운 것이다. 앞에서는 法空苦性을 보지 못한 때문에 진실이 없음을 말했고 여기에서는 한량없는 것을 알지 못함으로써 현상을 보지 못한 때문에 또한 진실을 본 것이 아니라 하였으며, 앞에서는 곧 理智 때문에 단 공이 생겨남을 보았을 뿐이기에 보살에 미치지 못한 것인바 이는 곧 量智이다. 이 때문에 단 거친 형상만을 알 뿐 보살에 미치지 못한 것이다. 그러므로 대경 이하에서 2차례 경문을 인용하여 이를 증명한 것이다.

가섭보살이 부처님께 여쭈었다.

"세존이시여, 예전에 부처님이 어느 때에 항하의 언덕 尸首林에 계실 적에 나뭇잎을 들고서 비구들에게 물었습니다.

'지금 나의 손에 들고 있는 잎이 많으냐? 모든 땅 위에 살아 있는 풀과 나무의 잎이 많으냐?'

'세존이시여, 모든 땅에 있는 풀과 나뭇잎은 너무 많아서 모두 헤아릴 수 없사오나 여래께서 들고 계신 잎은 적어서 이를 말할 필요가 없나이다.'

여래께서 또 말씀하시기를 '비구들이여, 내가 깨달은 모든 법은 땅 위에 널려 있는 초목의 잎과 같고, 내가 중생을 위하여 말한 법은 손에 들고 있는 잎과 같다.'고 하였나이다.

세존께서 여래의 깨달으신 한량없는 법이 만일 사성제에 들어 있다면 이미 말씀하신 것이요, 들어 있지 않다면 이보다 더 많은 五諦가 있겠나이다."

"선하고 선하다, 선남자여. 그대가 지금 물음으로 인하여 한량없는 중생에게 이익을 주고 안온함과 즐거움을 줄 것이다. 선남자여, 이러한 모든 법은 모두 사성제 안에 들어 있다."

가섭보살이 다시 부처님께 여쭈었다.

"그러한 법이 사성제에 모두 들어 있다면, 여래께서 어찌하여 말씀하지 않았다고 하시나이까?"

부처님께서 말씀하셨다.

"비록 그 안에 들어 있지만 이를 말할 수 없다. 왜냐하면 사성제에 2가지 지혜가 있음을 알아야 한다. 하나는 중품의 지혜요, 다른 하나는 상품의 지혜이다. 중품은 성문과 연각의 지혜요, 상품은 부처님과 보살의 지혜이다. 선남자여, 모든 감각세계의 陰이 괴로움을 아는 것을 중품의 지혜라 하고, 모든 음을 분별하는데 한량없는 형상이 있는 것이 모두 괴로움임을 아는 것은 성문과 연각이 알 수 있는 자리가 아니다. 이를 상품의 지혜라고 말한다. 선남자여, 이러한 뜻이 있기 때문에 내가 그 경전에서 끝내 말하지 못하였다."

'次歷入界'는 모두 감각세계의 陰과 같음을 말하고, 또한 개별로 色 등 五陰을 하나하나 말한 데에 모두 "한량없는 형상이 있다."고 말한 것이 바로 無量四諦의 의의이다. 유가론에서 말한 110가지는 곧 44論에 수효를 더하여 밝힌 것이다.】

又究此四는 非唯但空이라 便爲眞實이니 今了陰入皆如라 無苦可捨며 無明塵勞 卽是菩提라 無集可斷이며 生死 卽涅槃이라 無滅可證이며 邊邪 皆中正이라 無道可修니라 無苦無集은 卽無世間이오 無滅無道는 卽無出世間이오 不取不捨는 同一實諦니라【鈔₋ '又究下는 無作

四諦니 亦三이라 初는 總明이라 言'非唯但空'者는 揀上無生이오 但顯空義며 '便爲眞實'은 正是所宗이라 '今了'下는 二 別示四相이라 陰入皆如者는 前云卽空하고 今云卽如는 理已別矣며 又言'無苦可捨'는 非是空故니 無有可捨면 今體卽如라 如外에 無苦어니 何所捨耶리오 此句에 言如는 如는 尚似空일세니라 集言'無明塵勞'는 皆卽菩提어니 豈同前空苦리오 菩提體外에 無別可斷이오 不同無生이어니 空無可斷이니라 前則空中無華라 云何可摘이리오 今則波卽是水라 不得除波니라 下二諦 例然이라 '生死卽涅槃'은 非是體空無生滅也오 '邊邪皆中正'者는 非離邊外에 別有中道오 非離邪外에 別有正道오 亦非無邊無邪어니 無可修也니라 細尋可見이면 勿濫無生이니라】

또다시 이 4가지를 탐구해보면 오직 공일 뿐 아니라 곧 진실이다. 여기에서 陰入이 모두 여여함을 깨달은 터라 괴로움을 버릴 것조차 없으며, 無明塵勞가 바로 보리인 터라 集을 끊을 것조차 없으며, 생사가 곧 열반인 터라 滅을 증득할 것조차 없으며, 邊邪가 모두 中正인 터라 도를 닦을 것조차 없다. 괴로움이 없고 집이 없는 것은 곧 세간이 없음이며, 멸이 없고 도가 없음은 곧 출세간 자체가 없음이며, 취할 게 없고 버릴 게 없음은 똑같은 실제이다.【초_'又究' 이하는 '④ 無作四諦'를 말한 것으로 이 또한 3가지의 뜻이 있다.

첫째는 총체로 밝힌 것이다. '非唯但空'은 위의 무생과 다르다. 단 공의만을 나타낸 것이다. '便爲眞實'은 바로 종지가 되는 대상이다.

'今了' 이하는 두 번째의 뜻으로 4가지 형상을 개별로 보여준 것이다. '陰入皆如'는 앞에서는 '공'이라 하고 여기에서 '如'라 말한 것은 그 이치가 이미 다르기 때문이며, 또한 "괴로움을 버릴 것조차 없다[無苦可捨]."는 이는 공이 아니기 때문이다. 버릴 것조차 없다면 여기에서 말한 본체는 곧 여여한 것이다. 여여의 밖에 괴로움이 없으니 어찌 버릴 것이 있겠는가. 이 구절에서 '如'라고 말한 것은 '여'란 오히려 '공'과 같기 때문이다. 집에서 '無明塵勞'를 말한 것은 모두가 곧 보리이다. 어찌 앞에서 말한 空苦와 같겠는가. 보리의 본체 밖에 별도로 끊을 것조차 없으며, 무생과 똑같지 않으니 공이란 끊어야 할 그 자체가 없는 것이다. 앞에서 말한 허공에는 꽃이 없기 때문에 어떻게 꽃을 꺾을 수 있겠는가. 여기에서는 물결이 곧 물이기에 물결을 없앨 것 자체가 없는 것이다.

아래의 2諦는 이에 준해 보면 똑같다. "생사가 곧 열반이다[生死卽涅槃]."는 것은 본체가 공하여 생멸 자체가 없는 것이 아니며, "변사가 모두 중정이다[邊邪皆中正]."는 것은 邊을 떠나서 별도로 중도가 있는 게 아니며, 邪를 떠나서 별도로 정도가 있는 게 아니며, 또한 邊도 없고 삿됨도 없으니 닦을 필요조차 없는 것이다. 자세히 살펴보면 무생에 대해 잘못 인식해서는 안 된다.}

故斯一品은 有作·無作과 有量·無量이 皆在其中이니 準下第五地中하야 復以十重觀察로 至下當明호리라

그러므로 이 품은 有作·無作과 有量·無量이 모두 그 가운데에 있다. 아래의 第五地에 준하여 다시 열 겹으로 관찰하여 아래 해당 부분에서 자세히 밝힐 것이다.

三 宗趣

3. 종취

◉ 疏 ◉

宗趣者는 以無邊諦海로 隨根隨義하야 立名不同이 徧空世界하니 以此로 爲宗하고 務在益物調生으로 爲趣니라 又上二는 皆宗이오 發生淨信은 爲趣니라

宗趣라 하는 것은 끝없는 聖諦의 바다로 중생의 근기와 그 의의에 따라서 각기 다른 명목이 허공의 세계에 가득한바 이로써 종지를 삼는다. 중생에게 도움이 되고 중생을 조복하는 데 힘쓰는 것으로 趣를 삼는다. 또한 위의 2가지는 모두 宗이며, 청정한 믿음을 낳아주는 것은 趣이다.

四 解妨難

4. 논란을 풀다

◉ 疏 ◉

問이라 旣彰佛語業하사 答說法問에 佛所說法 多門이어늘 何以唯陳四諦잇고 答이라 以名雖在小나 義通大小라 事理具足하나니 謂苦集二諦는 是世間因果라 所知所斷을 無改易故오 滅道兩諦는 出世間因

果라 所證所修를 事決定故오 知·斷·證·修는 能運衆生到彼岸故니라 世界는 有異로되 此獨無改은 況無量無作에 何義不收리오 是故로 約此以顯差別이오 又爲破計引機故니 謂演彼聲聞四諦局法하야 令亡所執하야 引入一乘無邊諦海라 故約此辨이니라

何以四諦에 皆帶苦言가 謂苦滅聖諦等은 然謂生苦之集이라 故云苦集이니 盡苦之滅을 名爲苦滅이오 至苦滅之道를 名苦滅道니 不得單言苦道는 以道非生苦라 不同集故며 又非滅苦라 不同滅故니 能證苦滅일세 故云苦滅道라하니라

"앞서 부처님의 語業을 밝혀 설법의 물음을 답함에 있어 부처님께서 설법하실 부분이 많은데 어찌하여 유독 사성제만을 말한 것일까?"

이에 대하여 대답하였다.

"명목으로 보면 비록 작지만 그 뜻은 크고 작은 데에 모두 통한다. 사리가 모두 다 넉넉하다. 苦·集 2성제는 세간의 인과이다. 알아야 할 대상과 끊어야 할 대상을 바꿈이 없기 때문이다. 滅·道 2성제는 출세간의 인과이다. 증득해야 할 바와 닦아야 할 바의 일을 결정한 때문이며, 知·斷·證·修는 중생을 이끌어 피안에 이르게 한 때문이다. 세계는 차이가 있지만 여기에서 유독 변함이 없는데 하물며 한량없고 조작이 없는 데에 어떤 뜻인들 여기로 모두 귀결되지 않을 수 있겠는가. 이 때문에 이를 가지고 차별을 나타낸 것이며, 또다시 계책을 타파하고 근기를 이뤄주기 때문이다. 저 聲聞의 四諦에 관한 국한된 법을 연설하여 집착한 바를 없애어 일승의

끝이 없는 성제의 바다로 이끌어 들이기 위함이다. 이 때문에 사성제를 들어 논변한 것이다."

"어찌하여 사성제에는 모두 苦 자를 붙여 말한 것일까?"

"苦滅聖諦 등은 그러나 苦를 낳는 集을 말한다. 이 때문에 苦集이라 말한다. 괴로움을 다한 滅을 苦滅이라 말하고, 고가 사라져 도의 자리에 이른 것을 苦滅道라 말한다. 단 苦道라고 말하지 않는 것은 道란 苦를 낳는 게 아니기 때문이다. 集과 같지 않기 때문이며, 또한 苦를 없앤 게 아니어서 멸함과 같지 않기 때문이다. 이는 苦滅을 증득한 때문에 苦滅道라고 말한다."

◉ 論 ◉

於此一品之中에 義分爲三호리니 一釋品名目이오 二는 釋品來意오 三은 隨文釋義라 一은 釋品名目者는 諦者는 實義也니 明如來이 說四種實義하사 令諸衆生으로 起信解故라 問曰何故로 不說多하시고 但云四니잇고 答曰此四種諦義이 總攝多故니 爲明一切世間이 不離苦集이오 一切出世間이 不離滅道라 三乘四諦는 厭苦集欣滅道이 名四諦法輪이어니와 此一乘經에 言四聖諦者는 是其實義니 何以故오 達苦性眞하야 無欣厭故며 以是義故로 一乘四聖諦와 三乘四諦이 各各差別하야 各有信解라 如來이 依根하사 方便設敎오 皆非凡夫의 能立이니 如今修道者는 但隨自信解力하야 便處卽作이언정 不可例然이니라

본 품에서의 뜻은 3단락으로 나뉜다.

(1) 본 품의 명목에 대한 해석,

(2) 본 품의 유래한 뜻에 대한 해석.

(3) 경문을 따라 그 뜻을 해석함이다.

(1) 본 품의 명목에 대한 해석에서 諦란 진실한 뜻[實義]이다. 여래께서 4가지 實義를 말씀하시어 모든 중생으로 하여금 믿음과 이해를 일으키게 함을 밝힌 때문이다.

"무슨 까닭에 많은 것을 말씀하지 않으시고 오직 4가지만을 말씀하신 것일까?"

"이 4가지의 진실한 의의가 모두 많은 것을 받아들인 때문이다. 일체 세간이 苦集을 여의지 않고 일체 출세간이 滅道를 여의지 않음을 밝힌 것이다. 삼승의 四諦는 苦集을 싫어하고 滅道를 좋아함을 명명하여 四諦法輪이라 하거니와, 이 一乘經에 四聖諦를 말한 것은 그 진실한 뜻이다. 이는 무엇 때문인가. 苦性이 진실임을 통달하여 좋아하거나 싫어함이 없기 때문이며, 이런 의의 때문에 一乘四聖諦와 三乘四諦가 각각 차별이 있고 각각 믿음과 이해가 있다. 여래께서 중생의 근기에 따라 방편으로 가르침을 베푼 것이며, 모두 범부로서 세울 수 있는 바가 아니다. 오늘날 수도하는 자는 다만 자기의 믿음과 이해의 힘을 따라서 방편의 자리에서 곧 도를 닦아나갈지언정 일례로 똑같다고 할 수 없다."

如法華經에 爲聲聞人하사 說四諦法하고 爲緣覺人하사 說十二因緣하고 爲諸菩薩하사 說六波羅蜜도 亦是如來의 隨時之說이시며 如此經十地品에 五地菩薩이 作十種諦觀하야 以四聖諦로 爲體하고 六地菩薩이 作十種十二緣生觀은 此是如來의 隨位進修之法이시니 大要總言컨댄

此四聖諦와 十二緣生法門은 但一切諸聖과 一切凡夫이 起信樂佛
法心호대 道未滿者는 皆從初心으로 觀自他苦故로 發菩提心하야 樂求
道法호대 但依大小勝劣不同하야 四諦十二緣이 各別이라

　　법화경에서 말한 것처럼 성문인을 위하여 四諦法을 말씀하셨
고 연각인을 위하여 十二因緣을 말씀하셨고 모든 보살을 위하여
六波羅蜜을 말씀하신 것 또한 여래께서 때에 따라서 설법하신 것
이며, 이 경의 십지품에서 五地菩薩이 10가지의 諦觀을 지어 사성
제로써 본체를 삼고, 六地菩薩이 10가지의 十二緣生觀을 지은 것
은 여래께서 지위에 따라서 닦아나가는 법으로 말씀하신 것이다.
큰 요체를 총괄하여 말한다면 사성제와 십이인연법문은 단 일체
모든 성인, 일체 범부가 불법을 믿고 좋아하는 마음을 일으키게 함
이지만, 도가 충만하지 못한 자는 모두 초심으로부터 자타의 괴로
움을 觀한 때문에 보리심을 일으켜 기꺼이 道法을 구하되 단 대소
승의 우열이 같지 않음에 따라서 사성제와 십이인연을 말씀하신
설법이 각기 다른 것이다.

二는 釋品來意者는 爲明前名號品은 是說如來身業으로 隨方名號이
不同이오 此品은 說如來隨方語業으로 說法이 不離四聖諦故고로 此品
이 須來라

三은 隨文釋義者는 於此一品經文이 於中에 總有十二段經하니 如文
具明이라

　　(2) 본 품의 유래한 뜻에 대한 해석 부분은 앞의 여래명호품에
서 여래의 身業으로 국토의 지방에 따라 명호가 똑같지 않다는 점

을 밝혔고, 이 품에서는 여래께서 국토의 지방에 따른 語業으로 설법하심이 사성제에서 벗어나지 않기 때문에 이 품이 유래한 것이다.

(3) 경문을 따라 그 뜻을 해석하였다는 것은 이 품의 경문 가운데는 모두 12단락의 경문이 있다. 경문에서 볼 수 있는 것처럼 구체적으로 밝혀져 있다.

五正釋文이라 一品分二니 先은 標告요 二 諸佛子下는 正顯이라 於中分四니 初는 娑婆諦名이오 二는 隣次十界오 三은 類通一切오 四는 主伴無窮이라 然此望前品컨대 畧於單說四洲라

5. 바로 경문을 해석하다

본 품은 2단락으로 나뉜다.

(1) 내세워 고함이며,

(2) '諸佛子' 이하는 바로 그 뜻을 밝힌다.

여기에는 4부분으로 다시 나뉜다.

제1. 사바세계에서의 사성제 명목이며,

제2. 이웃 시방세계이며,

제3. 유로 일체에 통함이며,

제4. 主伴이 무궁함이다.

그러나 이를 앞의 품에 대조해보면 간단하게 단 四洲만을 말하였다.

就初二中하야 一一方內에 文各有二니 一은 別列諦名이오 二는 結數辨意라 然其立名은 或有因從果稱과 果藉因名과 約事約理와 或總或別이니 如文當知니라

앞의 '사바세계에서의 사성제 명목'과 뒤의 '이웃 시방세계'에는 하나하나 지방에 관한 경문에 각기 2가지의 뜻이 있다.

(1) 사성제의 명목을 개별로 나열하였고,

(2) 사성제의 수효를 끝맺어 그 뜻을 논변하였다. 그러나 사성제의 명목을 세운 데에는 혹은 원인이 결과로부터 일컫는 것과 결과가 원인을 빌려 명명한 것, 혹은 사법계로 또는 이법계로, 혹은 총체로 혹은 개별로 명명하였다. 이는 경문에서 말한 바와 같으므로 말하지 않아도 알 수 있다.

今初는 娑婆라

제1. 사바세계에서의 사성제

經

爾時에 文殊師利菩薩摩訶薩이 告諸菩薩言하사대 諸佛子야 苦聖諦는 此娑婆世界中에 或名罪며 或名逼迫이며 或名變異며 或名攀緣이며 或名聚며 或名刺며 或名依根이며 或名虛誑이며 或名癰瘡處며 或名愚夫行이니라
諸佛子야 苦集聖諦는 此娑婆世界中에 或名繫縛이며 或名滅壞며 或名愛著義며 或名妄覺念이며 或名趣入이며 或名

37

決定이며 或名網이며 或名戱論이며 或名隨行이며 或名顚倒根이니라
諸佛子야 苦滅聖諦는 此娑婆世界中에 或名無諍이며 或名離塵이며 或名寂靜이며 或名無相이며 或名無沒이며 或名無自性이며 或名無障礙며 或名滅이며 或名體眞實이며 或名住自性이니라
諸佛子야 苦滅道聖諦는 此娑婆世界中에 或名一乘이며 或名趣寂이며 或名導引이며 或名究竟無分別이며 或名平等이며 或名捨擔이며 或名無所趣며 或名隨聖意며 或名仙人行이며 或名十藏이니라
諸佛子야 此娑婆世界中에 說四聖諦가 有如是等 四百億十千名하니 隨衆生心하야 悉令調伏케하시니라

그때 문수사리 보살마하살이 여러 보살들에게 말하였다.

"여러 불자들이여, 고성제(苦聖諦)는 이 사바세계 가운데 혹은 죄라 하고, 혹은 핍박(逼迫)이라 하고, 혹은 변이(變異)라 하고, 혹은 반연(攀緣)이라 하고, 혹은 취(聚)라 하고, 혹은 자(刺)라 하고, 혹은 의근(依根)이라 하고, 혹은 허광(虛誑)이라 하고, 혹은 옹창처(癰瘡處)라 하고, 혹은 우부행(愚夫行)이라 합니다.

여러 불자들이여, 고집성제(苦集聖諦)는 이 사바세계 가운데서 혹은 계박(繫縛)이라 하고, 혹은 멸괴(滅壞)라 하고, 혹은 애착의(愛着義)라 하고, 혹은 망각념(妄覺念)이라 하고, 혹은 취입(趣入)이라 하고, 혹은 결정(決定)이라 하고, 혹은 망(網)이라 하고, 혹은 희론(戱論)이

라 하고, 혹은 수행(隨行)이라 하고, 혹은 전도근(顚倒根)이라 합니다.

여러 불자들이여, 고멸성제(苦滅聖諦)는 이 사바세계 가운데서 혹은 무쟁(無諍)이라 하고, 혹은 이진(離塵)이라 하고, 혹은 적정(寂靜)이라 하고, 혹은 무상(無相)이라 하고, 혹은 무몰(無沒)이라 하고, 혹은 무자성(無自性)이라 하고, 혹은 무장애(無障礙)라 하고, 혹은 멸(滅)이라 하고, 혹은 체진실(體眞實)이라 하고, 혹은 주자성(住自性)이라 합니다.

여러 불자들이여, 고멸도성제(苦滅道聖諦)는 이 사바세계 가운데서 혹은 일승(一乘)이라 하고, 혹은 취적(趣寂)이라 하고, 혹은 도인(導引)이라 하고, 혹은 구경무분별(究竟無分別)이라 하고, 혹은 평등(平等)이라 하고, 혹은 사담(捨擔)이라 하고, 혹은 무소취(無所趣)라 하고, 혹은 수성의(隨聖意)라 하고, 혹은 선인행(仙人行)이라 하고, 혹은 십장(十藏)이라 합니다.

여러 불자들이여, 이 사바세계에서 사성제를 말하는데 이러한 4백억 10천 가지의 이름이 있습니다. 이는 중생의 마음을 따라 모두 중생을 조복하는 것입니다."

● 疏 ●

娑婆中列內에 四諦卽爲四別이니

(1) 사바세계의 나열 속에 사성제를 곧 4가지로 구분하고 있다.

一苦云罪者는 摧也니 謂摧壞色心故오

첫째, ① 고성제를 '죄'라고 말한 것은 꺾음을 말한다. 色心을 꺾고 파괴하기 때문이다.

二逼迫者는 不可意境이 逼迫身心也니 此二는 總顯이라

② '핍박'이란 생각지도 못한 경계가 신심을 핍박함이다. 이 2가지는 총체로 밝힘이다.

三變異者는 壞苦也오 攀緣者는 追求苦也오 聚者는 五盛陰苦也오 刺者는 從喩立名이니 如刺未拔이오 依根者는 由苦能生一切惡也오 虛誑者는 於下苦中에 能生樂想也오 癰瘡處者는 此喩二苦니 有癰瘡處에 性自是苦니 此如五陰苦오 若加手等觸이면 苦上加苦니 是苦苦也니라 愚夫行者는 行苦也니 愚人所行故로 如以睫毛置掌이면 不覺이어니와 若置目內면 爲苦不安이니 愚夫 不覺行苦 如掌內之毛오 而復以苦로 反欲捨苦는 皆愚夫行也니라【鈔_ 如一睫毛者는 全是 俱舍頌이니 云 如以一睫毛로 置掌이면 人不覺이어니와 若置眼睛上이면 爲苦及不安하나니 凡夫는 如手掌이라 不覺行苦睫이어니와 智者는 如眼睛이라 緣極에 生厭怖라하니라 而復以苦者는 卽法華經第一에 云 '不求大勢佛 及與斷苦法이오 深入諸邪見하야 以苦로 欲捨苦일세 爲是 衆生故로 而起大悲心이라하니라】

③ '變異'란 파괴되는 괴로움이며, '반연'이란 추구하는 괴로움이며, '聚'란 五盛陰의 괴로움이며, '刺'란 비유로 쓴 글자이다. 이는 박힌 가시가 뽑히지 않는 것과 같다는 뜻이다. '依根'이란 괴로움에 의하여 모든 악을 지어낸 것이며, '虛誑'이란 가장 어려운 괴로움 속에서도 즐거운 모습을 낸 것이며, '癰瘡處'란 이는 생사 2가지의 괴로움을 비유한 것으로 악창이 있는 그 자체가 괴로움이다. 이는

五陰苦와 같다. 만일 이처럼 아픈 곳에 손 등이 닿으면 괴로움에 괴로움이 더하게 된다. 이는 괴로움에 괴로움[苦苦]이다. '愚夫行'이란 행하는 괴로움[行苦]이다. 어리석은 사람이 행하는 바이기에 속눈썹을 손바닥 위에 두어도 깨닫지 못하거니와 만일 눈 속에 들어가면 괴로움으로 편치 못하다. 어리석은 이들이 행하는 괴로움을 깨닫지 못함은 손바닥 위의 눈썹과 같다. 다시 괴로움으로 도리어 괴로움을 버리고자 함이 모두 어리석은 행이다. 【초_ "하나의 눈썹과 같다."는 것은 모두 俱舍頌이다. "만일 하나의 눈썹을 손바닥 위에 두면 사람이 전혀 깨닫지 못하지만, 만일 눈 속에 넣으면 괴롭고 편치 못하다. 범부는 손바닥 위에 놓인 눈썹과 같아서 아픔을 깨닫지 못하지만 지혜로운 자는 눈 안에 들어간 눈썹과 같아서 인연이 다하면 싫어하고 두려워하게 된다."

"다시 괴로움[而復以苦]"이란 법화경 제1에 이르기를 "大勢佛 및 괴로움을 끊는 법[斷苦法]을 구하지 않고, 모든 邪見에 깊이 들어가 괴로움으로 괴로움을 버리고자 한다. 이런 중생을 위한 까닭에 大悲心을 일으켰다."고 하였다.】

二는 集中에 初二는 通顯이니 謂有業惑者는 繫縛三界하고 滅壞善根이오 次二는 別顯煩惱오 餘는 多通業惑이니라

둘째, 집성제 가운데 첫 번째 '繫縛'과 두 번째 '滅壞'는 전체로 나타냄이니 業惑이 있는 자는 삼계에 얽매이고 선근을 없애며, 다음 2가지(愛著義, 妄覺念)는 번뇌를 개별로 나타냄이다. 나머지는 대부분 업혹에 통한다.

三은 苦滅中에 無諍者는 煩惱爲諍故니라 體眞實者는 非唯惑滅而已
라 實乃法身常住 爲滅諦之義故니라 次云住自性者는 謂本來滅故
니라【鈔_ 次云住自性者는 證成上文體眞實義니 則體眞實은 揀非
虛妄과 及非空無요 住自性言은 卽是法이 住法正位也요 本來寂滅
은 卽成上文住自性義니라】

셋째, 멸성제 가운데 '無諍'이란 번뇌가 다툼이기 때문이다. '體
眞實'이란 오직 의혹만 없앨 뿐 아니라 실로 이에 법신의 常住가
滅諦의 의의이기 때문이다. 다음 '住自性'이란 본래 적멸임을 말한
때문이다.【초_ "다음 住自性"이라 말한 것은 위의 '體眞實'에 대한
의의를 증명한 것이다. 곧 體眞實은 허망한 것이 아니라는 것과 空
無가 아님을 구별한 것이며, 住自性이란 곧 이 법이 법의 正位에
머묾이며, '本來寂滅'이란 위에서 말한 住自性이라는 의의를 끝맺
은 것이다.】

四는 苦滅道諦니라 云十藏者는 謂信聞等이니 如十藏品說이라

넷째는 苦滅道諦이다. 十藏이라 말한 것은 信聞 등을 말하니
十藏品에서 말한 바와 같다.

二結云四百億十千者는 望前名號컨대 一四洲에 有十千하나니 今
一四天下에 一諦 亦有十千하니 四諦 歷於百億일새 故有四百億箇
十千이니라 隨衆生心'下는 顯差別之意也니라

(2) 사성제의 수효를 끝맺으면서 '4백억 10천'이라 말한 것은 앞
서 말한 명호에 대조해보면 하나의 四洲에 十千이 있는데, 여기에
서의 하나의 四天下에 하나의 성제 또한 十千이 있다. 사성제가 백

억씩 차지하고 있기에 4백억 개의 十千이 있다. '隨衆生心' 이하는 차별의 뜻을 나타냄이다.

第二隣次十界니 卽爲十段이라
    제2. 이웃 시방세계
    이는 10단락이다.

經

諸佛子야 此娑婆世界의 所言苦聖諦者는 彼密訓世界中엔 或名營求根이며 或名不出離며 或名繫縛本이며 或名作所不應作이며 或名普鬪諍이며 或名分析悉無力이며 或名作所依며 或名極苦며 或名躁動이며 或名形狀物이니라
諸佛子야 所言苦集聖諦者는 彼密訓世界中엔 或名順生死며 或名染著이며 或名燒然이며 或名流轉이며 或名敗壞根이며 或名續諸有며 或名惡行이며 或名愛著이며 或名病源이며 或名分數니라
諸佛子야 所言苦滅聖諦者는 彼密訓世界中엔 或名第一義며 或名出離며 或名可讚歎이며 或名安穩이며 或名善入趣며 或名調伏이며 或名一分이며 或名無罪며 或名離貪이며 或名決定이니라
諸佛子야 所言苦滅道聖諦者는 彼密訓世界中엔 或名猛

將이며 或名上行이며 或名超出이며 或名有方便이며 或名平等眼이며 或名離邊이며 或名了悟며 或名攝取며 或名最勝眼이며 或名觀方이니라
諸佛子야 密訓世界에 說四聖諦가 有如是等四百億十千名하니 隨衆生心하야 悉令調伏케하시니라

　여러 불자들이여, 이 사바세계에서 고성제라 말한 것은 저 밀훈세계에서는 혹은 영구근(營求根)이라 하고, 혹은 불출리(不出離)라 하고, 혹은 계박본(繫縛本)이라 하고, 혹은 작소불응작(作所不應作)이라 하고, 혹은 보투쟁(普鬪諍)이라 하고, 혹은 분석실무력(分析悉無力)이라 하고, 혹은 작소의(作所依)라 하고, 혹은 극고(極苦)라 하고, 혹은 조동(躁動)이라 하고, 혹은 형상물(形狀物)이라 합니다.

　여러 불자들이여, 고집성제라 말한 것은 저 밀훈세계에서는 혹은 순생사(順生死)라 하고, 혹은 염착(染着)이라 하고, 혹은 소연(燒然)이라 하고, 혹은 유전(流轉)이라 하고, 혹은 패괴근(敗壞根)이라 하고, 혹은 속제유(續諸有)라 하고, 혹은 악행(惡行)이라 하고, 혹은 애착(愛着)이라 하고, 혹은 병원(病源)이라 하고, 혹은 분수(分數)라 합니다.

　여러 불자들이여, 고멸성제라 말한 것은 저 밀훈세계에서는 혹은 제일의(第一義)라 하고, 혹은 출리(出離)라 하고, 혹은 가찬탄(可讚歎)이라 하고, 혹은 안온(安穩)이라 하고, 혹은 선입취(善入趣)라 하고, 혹은 조복(調伏)이라 하고, 혹은 일분(一分)이라 하고, 혹은 무죄(無罪)라 하고, 혹은 이탐(離貪)이라 하고, 혹은 결정(決定)이라 합니다.

　여러 불자들이여, 고멸도성제라 말한 것은 저 밀훈세계에서는

혹은 맹장(猛將)이라 하고, 혹은 상행(上行)이라 하고, 혹은 초출(超出)이라 하고, 혹은 유방편(有方便)이라 하고, 혹은 평등안(平等眼)이라 하고, 혹은 이변(離邊)이라 하고, 혹은 요오(了悟)라 하고, 혹은 섭취(攝取)라 하고, 혹은 최승안(最勝眼)이라 하고, 혹은 관방(觀方)이라 합니다.

여러 불자들이여, 이 밀훈세계에서 사성제를 말하는데 이러한 4백억 10천 가지의 이름이 있습니다. 이는 중생의 마음을 따라 모두 중생을 조복하는 것입니다.

◉ 疏 ◉

一密訓世界는 卽東方界也라 苦名 '分析悉無力'者는 推之於緣이면 無實物也라 形狀物者는 有形皆苦也라 集中病源者는 謂有攀緣故일세니라【鈔_ 病源者는 卽淨名第二에 云 '何謂病本고 謂有攀緣이니라 從有攀緣이면 則爲病本이라'하고 下文에 云 '何斷攀緣고 以無所得이니 若無所得이면 則無攀緣이라'하니 釋曰 正引病本이니 無得은 因便이라】

(1) 밀훈세계는 동쪽의 세계이다. 고성제를 '分析悉無力'이라 명명한 것은 반연의 근본을 미뤄보면 실재 존재[實物]가 없다. '形狀物'이란 형상이 있는 것은 모두 괴로움이다. 집성제에서 말한 '病源'이란 반연이 있기 때문이다.【초_ '病源'이란 정명경 제2에 이르기를 "무엇을 병의 근본이라 말하는가. 반연이 있음을 말한다. 반연이 있으면 병의 근본이 된다."고 하였고, 아래의 경문에서 이르기를 "어떻게 하면 반연을 끊을 수 있는가. 얻은 바가 없어야 한다. 만일 얻은 바가 없다면 반연이 없다."고 하였다. 이에 대해 해석하

기를 "바로 병의 근본을 인용한 것으로, '얼음이 없다.'는 것은 방편을 따른 것이다."고 하였다.】

滅云'一分'者는 惑由妄起故로 分數塵沙로되 理不可分일세 故稱一分이니라 道言上行者는 所之在滅이라【鈔_ 所之在滅者는 滅爲最上이오 '之'者는 適也니 道能證滅일세 故爲上行이니라】

멸성제에서 '一分'이라 말한 것은 미혹이 허망을 따라 일어난 까닭에 분수는 미진수 항하사처럼 많으나 이치는 나뉠 수 없기 때문에 이를 '一分'이라고 말하였다.

도성제에서 '上行'이라 말한 것은 가야 할 곳이 바로 滅에 있다.【초_ "가야 할 곳이 바로 滅에 있다."는 것은 滅이 최상이고, '所之在滅'의 之란 '가다'의 뜻이다. 그 도가 적멸을 증득하였기에 上行이라고 말한다.】

言'觀方'者는 謂觀四諦也라 更有四方하니 如十定品이라【鈔_ '更有四方'者는 卽第四十二. 阿耨達池喻中에 合池四方하야 云 '佛子여 何者를 名爲菩薩四方고 所謂見一切佛而得開悟 一也오 聞一切法하고 受持不忘이 二也오 圓滿一切波羅密行이 三也오 大悲說法하야 滿足衆生이 四也라하니 釋曰 若觀此四면 爲菩薩道也니라】

'觀方'이라 말한 것은 사성제를 觀함을 말한다. 또한 사방이 있는바 十定品과 같다.【초_ "또한 사방이 있다."는 것은 제42 阿耨達池 비유 가운데 아뇩달지의 사방을 합하여 이르기를 "불자여, 어떤 것을 보살의 사방이라 하는가. 이른바 일체불을 보고서 깨달음을 얻음이 첫째요, 일체법을 듣고서 받들어 지니며 잊지 않음이 둘째요, 일체바라밀행을 원만케 함이 셋째요, 대자비의 마음으로 설법하여 중생을 만족케 함이 넷째이다."고 하였다. 이에 대해 해석하기를 "만일 이 4가지를 觀하면 보살의 도가 된다."고 하였다.】

經

諸佛子야 此娑婆世界의 所言苦聖諦者는 彼最勝世界中엔 或名恐怖며 或名分段이며 或名可厭惡며 或名須承事며 或名變異며 或名招引冤이며 或名能欺奪이며 或名難共事며 或名妄分別이며 或名有勢力이니라

諸佛子야 所言苦集聖諦者는 彼最勝世界中엔 或名敗壞며 或名癡根이며 或名大冤이며 或名利刃이며 或名滅味며 或名仇對며 或名非己物이며 或名惡導引이며 或名增黑暗이며 或名壞善利니라

諸佛子야 所言苦滅聖諦者는 彼最勝世界中엔 或名大義며 或名饒益이며 或名義中義며 或名無量이며 或名所應見이며 或名離分別이며 或名最上調伏이며 或名常平等이며 或名可同住며 或名無爲니라

諸佛子야 所言苦滅道聖諦者는 彼最勝世界中엔 或名能燒然이며 或名最上品이며 或名決定이며 或名無能破며 或名深方便이며 或名出離며 或名不下劣이며 或名通達이며 或名解脫性이며 或名能度脫이니라

諸佛子야 最勝世界에 說四聖諦가 有如是等四百億十千

名하니 隨衆生心하야 悉令調伏케하시니라

여러 불자들이여, 이 사바세계에서 고성제라 말한 것은 저 최승세계에서는 혹은 공포(恐怖)라 하고, 혹은 분단(分段)이라 하고, 혹은 가염악(可厭惡)이라 하고, 혹은 수승사(須承事)라 하고, 혹은 변이(變異)라 하고, 혹은 초인원(招引怨)이라 하고, 혹은 능기탈(能欺奪)이라 하고, 혹은 난공사(難共事)라 하고, 혹은 망분별(妄分別)이라 하고, 혹은 유세력(有勢力)이라 합니다.

여러 불자들이여, 고집성제라 말한 것은 저 최승세계에서는 혹은 패괴(敗壞)라 하고, 혹은 치근(癡根)이라 하고, 혹은 대원(大怨)이라 하고, 혹은 이인(利刃)이라 하고, 혹은 멸미(滅味)라 하고, 혹은 구대(仇對)라 하고, 혹은 비기물(非己物)이라 하고, 혹은 악도인(惡導引)이라 하고, 혹은 증흑암(增黑暗)이라 하고, 혹은 괴선리(壞善利)라 합니다.

여러 불자들이여, 고멸성제라 말한 것은 저 최승세계에서는 혹은 대의(大義)라 하고, 혹은 요익(饒益)이라 하고, 혹은 의중의(義中義)라 하고, 혹은 무량(無量)이라 하고, 혹은 소응견(所應見)이라 하고, 혹은 이분별(離分別)이라 하고, 혹은 최상조복(最上調伏)이라 하고, 혹은 상평등(常平等)이라 하고, 혹은 가동주(可同住)라 하고, 혹은 무위(無爲)라 합니다.

여러 불자들이여, 고멸도성제라 말한 것은 저 최승세계에서는 혹은 능소연(能燒然)이라 하고, 혹은 최상품(最上品)이라 하고, 혹은 결정(決定)이라 하고, 혹은 무능파(無能破)라 하고, 혹은 심방편(深方便)이라 하고, 혹은 출리(出離)라 하고, 혹은 불하열(不下劣)이라 하고,

혹은 통달(通達)이라 하고, 혹은 해탈성(解脫性)이라 하고, 혹은 능도탈(能度脫)이라 합니다.

여러 불자들이여, 이 최승세계에서 사성제를 말하는데 이러한 4백억 10천 가지의 이름이 있습니다. 이는 중생의 마음을 따라 모두 중생을 조복하는 것입니다.

◉ 疏 ◉

二'最勝世界'者는 卽是南方이라 前名豊溢이니 豊溢은 是正翻이오 最勝은 乃義譯耳라 苦名有勢力者는 生老病死 猶四山臨人하야 世雖賢豪라도 力無與競이라【鈔_ 生老病死者는 涅槃二十九中에 釋八喩非喩에 云하되 '云何非喩오 如我 昔告波斯匿王云하되 大王이여 有親信人이 從四方來하야 各作是言호되 大王이여 有四大山이 從四方來하야 欲害人民이라하면 王若聞者인댄 當設何計오 王言하되 世尊이시여 設有此來면 無逃避處니 唯當專心으로 持戒布施호리라하야늘 我卽讚言하되 善哉라 大王이여 我說四山은 卽是衆生의 生老病死니 生老病死 常來害人이어늘 云何大王은 不修施戒오'하니 卽其事也라 故賢與不肖와 豪强羸弱이 同爲四遷이라 一無脫者오 梵王帝釋과 貧窮下賤과 堯舜桀紂와 三皇四凶이 倂歸灰壞이라 皆爲苦依니라 】

(2) 최승세계란 남쪽의 세계이다. 앞에서는 이를 豊溢세계라 말하였다. 풍일세계는 그대로 번역한 것이고, 최승세계는 뜻으로 번역한 것이다. 고성제를 '有勢力'이라 말한 것은 生老病死라는 4개의 큰 산이 사람에게 다가서는 것과 같아서 세상에 아무리 어질

고 호걸이라 할지라도 그 힘을 다툴 수 없다. 【초_ 생로병사란 열반경 29 가운데 '八喻¹'의 제4非喻에 대해 다음과 같이 해석하였다. 어떤 것이 非喻인가. 내가 옛적에 波斯匿王에게 물었다. "대왕이여, 가깝고 믿을 만한 사람들이 사방에서 찾아와 제각기 말하기를 '대왕이여, 4곳의 큰 산이 사방에서 밀려와 사람을 해치고자 합니다.'고 하거든 왕이 그런 말을 들으면 어떤 계책을 마련하겠는가?" 바사익왕이 대답하였다. "세존이시여, 만일 이런 것이 다가온다면 피할 곳이 없습니다. 오직 오롯한 마음으로 계율을 지키고 보시할 뿐입니다." 내가 왕의 말에 찬탄하였다. "착하다, 대왕이여! 내가 말한 四山이란 곧 중생의 생로병사이다. 생로병사가 언제나 사람에게 절박하게 다가오는데에도 어찌하여 대왕은 보시와 계율을 닦지 않는가." 이런 비유가 바로 그런 일이다. 이 때문에 어진 이든 불초한 이든 강한 이든 나약한 이든 모두가 생로병사라는 四山에 의해 변해가는 것이다. 그 어느 누구도 여기에서 벗어날 사람이

----

1 八喻: 비유의 종류를 8종으로 나눈 것. ① 순유(順喻). 차례대로 일어나는 일로 비유해 나타내는 것. 예를 들면, 큰비가 줄기차게 내려서 큰물이 난다는 따위. ② 역유(逆喻). 거꾸로 된 일로 비유하는 것. 큰 바다의 근본은 강물이다 하는 따위. ③ 현유(現喻). 앞에 있는 일로 비유해 나타내는 것. 중생의 마음은 원숭이와 같다 하는 따위. ④ 비유(非喻). 무슨 일을 가정하여 비유하는 것. 사방에서 큰 산이 몰려오듯이, 생·노·병·사의 4고(苦)가 항상 닥쳐온다고 하는 따위. ⑤ 선유(先喻). 먼저 비유를 말하고 뒤에 법으로 합하는 것. ⑥ 후유(後喻). 먼저 법을 말하고 뒤에 비유를 쓰는 것. ⑦ 선후유(先後喻). 먼저나 뒤에나 모두 비유를 쓰는 것. 파초가 열매 맺으면 말라 죽는 것같이, 어리석은 사람이 이양(利養)을 얻는 것도 역시 그러하며, 또 노새가 새끼를 배면 목숨이 오래가지 못하는 것과 같다 하는 따위. ⑧ 변유(遍喻). 처음부터 끝까지 전체를 모두 비유로 하는 것.

없다. 범왕, 제석, 빈궁, 비천, 요순, 걸주, 삼황, 四凶[2]이 모두 한 줌의 재처럼 사라지는 것이다. 이는 모두 괴로움의 근거[苦依]가 된다.】

集名非己物者는 已本性淨이어니 妄惑何預아 滅名義中義者는 事善有義나 滅理尤勝이 義中義也니라 道名燒然은 以智慧火로 燒煩惱故니라

집성제에서 '非己物'이라 명명한 것은 나의 몸은 본래 자성이 청정한 존재이다. 헛된 미혹이 어찌 관계할 수 있겠는가. 멸성제에서 '義中義'라 명명한 것은 어느 일을 잘한 것이 義가 있으나 적멸의 이치가 더욱 뛰어나다는 것이 義 가운데 義이기 때문이다. 도성제에서 '燒然'이라 명명한 것은 지혜의 불로써 번뇌를 불태워 없애주기 때문이다.

經

諸佛子야 此娑婆世界의 所言苦聖諦者는 彼離垢世界中엔 或名悔恨이며 或名資待며 或名展轉이며 或名住城이며 或名一味며 或名非法이며 或名居宅이며 或名妄著處며 或名虛妄見이며 或名無有數니라

....
2 四凶: 순임금 당시의 네 흉학한 자. 공공(共工)을 유주(幽州)로 유배 보내고, 환도(驩兜)를 숭산(崇山)에 귀양살이 보냈다. 삼묘(三苗)를 삼위산(三危山)으로 축출하고, 곤(鯀)을 우산(羽山)에서 참하였다.

諸佛子야 所言苦集聖諦者는 彼離垢世界中엔 或名無實物이며 或名但有語며 或名非潔白이며 或名生地며 或名執取며 或名鄙賤이며 或名增長이며 或名重擔이며 或名能生이며 或名麤獷이니라

諸佛子야 所言苦滅聖諦者는 彼離垢世界中엔 或名無等等이며 或名普除盡이며 或名離垢며 或名最勝根이며 或名稱會며 或名無資待며 或名滅惑이며 或名最上이며 或名畢竟이며 或名破印이니라

諸佛子야 所言苦滅道聖諦者는 彼離垢世界中엔 或名堅固物이며 或名方便分이며 或名解脫本이며 或名本性實이며 或名不可毀呰며 或名最淸淨이며 或名諸有邊이며 或名受寄全이며 或名作究竟이며 或名淨分別이니라

諸佛子야 離垢世界에 說四聖諦가 有如是等四百億十千名하니 隨衆生心하야 悉令調伏케하시니라

여러 불자들이여, 이 사바세계에서 고성제라 말한 것은 저 이구세계에서는 혹은 회한(悔恨)이라 하고, 혹은 자대(資待)라 하고, 혹은 전전(展轉)이라 하고, 혹은 주성(住城)이라 하고, 혹은 일미(一味)라 하고, 혹은 비법(非法)이라 하고, 혹은 거택(居宅)이라 하고, 혹은 망착처(妄着處)라 하고, 혹은 허망견(虛妄見)이라 하고, 혹은 무유수(無有數)라 합니다.

여러 불자들이여, 고집성제라 말한 것은 저 이구세계에서는 혹은 무실물(無實物)이라 하고, 혹은 단유어(但有語)라 하고, 혹은 비결백

(非潔白)이라 하고, 혹은 생지(生地)라 하고, 혹은 집취(執取)라 하고, 혹은 비천(鄙賤)이라 하고, 혹은 증장(增長)이라 하고, 혹은 중담(重擔)이라 하고, 혹은 능생(能生)이라 하고, 혹은 추광(麤獷)이라 합니다.

여러 불자들이여, 고멸성제라 말한 것은 저 이구세계에서는 혹은 무등등(無等等)이라 하고, 혹은 보제진(普除盡)이라 하고, 혹은 이구(離垢)라 하고, 혹은 최승근(最勝根)이라 하고, 혹은 칭회(稱會)라 하고, 혹은 무자대(無資待)라 하고, 혹은 멸혹(滅惑)이라 하고, 혹은 최상(最上)이라 하고, 혹은 필경(畢竟)이라 하고, 혹은 파인(破印)이라 합니다.

여러 불자들이여, 고멸도성제라 말한 것은 저 이구세계에서는 혹은 견고물(堅固物)이라 하고, 혹은 방편분(方便分)이라 하고, 혹은 해탈본(解脫本)이라 하고, 혹은 본성실(本性實)이라 하고, 혹은 불가훼자(不可毀呰)라 하고, 혹은 최청정(最淸淨)이라 하고, 혹은 제유변(諸有邊)이라 하고, 혹은 수기전(受寄全)이라 하고, 혹은 작구경(作究竟)이라 하고, 혹은 정분별(淨分別)이라 합니다.

여러 불자들이여, 이 이구세계에서 사성제를 말하는데 이러한 4백억 10천 가지의 이름이 있습니다. 이는 중생의 마음을 따라 모두 중생을 조복하는 것입니다.

● 疏 ●

三은 西方離垢世界니라 苦名無有數는 三際無涯故오 集名增長者는 從惑生惑業故니라【鈔_ 從惑生惑業者는 卽俱舍頌에 具云 從惑生惑業이오 從業 生於事오 從事 事惑生이라 有支理唯此라하니 此偈는

53

六地에 當釋이로되 今但要此句니 從惑生惑者는 謂從愛生取也요 從惑生業者는 卽從取生有와 及無明生行이라 事卽是苦니 今但說集일세 唯擧惑業이니라】

(3) 서쪽의 이구세계이다. 고성제에서 '無有數'라 명명한 것은 과거 현재 미래 三際가 끝이 없기 때문이다. 집성제에서 '增長'이라 명명한 것은 미혹에서 惑業을 만들어내기 때문이다.【초_ "미혹에서 惑業을 만들어낸다."는 것은 구사론 게송에서 자세히 말해주고 있다. "미혹에서 혹업을 만들어내고, 혹업에서 일을 만들어내고, 일에서 事惑이 생겨나게 된다. 十二有支(12인연)의 이치가 오직 이런 것이다." 구사론에서 말한 이 게송은 六地에서 다시 해석할 것이며, 여기에서는 다만 이 구절만을 필요로 한다. "미혹에서 혹업을 만들어낸다."는 것은 애욕이 집착을 만들어냄을 말한다. "미혹에서 혹업을 만들어낸다."는 것은 곧 집착에 의해 有를 만들어낸다는 것과 無明이 行을 만들어냄을 말한다. 事는 곧 苦이다. 여기에서는 단 集을 말한 까닭에 오직 혹업만을 들어 말한 것이다.】

滅名稱會者는 以事之滅로 稱會理滅故요 破印者는 世之陰苦 若臘印印泥라 印壞文成이라 此陰纔滅에 彼陰續生이어늘 今云破印은 永不生也라

道名諸有邊者는 照實이면 卽生死可盡也라 故中論云 '眞法及說者와 聽者難得故라 是故로 卽生死 非有邊無邊'이라하니 謂三事難得일세 故非有邊이오 難得者는 容有得義니 得則生死有邊이라 '受寄全'者는 業寄於集이면 暫受還亡이어니와 業寄於道면 永不可失이니라【鈔_ '照實'

等者는 立理오 故中論下는 引證이니 先擧偈文이라 卽邪見品에 先有偈云 若世間有邊인댄 云何有後世며 若世間無邊인댄 云何有後世오 하니 上은 反釋이라 次云 '五陰常相續이 猶如燈火焰이라 以是於世間에 不應邊無邊이라하니 釋曰 以緣生性空이라 故不屬邊無邊이오 復次如中百觀說이니 眞法及說者等은 此約相說이니 不遇因緣이면 則生死無邊이어니와 遇則有邊이라 此有三事하니 一 眞法이니 如良藥이오 二 說者니 如良醫오 三 聽者니 如可治之病이라 若具此三이면 煩惱病 愈하고 生死可盡이니 盡卽是邊이오 不具此三이면 煩惱浩然하야 生死無畔이니 斯則無邊이라 故結云非有邊이오 非無邊也라하니라

謂三事下는 疏釋上偈이니 卽影公意라 彼疏云 難得故로 非有邊이오 難得故로 非無邊이라하니 言猶難見일새 故取意釋이라 夫言難得은 非全不得이니 若全不得인댄 一向無邊이라 今有得者니 得則有邊이어니와 以難得故로 則無邊耳라 此亦約一人而說이어니와 若總望一切인댄 難有其邊이라

'業寄於集'者는 設修善業이라도 有漏心 修면 是寄於集이니 因盡報謝일새 故云還亡이오 無漏心 修면 是寄於道니 道符於理일새 直趣菩提니라 】

멸성제에서 '稱會'라 명명한 것은 사법계가 사라짐으로써 이법계의 적멸에 부합된 때문이다. '破印'이란 세간의 陰苦가 마치 밀로 만든 도장을 진흙 위에 찍으면 진흙이 뭉개지면서 문자가 찍히는 것처럼 이런 陰苦가 겨우 사라지면 또 다른 저 陰苦가 뒤이어 일어나는 법인데, 여기에서 '破印'이라 명명한 것은 영원히 생겨나지 않

음을 말한다.

도성제에서 '諸有邊'이라 명명한 것은 실상을 관조하면 곧 생사를 다할 수 있다. 이 때문에 中論에서 이르기를 "眞法 및 설법한 자와 법문을 듣는 자를 얻기 어려운 까닭이다. 이 때문에 생사가 끝이 있는 것도 끝이 없는 것도 아니다."고 하였다. 이처럼 '진법', '설법자', '청법자' 3가지의 일을 얻기 어려운 까닭에 끝이 있는 것도 아니며, '얻기 어렵다[難得].'는 것은 혹 얻을 수 있는 의의가 있다는 것이다. 이를 얻으면 생사가 끝이 있는 것이다. '受奇全'이란 業을 集에 의탁하면 잠시 받았다가 도리어 잃겠지만, 業을 道에 의탁하면 영원히 잃지 않음을 말한다.【초_ '照實 卽生死可盡也'는 바로 이론을 세움이며, '故中論' 이하는 인증이기에 먼저 게송을 들어 말한 것이다. 이는 邪見品에 먼저 이런 게송이 있었다.

"만일 세간이 끝이 있다면 어떻게 후세가 있으며, 세간이 끝이 없다면 어떻게 후세가 있겠는가."

이는 위의 글에 대한 반대 해석이다. 그리고 그다음의 게송은 이렇다.

"五陰이 언제나 서로 이어짐이 마치 등불의 불꽃과 같다. 이 때문에 세간에는 끝이 있기도 하고 끝이 없기도 함이 아니다."

이에 대해 해석하면 다음과 같다.

반연을 만들어내는 자성이 空한 까닭에 끝이 있고 끝이 없는 데에 속하지 않는다. 또한 그다음의 게송에서 "中百觀의 설과 같다. '진법', '설법자', '청법자'" 등은 형상으로 말한 것이다. 인연을 만나지 못하면 생사가 끝이 없거니와 인연을 만나면 끝이 있다. 여기에는 '진법', '설법자', '청법자'라는 3가지의 일이 있다. 첫째 '진법'이란 좋은 약과 같고, 둘째 '설법자'는 훌륭한 의사와 같고, 셋째 '청법자'란 질병을 치료하는 것과 같다. 만일 이 3가지의 일을 충분하게 갖추면 번뇌의 병이 치유되고 생사가 끝나게 된다. 생사가 끝난 자리가 곧 끝[邊]이다. 이 3가지의 일을 충분하게 갖추지 못하면 번뇌가 성대하여 생사의 끝이 보이지 않는다. 이것이 곧 끝이 없는 것[無邊]이다. 이 때문에 "끝이 있는 것도 아니고 끝이 없는 것도 아니다."고 끝맺은 것이다.

'謂三事' 이하는 위의 게송을 註疏로 해석한 것인바 곧 影公의 뜻이다. 影公의 疏에 이르기를 "얻기 어려운 까닭에 끝이 있는 것도 아니요, 얻기 어려운 까닭에 끝이 없는 것도 아니다."고 하니 말로는 오히려 이를 보기 어려운 까닭에 그 뜻을 취하여 해석하였다. "얻기 어렵다."고 말한 것은 전혀 얻을 수 없다는 것이 아니다. 만일 전혀 얻을 수 없다면 하나같이 끝이 없는 것이다. 여기에 이를 얻은 자가 있다. 이를 얻으면 끝이 있거니와 얻기 어려운 까닭에 곧 끝이 없는 것이다. 이는 또한 한 사람을 들어 말한 것인바, 만일 총체로 일체를 들어 대조하면 그 끝이 있기 어렵다.

'業寄於集'이란 설사 선업을 닦을지라도 有漏心으로 닦으면 이는 集에 의탁한 것인바 원인이 다하면 과보가 끝나기에 이를 "도리어 잃는다[還亡]."고 말하였고, 無漏心으로 닦으면 이는 道에 의탁한 것인바 도는 이치에 부합한 까닭에 바로 菩提에 나아갈 수 있다.】

諸佛子야 此娑婆世界의 所言苦聖諦者는 彼豊溢世界中엔 或名愛染處며 或名險害根이며 或名有海分이며 或名積集成이며 或名差別根이며 或名增長이며 或名生滅이며 或名障礙며 或名刀劍本이며 或名數所成이니라

諸佛子야 所言苦集聖諦者는 彼豊溢世界中엔 或名可惡며 或名名字며 或名無盡이며 或名分數며 或名不可愛며 或名能攫噬며 或名麤鄙物이며 或名愛着이며 或名器며 或名動이니라

諸佛子야 所言苦滅聖諦者는 彼豊溢世界中엔 或名相續斷이며 或名開顯이며 或名無文字며 或名無所修며 或名無所見이며 或名無所作이며 或名寂滅이며 或名已燒盡이며 或名捨重擔이며 或名已除壞니라

諸佛子야 所言苦滅道聖諦者는 彼豊溢世界中엔 或名寂滅行이며 或名出離行이며 或名勤修證이며 或名安穩去며 或名無量壽며 或名善了知며 或名究竟道며 或名難修習이며 或名至彼岸이며 或名無能勝이니라

諸佛子야 豊溢世界에 說四聖諦가 有如是等四百億十千名하니 隨衆生心하야 悉令調伏케하시니라

　　여러 불자들이여, 이 사바세계에서 고성제라 말한 것은 저 풍일세계에서는 혹은 애염처(愛染處)라 하고, 혹은 험해근(險害根)이라 하고, 혹은 유해분(有海分)이라 하고, 혹은 적집성(積集成)이라 하고,

혹은 차별근(差別根)이라 하고, 혹은 증장(增長)이라 하고, 혹은 생멸(生滅)이라 하고, 혹은 장애(障礙)라 하고, 혹은 도검본(刀劍本)이라 하고, 혹은 수소성(數所成)이라 합니다.

여러 불자들이여, 고집성제라 말한 것은 저 풍일세계에서는 혹은 가오(可惡)라 하고, 혹은 명자(名字)라 하고, 혹은 무진(無盡)이라 하고, 혹은 분수(分數)라 하고, 혹은 불가애(不可愛)라 하고, 혹은 능확서(能攫噬)라 하고, 혹은 추비물(麤鄙物)이라 하고, 혹은 애착(愛着)이라 하고, 혹은 기(器)라 하고, 혹은 동(動)이라 합니다.

여러 불자들이여, 고멸성제라 말한 것은 저 풍일세계에서는 혹은 상속단(相續斷)이라 하고, 혹은 개현(開顯)이라 하고, 혹은 무문자(無文字)라 하고, 혹은 무소수(無所修)라 하고, 혹은 무소견(無所見)이라 하고, 혹은 무소작(無所作)이라 하고, 혹은 적멸(寂滅)이라 하고, 혹은 이소진(已燒盡)이라 하고, 혹은 사중담(捨重擔)이라 하고, 혹은 이제괴(已除壞)라 합니다.

여러 불자들이여, 고멸도성제라 말한 것은 저 풍일세계에서는 혹은 적멸행(寂滅行)이라 하고, 혹은 출리행(出離行)이라 하고, 혹은 근수증(勤修證)이라 하고, 혹은 안온거(安穩去)라 하고, 혹은 무량수(無量壽)라 하고, 혹은 선료지(善了知)라 하고, 혹은 구경도(究竟道)라 하고, 혹은 난수습(難修習)이라 하고, 혹은 지피안(至彼岸)이라 하고, 혹은 무능승(無能勝)이라 합니다.

여러 불자들이여, 이 풍일세계에서 사성제를 말하는데 이러한 4백억 10천 가지의 이름이 있습니다. 이는 중생의 마음을 따라 모두 중생을 조복하는 것입니다.

● 疏 ●

四北方豐溢世界者는 豐溢은 自南方界名이라 前品에 此方을 名爲豐樂이라하니 梵云微部地는 豐樂得有어늘 譯者 不審하야 二名相參耳라 苦名有海分者는 二十五有에 各一分也라 數所成者는 數體卽集이니 集所成故니라【鈔_ '二十五有'者는 頌云 '四洲·四惡趣와 梵王·六欲天과 無想·五那含과 四空并四禪'이라'하니 廣如涅槃十四라 '數體卽集'者는 有爲之法을 總名爲數며 亦心數也니 今總中取別하야 云卽集也라】

(4) 북쪽의 풍일세계란 豐溢은 남쪽 세계의 이름이었다. 앞의 품에서는 이 북쪽의 세계를 '豐樂'이라 말하였다. 범어로 微部地라 말한 것은 豐樂이라는 뜻이 바른 것인데 번역한 자가 이를 제대로 살피지 못한 오류에 의하여 '풍일', '풍락'의 두 이름이 서로 섞이게 된 것이다.

고성제에서 '有海分'이라 명명한 것은 二十五有에 각각 하나의 분[一分]을 말한다. '數所成'이란 수효의 자체가 곧 集이다. 集으로 이뤄졌기 때문이다.【초_ '二十五有'란 게송에 이르기를 "四洲·四惡趣, 梵王·六欲天, 無想·五那含[五不還 또는 五淨居], 四空과 아울러 四禪"이라고 한다. 이를 자세히 말하면 열반경 14에서 말한 바와 같다. '數體卽集'이란 有爲의 법을 총체로 數라 하며, 또한 心數[心所 즉 분별 또는 생각]를 말한다. 여기에서는 총체 속에 개별을 취하

여 '卽集'이라 말하였다.】

集名分數者는 無一理以貫之면 則惑業萬差矣라 攫噬者는 攫은 搏也오 噬는 嚙也니 集之損害 猶惡禽獸也라【鈔_ 無一理者는 生公云 '凡順理生心名善이오 乖背爲惡이라 萬善은 理同而相兼이오 惡은 異而域絶이라하니 卽斯義矣니라】

집성제에서 '分數'라 명명한 것은 하나의 이치로 관통하지 못하면 곧 혹업이 만 가지의 차별로 나타난다. '攫噬'에서 攫은 '낚아채다'의 뜻이며, 噬는 '씹다'의 뜻이다. 集에 의한 해악이 흉포한 짐승과 같음을 말한다.【초_ "하나의 이치로 관통하지 못한다."는 것은 生公이 말하기를 "대체로 이치를 따라 마음을 내면 선이라 말하고 이치에 어긋나거나 저버리면 악이라 말한다. 선이란 이치가 같으므로 모두가 함께하지만 악은 각기 다르기에 전혀 다른 것이다."고 하니 곧 이런 뜻이다.】

滅名無所修者는 修已極故오 道名無量壽者는 謂證滅永常이니 今因標果稱이라

멸성제에서 '無所修'라 명명한 것은 닦음이 이미 다한 때문이다.

도성제에서 '無量壽'라 명명한 것은 滅의 영원하고 떳떳함을 증득함이니 여기에서는 원인으로 결과에 대한 명칭을 나타낸 것이다.

經

諸佛子야 此娑婆世界의 所言苦聖諦者는 彼攝取世界中엔 或名能劫奪이며 或名非善友며 或名多恐怖며 或名種種戱

論이며 或名地獄性이며 或名非實義며 或名貪欲擔이며 或名深重根이며 或名隨心轉이며 或名根本空이니라
諸佛子야 所言苦集聖諦者는 彼攝取世界中엔 或名貪著이며 或名惡成辦이며 或名過惡이며 或名速疾이며 或名能執取며 或名想이며 或名有果며 或名無可說이며 或名無可取며 或名流轉이니라
諸佛子야 所言苦滅聖諦者는 彼攝取世界中엔 或名不退轉이며 或名離言說이며 或名無相狀이며 或名可欣樂이며 或名堅固며 或名上妙며 或名離癡며 或名滅盡이며 或名遠惡이며 或名出離니라
諸佛子야 所言苦滅道聖諦者는 彼攝取世界中엔 或名離言이며 或名無諍이며 或名敎導며 或名善廻向이며 或名大善巧며 或名差別方便이며 或名如虛空이며 或名寂靜行이며 或名勝智며 或名能了義니라
諸佛子야 攝取世界에 說四聖諦가 有如是等四百億十千名하니 隨衆生心하야 悉令調伏케하시니라

　여러 불자들이여, 이 사바세계에서 고성제라 말한 것은 저 섭취세계에서는 혹은 능겁탈(能劫奪)이라 하고, 혹은 비선우(非善友)라 하고, 혹은 다공포(多恐怖)라 하고, 혹은 종종희론(種種戲論)이라 하고, 혹은 지옥성(地獄性)이라 하고, 혹은 비실의(非實義)라 하고, 혹은 탐욕담(貪欲擔)이라 하고, 혹은 심중근(深重根)이라 하고, 혹은 수심전(隨心轉)이라 하고, 혹은 근본공(根本空)이라 합니다.

여러 불자들이여, 고집성제라 말한 것은 저 섭취세계에서는 혹은 탐착(貪著)이라 하고, 혹은 악성판(惡成辦)이라 하고, 혹은 과오(過惡)라 하고, 혹은 속질(速疾)이라 하고, 혹은 능집취(能執取)라 하고, 혹은 상(想)이라 하고, 혹은 유과(有果)라 하고, 혹은 무가설(無可設)이라 하고, 혹은 무가취(無可取)라 하고, 혹은 유전(流轉)이라 합니다.

여러 불자들이여, 고멸성제라 말한 것은 저 섭취세계에서는 혹은 불퇴전(不退轉)이라 하고, 혹은 이언설(離言說)이라 하고, 혹은 무상장(無相狀)이라 하고, 혹은 가흔락(可欣樂)이라 하고, 혹은 견고(堅固)라 하고, 혹은 상묘(上妙)라 하고, 혹은 이치(離癡)라 하고, 혹은 멸진(滅盡)이라 하고, 혹은 원악(遠惡)이라 하고, 혹은 출리(出離)라 합니다.

여러 불자들이여, 고멸도성제라 말한 것은 저 섭취세계에서는 혹은 이언(離言)이라 하고, 혹은 무쟁(無諍)이라 하고, 혹은 교도(敎導)라 하고, 혹은 선회향(善廻向)이라 하고, 혹은 대선교(大善巧)라 하고, 혹은 차별방편(差別方便)이라 하고, 혹은 여허공(如虛空)이라 하고, 혹은 적정행(寂靜行)이라 하고, 혹은 승지(勝智)라 하고, 혹은 능요의(能了義)라 합니다.

여러 불자들이여, 이 섭취세계에서 사성제를 말하는데 이러한 4백억 10천 가지의 이름이 있습니다. 이는 중생의 마음을 따라 모두 중생을 조복하는 것입니다.

◉ 疏 ◉

五는 東北方 攝取世界라 苦名地獄性者는 未入忍來에 常有墮性이라

【鈔_ '未入忍'者는 俱舍云 '煖必至涅槃하고 頂終不斷善하고 忍不墮
惡趣하고 第一은 入離生이라하니 四善根中에 第三이 方免地獄이라 故知
苦依之身이 地獄性矣니라】

(5) 동북쪽의 섭취세계이다. 고성제에서 '地獄性'이라 명명한
것은 忍位에 들어가지 못함에 따라 항상 墮性이 있음을 말한다.
【초_ "인위에 들어가지 못했다."는 것은 구사론에 이르기를 "煖位
는 반드시 열반에 이르고, 頂位는 마침내 선을 끊지 않고, 忍位는
악취에 떨어지지 않고, 제일위는 離生에 들어간다."고 한다. 四善
根 가운데 제3이 바야흐로 지옥을 면할 수 있기에 괴로움의 근거
[苦依]가 되는 몸이 地獄性임을 알아야 한다.】

根本空者는 約性以說이니 同淨名'五受陰洞達空故니라【鈔_ '同淨
名'者는 卽迦旃延章에 謂不生不滅이 是無常義오 五受陰洞達空하야
無所起를 是苦義오 諸法畢竟無所有는 是空義오 於我無我而不二는
是無我義오 法本不生이라 今則無滅이 是寂滅義라하니 今唯要一句니
至第三住에 當廣分別耳라】

'根本空'이란 자성으로 말한 것이다. 정명경에 五受陰의 洞達空
과 같기 때문이다.【초_ 정명경에서 말한 바와 같다는 것은 정명경
迦旃延章에 이르기를 "생겨나지도 않고 사라지지도 않음이 無常義
이며, 五受陰을 통달하여 空하여 일어날 바가 없음이 苦義이며, 모
든 법이 필경에 있는 바가 없음이 空義이며, 我와 無我에 둘이 아
님이 無我義이며, 법은 본래 생겨남이 없는 터라 이제 사라짐도 없
음이 寂滅義이다."고 하였다. 여기에서는 오직 1구만을 취한 것인

바, 第三住에서 이에 대해 자세히 분별하고자 한다.】

集中由妄惑故로 愛見羅刹이 橫相執取어니와 妄體 本空이라 故無可取니라 故中論云 '虛誑妄取者는 是中何所取오 佛說如是法은 欲以示空義라'하니라【鈔_ 愛見等者는 愛見羅刹은 前已釋竟이어니와 二地經云 '身見羅刹이 於中執取하야 將其永入愛欲稠林이라'하니라 '妄體本空者는 由二義하야 前名執取하고 後名無所取라하니 義似相違라 故中論下는 釋無所取니 即是行品이라 行은 即是陰이니 謂小乘人이 爲菩薩立過云 若一切法空인댄 何以佛說虛誑妄取오 若有妄取인댄 法則不空이라 故偈云 如佛經所說이라 虛誑妄取相은 諸行妄取故로 是名爲虛誑이라하니라 故論主 擧偈以答이라 即如今疏所引偈는 是此答意니 云由不了空하야 無所取中而生取著일새 故云妄取라하니 若有可取인댄 不名妄取니 明知하라 說於妄取는 正爲說空이니 如責瞖人이 妄取空華는 正爲顯華 是非有故니라】

集中에는 妄惑을 따른 때문에 愛見羅刹이 횡으로 서로 집착하거니와 妄體는 본래 공한 것이기에 취할 게 없다. 이 때문에 中論에 이르기를 "虛誑妄取란 이 가운데 무엇을 취할 바인가. 부처님이 이와 같은 법을 말씀하신 것은 空義를 보이고자 함이다."고 하였다.【초_ '愛見' 등의 愛見羅刹은 앞에서 이미 해석했거니와 二地經에 이르기를 "身見羅刹이 그 가운데 집착하여 장차 그 애욕의 빽빽한 숲에 영원히 들어간다."고 하였다. 妄體本空이란 2가지의 뜻에 따라 앞에서는 執取라 이름하고 뒤에서는 無所取라 이름하니 뜻이 서로 통함과 같다. '故中論' 이하는 無所取에 대해 해석

65

한 것으로 이는 곧 行品이다. 行은 곧 陰이니 소승인이 보살을 위하여 過를 세워 이르기를 "만일 모든 법이 空이라면 어찌하여 부처님께서 虛誑妄取를 말씀하셨는가. 만일 妄取가 있다면 법이 곧 공함이 아니다."고 한 때문에 게송에 이르기를 "불경에 말한 바와 같이 虛誑妄取相은 모든 行을 잘못 집착한 까닭에 그 이름을 虛誑이라 한다."고 하였다. 이 때문에 論主가 게송으로 이에 대해 답하였다. 곧 이의 疏에서 인용한 게송은 바로 이것이 이에 대해 답한 뜻이다. 공인 줄 알지 못함에 따라 취할 바 없는 가운데 집착을 낸 까닭에 이르기를 妄取라 한다. 만일 취할 게 있다면 이를 妄取라고 말하지 못할 것이다. 분명히 알아야 할 사실은 妄取라 말함은 바로 空을 말한 것이다. 눈이 먼 사람이 잘못 空華를 취한다고 꾸짖는 것은 바로 공화란 본래 있는 게 아님을 나타내는 것과 같기 때문이다.】

滅道俱名離言者는 滅性은 離言이며 道令言離故니라【鈔_ 滅性離言者는 諸法寂滅相은 不可以言宣故며 道令言離者는 亡心體極이면 離言契滅故니라】

　　멸성제와 도성제에서 모두 '離言'이라 명명한 것은 滅性은 언어를 여읜 것이며, 도는 말을 여의도록 하는 것이기 때문이다.【초_ "滅性은 언어를 여읜 것이다."란 모든 법의 寂滅相은 말로써 이를 밝힐 수 없기 때문이며, "도는 말을 여의도록 하는 것이다."란 마음을 잊고 極處를 체득하여 통달하면 언어를 여의어 滅에 계합하기 때문이다.】

諸佛子 此娑婆世界의 所言苦聖諦者는 彼饒益世界中엔 或名重擔이며 或名不堅이며 或名如賊이며 或名老死며 或名愛所成이며 或名流轉이며 或名疲勞며 或名惡相狀이며 或名生長이며 或名利刃이니라

諸佛子야 所言苦集聖諦者는 彼饒益世界中엔 或名敗壞며 或名渾濁이며 或名退失이며 或名無力이며 或名喪失이며 或名乖違며 或名不和合이며 或名所作이며 或名取며 或名意欲이니라

諸佛子야 所言苦滅聖諦者는 彼饒益世界中엔 或名出獄이며 或名眞實이며 或名離難이며 或名覆護며 或名離惡이며 或名隨順이며 或名根本이며 或名捨因이며 或名無爲며 或名無相續이니라

諸佛子야 所言苦滅道聖諦者는 彼饒益世界中엔 或名達無所有며 或名一切印이며 或名三昧藏이며 或名得光明이며 或名不退法이며 或名能盡有며 或名廣大路며 或名能調伏이며 或名有安穩이며 或名不流轉根이니라

諸佛子야 饒益世界에 說四聖諦가 有如是等四百億十千名하니 隨衆生心하야 悉令調伏케하시나라

여러 불자들이여, 이 사바세계에서 고성제라 말한 것은 저 요익세계에서는 혹은 중담(重擔)이라 하고, 혹은 불견(不堅)이라 하고, 혹은 여적(如賊)이라 하고, 혹은 노사(老死)라 하고, 혹은 애소성(愛所

成)이라 하고, 혹은 유전(流轉)이라 하고, 혹은 피로(疲勞)라 하고, 혹은 악상장(惡相狀)이라 하고, 혹은 생장(生長)이라 하고, 혹은 이인(利刃)이라 합니다.

여러 불자들이여, 고집성제라 말한 것은 저 요익세계에서는 혹 패괴(敗壞)라 하고, 혹은 혼탁(渾濁)이라 하고, 혹은 퇴실(退失)이라 하고, 혹은 무력(無力)이라 하고, 혹은 상실(喪失)이라 하고, 혹은 괴위(乖違)라 하고, 혹은 불화합(不和合)이라 하고, 혹은 소작(所作)이라 하고, 혹은 취(取)라 하고, 혹은 의욕(意欲)이라 합니다.

여러 불자들이여, 고멸성제라 말한 것은 저 요익세계에서는 혹은 출옥(出獄)이라 하고, 혹은 진실(眞實)이라 하고, 혹은 이난(離難)이라 하고, 혹은 부호(覆護)라 하고, 혹은 이악(離惡)이라 하고, 혹은 수순(隨順)이라 하고, 혹은 근본(根本)이라 하고, 혹은 사인(捨因)이라 하고, 혹은 무위(無爲)라 하고, 혹은 무상속(無相續)이라 합니다.

여러 불자들이여, 고멸도성제라 말한 것은 저 요익세계에서는 혹 달무소유(達無所有)라 하고, 혹은 일체인(一切印)이라 하고, 혹은 삼매장(三昧藏)이라 하고, 혹은 득광명(得光明)이라 하고, 혹은 불퇴법(不退法)이라 하고, 혹은 능진유(能盡有)라 하고, 혹은 광대로(廣大路)라 하고, 혹은 능조복(能調伏)이라 하고, 혹은 유안온(有安穩)이라 하고, 혹은 불류전근(不流轉根)이라 합니다.

여러 불자들이여, 이 요익세계에서 사성제를 말하는데 이러한 4백억 10천 가지의 이름이 있습니다. 이는 중생의 마음을 따라 모두 중생을 조복하는 것입니다.

● 疏 ●

六은 東南饒益世界라 苦名如賊者는 五盛陰苦 劫害我故며 集名無力者는 於出生死에 無有力能이오 善法治之에 不復相拒故며 滅名捨因者는 無爲無因이라 而體是果니 菩提之道 望此亦因이오 獨寂滅涅槃이 得稱果果라 故曰捨因이라【鈔_ 無爲無因者는 卽涅槃師子吼品云 涅槃은 無因이라 而體是果니 若涅槃有因인댄 不得名爲般涅槃也라하니 謂涅槃之體 畢竟無因이 如無我我所故며 亦如俱舍의 無爲無因果니 謂六因無五오 但有能作일세 故名捨因이라 '而體是果'는 卽離繫果라 菩提之道 望此亦因者는 要得菩提하야 證涅槃故라 故此菩提도 亦名爲因이라하니 是果中因故오 滅理涅槃은 是因家之果오 又是菩提果家之果故니라 】

(6) 동남쪽의 요익세계이다. 고성제에서 '如賊'이라 명명한 것은 五盛陰苦가 나를 劫害하기 때문이다.

집성제에서 '無力'이라 명명한 것은 생사에서 벗어날 힘이 없고, 선한 법으로 다스려 다시는 서로 대항하지 않기 때문이다.

멸성제에서 '捨因'이라 명명한 것은 작위도 없고 원인도 없다. 體가 果이다. 보리의 道도 이에 대조해보면 또한 因이요, 오직 적멸열반을 '果의 果'라 칭하는 까닭에 捨因이라고 말한다.【초_ "작위도 없고 원인도 없다."는 것은 열반경 師子吼品에 이르기를 "열반은 원인이 없는 터라 體가 果이다. 만일 열반이 원인이 있다면 般涅槃이라 말하지 못한다."고 하였다. 열반의 體가 필경에 원인이 없음이 我와 我所가 없는 것과 같기 때문이며, 또한 구사론의 "작위도 없고 원인도 없는 결과"와 같다. 六因[3]에 5가지가 없고 단 능히 만들어낼 수 있는 주체가 있기 때문에 그 이름을 捨因이라 한다. '體가 果'라는 것은 곧 속박을 여읜 결과이다. "보리의 道도 이에 대조해보면 또한 因"이란 것은 보리를 얻어야 열반을 증득할 수 있기 때문이다. 따라서 보리 또한 因이라고 말한다. 이는 결과 속의 원인이기 때문이며, 滅理涅槃은 因家의 결과이며, 또한 菩提果家의 결과이기 때문이다.】

道名一切印은 無不審決故니 印義는 後說하리라

도성제에서 '一切印'이라 명명한 것은 살펴서 결단하지 않을 수 없기 때문이다. '印義'에 대해서는 뒤의 해당 부분에서 말할 것이다.

經

諸佛子야 此娑婆世界의 所言苦聖諦者는 彼鮮少世界中엔 或名險樂欲이며 或名繫縛處며 或名邪行이며 或名隨受며 或名無慚恥며 或名貪欲根이며 或名恒河流며 或名常破壞며 或名炬火性이며 或名多憂惱니라
諸佛子야 所言苦集聖諦者는 彼鮮少世界中엔 或名廣地며 或名能趣며 或名遠慧며 或名留難이며 或名恐怖며 或名放逸이며 或名攝取며 或名着處며 或名宅主며 或名連縛이니라

....

3 六因: 능가경에서는 ① 常有因, ② 相續因, ③ 相因, ④ 作因, ⑤ 了因, ⑥ 相待因이라 하였고, 또한 구사론에서는 ① 能作因, ② 俱有因, ③ 同類因, ④ 相應因, ⑤ 遍行因, ⑥ 異熟因이라고 말하였다.

諸佛子야 所言苦滅聖諦者는 彼鮮少世界中엔 或名充滿이며 或名不死며 或名無我며 或名無自性이며 或名分別盡이며 或名安樂住며 或名無限量이며 或名斷流轉이며 或名絕行處며 或名不二니라

諸佛子야 所言苦滅道聖諦者는 彼鮮少世界中엔 或名大光明이며 或名演說海며 或名簡擇義며 或名和合法이며 或名離取着이며 或名斷相續이며 或名廣大路며 或名平等因이며 或名淨方便이며 或名最勝見이니라

諸佛子야 鮮少世界에 說四聖諦가 有如是等四百億十千名하니 隨衆生心하야 悉令調伏케하시니라

여러 불자들이여, 이 사바세계에서 고성제라 말한 것은 저 선소세계에서는 혹은 험낙욕(險樂欲)이라 하고, 혹은 계박처(繫縛處)라 하고, 혹은 사행(邪行)이라 하고, 혹은 수수(隨受)라 하고, 혹은 무참치(無慙恥)라 하고, 혹은 탐욕근(貪欲根)이라 하고, 혹은 항하류(恒河流)라 하고, 혹은 상파괴(常破壞)라 하고, 혹은 거화성(炬火性)이라 하고, 혹은 다우뇌(多憂惱)라 합니다.

여러 불자들이여, 고집성제라 말한 것은 저 선소세계에서는 혹은 광지(廣地)라 하고, 혹은 능취(能趣)라 하고, 혹은 원혜(遠慧)라 하고, 혹은 유난(留難)이라 하고, 혹은 공포(恐怖)라 하고, 혹은 방일(放逸)이라 하고, 혹은 섭취(攝取)라 하고, 혹은 착처(着處)라 하고, 혹은 택주(宅主)라 하고, 혹은 연박(連縛)이라 합니다.

여러 불자들이여, 고멸성제라 말한 것은 저 선소세계에서는 혹

은 충만(充滿)이라 하고, 혹은 불사(不死)라 하고, 혹은 무아(無我)라 하고, 혹은 무자성(無自性)이라 하고, 혹은 분별진(分別盡)이라 하고, 혹은 안락주(安樂住)라 하고, 혹은 무한량(無限量)이라 하고, 혹은 단유전(斷流轉)이라 하고, 혹은 절행처(絕行處)라 하고, 혹은 불이(不二)라 합니다.

여러 불자들이여, 고멸도성제라 말한 것은 저 선소세계에서는 혹은 대광명(大光明)이라 하고, 혹은 연설해(演說海)라 하고, 혹은 간택의(簡擇義)라 하고, 혹은 화합법(和合法)이라 하고, 혹은 이취착(離取着)이라 하고, 혹은 단상속(斷相續)이라 하고, 혹은 광대로(廣大路)라 하고, 혹은 평등인(平等因)이라 하고, 혹은 정방편(淨方便)이라 하고, 혹은 최승견(最勝見)이라 합니다.

여러 불자들이여, 이 선소세계에서 사성제를 말하는데 이러한 4백억 10천 가지의 이름이 있습니다. 이는 중생의 마음을 따라 모두 중생을 조복하는 것입니다.

◉ 疏 ◉

七은 西南鮮少世界라 苦名邪行者는 體非正道니 是行性故오 集名廣地는 生大苦樹故오 宅主는 卽無明也오 滅名絕行處者는 心路絕故오 道名廣大路者는 先聖後賢이 游之而不厭故니라

(7) 서남쪽의 선소세계이다. 고성제에서 '邪行'이라 명명한 것은 본체가 正道가 아니다. 이는 行性이기 때문이다.

집성제에서 '廣地'라 명명한 것은 괴로움의 큰 나무를 키워내기

때문이며, '宅主'는 곧 無明이다.

　멸성제에서 '絕行處'라 명명한 것은 마음의 작용이 끊어지기 때문이다.

　도성제에서 '廣大路'라 명명한 것은 先聖과 後賢이 싫어하지 않고 유희하기 때문이다.

經

諸佛子야 此娑婆世界의 所言苦聖諦者는 彼歡喜世界中엔 或名流轉이며 或名出生이며 或名失利며 或名染着이며 或名重擔이며 或名差別이며 或名內險이며 或名集會며 或名惡舍宅이며 或名苦惱性이니라

諸佛子야 所言苦集聖諦者는 彼歡喜世界中엔 或名地며 或名方便이며 或名非時며 或名非實法이며 或名無底며 或名攝取며 或名離戒며 或名煩惱法이며 或名狹劣見이며 或名垢聚니라

諸佛子야 所言苦滅聖諦者는 彼歡喜世界中엔 或名破依止며 或名不放逸이며 或名眞實이며 或名平等이며 或名善淨이며 或名無病이며 或名無曲이며 或名無相이며 或名自在며 或名無生이니라

諸佛子야 所言苦滅道聖諦者는 彼歡喜世界中엔 或名入勝界며 或名斷集이며 或名超等類며 或名廣大性이며 或名分別盡이며 或名神力道며 或名衆方便이며 或名正念行이

며 或名常寂路며 或名攝解脫이니라
諸佛子야 歡喜世界에 說四聖諦가 有如是等四百億十千
名하니 隨衆生心하야 悉令調伏케하시니라

여러 불자들이여, 이 사바세계에서 고성제라 말한 것은 저 환희세계에서는 혹은 유전(流轉)이라 하고, 혹은 출생(出生)이라 하고, 혹은 실리(失利)라 하고, 혹은 염착(染着)이라 하고, 혹은 중담(重擔)이라 하고, 혹은 차별(差別)이라 하고, 혹은 내험(內險)이라 하고, 혹은 집회(集會)라 하고, 혹은 악사택(惡舍宅)이라 하고, 혹은 고뇌성(苦惱性)이라 합니다.

여러 불자들이여, 고집성제라 말한 것은 저 환희세계에서는 혹은 지(地)라 하고, 혹은 방편(方便)이라 하고, 혹은 비시(非時)라 하고, 혹은 비실법(非實法)이라 하고, 혹은 무저(無底)라 하고, 혹은 섭취(攝取)라 하고, 혹은 이계(離戒)라 하고, 혹은 번뇌법(煩惱法)이라 하고, 혹은 협렬견(狹劣見)이라 하고, 혹은 구취(垢聚)라 합니다.

여러 불자들이여, 고멸성제라 말한 것은 저 환희세계에서는 혹은 파의지(破依止)라 하고, 혹은 불방일(不放逸)이라 하고, 혹은 진실(眞實)이라 하고, 혹은 평등(平等)이라 하고, 혹은 선정(善淨)이라 하고, 혹은 무병(無病)이라 하고, 혹은 무곡(無曲)이라 하고, 혹은 무상(無相)이라 하고, 혹은 자재(自在)라 하고, 혹은 무생(無生)이라 합니다.

여러 불자들이여, 고멸도성제라 말한 것은 저 환희세계에서는 혹은 입승계(入勝界)라 하고, 혹은 단집(斷集)이라 하고, 혹은 초등류(超等類)라 하고, 혹은 광대성(廣大性)이라 하고, 혹은 분별진(分別盡)이라 하고, 혹은 신력도(神力道)라 하고, 혹은 중방편(衆方便)이라 하고, 혹은 정념행(正念行)이라 하고, 혹은 상적로(常寂路)라 하고, 혹은 섭해탈(攝解脫)이라 합니다.

여러 불자들이여, 이 환희세계에서 사성제를 말하는데 이러한 4백억 10천 가지의 이름이 있습니다. 이는 중생의 마음을 따라 모두 중생을 조복하는 것입니다.

● 疏 ●

八은 西北歡喜界中에 苦諦闕一者는 晉譯은 少出生이오 唐譯은 少失利라 集名無底者는 煩惱深故니 非習道學浮면 沈而不已니라【鈔_ 悲習道學浮者는 亦涅槃三十二師子吼品에 恒河七人之意라 習道는 是法이오 學浮는 是喩니라】

(8) 서북쪽의 환희세계 가운데 고성제에 하나가 빠졌다. 晉譯에서는 '出生'이 없고 唐譯에서는 '失利'가 없다.

집성제에서 '無底'라 명명한 것은 번뇌가 깊기 때문이다. 도를 익히고 물에 뜨는 것[浮]을 배우지 않으면 끝없이 가라앉는다.【초_ 非習道學浮는 또한 열반경 32 師子吼品에서 말한 恒河 七人에 관한 뜻이다. 習道는 法이며, 學浮는 비유이다.】

滅名破依止는 身與煩惱 互爲依止하야 展轉無窮이니 唯證滅理라야 方能永破니라 道名廣大性者는 無不在故니라

멸성제에서 '破依止'라 명명한 것은 몸과 번뇌가 서로 의지하는 데가 되어 끝없이 전전하니 오직 滅理를 증득하여야 바야흐로

길이 번뇌를 타파할 수 있다.

도성제에서 '廣大性'이라 말한 것은 있지 않음이 없기 때문이다.

經

諸佛子야 此娑婆世界의 所言苦聖諦者는 彼關鑰世界中엔 或名敗壞相이며 或名如坏器며 或名我所成이며 或名諸趣身이며 或名數流轉이며 或名衆惡門이며 或名性苦며 或名可棄捨며 或名無味며 或名來去니라

諸佛子야 所言苦集聖諦者는 彼關鑰世界中엔 或名行이며 或名憤毒이며 或名和合이며 或名受支며 或名我心이며 或名雜毒이며 或名虛稱이며 或名乖違며 或名熱惱며 或名驚駭니라

諸佛子야 所言苦滅聖諦者는 彼關鑰世界中엔 或名無積集이며 或名不可得이며 或名妙藥이며 或名不可壞며 或名無着이며 或名無量이며 或名廣大며 或名覺分이며 或名離染이며 或名無障礙니라

諸佛子야 所言苦滅道聖諦者는 彼關鑰世界中엔 或名安穩行이며 或名離欲이며 或名究竟實이며 或名入義며 或名性究竟이며 或名淨現이며 或名攝念이며 或名趣解脫이며 或名救濟며 或名勝行이니라

諸佛子야 關鑰世界에 說四聖諦가 有如是等四百億十千名하니 隨衆生心하야 悉令調伏케하시니라

여러 불자들이여, 이 사바세계에서 고성제라 말한 것은 저 관약세계에서는 혹은 패괴상(敗壞相)이라 하고, 혹은 여배기(如坏器)라 하고, 혹은 아소성(我所成)이라 하고, 혹은 제취신(諸趣身)이라 하고, 혹은 삭류전(數流轉)이라 하고, 혹은 중악문(衆惡門)이라 하고, 혹은 성고(性苦)라 하고, 혹은 가기사(可棄捨)라 하고, 혹은 무미(無味)라 하고, 혹은 내거(來去)라 합니다.

여러 불자들이여, 고집성제라 말한 것은 저 관약세계에서는 혹은 행(行)이라 하고, 혹은 분독(憤毒)이라 하고, 혹은 화합(和合)이라 하고, 혹은 수지(受支)라 하고, 혹은 아심(我心)이라 하고, 혹은 잡독(雜毒)이라 하고, 혹은 허칭(虛稱)이라 하고, 혹은 괴위(乖違)라 하고, 혹은 열뇌(熱惱)라 하고, 혹은 경해(驚駭)라 합니다.

여러 불자들이여, 고멸성제라 말한 것은 저 관약세계에서는 혹은 무적집(無積集)이라 하고, 혹은 불가득(不可得)이라 하고, 혹은 묘약(妙藥)이라 하고, 혹은 불가괴(不可壞)라 하고, 혹은 무착(無着)이라 하고, 혹은 무량(無量)이라 하고, 혹은 광대(廣大)라 하고, 혹은 각분(覺分)이라 하고, 혹은 이염(離染)이라 하고, 혹은 무장애(無障礙)라 합니다.

여러 불자들이여, 고멸도성제라 말한 것은 저 관약세계에서는 혹은 안온행(安穩行)이라 하고, 혹은 이욕(離欲)이라 하고, 혹은 구경실(究竟實)이라 하고, 혹은 입의(入義)라 하고, 혹은 성구경(性究竟)이라 하고, 혹은 정현(淨現)이라 하고, 혹은 섭념(攝念)이라 하고, 혹은 취해탈(趣解脫)이라 하고, 혹은 구제(救濟)라 하고, 혹은 승행(勝行)이라 합니다.

여러 불자들이여, 이 관약세계에서 사성제를 말하는데 이러한 4백억 10천 가지의 이름이 있습니다. 이는 중생의 마음을 따라 모두 중생을 조복하는 것입니다.

◉ 疏 ◉

九는 下方關鑰世界라 苦名我所成者는 我見有故오 集名我心은 卽我見愛오 滅名覺分者는 所覺處故오 道名入義者는 能入滅諦第一義故니라

(9) 아래쪽의 관약세계이다. 고성제에서 '我所成'이라 명명한 것은 我見이 있기 때문이다.

집성제에서 '我心'이라 명명한 것은 곧 나의 見愛이다.

멸성제에서 '覺分'이라 명명한 것은 깨달음의 대상이 되는 곳이기 때문이다.

도성제에서 '入義'라 명명한 것은 滅諦 第一義에 들어갔기 때문이다.

經

諸佛子야 此娑婆世界의 所言苦聖諦者는 彼振音世界中엔 或名匿疵며 或名世間이며 或名所依며 或名傲慢이며 或名染着性이며 或名駛流며 或名不可樂이며 或名覆藏이며 或名速滅이며 或名難調니라
諸佛子야 所言苦集聖諦者는 彼振音世界中엔 或名須制

伏이며 或名心趣며 或名能縛이며 或名隨念起며 或名至後邊이며 或名共和合이며 或名分別이며 或名門이며 或名飄動이며 或名隱覆니라

諸佛子야 所言苦滅聖諦者는 彼振音世界中엔 或名無依處며 或名不可取며 或名轉還이며 或名離諍이며 或名小며 或名大며 或名善淨이며 或名無盡이며 或名廣博이며 或名無等價니라

諸佛子야 所言苦滅道聖諦者는 彼振音世界中엔 或名觀察이며 或名能摧敵이며 或名了知印이며 或名能入性이며 或名難敵對며 或名無限義며 或名能入智며 或名和合道며 或名恒不動이며 或名殊勝義니라

諸佛子야 振音世界에 說四聖諦가 有如是等四百億十千名하니 隨衆生心하야 悉令調伏케하시니라

여러 불자들이여, 이 사바세계에서 고성제라 말한 것은 저 진음세계에서는 혹은 익자(匿疵)라 하고, 혹은 세간(世間)이라 하고, 혹은 소의(所依)라 하고, 혹은 오만(傲慢)이라 하고, 혹은 염착성(染着性)이라 하고, 혹은 사류(駛流)라 하고, 혹은 불가락(不可樂)이라 하고, 혹은 부장(覆藏)이라 하고, 혹은 속멸(速滅)이라 하고, 혹은 난조(難調)라 합니다.

여러 불자들이여, 고집성제라 말한 것은 저 진음세계에서는 혹은 수제복(須制伏)이라 하고, 혹은 심취(心趣)라 하고, 혹은 능박(能縛)이라 하고, 혹은 수념기(隨念起)라 하고, 혹은 지후변(至後邊)이라 하

고, 혹은 공화합(共和合)이라 하고, 혹은 분별(分別)이라 하고, 혹은 문(門)이라 하고, 혹은 표동(飄動)이라 하고, 혹은 은부(隱覆)라 합니다.

여러 불자들이여, 고멸성제라 말한 것은 저 진음세계에서는 혹은 무의처(無依處)라 하고, 혹은 불가취(不可取)라 하고, 혹은 전환(轉還)이라 하고, 혹은 이쟁(離諍)이라 하고, 혹은 소(小)라 하고, 혹은 대(大)라 하고, 혹은 선정(善淨)이라 하고, 혹은 무진(無盡)이라 하고, 혹은 광박(廣博)이라 하고, 혹은 무등가(無等價)라 합니다.

여러 불자들이여, 고멸도성제라 말한 것은 저 진음세계에서는 혹은 관찰(觀察)이라 하고, 혹은 능최적(能摧敵)이라 하고, 혹은 요지인(了知印)이라 하고, 혹은 능입성(能入性)이라 하고, 혹은 난적대(難敵對)라 하고, 혹은 무한의(無限義)라 하고, 혹은 능입지(能入智)라 하고, 혹은 화합도(和合道)라 하고, 혹은 항부동(恒不動)이라 하고, 혹은 수승의(殊勝義)라 합니다.

여러 불자들이여, 이 진음세계에서 사성제를 말하는데 이러한 4백억 10천 가지의 이름이 있습니다. 이는 중생의 마음을 따라 모두 중생을 조복하는 것입니다.

● 疏 ●

十은 上方振音世界라 苦名匿疵는 身爲惑病所藏處故니라 傲慢者는 慢以生苦爲業이니 果取因名이라 染著性者는 性令染故로 如樂受는 壞苦나 誰謂苦耶아 駛流者는 刹那性故니 卽行苦也며 不可樂者는 苦苦也라 覆藏者는 藏苦因故니 樂은 藏壞苦故며 不苦不樂은 藏行苦故

니라 速滅者는 流轉苦也라 難調者는 誰不欲捨리오 莫之能出이니 不憚疲苦하야 方能調之니라 集名至後邊者는 不斷無窮故오 門者는 入苦趣故니라 滅名不可取는 取則不滅也라 小之則無內일새 不容一物也오 大之則無外일새 法界性也니라 道名難敵對者는 有惑必破하되 不爲惑破故니 猶明能滅暗이니 則無暗而不滅이어니와 暗不滅明이어니 何能相敵이리오

第二 隣次十界 竟하다

⑽ 위쪽의 진음세계이다. 고성제에서 '匿疵'라 명명한 것은 몸이란 자체가 惑病이 감춰진 곳이기 때문이다. '傲慢'이란 오만이 괴로움을 만들어냄으로써 업이 되니 결과가 원인의 이름을 취한 것이다. '染着性'이란 성품이 물들게 만들었기 때문에 저 樂受는 壞苦이지만 그 누가 괴로움이라고 말하겠는가. '駛流'란 찰나의 性이기 때문이다. 이는 곧 行苦이다. '不可樂'이란 苦苦이다. '覆藏'이란 괴로움의 원인을 간직하고 있기 때문이니 즐거움은 壞苦를 간직한 때문이며, 不苦不樂은 行苦를 간직한 때문이다. '速滅'이란 流轉苦이다. '難調'란 누가 버리고자 하지 않을까마는 벗어나지 못하니 피곤의 괴로움을 꺼리지 않아야 바야흐로 조복할 수 있다.

집성제에서 '至後邊'이라 명명한 것은 끊어지지 않고 끝이 없기 때문이며, '門'이란 苦趣에 들어갔기 때문이다.

멸성제에서 '不可取'라 명명한 것은 취하면 滅이 아니다. 작으면 안이 없는 터라 그 어떤 물건도 용납하지 않고, 크면 밖이 없는 터라 법계의 성이다.

도성제에서 '難敵對'라 명명한 것은 미혹이 있으면 반드시 타파하되 미혹의 타파함이 되지 않기 때문이다. 이 또한 밝음이 어둠을 없애주기 때문에 어둠마다 사라지지 않음이 없거니와 어둠은 밝음을 없애지 못하니 어찌 서로 대적할 수 있겠는가.

제2. 이웃 시방세계를 끝마치다.

第三 類通一切

제3. 유로 일체에 통하다

經

諸佛子야 如此娑婆世界中에 說四聖諦가 有四百億十千名하야 如是東方百千億과 無數無量無邊無等과 不可數不可稱不可思不可量不可說인 盡法界虛空界의 所有世界인 彼一一世界中에 說四聖諦도 亦各有四百億十千名하니 隨衆生心하야 悉令調伏케하시니라 如東方하야 南西北方과 四維上下도 亦復如是하니라

여러 불자들이여, 이 사바세계 가운데서 사성제를 말하는데 4백억 10천 가지의 이름이 있는 것과 같이, 동방의 백천억과 수없고 한량없고 끝없고 같을 이 없고 셀 수 없고 일컬을 수 없고 생각할 수 없고 헤아릴 수 없고 말할 수 없는 온 법계 허공계에 있는 세계의 저 낱낱의 세계 가운데서 사성제를 말하는데 또한 각각 4백억

10천 가지의 이름이 있습니다. 이는 중생의 마음을 따라 모두 중생을 조복하는 것이며, 동방과 같이 남방, 서방, 북방과 4간방, 상방, 하방 또한 다시 이와 같습니다.

◉ 疏 ◉

初擧娑婆하야 以類東方하고 後擧東方하야 以類餘九니라

앞에서는 사바세계를 들어 동방의 유로 말하였고, 뒤에서는 동방을 들어 나머지 9세계의 유로 말하였다.

第四顯主伴無盡

제4. 主伴이 그지없음을 밝히다

經

諸佛子야 如娑婆世界에 有如上所說十方世界하야 彼一切世界도 亦各有如是十方世界어든 一一世界中에 說苦聖諦가 有百億萬種名하며 說集聖諦와 滅聖諦와 道聖諦도 亦各有百億萬種名하니 皆隨衆生心之所樂하야 令其調伏케하시니라

여러 불자들이여, 사바세계에 위에서 말한 것 같은 시방의 세계가 있는 것처럼 일체 세계에도 또한 각각 이와 같은 시방세계가 있어 낱낱의 세계 가운데서 고성제를 말하는데 백억만 가지의 이름이 있으며, 집성제와 멸성제와 도성제를 말하는데 또한 각각 백

83

억만 가지의 이름이 있으니 모두 중생 마음의 좋아하는 바를 따라 그들을 조복하는 것입니다.

● 疏 ●

文中에 初는 擧此例彼니 謂娑婆爲主오 有密訓等 盡空世界로 爲伴이라

경문의 첫 부분은 이를 들어서 저것을 예로 제시한 것이다. 사바세계가 主가 되고, 밀훈세계 등의 허공에 다한 세계가 伴이 된다. 後彼一切下는 以彼類此니 則知密訓等 盡空世界로 爲主오 攝伴 亦爾인댄 則無盡無盡耳라 此猶約娑婆同類世界而說이니 以結數中에 同百億故오 餘樹形等 異類世界도 彼一一類 皆徧虛空法界라 是則 重重無盡無盡하야 非此所說也니 如是 皆爲調伏衆生이라【鈔_ '則知密訓等者는 此有兩重이니 一은 卽釋迦在此爲主오 攝密訓等爲伴이니 則在密訓爲主오 攝娑婆等爲伴도 亦然이 方是一佛之諦오 二는 如此佛諦名이 旣主伴無盡이니 則密訓等 他佛爲主諦名도 亦然이라】

뒤의 '彼一切' 이하는 저것으로 이것을 유로 들어 말한 것이다. 밀훈세계 등 허공에 다한 세계가 주가 되어 伴을 받아들이는 것 또한 그러하다면 곧 끝이 없고 끝이 없다. 이는 오히려 사바세계와 같은 유의 세계를 가지고 말한 것이다. 끝맺은 수 가운데 한 가지가 백억이기 때문이며, 나머지 樹形 등 다른 유의 세계도 저 하나의 유가 허공과 법계에 두루 가득하다. 이는 곧 거듭거듭 끝이 없고 끝이 없어 이에 말할 수 있는 대상이 아니다. 이와 같이 모두 중

생을 조복하기 위함이다.【초_ '則知密訓' 등이란 2가지의 뜻이 있다. 첫째는 곧 석가모니불이 여기에 主가 되어 밀훈세계 등을 받아들여 伴이 되니, 밀훈세계가 주가 되어 사바세계를 받아들여 伴이 된 것 또한 그러함이 바야흐로 一佛의 사성제이다. 둘째는 이 부처님의 사성제 이름이 이처럼 主伴이 끝이 없는 것과 같아서 곧 밀훈세계 등에 다른 부처님이 주가 된 사성제의 이름 또한 그와 같다.】

◉ 論 ◉

末第一段은 是總都說十方世界無盡名目이 皆是四聖諦爲體니 從此四諦上하야 分作種種法門이라 五蘊十二緣이 總在其內며 八萬四千塵勞解脫이 總在其內니 如文具說일새 不煩更釋이로라 已上佛名號品과 四聖諦品은 是自己信進修行中所信之法이요 已下光明覺品은 現佛境과 及所行行門徧周니 如文具明이라 如是已上十信門은 以根本普光明智로 爲殿體니 如是進修하야 究竟에 不離此智也니라

마지막 끝 단락은 모두가 시방세계의 끝없는 명목이 모두 사성제로 본체가 됨을 말하고 있다. 이는 사성제 위에서 가지가지의 법문이 나눠지기 때문이다. 五蘊과 십이인연이 모두 그 안에 있으며, 8만 4천의 번뇌와 해탈이 모두 그 안에 있다. 경문에 구체적으로 말한 것과 같기에 번거롭게 다시 해석하지 않는다.

이상 佛名號品과 四聖諦品은 자기의 믿고 닦아가는 수행 속에 믿음의 대상이 되는 법이며, 이하에 光明覺品은 佛境 및 행해야 할 대상의 行門이 두루 함을 나타낸 것이다. 경문에서 구체적으로 밝

힌 바와 같다. 이와 같이 이상의 十信門은 근본 普光明智로써 殿體를 삼는다. 이와 같이 닦아나가 구경에 보광명지를 여의지 않음을 말한다.

四聖諦品 竟하다

사성제품을 끝마치다.

화엄경소론찬요 제22권
華嚴經疏論纂要 卷第二十二

◉

광명각품 제9-1
光明覺品 第九之一

解此一品에 略以五門이니 初는 來意니라

본 품의 해석은 대략 5부분(來意·釋名·宗趣·解疑妨·釋文)이다.

1. 유래한 뜻

◉ 疏 ◉

來意中에 自有其十하니

一은 爲答前所依果問故니 謂長行은 但現相答이니 已如前說이오 偈中에 具答三問이니 謂初五는 答菩提오 次一은 答威德이오 後四는 答法性이라

二는 爲廣名號品이니 總標多端故오 正廣種種觀察이니 是意業故니라

三者는 卽說十信之體性故니 如下三會에 將說正位일새 皆有偈讚이니 此其類也니라

四는 顯實徧故니 但所說有二니 一佛 二法이라 佛有二하니 一身·二名이오 法亦有二하니 一權·二實이라 前但佛名徧이오 此顯身徧이며 四諦는 卽實之權徧이오 此品은 顯卽權之實徧故니라

五는 現驗故니 上二에 云徧은 衆未目覩어니와 今엔 光示徧相故니라

六은 顯總徧故니 前但名諦別徧이어니와 今此一會는 卽徧法界니 一一皆悉同時·同處·同衆·同說·同徧故니라

七은 顯圓徧故니 謂前顯差別一切가 方能徧一切어니와 今顯無差別一切가 卽圓融徧一切故니라

八은 與下經으로 爲其則故니 謂下經結通 云'徧一切者는 皆如此辨

89

이니 以如來一乘圓教 於須彌山等 一類世界에 施化分齊 皆若此故니라

九는 示前神通相故니 上云現通은 如何現耶아 一會不動코 徧法界故일세니라

十은 爲顯理事俱無障礙하야 令捨執從法故나 此意雖通이나 在文偏顯이니 有上諸義일세 故此品來也니라【鈔_ 前但名諦別徧等者는 如名號品에 如來 於此에 名悉達等과 在密訓等은 名則不同이나 十方例然이니 諦名亦爾니라 此是一重別徧이라 二者는 名徧而非是諦徧이오 諦徧而不是名徧이니 故云'名諦別徧'이라하니라

'今此一會 卽徧法界'者는 經云如於此處에 見佛世尊이 坐蓮華藏師子之座어시든 彼盡虛空徧法界 一切世界閻浮提中에 亦如是坐라하니 此是總徧相也라 對上二別에 亦有二總이니 一은 總徧諸處오 二는 主伴時處等이 皆徧也니라

言'同時'者는 無前後也오 言'同處'者는 此有二處니 一者는 約主니 同在普光明殿이오 二者는 約伴이니 同居金色世界等이오 言'同衆'者도 亦有二衆이니 一은 約主佛이니 十刹塵數菩薩 圍繞오 二는 約伴衆이니 謂文殊等諸來菩薩도 亦各領十佛刹塵故오 言'同說'者는 一切處 文殊同時發聲而說頌故며 法界皆同說十信故오 言'同徧'者는 結上諸同이니 謂主伴時處 皆悉徧也니라

'七顯圓徧'者는 問此與第六로 有何異耶아 第六云名諦別徧이어늘 今亦云差別方能徧이라하고 第六云一會卽徧이어늘 今此亦云無差別一切徧이라하니 二相難分이로소이다 答이라 細尋方了니 前是總別對오 此

90

是圓別對니 二處別則大同이나 而圓總則異니라 前言總別者는 別則此界他界 名各不同이오 總則處處皆同此一이어늘 今圓別者는 別則要有差別이라야 方能徧故니 若不差別이면 不能徧也라 圓則不要差別而能周徧이니 周徧之法은 一一圓融이라 故云 '無差別一切'라하니라 卽圓融徧一切'의 上一切字는 是主伴處衆이오 '是能徧之一切'의 下一切字는 但是所徧一切處耳어늘 而言'圓融'者는 一會는 卽是彼一切會오 亦非此會處處到也라 卽此卽彼오 卽一卽多라 故云'圓融'이라 하니라

又第六에 約所徧處하야 以論總別이니 東名非西名은 所徧 別也오 此會卽彼會는 所徧處 總也라 七約能徧하야 以論圓別이니 要將差別之法이라야 方能普徧이니 是身名別也라 今是圓融無差別之法은 卽能徧故로 名爲圓也라 前別은 如列宿徧九天이어니와 此別은 如一月落百川이라 故前云別은 則二處大同이니 大同者는 有小異故오 前總은 如一雲之滿宇宙이오 此圓은 如和香之徧一室이라 故云總圓이니 誠有異也라 】

유래한 뜻에는 그 나름 10가지의 의의가 있다.

(1) 앞에서는 所依果의 물음에 관한 대답이기 때문이다. 장항의 산문은 단 現相에 관한 대답인바 이미 앞에서 말한 바와 같고, 게송에서는 3가지의 물음에 대해 구체적으로 대답하였다. 첫째 5수는 보리를, 다음 1수는 威德을, 뒤의 4수는 法性에 대해 답한 것이다.

(2) 名號品을 자세히 설명하였다. 총체로 여러 가지의 단서를 밝힌 때문이며, 바로 가지가지의 관찰을 자세히 설명하였다. 이는

意業이기 때문이다.

(3) 곧 十信의 體性을 말한 때문이다. 그 아래 三會에서 장차 正位를 말하려는 까닭에 모두 偈讚이 있는바 이것이 그런 유이다.

(4) 진리의 실체가 두루 함[實徧]을 밝힌 때문이다. 다만 이에 대해 말한 대상으로는 2가지가 있다. ① 佛이요 ② 法이다. 佛에는 2가지가 있다. ㉠ 身이요 ㉡ 名이다. 法 또한 2가지가 있다. ㉠ 방편의 權敎요 ㉡ 진리의 실체이다. 앞의 제8 사성제품에서는 부처님의 명호가 두루 한 부분만을 밝혔는데, 이 품에서는 부처님의 몸이 두루 함을 밝혔으며, 사성제품에서는 진리의 실체와 하나가 된 방편의 권교가 두루 함을 밝혔는데, 이 품에서는 방편의 권교와 하나가 된 진리의 실체가 두루 함을 밝혔기 때문이다.

(5) 체험을 나타낸 때문이다. 제7 여래명호품, 제8 사성제품에서 '徧'이라 말함은 대중이 눈으로 보지 못한 까닭이지만 이 품에서는 방광으로 여러 모습을 보여줬기 때문이다.

(6) 총체로 두루 함을 밝힌 때문이다. 앞에서는 단 名號와 聖諦가 개별로 두루 함만을 말했지만 이 법회는 곧 법계에 두루 함을 말하니, 하나하나가 모두 같은 시간, 같은 도량, 같은 대중, 같은 설법, 똑같이 두루 한 때문이다.

(7) 圓融이 두루 함을 밝힌 때문이다. 앞에서는 차별인 일체가 바야흐로 일체에 두루 함을 밝힌 것이지만 여기에서는 차별이 없는 일체가 곧 원융하여 일체에 두루 함을 밝히고 있다.

(8) 아래의 경문과 그 법칙이 되기 때문이다. 아래의 경문에서

전체를 끝맺어 이르기를 "일체에 두루 하다."는 것은 모두 여기에서 말한 바와 같다. 여래의 一乘圓敎가 수미산 등 그 어떤 하나의 세계에 교화를 베푸는 데에 한계가 있음은 모두 이와 같기 때문이다.

⑼ 앞에서 말한 신통의 모습을 보여준 때문이다. 위의 경문에 '現通'이라 말한 것은 어떻게 그 신통을 나타내 보인 것일까? 하나의 법회에서 꼼짝하지 않고서도 법계에 두루 나타낸 때문이다.

⑽ 절대 평등의 본체와 만유차별의 현상에 모두 걸림이 없음을 나타내어 하여금 집착을 버리고 법을 따르도록 한 때문이다.

이런 의의는 비록 모두 통하는 말이지만 경문에 있어서는 그 어느 한 부분만을 나타낸 것이다. 이처럼 위의 여러 가지의 의의가 있는 까닭에 본 품이 유래하게 된 것이다. 【초_ "앞에서는 단 명호와 성제가 개별로 두루 함만을 말했다."는 것은, 예를 들면 여래명호품에서는 여래께서 이에 悉達 등이라 명명한 것과 동방의 密訓 등등은 그 이름이야 똑같지 않지만, 시방세계에서는 일례로 똑같은바 사성제의 이름 또한 이와 같다. 이것이 일종의 별도로 두루 함이다. 둘째는 여래의 이름은 두루 하지만 사성제가 두루 하지 않거나 사성제는 두루 하지만 여래의 이름이 두루 하지 않음이다. 이 때문에 '여래의 명호와 사성제가 별도로 두루 하다.'고 말한 것이다.

"이 법회는 곧 법계에 두루 하다."는 것은 아래 경문에 이르기를 "이곳에 부처님 세존이 연화장 사자좌에 앉으셨는데 저 허공에 다하고 법계에 두루 일체 세계의 閻浮提 가운데 백억 여래께서도 또한 이와 같이 앉으셨다."고 하니 이는 총체로 두루 한 모습이다.

위 두 개의 개별을 상대로 함에 또한 2가지의 총체가 있다. ① 모든 것을 총체로 두루 함이며, ② 법주, 도반, 시간, 장소 등이 모두 두루 함이다.

'同時'라 하는 것은 전후가 없음이며, '同處'라 하는 데는 두 가지의 도량이 있다. ① 법주로 말한다. 다 함께 普光明殿에 있는 것이다. ② 도반으로 말한다. 다 함께 金色世界에 거처하는 등등이다. '同衆'이라 말한 것 또한 두 가지의 대중이 있다. ① 主佛을 가지고 말한다. 십찰토의 미진수와 같이 수많은 보살이 빙 둘러 에워싸고 있다. ② 도반의 대중으로 말한다. 문수 등 모두 찾아온 보살들도 또한 각기 십불찰의 미진수의 대중을 거느렸기 때문이다. '同說'이라 말한 것은 일체처에 문수보살이 동시에 하나의 음성으로 계송을 설한 때문이며, 법계가 모두 다 십신을 설한 때문이다. '同徧'이라 말한 것은 위의 모든 같은 부분을 끝맺은 것이니 법주, 도반, 시간, 장소가 모두 다 두루 함을 말한다.

'七顯圓徧'은 다음과 같이 물었다.

"이는 (6)과 어떤 차이가 있는 것일까? (6)에서 말하기를 명호와 사성제가 별도로 두루 하다고 하였는데 여기에서 또한 차별이 바야흐로 두루 하다고 하였고, (6)에서는 하나의 법회가 곧 두루 하다고 하였는데 이제 여기에서 또한 차별이 없이 모든 곳에 두루 하다고 하니 두 가지를 서로 구분하기 어렵다."

이에 대한 답은 아래와 같다.

이는 자세히 살펴봐야만 비로소 알 수 있다. 앞에서는 총체와 개별의 상대로 말하였고 여기에서는 원융과 개별을 상대로 말하였다. 두 곳의 개별은 크게 보면 똑같지만 원융과 총체는 다른 것이다. 앞에서 총별이라 말한 것은 개별이란 이 세계 저 세계의 명호가 각기 똑같지 않은 것이며, 총체란 곳곳이 모두 이 하나와 똑같다고 하는 것이다. 그런데 여기에서 말한 圓別이라 하는 것은 別이란 요컨대 차별이 있어야만 바야흐로 두루 할 수 있기 때문이다. 만약 차별이 없으면 두루 할 수 없다. 원융하면 차별을 요하지 않고 능히 두루 한 것이니 두루 한 법이란 하나하나가 원융한 것이다. 이 때문에 "차별이 없이 일체에 두루 하다."고 말한 것이다. "곧 원융하여 일체에 두루 하다."는 것은 위아래에 말한 바가 똑같지 않다. 위에서 말한 일체란 법주와 도반, 도량, 대중을 말하고, 아래의 '是能徧之一切'에서 말한 일체란 단 모든 곳에 두루 존재한다는 뜻이다. '圓融'이라 말하는 것은 하나의 법회는 곧 저 일체의 법회이며, 또한 이 법회가 처처에 이른다고 하는 것은 아니다. 바로 이것이 저것이고 하나가 곧 많은 것이다. 따라서 '圓融'이라 말한다.

또한 (6)에서 두루 한 장소를 가지고서 총별을 논한 것이니, 동쪽이라 명명한 것은 서쪽이라 명명한 것이 아니라고 함은 두루 한 바의 개별처이며, 이 법회가 곧 저 법회라 하는 것은 두루 한 바의 총체이다. (7)에서는 能徧을 가지고서 圓別을 논술한 것이니 요컨대 차별의 법을 가지고서 말해야만 보편적일 수 있다. 이것이 바로 몸의 명호가 개별로 다른 점이다. 여기에서 원융하여 차별이 없다는 것은 곧 두루 할 수 있는 주체이기 때문에 원융이라고 이름한 것이다. 앞에서 말한 개별은 수많은 별들이 하늘에 가득 있는 것과 같지만, 여기에서 말한 개별은 하나의 달이 수많은 시냇물에 비치는 것과 같다. 이 때문에 앞에서 말한 개별은 두 부분이 크게는 똑같다. 그러나 크게는 똑같다는 말은 조그마한 차이가 있기 때문이다. 앞에서 말한 총체는 하나의 구름이 우주를 가득 뒤덮은 것과 같고, 여기에서 말한 원융은 향기가 온 방에 가득 찬 것과 같다. 이 때문에 總圓이라 말하니 이는 진정 차이가 있다.】

第二 釋名

2. 품명을 해석하다

◉ 疏 ◉

釋名者는 一開·二合이니 初開者는 光明은 體也오 覺者는 用也라 此二各二니 謂光有身·智 二光하고 覺有覺知·覺悟며 又光有能照·所照하고 覺有能覺·所覺이라 如來 放身光하야 照事法界하사 令菩薩覺知하야 見事無礙하고 文殊는 演智光하야 雙照事理하사 令衆覺悟法之性相이라【鈔_ 如來放身光下는 二別示上來四對之相이니 謂分二光하야 各屬文殊及佛이오 二覺은 別配身智二光이어늘 而二光中에 各有兩重能所하니 謂如來放身光은 身能照也오 照事法界는 所照也며 令菩薩覺知는 卽能覺也오 見事無礙는 是所覺也니라 所覺은 卽照所成益이니 上은 卽長行中事니라 二文殊演智光은 卽能照也라 雙照事理

는 卽所照也오 令衆覺悟는 卽能覺也며 法之性相은 卽所覺也오 所覺亦照所成益은 卽偈頌中意라】

품명을 해석한다는 것은 (1) 구분, (2) 종합이다.

(1) 구분에서 光明은 본체를, 覺은 묘용을 말한다. 이 2가지에는 각기 2가지씩이 있다. 광명에는 몸의 광명[身光]과 지혜의 광명[智光]이 있고, 覺에는 覺知와 覺悟가 있으며, 또한 광명에는 비춰줄 수 있는 주체[能照]와 비춰주는 대상[所照]이 있고, 覺에는 깨달음의 주체[能覺]와 깨달음의 대상[所覺]이 있다. 여래는 몸으로 광명을 쏟아내어 事法界를 밝게 비춰 보살로 하여금 깨달아 '모든 현상의 사법계가 걸림 없이 서로 받아들이는 事事無礙'를 보도록 하였고,(이는 장항 산문의 내용이다.) 문수는 지혜광명으로 연설하되 事法界와 理法界를 모두 비추어 대중으로 하여금 법의 性相을 깨닫도록 하였다.(이는 게송에서 말한 뜻이다.)【초_ "여래는 몸으로 광명을 쏟아냄" 이하는 (2) 별도로 위에서 보여준 四對의 모습이다. 2가지의 광명으로 구분 지어 각기 문수보살과 부처님에게 귀속 지어 말하였고, 둘째로 말한 覺은 별개로 몸의 광명과 지혜의 광명에 배대하였는데, 이 2가지의 광명에는 각기 2중의 주체와 대상[能所]이 있다.

① "여래의 몸에서 광명을 쏟아냄"은 몸으로 광명을 비춰주는 주체이고, "사법계를 밝게 비춰줌"은 광명을 비춰주는 대상이며, "보살로 하여금 깨닫도록" 함은 깨달음의 주체이고, "사사무애를 보도록" 함은 깨달음의 대상이다. 깨달음의 대상은 곧 이익 성취의 대상을 비춤이니 이는 장항 산문의 내용이다.

② "문수는 지혜광명으로 연설함"은 비춤의 주체이며, "사법계와 이법계를 모두 비춤"은 비춤의 대상이며, "대중으로 하여금 깨달도록" 함은 깨달음의 주체이며, "법의 性相"은 곧 깨달음의 대상이다. "깨달음의 대상은 곧 이익 성취의 대상을 비춤이다."는 것은 곧 게송에서 말한 뜻이다.】

二合者는 良以事理俱融하야 唯一無礙境일세 故得一事 卽徧無邊호되 而不壞本相이니라【鈔_ '二合者'下는 合上四對에 義有五重이오 文有六節이니 一合二境은 卽前所照라 若事理不融인댄 餘皆不合이라 故先明之니라 言故得一事下는 卽前所覺이니 見事無礙라】

(2) 종합이란 것은 참으로 사법계와 이법계가 모두 원융하여 오직 하나같이 걸림이 없는 경계이기에 하나의 일이 곧 시방 허공법계에 두루 하여 끝이 없지만 근본자리의 모습을 손상하지 않는다. 【초_ "(2) 종합이란 것" 이하는 위의 四對를 종합하여 5중의 이치가 있고 문장으로 6절이 있다. ① 두 경계를 종합한 것은 곧 앞에서 말한 비춤의 대상이다. 만약 사법계와 이법계가 원융하지 못하면 나머지는 모두 부합되지 못한다. 이 때문에 이를 먼저 밝힌 것이다. "하나의 일이 곧 시방 허공법계에 두루 하여 끝이 없다." 이하는 곧 앞에서 말한 깨달음의 대상으로, 사사무애의 경계를 보여준다.】

身智無二라 唯一無礙光일세 故涅槃經 琉璃光菩薩處에 云光明者는 名爲智慧라하니라【鈔_ '身智無二'者는 二 合二光이니 引涅槃證者는 琉璃光菩薩이 放身光明한대 文殊乃云光明者는 名爲智慧라하니 則知二光不別이니 卽第二十一經이라】

몸과 지혜가 차별이 없어 오직 하나의 걸림이 없는 광명인 까닭에 열반경의 유리광보살 부분에 이르기를 "광명이란 그 이름을 지혜라 한다."고 하였다. 【초_ "몸과 지혜가 차별이 없다."는 것은 ② 몸의 광명, 지혜의 광명을 종합한 것이다. 열반경을 인용하여 증명하기를 "유리광보살이 몸으로 광명을 쏟아내자, 문수보살이 '광명이란 그 이름을 지혜라 한다.'고 말하였다."고 하였다. 이로써 몸의 광명과 지혜의 광명이 차별이 없음을 알 수 있다. 이는 제21경의 문장이다.】

知悟不殊일새 唯一平等覺이니 悟心之知는 無事非理故일세니라【鈔_ '知悟不殊'下는 三 合二覺이니 謂前身光照文殊等이니 覺知如來光照我刹이라 然文殊等知는 是無知之知일새 故名悟心之知니 知事卽理는 二覺合也니 不同凡小取事理相이라】

지혜와 깨달음에 차이가 없는 까닭에 오직 하나의 평등한 깨달음이다. 마음의 근본자리를 깨달은 지혜는 모든 일마다 이치 아님이 없기 때문이다. 【초_ "지혜와 깨달음에 차이가 없다." 이하는 ③ 깨달음의 주체와 대상을 종합한 것이다. 앞에서 몸의 광명이 문수보살 등을 비춤이니 여래의 광명이 우리의 국토를 비춰줌을 깨달음이다. 그러나 문수보살 등의 지혜는 앎이 없는 지혜인 까닭에 "마음의 근본자리를 깨달은 지혜"라고 말한다. 사법계가 곧 이법계임을 아는 것은 깨달음의 주체와 대상을 종합한 것이다. 이는 여느 작은 지혜로 사법계와 이법계의 겉모습을 취한 것과는 다르다.】

又此二光은 不異覺境이라【鈔_ '又此二光'下는 四 合能所니 二種

能所를 一時雙合이면 則能照所照와 能覺所覺이 皆性融故로 擧一全收니라 】

또한 이 몸의 광명과 지혜의 광명은 깨달음의 경계와 다르지 않다. 【초_ "또한 이 몸의 광명과 지혜의 광명" 이하는 ④ 주체와 대상을 종합한 것이다. 2가지의 주체와 대상을 한꺼번에 모두 종합하면 비춰줄 수 있는 주체와 비춰주는 대상, 깨달음의 주체와 깨달음의 대상이 모두 하나의 본성에 원융한 까닭에 하나를 들어 전체를 수습한 것이다. 】

此三圓融이 唯無礙之法界니라 【鈔_ 此三圓融者는 五總融上三이니 上雖四對나 體唯有三이니 謂能照之光과 所照之境과 所成之覺이라 三對六法이어늘 擧一全收하야 爲一法界니라 此上五重合을 竟하다 】

이 3가지가 원융하여 오직 걸림 없는 법계이다. 【초_ "이 3가지가 원융하다."는 것은 ⑤ 위의 3가지를 총체로 원융함이다. 위에서 비록 4가지의 상대로 말했으나 본체는 오직 3가지이다. 비춰줄 수 있는 주체의 광명, 비춰진 대상의 경계, 성취할 대상의 깨달음이다. 3가지 상대의 6가지의 법인데, 여기에서 하나를 들어 전체를 수습하여 하나의 법계를 삼았다. 이는 위의 5중의 의의를 종합하여 끝마치다. 】

雖平等絶相이나 不壞光明之覺이니 品中辨此일세 故以爲名이라 若從開釋인댄 光明之覺이니 光明에 有覺之用이니 通依主有財오 若從合說인댄 光明卽覺이니 可持業也니라

비록 평등하여 相이 끊어졌으나 광명의 깨달음을 손상하지 않

는다. 본 품에서 이를 논변한 까닭에 이처럼 명명한 것이다.

만일 구분의 측면에서 해석한다면 광명의 깨달음이다. 광명에 깨달음의 작용이 있으니 依主釋[4]과 有財釋[5]에 통하지만, 만일 종합의 측면에서 말한다면 광명이 곧 깨달음이니 持業釋[6]으로 가능하다.

第三 宗趣
3. 종취

● 疏 ●

宗趣者는 以身智二光 無礙覺悟로 爲宗이오 令物生信으로 爲趣며 又 釋名은 並是品宗이오 來意는 盡爲意趣니라

종취란 몸의 광명과 지혜의 광명 2가지 모두가 걸림이 없는 깨달음으로 종지를 삼고, 중생으로 하여금 신심을 내도록 하는 것으로 취행을 삼으며, 또한 품명의 해석은 모두 이 품의 종지이고 유래한 의의는 모두 意趣가 된다.

....

[4] 依主釋: 주체가 되는 낱말에 의지하여 해석하는 것이다. 가령 '왕자'라는 복합어는 '왕'이라는 단어에 의거하여 '아들'의 성격을 분명히 해석할 수 있다.

[5] 有財釋: 복합어 자체가 사람을 의미하는 것이다. 가령 '黃衣'라고 하면 그 뜻이 '황의를 입은 사람' 혹은 '황의의 성자'로 해석되는 것이다.

[6] 持業釋: 주어와 수식어를 구별하여 해석하는 것이다. 가령 '高山'을 '높은 산'이라고 해석하는 것이다.

第四解疑妨

4. 의문점을 풀어주다

● 疏 ●

問호되 此足輪光은 何時放耶아 若說名諦竟인댄 如何佛刹과 菩薩衆數 並同名號오 如先已放인댄 前何不說가 答이라 是前名號品放이니 但前二品은 明文殊此會說法은 不俟光照로되 今辨百億刹中으로 乃至徧法界說이라 故須光以顯示오 其所來菩薩은 卽前菩薩일새 故並全同이니라

次有妨云光照百億인댄 百億은 何不照此오 釋云此爲主故니라 若彼爲主댄 則說彼照니라

又疑호되 '下光'이 旣窮法界인댄 金色은 更在何許오 '當刹當刹'에 有本會處니 皆去十刹에 主伴徧故일세니라 【鈔_ '下光旣窮法界'下는 唯疑不難이라 但疑金色等何所在故니 是不決耳라 疑意에 云此界放光하야 而金色等이 去於此界에 各十佛刹이니 今若主佛이 至東十佛刹處放光인댄 則是文殊所從之刹이 若更至東十刹이면 金色은 乃在放光之西니 九方 例然이라 故云金色更在何所오 擧初爲例면 九色例然이라 後'當刹'下는 答이라 答意에 云主刹이 向東放光이면 餘之十刹이 一時向東이라 主刹이 如車轂이니 十方金色等은 則如輻輞이니 車轂若移면 輻輞皆移라 故下經云'盡法界虛空界 一切世界에 皆有百億閻浮提하니 一切如來도 亦如是坐라 悉以佛神力故로 十方에 各有一大

菩薩이오 所從來刹이 謂金色世界'等이라하니 如向東이 旣爾徧餘댄 九方도 亦然이라 故主與伴이 一時俱徧이라 旣徧法界인댄 總是娑婆오 亦徧法界 皆是金色인댄 徧法界 皆是妙色으로 十色皆徧이오 且依此會하야 餘會徧等이니 已如玄中하다 】

물음은 다음과 같다.

"여기에서 말한 '부처님의 두 발바닥 아래에서 일어난 방광'은 어느 때 나온 것일까? 만약 名諦의 끝부분이라고 말한다면 어찌하여 제불찰토와 보살대중의 수효가 아울러 부처님의 명호와 같은 것이며, 먼저 방광하였다면 앞부분에서 어찌하여 방광을 말하지 않았는가?"

이에 대한 대답은 다음과 같다.

앞의 여래명호품에서 밝힌 방광이다. 단 앞의 2품에서는 문수보살이 이 법회에 설법한 것은 부처님의 방광이 비춰오는 것을 기다리지 않고 설법하였음을 밝힌 것이지만, 여기에서는 백억 제불찰토로부터 내지 법계에 두루 설법하였음을 말해주는 것이다. 이 때문에 반드시 부처님의 방광이 있었음을 밝혀 보여준 것이며, 그 법회에 찾아온 보살들은 곧 앞에서 말한 보살들이기에 아울러 모두 똑같다.

다시 논란하여 말하였다.

"부처님의 방광이 백억 제불찰토를 비춰준다면 백억 제불찰토는 어찌하여 여기를 비추지 못한 것일까?"

이에 대하여 해석하였다.

이것이 주가 되기 때문이다. 만약 저 백억 제불찰토가 주였다면 저기를 비춰준다고 말했을 것이다.

또다시 의심하여 말하였다.

"아래의 광명이 이미 법계에 두루 가득하였다면 금색광명은 또 어느 곳에 있을까?"

해당 찰토, 해당 찰토마다 본회의 장소가 있기 마련이다. 이는 십찰의 거리에 법주와 도반이 모두 있기 때문이다. 【초_ "아래의 광명이 이미 법계에 두루 가득하였다면" 이하는 오직 의심하였을 뿐 논란까지는 하지 않았다. 단 금색광명 등이 어느 곳에 있는가를 의심했기 때문이다. 이에 대해서는 결정적인 대답을 하지 않았다. 그가 의심한 부분은 다음과 같다.

"이 세계에서 방광하여 금색광명 등이 이 세계와의 거리가 각기 십불찰이다. 여기에서 만약 主佛이 동쪽으로 십불찰의 세계에 이르러서 방광했다면 이는 문수께서 왔던 세계가 다시 동쪽으로 십찰토에 이를 경우, 금색광명은 곧 방광한 서편에 있다는 것이다. 나머지 아홉 지방의 세계도 일례로 이와 같을 것이다."

이런 의심 때문에 "금색광명은 또 어느 곳에 있을까?" 하고 말한 것이다. 처음 세계를 예로 든다면 아홉 지방의 세계에 광명의 색상 또한 똑같다.

뒤의 "해당 찰토, 해당 찰토마다" 이하는 대답이다. 대답한 뜻은 주된 찰토가 동쪽으로 향하여 방광하면 나머지 십찰이 일시에 동쪽으로 향한 것이다. 주된 찰토가 수레바퀴와 같기에 시방찰토의 금색 등은 수레바퀴의 살과 수레바퀴의 테와 같다. 수레바퀴가 굴러가면 수레바퀴의 살과 수레바퀴의 테가 모두 따라서 옮겨가는 것이다. 이 때문에 아래의 경문에서 "법계 허공계에 두루 한 일체 세계마다 모두 백억 염부제가 있는데, 일체 여래 또한 이와 같이 수없이 앉아 계신다. 이는 모두 부처님의 신통력 때문에 시방세계에 각기 하나의 큰 보살이 계시고, 그 보살이 오셨던 찰토를 금색세계라고 말한다." 등이라 하였다. 동쪽으로 향함에 이미 그렇듯 나머지 세계에 가득하다면 아홉 지방의 세계 또한 그와 같기에 주된 세계와 객체의 세계가 일시에 다 함께 가득한 것이다. 이미 법계에 두루 하다면 모두가 사바세계이며, 또한 법계에 두루 모두가 금색이라면 법계에 두루 모두가 미묘한 색으로 시방세계의 색상이 모두 가득하고, 또한 이 법회에 따라서 나머지 법회도 모두 똑같다. 이는 이미 경문에서 말한 바와 같다.】

◉ 論 ◉

將釋此品에 約作三門分別호리니 一은 釋品名目이오 二는 釋品來意오 三은 隨文釋義라

장차 본 품을 해석함에 있어 간단하게 3부분으로 나눌 것이다.

(1) 본 품의 명목에 대한 해석,

(2) 본 품의 유래한 뜻에 대한 해석,

(3) 경문을 따라 그 뜻을 해석함이다.

一은 釋品名目者는 此品을 名光明覺品은 爲明因如來 放十信中足

輪下光하사 照燭十方하사대 初云一三千大千이오 以次十三千大千이오 以次增廣에 至不可說法界虛空界하야 爲明無盡하사 令信心者로 了心境이 廣大에 無盡無礙하야 與法界虛空界等이니 明其自己의 法身智身願行도 亦等故로 以光所照에 覺悟信心하사 令修行故니 以是因緣으로 名光明覺品이라 修行者 一一隨光하야 觀照十方已하고 能觀之心도 亦盡하면 卽與法身同體하야 入十住初心하리니 入信心者 一一隨此寶色燈雲光하야 觀內心及方所호대 總令心境으로 無有內外中間하야사 方可入方便三昧하야 入十住法門이어니와 若不作此寶色光明觀이면 不成一切普賢願海하야 神通道力과 諸佛大用을 皆悉不成이니라

(1) 본 품의 名目에 대한 해석에서 본 품을 '광명각품'이라 명명함은 여래께서 십신 가운데 足輪의 아래에서 광명을 놓으시어 시방세계를 밝게 비추시되 처음엔 '一 三千大千世界'를 비춘다 말하였고, 그다음엔 '十 三千大千世界'를, 그다음엔 그 범주가 더욱 드넓어져서 말로 형용할 수 없는 법계 허공계까지 이름으로 인하여 그지없는 방광을 밝혀, 신심을 지닌 이들로 하여금 마음의 경계가 넓고도 커서 그지없고 걸림 없음이 법계 허공계와 똑같음을 깨닫도록 마련해주기 위함이다. 그 자신의 法身, 智身, 願行 또한 평등한 까닭에 광명이 비치는 바에 신심을 일으켜야 함을 깨달아 그들로 하여금 수행하도록 하기 위해 이를 밝힌 것이다. 이런 인연으로 본 품을 '광명으로 깨달음을 전해주는 품[光明覺品]'이라 명명하였다.

수행하는 이들이 하나하나 그 모두가 부처님의 방광을 따라 시

방세계를 모두 관조하고, 여기에서 한 걸음 더 나아가 관조할 수 있는 주체의 마음[能觀之心]마저도 다하면 곧 법신과 일체가 되어 보살도가 시작되는 十住 初心에서 깨달음을 이루게 된다.

신심에 들어간 이들이 하나하나 그 모두가 세존의 兩眉間 광명인 '보배 빛 등불 구름 광명[寶色燈雲光]'을 따라 內心 및 方所를 관조하되, 내면의 마음과 외적인 경계를 총괄하여 안팎과 중간의 차별이 없도록 해야만 비로소 方便三昧에 들어서 十住法門에 들어갈 수 있으려니와, 만일 이처럼 寶色光明觀을 닦지 않으면 일체 普賢願海를 이룰 수 없기에 神通道力과 諸佛大用을 모두 성취할 수 없다.

二는 釋品來意者는 爲此第二會中普光明殿에 說十信心은 明成凡夫의 自心所契佛果信이니 其前之如來名號品은 擧佛身眼耳鼻舌等과 及名號徧周오 四聖諦品은 明如來口業으로 說法行行徧周니 總明佛果徧也어니와 今此品엔 放如來信位教行之光하사 覺悟一切하야 令信心者로 自信自心智境界身行徧周니 卽一切處가 不動智佛이며 一切處가 文殊師利며 一切處가 覺首目首財首等十首菩薩이 是也라 卽明信心者의 自己身語意業名號徧周가 一如佛故로 此品이 須來니 明已上不動智佛等十箇智佛은 是信心中所信之果니 是自己之智가 與佛本同이오 文殊師利는 卽是自心妙理之慧며 餘九는 是行이오 十色世界는 是所見之法이라(三釋義는 如下라)

(2) 본 품의 유래한 뜻에 대한 해석 부분은 제2법회, 보광명전에서 설법한 十信心이란 범부의 마음으로 계합한 佛果의 신심 성취를 밝힌 것이다. 앞의 여래명호품은 부처님의 몸, 부처님의 눈,

부처님의 귀, 부처님의 코, 부처님의 혀 등과 부처님의 명호가 두루 함을 들어 말하였고, 사성제품에서는 부처님의 구업으로 法行이 두루 함을 말하고 있음을 밝힌 것이다. 이처럼 앞의 2품에서는 佛果가 두루 존재함을 총체로 밝혔지만, 본 품에서는 여래의 信位 敎行의 방광으로 일체중생을 깨우쳐서 신심이 있는 이들로 하여금 스스로 자기의 마음 지혜경계가 몸과 행에 두루 있음을 믿도록 하였다. 이렇게 되면 곧 모든 곳이 부동지불이며, 모든 곳이 문수사리며, 모든 곳이 覺首·目首·財首 등 十首菩薩이 바로 그것이다. 곧 신심이 있는 이들의 그 자신의 신·구·의 삼업과 명호의 두루 함이 하나같이 부처님과 똑같음을 밝혀주기 때문에 본 품이 여기에 유래한 것이다.

위에서 말한 不動智佛 등 十箇智佛은 이런 信心 가운데 믿어야 할 대상으로서의 果이다. 이는 자신의 지혜가 부처님의 지혜와 본래 똑같고, 문수사리는 곧 자기 마음의 미묘한 이치의 지혜이며, 나머지 9가지는 行이요, 十色世界는 볼 수 있는 대상의 법임을 밝힌 것이다.((3) 경문을 따라 그 뜻을 해석함에 대한 부분은 아래와 같다.)

第五는 釋文이니 大分爲二라 初는 如來放光이오 二는 光至分齊라 今은 初라

5. 경문의 해석

이는 크게 2단락으로 나뉜다.

(1) 여래의 방광이며,

(2) 방광이 이르는 한계이다.

이는 (1) 여래의 방광이다.

經

爾時에 **世尊**이 **從兩足輪下**로 **放百億光明**하사

그때 부처님의 두 발바닥 아래에서 백억 줄기의 광명이 쏟아져 나와

● 疏 ●

足下放者는 表信四義니 一은 自下而上에 信最初故오 二는 最卑微故오 三은 爲行本故니 智論第九에 云 足下放光者는 身得住處 皆由於足이라하다 四는 顯信該果海하야 已滿足故니라 輪義亦然이니 圓無缺故오 言百億光者는 以徧法界所照之刹이 皆百億故니라

"두 발바닥 아래에서 광명이 쏟아져 나왔다."는 것은 신심의 4가지 의의를 나타냄이다.

(1) 아래로부터 위로 올라감에 신심이 최초이기 때문이며,

(2) 가장 낮고 미천하기 때문이며,

(3) 모든 수행의 근본이 되기 때문이다. 지도론 제9에 이르기를 "발바닥에서의 방광은 몸이 반듯하게 설 수 있는 기본이 모두 발에 의한다."고 하였다.

(4) 신심이 果海를 모두 포괄하여 이미 만족함을 나타내기 때문

이다.

足輪의 '輪'자의 의의 또한 그러하다. 원만하여 이지러지거나 부족한 부분이 없기 때문이다.

'百億光'이라 말한 것은 법계에 두루 비춰야 할 찰토의 대상이 모두 백억이나 되기 때문이다.

'第二光至分齊者는 此中光照大數오 約其現文인댄 且有二十六節하니 前九는 別明이오 後十七은 同辨이니 卽爲十段이어니와 若據實義인댄 應有等法界無盡之節하고 節節有偈하니 中土本經에 必應廣說이나 然非多度放光이며 亦非一度放光이 次第照於多節이라 唯一放光이 同時頓照盡空世界이로되 但爲言不並彰일새 說有前後하고 隨機心現일새 節節各見이니 則如來光明이 節節而照하고 金色文殊 節節而至하며 乃至法界히 各見亦爾라 在佛文殊에 節節皆徧이 如月普徧에 百川各見이어니와 若法界機인댄 頓見前來諸類所見하나니 信會旣爾인댄 住行等會에 同徧亦然이라

(2) 방광이 이르는 한계란 방광이 비춰지는 세계의 큰 숫자만을 들어 말한 것이다. 이에 해당되는 경문으로 말하면 또 26節이 있다. 앞의 9절은 개별로 밝힘이고 뒤의 17절은 함께 논변한 것이니 곧 10단락이 되거니와, 만일 실제의 의의에 근거하여 말한다면 법계와 같이 그지없는 節이 있고 절마다 게송이 있다. 인도의 本經에서는 반드시 이에 대해 자세히 설명했을 것이다.

그러나 여러 차례의 방광이 아니며, 한 차례의 방광이 차례로 많은 節에 비춰왔다고 말한 것도 아니다. 오직 하나의 방광이 동시에 모든 허공법계를 한꺼번에 비춘 것이지만 단 이를 모두 아울러 한꺼번에 말하지 못한 까닭에 전후 부분으로 나누어서 말하였고, 중생의 마음을 따라 나타내주었기에 절마다 각기 달리 보여준 것이다. 이는 곧 여래의 광명이 절마다 비춰지고 금색의 문수가 절마다 찾아오며, 법계까지도 각각 볼 수 있음이 또한 이와 같다. 여래와 문수보살이 모든 절마다 두루 함이 마치 달이 널리 비침에 수많은 강하에서 각기 볼 수 있는 것과 같지만, 만일 法界機(頓機)로 말하면 앞에서 말한 모든 유형의 볼 수 있는 대상을 한꺼번에 볼 수 있다. 十信의 법회가 이미 그러하다면 十住·十行 등의 법회에 똑같이 두루 함 또한 그와 같다.

十段之中에 文各有二니 皆長行은 佛以身光照現事境하사 令衆目觀이오 偈頌은 文殊智光으로 讚述事理하사 令衆悟入이라 十段依答컨대 文三이니 初五는 答菩提에 卽分爲五니 初一은 總顯菩提超情이오 二는 通顯菩提因果오 三은 顯八相菩提오 四는 顯菩提體性이오 五는 顯菩提之因이라 今初 長行中에 二니 先은 照本界染淨이오 二如此處下는 現自法會普徧之相이라 前中에 三이니 初는 總標分齊오 二百億閻浮下는 別顯所照오 三其中下는 類結明顯이라 今은 初라

10단락 가운데 경문은 각각 산문과 게송 2부분으로 나뉜다. 산문의 장항에서는 부처님의 몸에서 쏟아져 나온 방광으로 사법계의 경계를 비춰 대중으로 하여금 이를 보도록 하였고, 게송에서는 문

수보살의 지혜광명으로 사법계의 이치를 찬술하여 대중으로 하여금 깨달음을 얻도록 하였다.

10단락의 대답에 의하면, 이 경문은 3부분으로 나뉜다.

첫 부분의 5가지는 보리를 답함에 있어 곧 5가지로 구분된다.

⑴ 情識을 초월한 보리를 총체로 밝히며,

⑵ 보리의 인과를 통틀어 밝히며,

⑶ 八相의 보리를 밝히며,

⑷ 보리의 體性을 밝히며,

⑸ 보리의 원인을 밝힌다.

이 첫 부분의 장항 산문은 2부분으로 나뉜다.

⑴ 本界의 오염과 청정을 비춤이며, ⑵ '如此處 見佛世尊' 이하에서는 법회로부터 널리 두루 한 모습을 나타냄이다.

⑴ 本界의 오염과 청정을 비추다

이는 3부분으로 나뉜다.

① 한계(삼천대천세계)를 총체로 나타내고,

② '백억 염부제' 이하는 방광이 비춰지는 대상을 개별로 밝히며,

③ '其中所有' 이하는 밝게 나타남을 유로 끝맺는다.

이는 ① 한계를 총체로 나타냄이다.

經

照此三千大千世界의

　이 삼천대천세계의

● 疏 ●

言'三千大千'者는 俱舍云 '四大洲日月과 蘇迷盧欲天과 梵世 各 一千을 名一小千界오 此小千千倍를 說名一中千이오 此千倍 大千이 니 皆同一成壞라하니 梵世는 謂卽初禪일새 故云同一成壞오 以三度積 일새 故曰三千이오 略去小中하고 擧其末後일새 故云大千이라하니라 【鈔_ 俱舍論者는 此文易了라 總以喩顯인댄 '一小千界'는 如一千錢이오 '一中千界'는 如千貫錢이오 '大千世界'는 如千箇千貫이로되 而但取於初 禪爲數오 已上은 不說이라 若擧二禪已上인댄 則不同一成壞니 火災 所壞는 唯初禪故니라 】

'삼천대천'은 구사론에 이르기를 "사대주의 해와 달, 수미산의 욕천, 범세천이 각각 1천 개씩 있는 것을 '1소천세계'라 하고, 이 1소천세계의 천 배를 '1중천세계'라 하고, 이것의 천 배를 '대천세계'라 하는데, 모두 똑같이 이뤄지고 머물고 무너지고 공이 된다."고 하였다. 梵世天은 곧 初禪天을 말한다. 이 때문에 "똑같이 이뤄지고 무너진다."고 말하였다. 이런 세계를 3차례 거듭 쌓아가기 때문에 '三千세계'라 말한다. 소천세계와 중천세계를 생략하고 그 마지막만을 들어 말한 까닭에 大千세계라고 말한다. 【초_ 구사론에서 인용한 문장은 쉽게 이해할 수 있다. 총괄하여 비유로 나타낸다면 '一小千界'란 1천 냥의 돈과 같고 '一中千界'란 1千貫의 돈과 같고 '大千世界'란 1천 개의 千貫과 같지만, 단 초선천을 취하여 수를 삼은 것이며 그 이상은 말하지 않았다. 만약 二禪天 이상을 들어 말한다면 하나의 이뤄지고 무너짐이 똑같지 않다. 화재에 의하여 파

113

괴되는 것은 오직 초선천이기 때문이다.】

長阿含十八과 雜阿含十六과 正理三十一과 及瑜伽 智論 雜集 顯揚도 亦不殊此니라 有云然顯揚第一에 '明三千世界 三災所壞'라하니 故知 初禪은 小千이오 二禪은 中千이오 三禪은 大千이라 若金光明은 直至非想히 皆云百億이라하니 意在徧諸天故오 此經文中에 但至色頂이니 約無色無處故니 今依二經이라【鈔_ 有云顯揚者는 卽刊定記意니 上卽論文이라 故彼論에 釋三千意云如是三千은 三災所壞니 謂火·水·風이라 故知初禪已下는 卽刊定取意解釋하야 謂火災는 壞初禪이오 水災는 壞二禪이오 風災는 壞三禪이니 明知說小千은 但數初禪이오 若數中千인댄 卽數二禪이니 以二禪量이 等中千故오 若數大千인댄 卽數三禪이니 三禪量이 等大千故니라 '今依二經'者는 卽金光明 及此經文이라】

장아함경 18, 잡아함경 16, 정리경 31 및 유가론, 지도론, 잡집, 현양간정기 또한 이와 다르지 않다.

어떤 이가 이르기를 "그러나 현양론 제1엔 삼천세계가 三災에 의해 무너진다고 밝혔다."고 한다. 이 때문에 다음과 같은 사실을 알 수 있다. 초선천은 소천세계(화재에 의해 무너짐)요, 이선천은 중천세계(수재에 의해 무너짐)요, 삼선천은 大千세계(풍재에 의해 무너짐)이다.

金光明經의 경우, "바로 非想天에 이르기까지 모두 백억"이라 말하였다. 그 뜻은 모든 하늘에 두루 하기 때문이며, 이 경문에서는 단 色頂天까지만 말하고 있다. 無色天은 일정한 장소가 없기 때문이다. 여기에서는 두 경전(금광명경 및 현양론)만을 따른다.【초_ '顯揚'이라 한 것은 곧 刊定記에서 말한 뜻인데, 위에서 말한 "그러나 현양론 제1엔"은 곧 간정기의 논문이다. 간정기의 논에서 삼천세계에 대한 뜻을 해석하여 말하기를 "이와 같이 삼천세계는 三災에 의해 파괴된다."고 하니 삼재란 불, 물, 바람을 말한다.

'故知初禪' 이하에서는 간정기의 뜻을 취하여 해석한 바에 의하면 "화재는 초선천을 파괴하고 수재는 이선천을 파괴하고 풍재는 삼선천을 파괴"함을 알 수 있다. 小千이라 말한 것은 초선천만을 센 것이고, 중천을 센다면 곧 이선천을 센 것이니 이선천의 양이 중천과 같기 때문이며, 대천을 센다면 곧 삼선천을 센 것이니 삼선천의 양이 대천과 같기 때문임을 분명히 알 수 있다.

"여기에서는 두 경전만을 따른다."는 것은 곧 금광명경과 이 경문을 말한다.】

二 別顯所照中에 初는 現人中이오 二는 現八相이오 三은 現諸天이라 今은 初라

② 방광이 비춰지는 대상을 개별로 밝히는 가운데 첫째는 인중을, 둘째는 팔상을, 셋째는 모든 하늘을 나타낸다.

첫째, 인중을 나타내다

經
百億閻浮提와 百億弗婆提와 百億瞿耶尼와 百億鬱單越과 百億大海와 百億輪圍山과

백억 염부제(閻浮提: 南瞻部洲. Jambu-dvīpa),

백억 불바제(弗婆提: 東勝身洲. Pūrva-videha),

백억 구야니(瞿耶尼: 西牛貨洲. Godānīya),

백억 울단월(鬱單越: 北俱盧洲. Uttara-kuru),

백억 대해(大海),

백억 윤위산(輪圍山),

● 疏 ●

閻浮提者는 新云瞻部니 俱舍云 '阿耨達池岸에 有樹하니 名瞻部라 因以名洲라하니 提者는 此云洲也라 東弗婆提者는 此云勝身이니 身勝餘洲故라 西瞿耶尼는 此云牛貨니 以牛貨易故라 北鬱單越은 此云勝生이니 以定壽千歲오 衣食自然故니라 大海者는 即外鹹海也며 百億輪圍者는 一四天下에 一小鐵圍故니라

閻浮提란 新譯에 의하면 瞻部(jambu)이다. 구사론에 이르기를 "阿耨達池 언덕에 나무 한 그루가 있는데 그 이름을 瞻部라 한다. 이를 인연으로 洲의 이름을 명명했다."고 하니 提란 중국에서 말하는 '洲'이다.

東弗婆提란 중국에서 말하면 훌륭한 몸[勝身]이다. 그곳에 사는 이들의 신체가 다른 洲에 비해 보다 훌륭하기 때문이다.

西瞿耶尼는 중국에서 말하면 소로 화폐[牛貨]를 삼는다는 뜻이다. 소로써 물물교역하기 때문이다.

北鬱單越은 중국에서 말하면 훌륭한 생명과 삶[勝生]이다. 정해

진 수명이 1천세이며, 의식이 절로 생겨나기 때문이다.

大海란 수미산 사방에 7겹의 金山이 에워싸고 있고 금산과 금산 사이에는 8겹의 香海가 가로막혀 있는데 제7겹의 금산 밖이 소금바다[鹹海]이다.[7] 바로 이를 바깥 소금바다[外鹹海]라 한다.

百億輪圍란 하나의 四天下에 하나의 작은 철위산이 있기 때문이다.

二는 現八相이라

둘째, 팔상을 나타내다

經

百億菩薩受生과 百億菩薩出家와 百億如來成正覺과 百億如來轉法輪과 百億如來入涅槃과

　　백억 보살의 태어남,

　　백억 보살의 출가,

　　백억 여래의 정각 성취,

　　백억 여래의 법륜을 굴림,

　　백억 여래의 열반에 드심,

....

[7] 俱舍論: "수미산 주위에는 7겹의 金山이 둘러싸고 있는데, 산과 산 사이에는 8겹의 향수해가 가로막고 있다. 제7겹의 금산 밖이 소금바다이다[須彌山周圍有七重金山圍繞, 山與山之間爲八重香海所間隔, 第七重金山外是鹹海]."

◉ 疏 ◉

文有五相하니 受生이 含三이라 佛成道後에 始放光明이어늘 却現初生及後涅槃者는 約微細門인댄 融三世故며 亦非能照是報오 所照是化니 以放光身이 在摩竭故며 此經은 報化融故일세니라 大菩薩等은 化處見報오 下位之機는 報處見化니 二不並故니라 能照所照唯是一佛은 顯佛自在며 超思議故일세니라 【鈔_ 約微細門者는 一中에 頓具一切諸法하야 炳然齊現이 名微細門이라 故說一相之中에 具餘七相이니 如在母胎에 卽具餘七하야 今在成正覺相中에 具餘七也라 言融三世는 亦卽十世隔法異成門이니 受生은 是過去오 涅槃은 是未來故니라 '亦非能照'者는 揀濫釋也라 '二不並'者는 報處見化니 見化不見報오 非謂報化 並現故也니라】

위의 경문에는 八相 가운데 단 5가지 모습이 있을 뿐이다. 受生 부분에서 兜率來儀相, 毘藍降生相, 四門遊觀相까지 3가지를 포함하였다. 부처님이 성도한 후에 비로소 광명을 놓으셨는데 문득 처음 태어나심과 뒤의 열반까지 나타낸 것은 微細門으로 말한다면 三世가 원융하기 때문이며, 또한 '방광을 비추는 주체[能照]가 報身이고 비추는 대상[所照]이 化身'도 아니다. 방광하는 몸이 마갈타국에 있기 때문이며, 이 경문에서는 보신과 화신이 원융한 때문이다.

대보살 등은 化處에서 보신을 볼 수 있고 下位의 근기는 報處에서 화신을 보게 된다. 이는 2가지가 함께할 수 없기 때문이다. 방광의 주체[能照]와 방광의 대상[所照]이 오직 이 한 분의 부처님이라 한 것은 부처님이 자유자재하며, 불가사의의 초월함을 나타낸 때문이다. 【초_ "微細門으로 말한다면"이란 하나 가운데 일체 모든 법을 한꺼번에 갖추어 일제히 빛난 것을 '미세문'이라 말한다. 이 때문에 하나의 모습 가운데 나머지 7가지의 모습을 모두 갖추었다고 말한 것이다. 모태에 있어서 곧 나머지 7가지의 모습을 모두 갖추고 있는 것처럼 여기에서는 正覺을 성취한 모습 가운데 나머지 7가지의 모습을 모두 갖추고 있다.

"삼세가 원융하다."는 것은 또한 곧 '十世[8]가 각각 구분되는 법으로 다르게 이루어지는 법문[十世隔法異成門]'이다. 受生은 과거요, 열반은 미래이기 때문이다.

"또한 '방광을 비추는 주체가 報身이고 비추는 대상이 化身'도 아니다."는 것은 잘못된 해석을 분별하기 위함이다.

"2가지가 함께할 수 없다."는 것은 報處에서 화신을 볼 수 있으면 화신을 볼 적에 보신을 보지 못한다. 보신과 화신이 함께 나타난다고 말할 수 없기 때문이다.】

三은 現諸天이라

셋째, 모든 하늘을 나타내다

．．．．．．．．．．．
8 十世: 과거에 과거·현재·미래가 있고, 현재에 과거·현재·미래가 있고, 미래에 과거·현재·미래가 있고, 그 모든 것을 하나로 통일한 바로 현재 그런 모든 것을 다 함용하고 있으므로 9세에다가 현재 一念을 또 一世라 하여 '십세'라고 말한다.

百億須彌山王과 **百億四天王衆天**과 **百億三十三天**과 **百億夜摩天**과 **百億兜率天**과 **百億化樂天**과 **百億他化自在天**과 **百億梵衆天**과 **百億光音天**과 **百億徧淨天**과 **百億廣果天**과 **百億色究竟天**하사 **其中所有**가 **悉皆明現**하니라

백억의 수미산왕, 백억의 사천왕중천, 백억의 삼십삼천, 백억의 야마천, 백억의 도솔천, 백억의 화락천, 백억의 타화자재천, 백억의 범중천, 백억의 광음천, 백억의 변정천, 백억의 광과천, 백억의 색구경천을 비추시니, 그 가운데 있는 모든 것이 모두 다 분명하게 나타났다.

● 疏 ●

現諸天中에 擧須彌者는 二天所依故라 三'其中'下는 類結明顯을 可知라

모든 하늘을 나타낸 가운데 수미산을 들어 말한 것은 二天에 의지하기 때문이다.

③ '其中所有' 이하는 분명하게 나타난 것을 유별로 끝맺은 것임을 알 수 있다.

二는 現自法會普徧之相이니 二니 先現本會라

⑵ 법회로부터 널리 두루 한 모습을 나타냄이니 2단락이다.

① 본회를 나타내다

經
如此處에 見佛世尊이 坐蓮華藏師子之座어시든 十佛刹微塵數菩薩의 所共圍繞하야 其百億閻浮提中에 百億如來도 亦如是坐하시니라

이와 같은 곳에 부처님 세존이 연화장 사자좌에 앉아 계시는데 열 불찰미진수의 보살이 함께 둘러싸고 있는 것을 볼 수 있는 것처럼 그 백억 염부제 가운데 백억 여래 또한 이와 같이 앉아 계셨다.

● 疏 ●
此是一會 徧一切處오 非是多處에 各別有會며 乃至法界도 亦如是徧이니 此圓融法은 非思之境이니라【鈔_ 非是多處者는 亦是揀濫이니 恐人誤解니 若多處有會인댄 似如十人爲會하야 十會 在一室中에 一燈照了면 令人頓見十會百人이로되 今不爾也라 '一會徧一切處'者는 如於一室에 懸百面鏡하고 中有十人이 共爲一會면 則百鏡中에 有百會也니라】

이는 이 하나의 법회가 모든 곳에 두루 한 것이지, 수많은 곳에서 각기 별개로 법회가 열린 게 아니다. 법계에 이르기까지도 또한 이처럼 가득하다. 이처럼 원융한 법은 불가사의 경계이다.【초_ "수많은 곳에서 각기 별개로 법회가 열린 게 아니다."는 말 또한 잘못된 말들을 가려내기 위함이다. 사람들이 잘못 이해할까 두려운

마음에 이처럼 말한 것이다. 만일 수많은 곳에서 각기 별개로 법회가 열렸다면 마치 열 사람이 하나의 모임을 만들어서 열 개의 모임이 한 방 안에서 한 등불을 비추는 곳에 있으면 모든 사람들이 열 개의 모임에서 온 백 사람을 한꺼번에 볼 수 있겠지만, 여기에서는 그러한 말이 아니다.

"하나의 법회가 모든 곳에 두루 하다."는 것은 마치 하나의 방에 백방으로 비추는 거울을 달아놓고 그 가운데 열 사람이 함께 하나의 모임을 가진다면 1백 개의 거울에 1백 개의 모임을 가진 것처럼 보일 것이라는 뜻이다.】

二는 現新集衆이라

② 새로 모인 대중을 나타내다

經

悉以佛神力故로 十方 各有一大菩薩이 一一各與十佛刹微塵數諸菩薩로 俱하야 來詣佛所하시니
其名曰 文殊師利菩薩과 覺首菩薩과 財首菩薩과 寶首菩薩과 功德首菩薩과 目首菩薩과 精進首菩薩과 法首菩薩과 智首菩薩과 賢首菩薩이오
是諸菩薩이 所從來國은 所謂金色世界와 妙色世界와 蓮華色世界와 薝蔔華色世界와 優鉢羅華色世界와 金色世

界와 寶色世界와 金剛色世界와 玻瓈色世界와 平等色世界라
此諸菩薩이 各於佛所에 淨修梵行하시니 所謂不動智佛과 無礙智佛과 解脫智佛과 威儀智佛과 明相智佛과 究竟智佛과 最勝智佛과 自在智佛과 梵智佛과 觀察智佛이시니라

이는 모두 부처님의 신통력으로 시방에 각각 한 분의 큰 보살이 있고 하나하나의 보살이 각각 열 불찰미진수의 모든 보살들과 함께 부처님이 계신 곳으로 찾아가니, 그 큰 보살의 이름은 문수사리보살, 각수보살, 재수보살, 보수보살, 공덕수보살, 목수보살, 정진수보살, 법수보살, 지수보살, 현수보살이다.

이 모든 보살들이 찾아온 국토는 이른바 금색세계, 묘색세계, 연화색세계, 담복화색세계, 우발라화색세계, 금색세계, 보색세계, 금강색세계, 파려색세계, 평등색세계이다.

이 모든 보살이 각기 부처님 계신 곳에서 범행을 청정하게 닦으셨다. 이른바 부동지불, 무애지불, 해탈지불, 위의지불, 명상지불, 구경지불, 최승지불, 자재지불, 범지불, 관찰지불이시다.

● 疏 ●

言佛神力者는 亦卽是前各隨其類現神通也라
文有四段하니 謂總顯·列名·刹號·佛名이니 皆同名號品中이로되 但增百億이 爲異耳라

'부처님의 신통력'이란 또한 곧 앞의 경문에서 말한 각기 다른

123

유를 따라서 신통력을 나타냄이다.

이의 경문은 4단락이다. (1) 總顯, (2) 列名, (3) 刹號, (4) 佛名을 말한다. 모두 여래명호품에서 말한 바와 똑같지만 단 '백억' 구절을 더한 것이 차이점이다.

◉ 論 ◉

從初爾時世尊已下에 有二十四行半經은 於中大意를 義分爲五호리니 一은 擧光出處요 二는 擧光所照境界遠近이오 三은 擧一切處百億衆會菩薩이 同集이오 四는 擧一切處佛刹과 根本智佛이오 五는 明一切處文殊가 同聲一時說頌이라

첫 부분 '爾時世尊'으로부터 아래에 24항 절반 경문은 그 大意를 5가지로 구분할 수 있다.

(1) 방광이 나온 곳을 들어 말하였고,

(2) 방광이 비춰가는 경계의 원근을 들어 말하였고,

(3) 일체처 백억 대중이 모인 법회에 보살이 한 곳에 모임을 들어 말하였고,

(4) 일체처 불찰토와 根本智佛을 들어 말하였고,

(5) 일체처 문수보살이 똑같은 음성으로 일시에 게송을 설함을 밝혔다.

一은 擧光出處者는 經에 云爾時世尊이 兩足輪下에 放百億光明'은 此光이 是初會中에 如來 放眉間光하시니 名一切菩薩智光明普照耀十方藏이니 此光은 是敎化十方菩薩에 安立十信과 及五位十地法門

次第하야 令隨位進修호되 開敷智眼하야 成其無量福智之海일새 是故로 名之照耀十方藏이라 又藏者는 有二義하니 一은 衆生善根이 堪受此法을 名之爲藏이니 如文殊師利 歎善財童子하사대 善哉라 功德藏이여 能來至我所오 二는 大願大悲大智法身을 總名爲藏이니 此光明이 常照耀十方法界善根衆生하야 而能成就大菩提心과 大願大悲大智로 饒益衆生藏者故라

此如來兩足輪所放光明은 是彼現相品中眉間之光이니 照十方已에 其光이 還來하야 入佛足下는 爲欲以十地果光으로 用成十信故라 是故로 於此品中에 還放彼第一會中所入如來足下之光하사 以成十信이시니 如十住位中엔 於如來足指端放光은 卽明入聖之始와 發迹應眞之初故니 是初生諸佛大智家故오 十行位中엔 足趺上放光하시고 十迴向位中엔 膝上放光하시고 十地位中엔 眉間放光하사 終而復始하시니 還依舊果 初以果成因하야 因修果體일새 至功終位極히 本末이 不移니 至位更明호리라

今此放兩足輪中之光은 明以果成信故며 乃至修行에 常修果體하야 使慣習成熟故로 如此從眉間放光으로 足下輪中放光하고 足指端放光하고 足趺上放光하고 膝上放光하고 眉間放光하시며 出現品中엔 又於眉間放光하시니 名如來出現光明이라 如此六度放光이 總明成就十信十住十行十迴向十地十一地의 因果法門과 進修之行相一終故오 法界品에 又眉間放光者는 明此一部之經의 菩薩五位進修와 及如來出現所證本法이 總法界爲體故니 明法界一品이 是過現未來一切諸佛之本末故며 是恒法故며 是法이 常道不思議故며 是一

125

切衆生의 本末故며 是一切法之本體故오

(1) 방광이 나온 곳을 들어 말하였다는 것은 경문에 이르기를 "그때 부처님의 두 발바닥 아래에서 백억 줄기의 광명이 쏟아져 나왔다."고 하며, 이런 광명이 처음 법회에서는 여래의 양미간에서 방광하셨음을 말한다. 그 방광의 이름은 '일체 보살지 광명'으로 널리 시방세계를 비춰주는 창고[藏]이다. 이 광명은 시방세계 보살을 교화함에 있어 十信 및 五位十地法門의 차례를 세워서 보살로 하여금 지위를 따라 닦아 나아가되 지혜의 눈[智眼]을 열어주어 그 한량없는 복덕과 지혜의 바다를 성취하게 한 까닭에 '시방세계를 비춰주는 창고[照耀十方藏]'라 말한 것이다.

또한 '藏'에는 2가지 뜻이 있다.

① 선근의 중생이 이 법을 감당하여 받을 수 있는 것을 '藏'이라고 말한다. 예를 들면, 문수사리가 선재동자를 찬탄하기를 "선하다! 功德藏이여, 나의 처소에까지 찾아왔구려."라는 것과 같다.

② 大願, 大悲, 大智, 法身을 총괄하여 '藏'이라고 말한다. 이 광명이 항상 시방세계 법계의 선근중생을 비춰서 大菩提心, 大願, 大悲, 大智로 중생에게 이익을 주는 '藏'을 성취한 때문이다.

여래의 두 발바닥에서의 방광은 여래현상품에서 말한 양미간의 방광이다. 그 방광이 시방세계를 모두 비춘 뒤에 다시 되돌아와서 부처님 발바닥의 아래로 들어온 것은 十地果光으로 인하여 十信을 성취하고자 한 때문이다. 이런 이유로 본 품에서, 또한 제1법회에서 말한 여래의 발바닥으로 들어간 광명을 다시 놓으시어 이로써 十信을 성취케 하였다.

저 十住位의 방광을 말한 가운데, 여래의 발가락 끝에서 방광했다는 것은 곧 聖의 지위에 들어가는 시초와 자취를 나타내어 진리에 응하는 시초임을 밝힌 때문이다. 이는 처음 제불 大智의 집안에서 태어난 때문이다.

十行位에서는 발등에서 방광하시고, 十廻向位에서는 무릎 위에서 방광하시고, 十地位에서는 양미간에서 방광하여 모두 방광을 마쳤다가 다시 시작하셨다. 이는 또한 옛적 果를 의지하여 원인을 이뤄서 원인의 果體를 닦은 까닭에 공부가 끝나고 지위가 다함에 이르기까지 본말이 바뀌지 않은 것이다. 해당 지위의 부분에서 다시 밝힐 것이다.

여기에서 두 발바닥에서 방광한 것은 果로써 信을 성취한 때문이며, 내지 수행함에 항상 果體를 닦아서 하여금 자주 익히고 성숙케 함을 밝힌 까닭에, 이와 같이 양미간의 방광으로부터 발바닥에서 방광하고 발가락에서 방광하고 발등에서 방광하고 무릎 위에서 방광하고 양미간에서 방광하시며, 여래출현품에서는 또한 양미간에서 방광하시니 이를 '여래께서 나타내신 광명[如來出現光明]'이라 명명하였다.

이처럼 6차례의 방광이 모두 十信, 十住, 十行, 十廻向, 十地, 十一地의 인과법문과 닦아 나아가는 行相이 한 차례 끝난 것을 성취하였음을 밝히려는 때문이며, 법계품에서 또한 양미간에서 방광한 것은 이 화엄경에서 말한 보살의 五位 수행 및 여래께서 출현하여 증득한 本法이 모두 법계와 일체가 됨을 밝히려는 때문이다. 법계품이 과거, 현재, 미래 일체 제불의 본말이며, 이는 영원불변의 법이며, 이 법이 영원불변의 도인 터라 불가사의하며, 이는 일체중생의 본말이며, 이는 일체 법의 본체임을 밝히려는 때문이다.

二는 擧光照遠近者는 初照三千大千之境界하고 次照十百千과 乃至十億과 及不可說이라 問曰 何故로 不一時普照코 而有漸次耶잇가 答하사대 是一時中漸次니 爲法界中에 無前後故로 漸次者는 爲十信中修勝進增勝故라

(2) 방광이 비춰가는 경계의 원근을 들어 말하였다는 것은 처음엔 삼천대천의 경계를 비추고, 그다음엔 십백천 내지 십억 및 말로 형용할 수 없는 세계를 비추었음을 말한다.

"무슨 까닭으로 일시에 널리 비추지 않고 차츰차츰 차례대로 하는 것일까?"

"이는 일시의 가운데 차츰차츰 차례대로 한 것이다. 법계에는 전후가 없는 까닭에 차츰차츰 차례대로 한다는 것은 십신 중의 수행을 잘 닦아 나아가 더욱 훌륭해지기 때문이다."

三은 擧一切處百億衆會菩薩이 同集者는 明自己信行이 徧周故오

(3) 일체처 백억 대중이 모인 법회에 보살이 한 곳에 모임을 들어 말하였다는 것은 자기의 信行이 두루 함을 밝히려는 때문이다.

四는 擧一切處佛世界와 及十智如來者는 明信心者의 自己智德果 徧周故오

(4) 일체처 불세계와 十智如來를 들어 말하였다는 것은 신심을

지닌 자의 자기 智德果가 두루 함을 밝히려는 때문이다.

五는 一切處文殊師利 同時說頌者는 明信心者의 自己妙慧擇法이 徧周니 總明自有오 非是他法이라 從初自信如是十色世界와 十智如來와 十首菩薩이 總是自己果行과 法性大智와 萬行徧周하야 以成信故로 從此修行하야 經歷五位토록 不離此也라 是故로 發心畢竟이 二不別이니 如是二心先心難이라 自未得度先度他일새 是故로 '我禮初發心'하노니 初發엔 以爲天人師하야 超勝聲聞及緣覺이라하시니 一如涅槃經說이라 此는 明從凡入信心者難故니 爲凡夫 總自認是凡夫하고 不肯認自心이 是不動智故라 是故로 入十信이 難이니 明十信心成就에 任運至十住初發心住故며 乃至究竟佛果故라

(5) 일체처 문수사리보살이 똑같은 음성으로 일시에 게송을 설함을 밝혔다는 것은 신심을 지닌 자가 미묘한 자신의 지혜로 법을 두루 선택함을 밝히려는 때문이다. 이는 모두 스스로 고유함이지, 남들의 법이 아님을 밝히려는 것이다.

첫 부분으로부터 이와 같은 十色世界, 十智如來, 十首菩薩이 모두 자기의 果行과 法性大智와 萬行이 두루 한 것임을 스스로 믿고서 이로써 신심을 성취한 까닭에, 이러한 신심으로부터 수행하여 五位를 거쳐 가면서 이를 여의지 않아야 한다. 이런 까닭에 처음의 발심과 마지막의 성불이 두 갈래로 다르지 않다. 이와 같은 발심을, 가장 먼저 가져야 할 마음을 지니기 어려운 터라 스스로 자신을 제도하지 않고서 먼저 남을 제도하려는 까닭에 "그러므로 나는 처음 발심한 사람에게 절을 올린다. 처음 발심하면 벌써 천신

과 인간의 스승이기에 성문이나 연각보다도 훨씬 뛰어나다."고 하니, 하나같이 大般涅槃經에서 말한 바와 같다.

　이는 범부로부터 신심에 들어가는 자의 어려움을 밝히기 위함이다. 범부 된 이가 모두 자신이 범부라는 사실을 스스로 인정하고 기꺼이 나의 마음이 곧 不動智임을 스스로 인식하지 못한 때문이다. 이런 연유로 十信에 들어가기 어려운 것이다. 십신의 마음이 성취되면 마음대로 十住 初發心住에 이를 수 있으며, 이에 究竟佛果에 이를 수 있음을 밝히기 위함이다.

如三乘中엔 修十信心에 經十千劫이어니와 此教中엔 爲以根本智法界로 爲教體일세 但以才堪見實卽得이오 不論劫量이니 如覺城二千之衆에 善財 爲首者는 是路上發心이오 六千比丘之衆도 亦是智慧猛利하고 人類精奇하야 一聞에 曉悟하며 謙恕仁慈로 專求大道하야 以利含生이니 皆是一生信滿하야 發心入位人也라 若不信自心이 原是不動智佛者인댄 卽永劫漂淪이어니 何能利人濟物이리오 如經所說하야 若自有縛코 能解彼縛이 無有是處니라 是故로 發心이 有二種하니 一은 修信解發心이라 但修十信解故니 卽如前十智如來와 十首菩薩이 是오 二는 信滿發心이라 十住位初 名初發心住故니 卽十慧菩薩과 十箇月佛이 是其因果也니라

　저 三乘에서는 十信心을 닦으면서 십천겁의 세월을 지내오거니와, 이 화엄경의 가르침에서는 根本智 법계로 가르침의 본체를 삼기에 단 겨우 實理를 보았다 하면 곧바로 얻을 수 있는 까닭에 어느 정도 겁 동안 수행해야 한다고 말하지 않는다. 저 覺城 2천의

대중 가운데 선재가 상수보살이 된 것은 이러한 路程에서 발심하였기 때문이며, 6천 비구의 대중 또한 그 모두가 지혜가 뛰어나고 남다른 사람들이어서 한번 들으면 곧바로 깨달으며 겸손하고 너그럽고 인자한 마음으로 오로지 대도를 추구하여 모든 중생에게 이익을 주었다. 그 모두가 이처럼 일생 동안 신심이 원만하여 발심한 나머지 수승한 지위에 들어간 사람들이다.

만일 나의 마음이 원래 不動智佛임을 믿지 않았다면 곧 영겁의 바다에 표류했을 것인데, 어떻게 남들에게 이익을 주고 중생을 제도할 수 있었겠는가. 경문에서 말한 바와 같이 그 자신이 결박당해 있으면 남들의 결박을 풀어줄 수 있는 일은 결코 있을 수 없다.

이 때문에 발심에는 2가지가 있다.

첫째는 信解를 닦으려는 발심이다. 단 十信解만을 닦으려는 때문이다. 이는 곧 앞에서 말한 바와 같이 十智如來와 十首菩薩이 바로 그런 사람이다.

둘째는 신심이 원만한 발심이다. 十住 位初의 명명이 初發心住이기 때문이다. 이는 곧 十慧菩薩과 十箇月佛이 그 인과이다.

又就此說頌門中하야 義分爲二호리니 一은 明文殊師利 說十偈頌하사 歎如來十種德하야 令信心者로 信解增廣이오 二는 明信心者의 心地增廣에 其光이 漸增이라 其光漸增者는 明信心漸勝이니 如文可知라 一一隨光所照之境하야 以心觀之호대 隨方令心無礙하야 盡十方總然하고 十方觀徧에 唯有能觀心在니 復觀能觀之心도 亦無內外면 卽十方無礙하야 方入十住初心이니라 一은 從文殊說頌中으로 歎如來十

種德하야 令信心者로 漸漸增廣고

또한 게송으로 설한 법문을 살펴보면 2가지의 의의로 구분된다.

(1) 문수사리보살이 10수의 게송을 읊어 여래의 10가지 덕을 찬탄하여 신심 있는 이들로 하여금 信解가 더욱 커나가도록 하기 위해 이를 밝힘이며,

(2) 신심 있는 이들의 마음이 더욱 커나감에 그 광명이 차츰차츰 더해감을 밝히기 위함이다. 그 광명이 차츰차츰 더한다는 것은 신심이 차츰차츰 수승해감을 밝힌 것으로, 경문에서 말한 바와 같으니 말하지 않아도 알 수 있다.

하나하나의 광명이 비추는 경계를 따라 마음으로 이를 보되 일정한 한 지방을 따라서 마음으로 하여금 일정한 곳에 걸림이 없도록 하여 온 시방을 모두 그렇게 보고, 시방을 보는 마음이 두루 함에 오직 볼 수 있는 주체[能觀]의 마음이 존재하게 된다. 여기에서 한 걸음 더 나아가 다시 볼 수 있는 주체의 마음까지도 안팎이 없는 자리를 보게 되면 곧 시방이 걸림이 없을 적에 비로소 十住初心에 들어갈 수 있다.

(1) 문수사리보살이 10수의 게송을 읊은 데서 어떻게 여래의 10가지 덕을 찬탄하여 신심 있는 이들로 하여금 信解가 더욱 커나가도록 했을까?

一

偈文은 分二니 先彰說人이오 後顯偈辭라 今은 初라

　게송은 2부분으로 나뉜다.

　(1) 설법주를 나타내고,

　(2) 게송의 글을 밝힌다.

　이는 (1) 설법주를 나타낸다.

經

爾時에 一切處 文殊師利菩薩이 各於佛所에 同時發聲하사 說此頌言하사대

　그때 모든 곳에 있는 문수사리보살이 각각 부처님이 계신 곳에서 동시에 소리를 내어 이 게송을 말하였다.

● 疏 ●

言'一切處文殊'者는 略申三義니 一은 約當節이니 如初節中에 百億佛前에 有百億文殊가 爲一切也라 各各說當節之偈일세 故文皆云'各於佛所'라하니라【鈔_ '一切處文殊 略申三義'者는 第一義는 約文이니 卽是以應就機하야 令百川中에 一時見月이라 '各各皆說當節之偈'者는 如百億內에 同說若有見正覺偈하고 第二節內에 同說衆生無智慧偈라 然有四句하니 一은 一切處文殊同說一偈니 是一切卽一이오 二는 但一文殊 十節說偈니 是一卽一切오 三은 各於佛所니 卽一唯是一이오 四는 諸處文殊 各偈不同이니 卽是一切中一切니라】

133

"모든 곳에 있는 문수사리보살"이라 말한 것은 간단하게 3가지의 의의로 말할 수 있다.

(1) 해당 節을 가지고 말한다. 그 제1절의 百億佛 이전에 백억의 문수사리가 있었음이 '일체처'가 된다. 각각 모두 해당 節마다 게송을 읊은 까닭에 경문에서 모두 "각각 부처님이 계신 곳[各於佛所]"을 말한 것이다. 【초_"'모든 곳에 있는 문수사리보살'을 간단하게 3가지의 의의로 말한다."는 것은 第一義란 경문을 들어 말하였다. 이는 곧 응신으로 중생의 근기에 맞추어 그들로 하여금 수많은 시냇물에서 일시에 달을 보도록 만들어준 것이다.

"각각 모두 해당 節마다 게송을 읊었다."는 것은 저 백억 문수사리보살 내에서 동시에 '若有見正覺'의 게송을 설하고, 뒤이어 제2절 내에서 동시에 '衆生無智慧'의 게송을 설한 것이다. 그러나 여기에는 四句가 있다.

① 모든 곳에 있는 문수사리보살이 동시에 하나의 게송을 읊은 것이다. 이는 일체가 곧 하나이다.

② 단 하나의 문수사리보살이 10節의 게송을 읊은 것이다. 이는 하나가 곧 일체이다.

③ 각각 부처님이 계신 곳에서 읊은 것이다. 이는 하나가 오직 하나일 뿐이다.

④ 모든 곳에 있는 문수사리보살의 각기 다른 게송이 똑같지 않은 것이다. 이는 일체 속의 일체이다.】

二는 一文殊 從一處東來가 卽從一切處東來오 至一法會가 卽至一

切法會라 故雖東來나 而卽一切處니 以是法界 卽體之用身故니라
【鈔_ 第二는 約義하야 復語其實德이니 如前溪之月이 卽是後溪오 及 千江百川之月이 全入前溪니 所以爾者는 一切處月이 不離本月故로 本月落溪면 則千處俱落이니라 】

(2) 하나의 문수가 한 곳의 동쪽으로부터 오는 것이 곧 모든 곳의 동쪽으로부터 오는 것이며, 하나의 법회에 이른 것이 곧 모든 법회에 이른 것이다. 이 때문에 비록 동쪽에서 왔다고 하지만 곧 모든 곳이다. 이는 법계의 '본체와 하나가 되는 用身'이기 때문이다.【초_ (2)에서는 의의를 가지고서 다시 그 實德을 말함이다. 앞 시내의 달이 곧 뒤 시내의 달이자, 1천 곳의 강하, 1백 곳의 하천의 달이 모두 앞 시내의 달과 같다. 그러한 이유는 모든 곳의 달이 하늘에 있는 근본적인 달을 여의지 않는 까닭에 하늘의 근본적인 달이 시내에 떨어지면 곧 1천 시내에 함께 떨어지기 때문이다.】

三은 約表法이니 文殊는 乃是不動智之妙用일새 觸境斯了라 六根三業이 盡是文殊오 實相體周라 萬象森羅이 無非般若니 何有一處非文殊哉아 下九節中에 皆有三段하니 倣此면 可知니라【鈔_ '三約表者는 文殊는 主般若門이라 若約觀照般若인댄 智了萬境이라 無非般若니 若白日麗天에 無物不照오 若實相般若인댄 無法非實相故로 無非般若니 猶水徧波하야 無波非水니라 大般若云 般若波羅蜜多 淸淨故로 色淸淨하고 色淸淨故로 一切智智淸淨이니라 何以故오 若般若波羅蜜多 淸淨하며 若色淸淨하며 若一切智智淸淨하면 無二無二分하며 無別無斷故라하니 通於觀照 及實相也니라 】

(3) 법을 밝히는 것으로 말하였다. 문수는 이에 不動智의 묘용이니 모든 경계마다 모두 깨달아 통달하였기에 육근 삼업이 모두 문수며, 실상의 본체가 두루 하기에 삼라만상이 반야 아닌 게 없다. 어찌 어느 곳인들 문수 아닌 데가 있겠는가. 아래 9節에는 모두 3단락이 있다. 이에 준해 보면 말하지 않아도 알 수 있다. 【초_ "(3) 법을 밝히는 것으로 말하였다."는 것은 문수는 반야법문을 주로 한다.

觀照般若로 말하면 지혜로 모든 경계를 깨달아 통달함에 반야 아닌 게 없다. 이는 마치 태양이 하늘 높이 떠 있으면 모든 물건마다 비춰주지 않음이 없음과 같다.

實相般若로 말하면 모든 법마다 實相 아닌 게 없다. 이 때문에 반야 아님이 없다. 이는 마치 물이 물결에 두루 하여 물결마다 물 아닌 게 없는 것과 같다.

대반야경에 이르기를 "반야바라밀다가 청정한 까닭에 색이 청정하고, 색이 청정한 까닭에 일체의 지혜 가운데에 가장 뛰어난 지혜[一切智智]가 청정하다. 무엇 때문일까? 반야바라밀다가 청정하고 색이 청정하고 일체의 지혜 가운데에 가장 뛰어난 지혜가 청정하면 둘도 없고 둘로 구분됨도 없으며, 개별도 없고 間斷도 없기 때문이다."고 하니 觀照 및 實相에 통한다.】

二는 正顯偈辭라 然釋此偈는 有通有別이라 通者는 此明菩提超情이오 別은 謂顯前光中所見之事니 於中又二라 一은 約境이니 謂融蚴所照 顯理法故오 二는 約觀이니 謂令大衆으로 泯絕諸見하야 於所照事에 不 生執取라 然觀資理成하고 理由觀顯일새 故通而釋之하야 卽明菩提 超情이라 大分爲二이니 初一은 反顯이오 餘九는 順釋이라 今初는 反顯 違理之失이니라

(2) 바로 게송의 글을 밝히다

그러나 이 게송을 해석함에 있어서는 전체도 있고 개별도 있다. 전체란 이 중생의 情識을 초탈한 보리를 밝힘이며, 개별은 앞의 방광에서 보여준 일을 나타낸 것이다.

그 가운데 또한 2가지가 있다.

① 경계로 말하였다. 앞의 관조한 바를 원용하여 理法을 나타낸 때문이다.

② 관조로 말하였다. 대중으로 하여금 모든 見을 끊어 관조 대상의 일에 집착을 내지 않음이다.

그러나 관조는 이치를 힘입어 성취되고 이치는 관조를 인연하여 나타난 까닭에 이를 통틀어 해석하여 곧 중생의 情識을 초탈한 보리를 밝힌 것이다.

이는 크게 나누면 2부분이다. 맨 앞의 첫 게송은 반설로 나타냄이며, 나머지 9수 게송은 차례대로 해석하였다.

첫 게송은 이치에 위배된 잘못을 반설로 나타낸다.

經

若有見正覺이　　　解脫離諸漏하고
不著一切世하면　　彼非證道眼이니라

　만약 어떤 이가 정각은
　해탈하여 모든 번뇌 떠나고
　일체 세간 집착하지 않는 줄로 보면
　그런 그는 도안을 증득한 게 아니다

● **疏** ●

謂菩提體德이 超絕一切이니 佛地論에 明佛은 非漏非無漏요 亦應於世에 非著非無著라하야늘 今乃見佛호되 內離諸漏하고 外不著世인댄 則有漏可離며 有世不著이라 取捨未亡이어니 此見違理일세 故非道眼이라 證道眼者는 無分別故일세니라

　보리 본체자리의 덕이란 일체의 초탈을 말한다. 불지론에서는 "부처님은 번뇌가 있는 것도 아니요 번뇌가 없는 것도 아니며, 또한 세상에 집착함도 아니요 집착이 없는 것도 아니다."고 밝힌 바 있다. 그럼에도 불구하고 여기에서 부처님은 안으로는 모든 번뇌를 여의고 밖으로는 세상에 집착하지 않는 것으로 본다면, 그런 잘못된 인식은 곧 부처님에게 번뇌를 여읠 게 남아 있으며 세상에 집착하지 않을 게 남아 있는 터라, 취하고 버리는 차별의식을 초탈하여 잊지 못했음을 말해주는 것이다. 이런 견해는 이치에 어긋난 까닭에 바른 道眼이 아니라고 지적한 것이다. 도안을 증득한 자는 분

별의식이 없기 때문이다.

餘偈는 順顯見理之益이니 皆上三句는 觀相이오 下句는 觀益이라

　　나머지 9수의 게송은 이치를 바르게 보는 데서 얻어지는 이익을 순서대로 밝히고 있다.
　　이는 모두 위의 3구(제1~3)는 相을 보여줌이며, 마지막 제4구는 이익을 보여줌이다.

經
若有知如來가　　　　　　體相無所有하야
修習得明了하면　　　　　此人疾作佛이로다

　　만일 여래께서
　　진성(眞性)의 체와 덕상(德相)의 상이 없다는 바를 알고서
　　이를 닦고 익혀 깨달음을 얻었다고 한다면
　　이런 사람은 빨리 성불할 수 있으리라

● **疏** ●

於中九偈 各是一義오 且分爲四니 初六은 觀佛이오 次一은 趣求오 次一은 觀生이오 後一은 了法이라
初中初偈는 正顯佛菩提性이 本來自空이니 稱此而知면 則無上失이리라 體는 謂眞性이오 相은 謂德相이라 並性無所有어니 竟何所離며 本

無有著이어니 誰爲無著이리오 如是知者를 名爲正解라하고 修習明了를 斯爲正行이라하니라

下句觀益에 言疾作佛者는 約文殊門인댄 情盡理現이 卽名作佛이오 約普賢門인댄 信終圓收오 約行布說인댄 則不見此理면 成佛未期니 他皆倣此하다【鈔_ 本無有著者는 如藕膠黏人이라 則有不著之者어니와 虛空不黏이어니 誰爲不著空中膠者리오 情盡理現者는 此順禪宗이니 卽事理無礙門也오 約普賢門인댄 正是華嚴이니 卽事事無礙門也오 約行布說인댄 此爲千里之初步也라】

이 가운데 9수 게송이 각각 하나의 의의를 지니고 있으며, 이 또한 4부분으로 나뉜다.

(1) 처음 6수(제2~7) 게송은 부처님을 보여줌이며,

(2) 다음 1수(제8) 게송은 서둘러 추구함이며,

(3) 다음 1수(제9) 게송은 중생을 보여줌이며,

(4) 맨 뒤의 1수(제10) 게송은 불법을 깨달음이다.

처음 6수 게송 가운데 첫 게송(제2)은 바로 부처님의 보리 성품이 본래 스스로 공함을 나타낸다. 이에 걸맞게 깨달으면 곧 위에서 말한 잘못이 없게 된다. 體相의 體는 眞性을 말하고, 相은 德相을 말한다. 眞性까지도 아울러 있는 바가 없는데 마침내 무엇을 여읠 바가 있을 것이며, 본래 집착할 대상이 없는데 어떻게 집착이 없다고 말할 수 있겠는가. 이처럼 아는 것을 바른 이해[正解]라 하고, 닦고 익혀서 밝게 깨달음을 얻은 것을 바른 행[正行]이라고 말한다.

마지막 구절, 이익을 보여주는 부분에서 빨리 성불할 수 있다

고 말한 것은 문수법문으로 말한다면 情識이 다하여 진리가 나타남이 곧 성불이며, 보현법문으로 말한다면 신심의 마지막 부분[信終: 成德]에 원만하게 거둬들임이며, 行布법문⁹으로 말한다면 곧 이런 이치를 보지 못하면 성불을 기약할 수 없음을 말한다. 다른 부분도 모두 이와 같다. 【초_ "본래 집착할 대상이 없다."는 것은 저 감탕나무 속껍질을 빻아서 만든, 새나 벌레를 잡는 데 쓰는 끈끈이[膠]를 사람의 몸에 붙이면 붙지 않는 자도 있거니와, 허공이란 붙일 수 있는 그 자체가 없는데 어떻게 굳이 공중에 달라붙지 않는 끈끈이를 말할 필요가 있겠는가.

"정식이 다하여 진리가 나타난다."는 것은 선종을 따라 말한 것인바, 이는 곧 '본체와 현상은 둘이 아니라 하나이고 걸림 없는 관계 속에서 의존하는 事理無礙' 법문이며, 보현법문으로 말한다면 바로 華嚴인바, 이는 곧 '모든 현상의 사법계가 걸림 없이 서로 받아들이는 事事無礙' 법문이며, 항포법문으로 말한다면 이는 천리 길의 첫걸음이다.】

經

能見此世界호대   其心不搖動하고
於佛身亦然하면   當成勝智者로다

----

9 行布법문: 화엄종에서 수행하는 계급에 10주, 10행, 10회향, 10지 등을 세워 이 차례를 지내서 마지막 이상경계인 부처님의 지위에 이른다고 보는 관찰 방법.

이 세계의 세간법을 보되
마음이 분별망상에 동요되지 않고
부처님 몸에 대해서도 그처럼 일체로 보면
가장 훌륭한 지혜를 성취한 이가 되리라

● 疏 ●

次一偈는 依正等觀이니 佛菩提性은 依正無二故일세니라 亦顯光所照處하야 以明離見이니 謂上半은 於前所見世界에 令離妄動이니 知眞法界면 不應動故일세며 次句는 例前八相佛身컨대 亦同平等이니 不動而了라 故成勝智니라

다음 이 게송은 依報와 正報를 똑같이 본 것이다. 부처님의 보리 자성은 의보와 정보가 둘이 없기 때문이다. 또한 방광이 비춘 바를 나타내어 견해를 여읜 자리를 밝힘이니, 위의 2구절은 앞에서 보았던 세계의 세간법에 대하여 하여금 분별망상의 동요를 여의게 함이다. 참다운 법계를 알면 당연히 동요하지 않기 때문이다. 다음 제3구는 앞에서 말한 부처님의 八相에 견주어보면 부처님의 몸 또한 중생의 몸과 원래 평등하다. 분별망상에 동요하지 않고 깨달음을 이룬 까닭에 가장 훌륭한 지혜를 성취할 수 있다.

若於佛及法에   其心了平等하야
二念不現前하면   當踐難思位로다

만약 부처님과 법에 대하여
마음이 하나로 평등함을 깨달아
두 가지라는 분별심을 일으키지 않으면
불가사의의 부처님 지위에 오르리라

◉ 疏 ◉

次偈는 佛·法을 等觀하야 了同體故니 二念豈生이리오 一亦不存이면 得難思果라

다음 게송은 부처님과 법을 똑같이 보아 일체임을 깨달은 때문이다. 둘이라는 분별의식이 어떻게 나올 수 있겠는가. 여기에서 한 걸음 더 나아가 하나라는 생각마저도 두지 않으면 불가사의한 佛果를 얻게 될 것이다.

經

若見佛及身이　　　　平等而安住하야
無住無所入하면　　　當成難遇者로다

만약 부처님과 몸이
평등하고 안주하여도
머무른 곳도 없고 들어갈 곳도 없음을 보면
만나기 어려운 부처님을 이루리라

● 疏 ●

次偈는 生·佛을 等觀이니 言身은 卽衆生이라 以梵本中에 云 '佛及我故'라하니 我는 卽行人之身이라 稱理普周를 云平等住니 平等인댄 則無能所라 故曰無住라하고 我卽法性이라 更不證入이라 法性無性이어니 復何所入가 如是知者는 曠世難逢이니라 【鈔_ 我卽法性下는 釋上平等이니 卽無能所일세 故曰無住라하니라 然有二意하니 一은 上二句는 明一性不分일세 故無能所 猶如一指 不能自觸이오 二 法性無性下는 明性空故로 無能所入이 亦如虛空 不住虛空이니 此亦大般若曼殊室利分意라 彼經云 佛告文殊하사되 汝於佛法에 豈不趣求아 文殊 言하사되 世尊이시여 我今不見有法非佛法者어니 何以趣求리오'하니 釋曰 此卽 一性意也라 次佛問云 汝於佛法에 已成就耶아 文殊答言하사되 我都不見法 可名佛法이어니 何所成就아하니 釋曰 卽性空意也라 次佛又言하사되 汝豈不得無著性耶아 文殊答云 我卽無著이어니 豈無著性에 復得無著가하니 釋曰 卽今疏云 '我卽法性이라 更不證入故니라 】

다음 게송은 중생과 부처님을 똑같이 본 것이다. '佛及身'의 身은 곧 중생을 말한다. 범본에 이르기를 "부처님과 我인 때문이다."고 하니 여기에서 말한 '我'는 곧 수행인의 '身'이다. 이치와 일체가 되어 널리 두루 함을 平等住라 말한다.

평등하면 주관과 객관[能所]이 없는 까닭에 '無住'라 말하고, 나 자신이 바로 法性이라 다시 증득하여 들어갈 자체가 없다. 법성은 자성 그 자체가 없는 것이니 다시 어느 곳으로 들어갈 수 있겠는가. 이와 같이 아는 자는 세상에 보기 드문, 만나기 어려운 부처님이다. 【초_"나 자신이 바로 法性이다." 이하는 위에서 말한 평등을 해석한 말이다. 이는 곧 주관과 객관의 차이가 없기에 '無住'라 말하였다. 그러나 여기에는 2가지의 뜻이 있다.

① 위의 2구절은 하나의 자성으로 구분이 없기에 주관과 객관의 차이가 없다. 이는 마치 하나의 손가락이 그 자체를 만지지 못하는 것과 같음을 밝힘이며,

② "법성은 자성 그 자체가 없다." 이하는 법성이 공한 까닭에 주관과 객관의 사이에 들어갈 수 없으며, 또한 허공이 허공에 머물지 못함과 같음을 밝힘이다. 이 또한 대반야경의 '曼殊室利分'의 의의이다.

대반야경에서 다음과 같이 말하였다.

부처님이 문수사리에게 말씀하셨다.

"그대는 어찌하여 불법을 서둘러 추구하지 않느냐?"

문수사리가 대답하였다.

"세존이시여, 제가 이제 모든 법이 불법 아닌 게 있다는 것을 보지 못했습니다. 그러니 어찌 서둘러 구할 게 있겠습니까?"

이에 대해 다음과 같이 해석하였다.

이는 곧 그 모든 것이 하나의 똑같은 자성[一性]이라는 뜻을 말한다.

다시 부처님이 문수사리에게 말씀하셨다.

"그대가 불법을 이미 성취하였느냐?"

문수사리가 대답하였다.

"저는 도무지 법 그 자체를 불법이라 이름한 걸 보지 못했습니다. 다시 그 무엇을 성취할 게 있겠습니까?"

이에 대해 다음과 같이 해석하였다.

이는 곧 그 모든 것의 자성이 공이라는 뜻을 말한다.

다시 부처님이 문수사리에게 말씀하셨다.

"그대가 어찌하여 집착이 없는 자성[無著性]을 얻지 못하였느냐?"

문수사리가 대답하였다.

"제 자체가 곧 집착이 없는데 어떻게 집착이 없는 자성에 다시 집착이 없는 것을 얻을 수 있겠습니까?"

이에 대해 다음과 같이 해석하였다.

이는 위의 청량소에서 말한 "나 자신이 바로 법성이라 다시 증득하여 들어갈 자체가 없기" 때문이다.】

經

色受無有數며　　　　**想行識亦然**하니
若能如是知면　　　　**當作大牟尼**로다

　　색신(rūpa)과 감각(vedanā)이 유상차별(有相差別)의 수(數)가 없듯이
　　지각(amjñā)과 작용(saṃskāra), 그리고 의식(vijñāna) 또한 그러하다
　　만약 이와 같은 소식을 알면
　　위대한 석가모니불이 되리라

◉ 疏 ◉

次偈는 會通平等이니 謂上來에 主伴依正이 不離五蘊이어늘 五蘊性空이 卽是平等이오 有相差別을 總名爲數니 卽同無爲일새 故非數法이니 離數超世하면 成寂靜果니라

다음 게송은 평등의 자리를 회통함이다. 위의 게송에서는 주객의 의보와 정보가 五蘊을 여의지 않음에 대해 언급했지만 여기에서 오온의 자성이 공함이 곧 '평등'이며, 有相의 차별을 總稱하여 '數'라 말한다. 이는 곧 '無爲'와 같기에 셈할 수 있는 법[數法]이 아니다. 수효를 여의고 세간을 벗어나면 寂靜果를 성취하는 것이다.

經

世及出世見에　　　　一切皆超越하야
而能善知法이면　　　當成大光耀로다

　세간과 출세간의 견해
　그 모든 것을 초월하여
　모든 법을 잘 알면
　큰 광명 놓으시는 부처님을 이루리라

◉ 疏 ◉

次偈는 拂上出世니 謂眞出世者는 超越入出하야 不礙照知라 故成光耀니라

다음 게송은 위에서 말한 출세간법까지도 모두 털어낸 것이다.

참다운 출세간법이란 들어가고 나오는 데에서 초월하여 관조와 지혜에 걸리지 않기에 큰 광명을 성취하는 것이다.

經

若於一切智에　　　　**發生廻向心**호대
見心無所生이면　　　**當獲大名稱**이로다

　만약 모든 것을 아는 지혜를 가지고서
　회향하는 마음을 내되
　회향하는 마음이 일어나는 것조차 없음을 보면
　큰 명성을 얻는 부처님 되리라

◉ 疏 ◉

'二有一偈'는 趣求'者라 以上은 雖離見而知나 猶恐滯寂일세 故上半은 勸求오 次句는 又觀性離니 謂了廻向心 本自不生이 是離相廻向也라 離相求佛이면 得名稱果니라

"(2) 다음 1수(제8) 게송은 서둘러 추구함이다." 위에서 비록 견해를 여의고서 깨달음을 얻었으나 그래도 오히려 寂에 막혀 있을까를 두려워한 까닭에 제1~2구는 서둘러 추구할 것을 권하였고, 다음 제3구는 또한 자성에서조차 여읨을 보는 것이니 회향심조차 본래 스스로 일어나지 않음을 깨달으면 이는 회향심의 相을 여읜 것이다. 이런 相을 여의어서 부처를 추구하면 큰 명성을 얻은 佛果를 성취할 수 있다.

經

衆生無有生이며　　　　**亦復無有壞**니
若得如是智면　　　　　**當成無上道**로다

　　중생은 생겨남이 없고
　　또한 다시 무너짐도 없다
　　만약 이와 같은 지혜 얻으면
　　위없는 부처님의 도를 성취하리라

◉ **疏** ◉

'三次一偈 所見衆生'도 亦皆稱眞이라 故無生壞니 知無衆生이 是無上道라 故下經에 云 '無上摩訶薩이 遠離衆生想이라하니라

　"⑶ 다음 1수(제9) 게송은 중생을 보여줌이다." 또한 다 眞諦에 하나가 되기에 생겨남도 없고 무너짐도 없다. 중생의 차별이 없음을 깨닫는 것이 바로 위없는 도이다. 이 때문에 아래의 경문에서 이르기를 "위없는 마하살이 멀리 衆生想을 여의었다."고 하였다.

經

一中解無量하고　　　　**無量中解一**하야
了彼互生起면　　　　　**當成無所畏**로다

　　하나의 적은 속에서 한량없이 많은 것이 생겨남을 알고
　　한량없이 많은 곳에서 하나의 적은 것이 생겨남을 알아
　　그 적고 많은 것이 서로 함께 일어남을 알면

149

두려운 바 없는 부처님을 이루리라

● 疏 ●

'末後一偈知法'은 卽成前法會周徧所由라 上半은 標門이니 卽十玄門中에 一多相容不同門也오 次一句는 釋所由니 卽十種所由中에 緣起相由門也니 並如圓義分齊中에 謂一與多互相生起니라 且一依多起면 則一是所起라 而無力也오 多是能起라 故有力也니 以多有力으로 能攝一하고 以一無力으로 入於多라 是故로 此一이 恒在多中하며 多依一起도 準上知之니라 是則此多恒在一中也니 以俱有力과 及俱無力이 各不並故로 無彼不相在也오 以一有力과 一無力이 不相違故로 有此恒相在也니 緣起法界 理數常爾니라 稱斯而見이면 何所畏哉리오 由此緣起하야 成前平等하고 由前平等하야 成此緣起니 文理昭然이어늘 不許事事無礙는 恐未著深思니라【鈔_ 謂一與多'下는 上標擧二門이오 今은 正將緣起相由所以하야 釋一多相容之門이니 此中大意는 凡所知·所起는 卽無有力이어니와 若能知·能起는 卽是有力이니 廣如玄文이라 '由此緣起'下는 結破靜法이라 】

"(4) 맨 뒤의 1수(제10) 게송은 불법을 깨달음이다." 이는 곧 앞에서 법회가 두루 가득하게 된 연유를 이뤄준다. 제1~2구는 법문을 나타냄이니 곧 十玄門 가운데 '하나와 많은 것이 서로 용납하면서도 하나와 많은 것이 혼동하지 않는 법문[一多相容不同門]'이며, 다음 제3구는 그 유래를 해석함이니 곧 10가지의 유래[十種所由] 가운데 '연기의 법은 홀로 존재할 수 없고 서로서로 말미암아 이뤄지는 법문[緣起相由門]'이며, 또한 圓義의 分齊 가운데 "하나와 많은 것이 서로서로 발생한다."는 말과 같다. 또한 하나가 많은 것을 의지하여 일어나면 곧 하나는 일어난 대상이라 힘이 없고 많은 것은 일어나게 하는 주체로서 힘이 있다. 힘이 있는 많은 것으로 하나를 받아들이고, 힘이 없는 하나로서 많은 것 속에 들어가는 것이다. 이 때문에 이런 하나가 항상 많은 것 속에 있으며, 많은 것이 하나를 의지하여 일어남도 위의 예에 준하면 말하지 않아도 알 수 있다.

　이렇게 될 경우, 곧 많은 것이 항상 하나의 속에 있기 마련이다. 모두 힘이 있는 것[俱有力]과 모두 힘이 없는 것[俱無力]이 각각 아우르지 못한 까닭에 저것이 없으면 모두 서로가 있지 못하고, 하나의 힘이 있는 것[一有力]과 하나의 힘이 없는 것[一無力]이 모두 서로 어기지 못한 까닭에 이것이 있으면 항상 서로 모두가 있기 마련이다. 緣起法界의 理數(法數)가 항상 이와 같다. 이렇게 맞춰보면 그 무엇을 두려워할 바가 있겠는가. 이런 연기에 의하여 앞에서 말한 '평등'을 성취하고, 앞에서 말한 평등에 의하여 이와 같은 연기가 이뤄지는 것이다. 경문의 맥락이 이처럼 분명함에도 '모든 현상의 사법계가 걸림 없이 서로 받아들이는 事事無礙'를 허락하지 않음은 의심컨대 깊은 사색을 하지 못한 연유 때문이 아닐까 싶다.

【초_ '謂一與多' 이하는 위에선 一多相容不同門과 緣起相由門이라는 2법문을 내세워 밝혔고, 여기에서는 바로 연기가 서로서로 말미암은 까닭을 가지고서 하나와 많은 것이 서로 용납하는 법문을 해석한 것이다. 여기의 大意는, 모든 아는 대상[所知]과 일어나는 대

상[所起]이란 곧 힘이 없는 것이지만 능히 아는 주체[能知]와 일어나는 주체[能起]는 곧 힘이 있는 존재라는 뜻이다. 자세히 경문에서 말한 바와 같다. '由此緣起' 이하는 破靜法을 끝맺은 것이다.】

第二重은 光照十方이니 各十佛土라

    제2겹, 광명이 시방세계를 비추다

    각기 10불국토이다.

經

爾時에 光明이 過此世界하야 徧照東方十佛國土하고 南西北方과 四維上下도 亦復如是하시니 彼一一世界中에 皆有百億閻浮提와 乃至百億色究竟天이라 其中所有가 悉皆明現하니라

如此處에 見佛世尊이 坐蓮華藏師子之座어시든 十佛刹微塵數菩薩의 所共圍繞하야 彼一一世界中에 各有百億閻浮提의 百億如來도 亦如是坐하시니라

悉以佛神力故로 十方各有一大菩薩이 一一各與十佛刹微塵數諸菩薩로 俱하야 來詣佛所하시니 其大菩薩은 謂文殊師利等이며 所從來國은 謂金色世界等이며 本所事佛은 謂不動智如來等이니라

    그때 광명이 이 세계를 지나서 동방의 열 불국토를 두루 비추

고 남, 서, 북방, 그리고 동서남북의 간방, 위와 아래 또한 이와 같이 비쳤다.

그 하나하나의 세계 가운데 모두 백억의 염부제 내지 백억의 색구경천이 있는데 그 가운데 있는 모든 것이 다 분명하게 나타났다.

이와 같은 곳에 부처님 세존께서 연화장 사자좌에 앉아 계시는데 열 불찰미진수의 보살들이 함께 둘러싸고 계신 것을 보았던 것처럼, 저 하나하나 세계 속에도 각각 백억 염부제의 백억 여래 또한 이와 같이 앉아 계셨다.

모두 부처님의 헤아릴 수 없는 위신력으로 시방에 각각 한 분의 큰 보살이 있고 하나하나의 보살마다 각각 열 불찰미진수의 모든 보살들과 함께 부처님이 계신 곳으로 찾아갔다. 그 가운데 큰 보살은 문수사리 등이며, 찾아온 곳의 국토는 금색세계 등이며, 본래 섬기던 부처님은 부동지여래 등이라 하였다.

◉ 疏 ◉

'各十佛土'者는 是娑婆隣次之十刹也라

"각기 10불국토"라 말한 것은 사바세계가 차례로 나란히 있는 열 곳의 세계이다.

經

爾時에 一切處 文殊師利菩薩이 各於佛所에 同時發聲하사 說此頌言하사대

그때 모든 곳에 있는 문수사리보살이 각각 부처님 계신 곳에서 동시에 소리를 내어 이 게송을 말하였다.

衆生無智慧하야　　　　愛刺所傷毒일세
爲彼求菩提하시니　　　諸佛法如是로다

　중생이 지혜가 없어
　애욕의 가시에 상처를 받기에
　그들을 위해 깨달음을 구하시니
　일체 제불의 법이 이와 같다

◉ 疏 ◉

十偈는 通顯菩提因果니 分三이라 初偈는 菩提之因이오 次五는 菩提果用이오 後四는 令物思齊니라
今初에 上半은 所爲니 謂無明造業하고 愛能潤業일세 故生死無窮이니 如泥中刺 不覺其傷이오 如瘡中刺 爲其所毒이며 下半은 能爲니 卽從癡有愛일세 菩薩이 悲生이오 非大菩提면 莫之能拔이니 無此悲智면 非佛法故일세니라【鈔_ 如泥中者는 愛欲所覆 猶如溺泥하야 不知其傷이라 言如瘡中刺者는 卽是肉刺라 故涅槃中에 名爲息肉이라
彼十三經에 云 深觀此愛 凡有九種이니 一은 如債有餘오 二는 如羅刹婦女오 三은 如妙蓮華莖下에 有毒蛇오 四는 如惡食性에 所不便이로되 而强食之오 五는 如婬女오 六은 如摩樓迦子오 七은 如瘡中息肉이오 八은 如暴風이오 九는 如彗星이라하니라

初一은 卽聲聞緣覺餘習이오

二는 生子便食하고 後食其夫니 愛食善子하고 後食衆生하야 令入三惡道오

三은 五欲華下에 有愛毒蛇하야 令其命終이오

四는 强食患下하야 墮三惡道오

五는 與愛交通하야 奪其善法이라 故被驅逐하야 墮三惡道오

六은 纏繞凡夫하야 善法令死오

七은 如人久患瘡中에 生息肉이어든 其人이 要當勤心療治하야 莫生捨心이니 若生捨心이면 息肉增長하고 蠱疽復生이라 以是因緣으로 卽便命終이라 凡夫愚人의 五陰瘡痍도 亦復如是라 愛於其中에 而爲息肉일새 應當勤心으로 治愛息肉이어늘 若不治者인댄 命終에 卽墮三惡道中이리니 唯除菩薩코 是名瘡中息肉이니라

八은 暴風이 能偃山移岳하고 拔樹深根이니 愛於父母所에 而生惡心하야 拔菩提根이오

九는 愛之彗星이 能斷一切善根하야 令凡夫人으로 孤窮饑饉케하나니 今正用瘡中息肉一義耳니라 】

　　10수의 게송은 모두 보리의 인과를 밝힌 것이다.

　　10수의 게송은 3단락으로 나뉜다.

　　제1게송은 보리의 원인을, 다음 5수(제2~6) 게송은 보리의 果用을, 뒤의 4수(제7~10) 게송은 중생으로 하여금 그와 똑같이 할 것을 생각하도록 함이다.

　　제1게송의 제1, 2구는 '애욕 행위의 대상[所爲]'이다. 무명이 업

을 짓고 애욕이 업을 키워주는 까닭에 죽음과 삶의 윤회가 끝이 없는 것이다. 이는 마치 진흙 수렁 속에서 가시가 그 몸에 상처를 주는 줄을 깨닫지 못함과 같고, 종기 속의 굳은살이 그 몸에 독이 되는 바와 같다.

아래 제3, 4구는 '애욕 행위의 주체[能爲]'이다. 이는 곧 어리석음으로부터 애욕을 일으키기에 보살이 이런 중생을 슬퍼하였고, 큰 보리지혜가 아니면 애욕의 마음을 뽑아줄 수 없다. 이런 大悲와 大智가 없으면 부처님의 법이 아니기 때문이다.【초_ "진흙 수렁 속의 가시"란 애욕에 뒤덮여 있는 것이 마치 진흙 수렁 속에 빠져 허우적거릴 때 가시에 상처를 입는 줄을 모르는 것과 같다.

"종기 속의 굳은살과 같다."는 것은 곧 肉刺¹⁰이다. 이 때문에 열반경에서는 이를 '息肉'이라고 말하였다.

열반경 13경에서 다음과 같이 말하였다.

"이런 애욕에는 무릇 9가지가 있다는 사실을 깊이 살펴봐야 한다.

① 묵은빚이 남아 있는 것과 같고,

② 食人鬼인 나찰의 부인과 같고,

③ 아름다운 연꽃 아래 독사가 똬리를 틀고 있는 것과 같고,

④ 먹기 사나운 음식이란 식성에 맞지 않는 줄 알면서도 억지

....

10 肉刺: 손이나 발가락에 생기는 일종의 원형 형태의 각질 또는 증식물. 티눈 또는 굳은살, 또는 피부의 거스러미를 말한다.

로 먹는 것과 같고,

⑤ 음란한 여인과 같고,

⑥ 摩樓迦의 씨와 같고,

⑦ 종기 속의 굳은살과 같고,

⑧ 폭풍과 같고,

⑨ 혜성과 같다."

① 이는 곧 聲聞緣覺의 餘習이며,

② 식인귀인 나찰은 자식을 낳으면 바로 제 자식을 잡아먹고 그 뒤를 이어서 제 남편을 잡아먹는다. 애욕이란 착한 자식을 잡아먹고 그 뒤를 이어 중생을 잡아먹어 삼악도에 빠지게 하며,

③ 五欲의 꽃 아래에 애욕의 독사가 똬리를 틀고 있어 그의 목숨을 잃도록 만드는 것이며,

④ 먹기 어려운 것을 억지로 먹여서 삼악도에 떨어지게 함이며,

⑤ 애욕과 서로 통하면 선한 법을 빼앗기기에 애욕에 쫓겨 삼악도에 떨어지게 함이며,

⑥ 애욕이 범부를 휘감아 선한 법을 죽도록 만드는 것이며,

⑦ 사람이 오랜 종기를 앓다 보면 굳은살이 생겨나기 마련이다. 그 사람은 요컨대 부지런히 굳은살을 치료하여 조금이라도 방심해서는 안 된다. 만일 방심을 하게 되면 굳은살은 더욱 커나가고 구더기가 다시 생겨나게 될 것이다. 이런 인연으로 곧 목숨을 잃는 것처럼 어리석은 범부의 五陰 종기 또한 이와 같다. 애욕이 오음의 육신 속에 굳은살이다. 마땅히 이런 애욕의 굳은살을 부지런히 치

료해야 한다. 만일 치료하지 않으면 목숨이 다하는 날 삼악도에 떨어지게 될 것이다. 오직 보살을 제외하고는 애욕을 "종기 속의 굳은살[瘡中息肉]"이라고 말한다.

⑧ 폭풍은 산을 무너뜨리고 산자락을 옮겨놓으며 나무의 깊은 뿌리를 송두리째 뽑아버리기도 한다. 애욕이란 부모가 계신 곳에 악한 마음을 일으켜 보리지혜의 뿌리를 송두리째 뽑아버린다.

⑨ 애욕의 혜성이 모든 善根을 끊어버리기에 모든 사람들을 외롭고 곤궁하게 만들고 굶주리게 만든다.

여기에서는 위의 9가지 의의 가운데 "종기 속의 굳은살"이라는 하나의 의의만을 인용하였다.】

經

普見於諸法하고　　　　二邊皆捨離일세
道成永不退하사　　　　轉此無等輪이로다

　모든 법을 널리 보고 중도를 깨달아
　공·유(空有) 양쪽[二邊]을 모두 버렸기에
　중도를 성취하여 길이 물러서지 않고서
　짝할 수 없는 큰 법륜 굴리셨다

● 疏 ●

次五菩提果用'中에 初偈는 悲智雙滿이니 智見諸法하고 悲以轉授니라 普見은 通於性相일세 故離二邊이니 謂眞故無有오 俗故無無니라 眞故

無有인댄 則雖無而有오 俗故無無인댄 則雖有而無니라 雖有而無인댄 則不累於有오 雖無而有인댄 則不滯於無라 不滯於無인댄 則斷滅見息이오 不存於有인댄 則常著冰消니 俱·不俱等이 何由而有리오 諸邊都寂일세 故云皆離라하니라【鈔_ '普見通於性相者는 此上은 總釋一偈오 此下는 別解上半이니 上半에 云 普見於諸法하고 二邊皆捨離이라 하니 今應問云 普見諸法이면 如何卽能離得二邊고 故今答云通性相故니라 唯見相者는 卽是有邊이오 唯見性者는 卽墮無邊이어니와 性相無礙일세 故離二邊이니 中論에 云 雖空而不斷이오 雖有而不常이라하니 卽由空有相卽하야 離二邊也니라】

 "다음 5수(제2~6) 게송은 보리의 果用을 밝혔다."는 부분 가운데 제2게송은 大悲·大智가 모두 원만하니 大智로 모든 법을 보고 알며, 大悲로 큰 법륜을 굴려줌을 말한다. 모든 법을 널리 보는 것은 모든 존재의 본체와 현상[性·相]을 통한 까닭에 유·무(有無: 空有) 양쪽을 모두 여의는 것이다. 眞諦인 까닭에 有가 없고 俗諦인 까닭에 無가 없다. 진제인 까닭에 유가 없는즉 비록 없다고 하나 있는 것이요, 속제인 까닭에 無가 없는즉 비록 있다고 하나 없는 것이다. 비록 있다고 하나 없는즉 있는 데에 얽매이지 않고, 비록 없다고 하나 있는즉 없는 데에 막히지 않는다. 없는 데 막히지 않은즉 斷滅의 邪見이 사라지고, 있는 데 얽매이지 않은즉 常見의 집착이 없어지는 것인바, 함께함[俱]과 함께하지 않음[不俱] 등이 어디로 말미암아 있겠는가. 모든 한쪽[諸邊]이 다 고요할 것이기에 "공·유(空有) 양쪽[二邊]을 모두 버렸다."고 말한 것이다.【초_ "모든 법을 널

159

리 보는 것은 모든 존재의 본체와 현상을 통하였다."는 것은 이 위 구절은 총체로 본 게송을 해석함이며, 그 아래 구절은 개별로 제1, 2구를 해석함이다. 제1, 2구에서 "모든 법을 널리 보고 중도를 깨달아 공·유 양쪽을 모두 버렸다."고 하니 여기에서 당연히 물을 수밖에 없는 것은 "모든 법을 널리 보면 어떻게 양쪽을 모두 버릴 수 있을까?"라는 것이다. 그러므로 이에 대해 다음과 같이 대답할 것이다. "본체와 현상을 통하기 때문이라고 말할 것이다." 오직 현상만을 본 자는 곧 '유의 쪽[有邊]'이고 오직 본체만을 본 자는 곧 '무의 쪽[無邊]'에 떨어지거니와 본체와 현상, 그 어느 한쪽에도 걸림이 없기 때문에 양쪽을 모두 여읠 수 있다. 中論에서 말하기를 "비록 空이라 하지만 斷滅이 아니며, 비록 有라 하지만 常見이 아니다."고 하였다. 이는 空과 有가 서로 하나가 됨으로 말미암아 양쪽을 모두 여읠 수 있는 것이다.】

經

不可思議劫에 精進修諸行은
爲度諸衆生이시니 此是大仙力이로다

    불가사의 영겁에
    정진하여 모든 행을 닦으심은
    모든 중생 제도하기 위함이니
    이것이 대선(大仙) 부처님의 힘이시다

◉ 疏 ◉

次一은 美往因行이라

다음 제3게송은 지난 겁의 因行을 찬미함이다.

經

導師降衆魔가　　　勇健無能勝이라
光中演妙義하시니　慈悲故如是로다

중생을 인도하신 대도사, 마군을 항복받음이여
그 용맹 그 누구도 이길 수 없다
방광의 광명 속에 미묘한 뜻 연설하시니
대자비의 마음으로 이러하신 터이다

◉ 疏 ◉

次一은 慈力降魔니라【鈔_ 次一慈力者는 大乘方便經說호되 '波旬 兵衆이 滿三十六由旬이라 圍菩提樹하야 欲作留難이어늘 菩薩이 住慈悲智慧하사 以手指地하니 八萬四千八部大衆이 皆發大菩提心이라 故云慈力降魔라하니라 經云 '導師降衆魔는 慈悲故如是'라하고 觀佛三昧海經第二에 說觀白毫功德中에 說慈悲降魔라하니 今取意引이라

波旬이 召諸八部와 及曠野鬼와 十八地獄閻羅王神하야 其阿鼻等 諸大地獄이 全至佛所하야 及有無邊諸怖畏事로 一時逼迫菩薩이어늘 菩薩이 爾時에 徐擧右臂하고 伸眉間毫下向하사 用擬阿鼻地獄하

161

사 令諸罪人으로 見白毫中에 流出衆水호되 注如車軸하니 火滅苦息하야 心得淸涼하고 獄卒이 見鐵叉頭 如白銀山 龕室千萬에 有白師子 蟠身爲座하고 於其座上에 生白蓮華하고 有妙菩薩이 入勝意慈心三昧하야 獄主이 發心하고 衆多罪人의 諸苦休息하야 稱南無佛하야 皆得解脫하니 無邊惡事 無由近佛이라 魔王이 憔悴懊惱하야 却臥牀上하다 有三魔女 又懷惑亂한대 菩薩 亦以白毫擬之하니 諸女 皆見三十六物 九孔不淨과 背負老母와 抱死小兒가 皆九孔流溢하고 匍匐而去하다 魔王이 奮劒向前한대 世尊이 又以白毫擬之하야 令魔眷屬으로 身心安樂호되 如得三禪하니 餓鬼 見白毫端에 皆有百千萬億諸大菩薩이 入勝意慈心三昧라하니 皆是慈力降魔니라

經云 光中演妙義者는 卽眉間光이니 謂時에 魔波旬이 旣不能壞佛이오 忽然還宮이어늘 白毫隨從하야 直至六天한대 於其中間에 無數天子天女가 見白毫孔이 通中皆空하야 團圓可愛 如梵王幢이라 於其空間에 有百千萬 恒河沙微塵 諸寶蓮華호되 一一蓮華가 無量無邊하야 諸妙白毫로 以爲其臺하고 臺上에 有化佛菩薩하사 放於白毫大人相光 亦復如是하며 諸菩薩頂에 有妙蓮華호되 其華金色이오 過去七佛이 在於華上이어늘 是諸化佛이 自說名字호되 與修多羅로 等無差別하니 卽光中演妙義也라 然是慈心三昧之力일세 是故로 總云慈力降魔이라하니라】

다음 제4게송은 대자비의 힘으로 마군을 항복받음이다.【초_ "다음 제4게송은 대자비의 힘"이란 대승방편경에서 말하기를 "波旬의 무리가 36由旬이나 되었다. 부처님이 계신 보리수를 에워싸

고서 트집을 잡아 난처하게 하고자 하였는데, 부처님께서 대자비의 지혜에 머물면서 손으로 땅을 가리키시자, 8만 4천 八部大衆이 모두 큰 보리심을 일으켰다."고 한다. 이 때문에 "대자비의 힘으로 마군을 항복받았다."고 말한 것이다.

경문의 게송에서 "부처님께서 수많은 마군을 항복받으심은 대자비의 마음으로 이러하신 터이다."라고 말한 것은 관불삼매해경 제2에서 白毫 放光에 관한 공덕을 설법하는 가운데, "대자비의 마음으로 마군을 항복받았다."고 말한 바 있는데, 여기에서는 그 뜻을 취하여 인용한 것이다.

"波旬이 여러 八部와 광야의 귀신, 18지옥 염라왕신을 불러 아비지옥 등 수많은 대지옥을 모두 부처님 계신 곳으로 가져다가 그지없는 수많은 두려움과 공포의 일로 한꺼번에 보살을 핍박했지만, 보살이 그때 서서히 오른쪽 팔을 들면서 미간의 白毫를 펼쳐 아래로 향하여 아비지옥을 보려고 생각하는 찰나에, 지옥의 모든 죄인들이 바라보니 보살의 백호광에서 수많은 물이 흘러넘치되 수레바퀴만큼이나 쏟아져 내려 지옥의 불이 꺼지고 고통이 사라지면서 마음에 시원함을 느꼈다. 지옥의 옥졸들이 쇠꼬챙이 끝을 바라보니 마치 白銀山의 천 개 만 개의 龕室처럼 하얀 사자가 몸을 웅크려 좌대를 마련하자, 그 좌대 위에 하얀 연꽃이 피어나고 아름다운 보살이 勝意慈心三昧에 드는 것을 보고서 獄主가 발심하였고, 수많은 죄인들의 많은 고통이 사라져 나무아미타불을 외우며 모두 해탈을 얻었다. 이에 그지없이 흉악한 일들은 부처님 곁에 가까이다가설 수 없었다. 마왕은 이를 걱정하고 고뇌하면서 침상에 나자 빠졌다.

세 마녀가 또한 보살을 현혹하고자 생각하였는데, 보살 또한 미간의 백호로 그들을 보려고 생각하는 찰나에 세 마녀는 모두 36物[11], 9孔[12]의 깨끗하지 못한 것, 그리고 등에 업은 노모와 안고 있는 죽은 작은 아이들이 모두 9공에서 깨끗하지 못한 것이 흘러나온 것을 보고서 엉금엉금 기어 떠나가버렸다.

마왕이 칼을 휘두르면서 부처님 앞으로 다가오자, 세존께서 또한 백호로 보려고 생각하는 찰나에 마군의 권속들의 몸과 마음을 마치 三禪의 경지를 얻은 것처럼 편안하게 해주었다. 아귀들이 부처님의 백호 끝에서 모두 백천만억 대보살이 勝意慈心三昧에 드는 것을 보았다."

이 모두가 자비의 힘으로 마군을 항복받은 것이다.

게송에서 "방광의 광명 속에 미묘한 뜻 연설한다."는 것은 곧 미간의 방광을 말한다. 그 당시에 마군 파순이 이처럼 부처님을 무너뜨리지 못한 채 갑자기 환궁하려는 즈음에 부처님의 백호광이

....

[11] 36物: 신체의 외모, 신체의 기관, 신체의 내면을 각기 12가지로 분류하여 말한 것. 신체의 외모 12가지; 髮·毛·爪·齒·眵·淚·涎·唾·屎·尿·垢·汗. 신체의 기관 12가지; 皮·膚·血·肉·筋·脈·骨·髓·肪·膏·腦·膜. 신체의 내면 12가지; 肝·膽·腸·胃·脾·腎·心·肺·生藏·熟藏·赤痰·白痰.

[12] 9孔: 아홉 개의 구멍. 곧 사람의 신체 중에서 액체류가 새어나올 수 있는 두 눈, 두 귀, 두 콧구멍, 입, 항문, 오줌 구멍을 아울러 이르는 말이다.

그를 뒤따라 곧장 六天에까지 이르렀는데, 그 중간에 수많은 천자와 천녀가 그 방광을 바라보니 다음과 같았다.

백호마다 구멍이 중간에 통하여 모두 둥그렇게 비어 있는 것이 마치 아름다운 범왕의 깃대[幢]처럼 생겼다. 백호의 그 공간 속에는 백천만 항하사의 미진수만큼 헤아릴 수 없는 보배 연꽃들이 피어 있는데, 하나하나의 연꽃마다 한량없고 그지없이 모든 미묘한 백호로 좌대를 삼고 그 좌대 위에는 화신불 보살이 앉아서 쏟아내는 백호의 大人相 방광 또한 이와 같았으며, 모든 보살의 정수리에 아름다운 연꽃이 피어 있는데 꽃송이가 모두 황금색이며, 과거 七佛이 연꽃 위에 앉아 계셨다. 이 모든 화신불이 스스로 명호를 말씀하셨는데 부처님의 말씀을 적은 경전[修多羅]과 똑같아 차별이 없었다.

바로 이것이 "방광의 광명 속에 미묘한 뜻 연설한다."는 것이다. 그러나 이는 慈心三昧의 힘이기에 이를 총괄하여 자비의 힘으로 마군을 항복받았다고 말한 것이다.】

以彼智慧心으로　　　破諸煩惱障일세
一念見一切하시니　　此是佛神力이로다

　제불 지혜의 마음으로
　모든 번뇌 장애 타파하실제
　한 생각에 모든 번뇌 한꺼번에 보시니
　이것이 부처님의 위신력이시다

◉ 疏 ◉

次一은 智斷致用이라【鈔_ 次一智斷者는 初句는 智오 次句는 斷이니 此는 卽精義入神이라 故能一念頓見一切니 是致用也라 繫辭에 云尺蠖之屈은 以求信也오 龍蛇之蟄은 以存身也오 精義入神은 以致用也라하니 今借此言하야 以智斷冥契로 爲精義入神耳라】

다음 제5게송은 지혜로 번뇌를 끊어 묘용을 다함이다.【초_ "다음 제5게송은 지혜로 번뇌를 끊는다."는 것은 제1구는 지혜를, 다음 제2구는 번뇌장을 끊음이다. 이는 정밀한 의로 신묘불측의 경지에 들어간 까닭에 한 생각의 찰나에 일체 번뇌를 한꺼번에 볼 수 있다. 이것이 묘용을 다함이다. 주역 계사에 이르기를 "자벌레[尺蠖]가 몸을 구부리는 것은 장차 몸을 펴기 위함이며, 용과 뱀이 겨울잠을 자는 것은 몸을 보존하기 위함이며, 정밀한 의로 신묘불측의 경지에 들어간 것은 묘용을 다하기 위함이다."고 하였다. 여기에서 계사의 말을 빌려, 지혜로 번뇌를 끊어 말없이 깨달음을 얻는 것으로 "정밀한 의로 신묘불측의 경지에 들어감"을 삼았다.】

經

擊於正法鼓하사 覺悟十方刹하야
咸令向菩提케하시니 自在力能爾로다

　바른 법고를 두드리어
　시방세계 중생에게 깨달음을 주시어
　모두 보리에 나아가게 하시니

부처님 자재하신 힘이 이러하여라

◉ 疏 ◉

後一은 法鼓警機니 文相並顯이라

맨 뒤 제6게송은 법고로 중생을 깨우침이다. 게송의 뜻은 모두 말하지 않아도 뚜렷하다.

經

不壞無邊境하고　　　　而遊諸億刹호대
於有無所著이면　　　　彼自在如佛이로다

끝없는 경계 무너뜨리지 않고
수많은 억만 세계에 노닐되
유에 집착한 바 없으면
그 자재함이 부처님과 같은 법이다

◉ 疏 ◉

後四令物思齊者는 斯卽佛因이니 能如是行하면 得諸佛道니라 四偈는 顯四種行이니 一은 遊刹無著이니 謂不壞其相일세 故能普游하고 了刹性空일세 故於有에 無著이니라

"뒤의 4수(제7~10) 게송은 중생으로 하여금 그와 똑같이 할 것을 생각하도록 함이다."라는 것은 곧 성불할 수 있는 원인[佛因]이다. 이와 같이 행하면 모든 부처님의 도를 얻을 수 있다.

4수(제7~10) 게송은 4가지의 행을 밝힌 것이다.

첫째 제7게송은 세계에 노닐면서도 집착이 없음을 말한다. 그 경계의 모습을 무너뜨리지 않기에 널리 노닐고, 세계의 자성이 공함을 깨달았기에 有에 집착함이 없다.

經

諸佛如虛空하사   **究竟常淸淨**하시니
憶念生歡喜하면   **彼諸願具足**이로다

　제불 법신 허공 같으시어
　영원토록 항상 청정하시니
　부처님을 생각하고 기뻐하면
　그 모든 서원이 구족 성취되리라

● 疏 ●

二는 念佛生喜니 上半은 所念이니 法身顯故로 如空永常이오 解脫累亡이라 如空淸淨하며 下半은 能念이니 憶持明記일세 故喜生願足이니라

4수 게송 가운데, 둘째 제8게송은 염불하며 환희심을 낸 것이다.

제1, 2구는 염불의 대상이다. 법신이 분명한 까닭에 허공과 같이 영원하고, 해탈하여 얽매인 곳이 없기에 허공과 같이 청정하다.

제3, 4구는 염불의 주체이다. 생각하고 부지하여 분명히 기억한 까닭에 환희심이 일어나고 원하는 바가 구족하다.

經

一一地獄中에 　　　經於無量劫하시니
爲度衆生故로　　　而能忍是苦로다

　숱한 지옥 속에서
　한량없는 겁 지내심은
　중생 제도하려는 자비심으로
　그 고통 견디셨다

◉ **疏** ◉

三은 忘苦濟物이라

　4수 게송 가운데, 셋째 제9게송은 괴로움을 잊고서 중생을 구제함이다.

經

不惜於身命하고 　　　常護諸佛法하시니
無我心調柔하야　　　能得如來道로다

　몸과 목숨 아끼지 않고
　항상 모든 불법 보호하심은
　아상 없는 부드러운 마음 지녀야
　여래의 도를 얻을 수 있기 때문이다

◉ 疏 ◉

四는 護法輕身이니 文並可知니라

 4수 게송 가운데, 넷째 제10게송은 법을 보호하고자 나의 몸을 가벼이 여김이다. 문장의 뜻은 말하지 않아도 모두 알 수 있다.

광명각품 제9-1 光明覺品 第九之一

화엄경소론찬요 제22권 華嚴經疏論纂要 卷第二十二

화엄경소론찬요 제23권
華嚴經疏論纂要 卷第二十三

◉

광명각품 제9-2
光明覺品 第九之二

第三重은 光照百界라

제3겹, 광명이 1백 경계를 비추다

經

爾時에 光明이 過十世界하야 徧照東方百世界하고 南西北方과 四維上下도 亦復如是하시니 彼諸世界中에 皆有百億閻浮提와 乃至百億色究竟天이라 其中所有가 悉皆明現하니 彼一一閻浮提中에 悉見如來가 坐蓮華藏師子之座어시든 十佛刹微塵數菩薩의 所共圍繞라 悉以佛神力故로 十方各有一大菩薩이 一一各與十佛刹微塵數諸菩薩로 俱하야 來詣佛所하시니 其大菩薩은 謂文殊師利等이며 所從來國은 謂金色世界等이며 本所事佛은 謂不動智如來等이니라

그때 광명이 열 세계를 지나서 동방의 1백 세계를 두루 비추고 남, 서, 북방, 그리고 동서남북의 간방, 위와 아래 또한 이와 같이 비췄다.

그 모든 세계 가운데 모두 백억의 염부제 내지 백억의 색구경천이 있는데 그 가운데 있는 모든 것이 모두 다 분명하게 나타났다.

그와 같은 하나하나의 염부제 가운데 여래께서 연화장 사자좌에 앉아 계시는데 열 불찰미진수의 보살들이 함께 둘러싸고 계신 것을 모두 볼 수 있었다.

이는 모두 부처님의 헤아릴 수 없는 위신력으로 시방에 각각

한 분의 큰 보살이 있고 하나하나의 보살마다 각각 열 불찰미진수의 모든 보살들과 함께 부처님이 계신 곳으로 찾아갔다. 그 가운데 큰 보살은 문수사리 등이며, 찾아온 곳의 국토는 금색세계 등이며, 본래 섬기던 부처님은 부동지여래 등이라 하였다.

爾時에 **一切處 文殊師利菩薩**이 **各於佛所**에 **同時發聲**하사 **說此頌言**하사대

그때 모든 곳에 있는 문수사리보살이 각각 부처님 계신 곳에서 동시에 소리를 내어 이 게송을 말하였다.

佛了法如幻하사 **通達無障礙**하고
心淨離衆著하사 **調伏諸群生**이로다

　부처님은 모든 법이 마술 같음을 깨달아
　통달하여 장애가 없고
　마음이 청정하여 온갖 집착 떠나
　모든 중생 조복하시네

◉ **疏** ◉

偈中에 顯佛八相菩提라 十偈는 分二니 初偈는 標德充滿이오 後九는 別廣調生이라
今初는 謂了俗卽眞故로 如幻本虛요 眞不礙俗故로 達諸法相이니 性相無礙는 是眞通達이오 無二礙著이면 則轉依心淨이오 大悲同體故로

調伏衆生이니 則三德備矣일새 故能攝化니라【鈔_ 性相無礙者는 疏釋通達無礙에 有其二義하니 一은 所達之法 性相無礙요 二는 能了之智 無有二礙니 二礙는 卽二障이라 了相故로 無智障이오 了性故로 無惑障이니 故次句云‘無二礙著이면 則轉依心淨者는 謂轉無常雜染之依하고 唯以功德으로 依常法身일새 故云心淨이라 通達是智요 無礙是斷이오 調生是恩이니 云三德備라하니라 】

본 게송은 부처님의 '여덟 가지 成道 모습[八相菩提]'을 밝힌 것이다.

10수의 게송은 2단락으로 나뉜다. 제1게송은 부처님의 충만한 덕을 나타냄이며, 뒤의 9수(제2~10) 게송은 개별로 중생의 조복을 자세히 말하였다.

제1게송은 세속의 이치[俗諦]가 곧 절대 진리[眞諦]임을 깨달은 까닭에 모든 법이 허깨비와 같이 본래 공허함을 알고, 절대 진리가 세속의 이치에 걸림이 없기에 모든 法相을 통달한 것이다. 절대 진리의 본체와 세속 이치의 현상에 걸림이 없는 것이 참다운 통달이고, 2가지의 장애에 집착이 없으면 雜染의 의지에서 벗어나 전변함으로써 마음이 청정하며, 중생과 자기를 동일체로 보는 대자비가 있기에 중생을 조복하는 것이다. 이는 곧 '통달의 지혜, 걸림이 없는 결단, 중생 조복의 은혜'라는 3가지의 덕을 갖춘 터라, 이 때문에 중생을 받아들여 교화할 수 있는 것이다.【초_ "절대 진리의 본체와 세속 이치의 현상에 걸림이 없다."는 것은 청량소에서 '通達'과 '無礙'를 해석함에 있어 2가지의 뜻이 있다.

① 통달해야 할 대상의 법이 "절대 진리의 본체와 세속 이치의 현상에 걸림이 없다."는 것이며,

② 깨달음을 얻을 수 있는 주체의 지혜에 2가지의 장애[二礙]가 없는 것이다.

'二礙'는 곧 二障이다. 세속 이치의 현상을 깨달은 까닭에 지혜의 장애가 없고, 절대 진리의 본체를 깨달은 까닭에 미혹의 장애가 없음을 말한다. 이 때문에 다음 제2구[通達無障礙]에서 이르기를 "2가지의 장애에 집착이 없으면 雜染의 의지에서 벗어나 전변함으로써 마음이 청정하다."는 것은 無常한 잡염의 의지를 전변하고 오직 공덕으로써 영원한 법신을 의지하기에 이를 "마음이 청정하다."고 말한 것이다. 통달은 지혜이며, 장애가 없음은 결단이며, 중생 조복은 은혜이다. 3가지의 덕이 갖춰짐을 말한다.】

經

或有見初生에 **妙色如金山**하사
住是最後身하야 **永作人中月**이로다

　혹은 처음 태어나실 적에
　미묘한 빛이 금산 같으시어
　최후의 몸에 머물면서
　길이 사람 가운데 '달'이심을 볼 수 있었네

● 疏 ●

後九中엔 卽悲願自在하고 調伏普周니 雖數越塵沙나 略論其九니라 皆言或見者는 然有多義니 一은 或多機異處에 各感見이오 二는 或同處各見이오 三은 或異時別見이오 四는 或同時異見이오 五는 或同時異處見이오 六은 或同處異時見이오 七은 或異時異處見이오 八은 或同時同處見이오 九는 或一人이 於同異交互時處에 見多人所見이오 十은 或一人同異俱時處에 見一切人所見이니 以是普眼機故니라 然佛不分身이오 無思普現也니라【鈔_ 皆言'或見'者는 此九別中에 有九或見하야 在義易了언마는 而人尙迷일세 今寄淸凉五臺求見文殊하야 以況法界見佛差別호리니 總有十義니라

一은 或多機異處에 各感見者는 如有五人인댄 名爲多機오 各在一臺가 名爲異處니 一人은 南臺에 見菩薩하고 一人은 西臺에 見師子하고 一人은 中臺에 見萬聖하고 一人은 東臺에 見化佛하고 一人은 北臺에 見聖僧이 是各感見也니라

二는 或同處各見者는 五人이 同在中臺라 故云同處오 一見菩薩하고 一見師子等일세 故云各見이니라

三은 或異時別見者는 一人이 朝見菩薩하고 暮見化佛等이라

四는 或同時異見者는 上異時別見은 不局一人多人이어니와 今此要是多人이니 謂二人이 同於晨朝에 一見化佛하고 一見菩薩이니라

五는 或同時異處見者는 亦約多人이 同於晨旦에 一은 於東臺見이오 一은 於北臺見이로되 所見之境이 或同或異니 或見菩薩도 亦是同時異處見이며 或則一見菩薩하고 一見化佛도 亦同時異處니라

六은 或同處異時見은 同於中臺에 朝見이오 暮亦見이로되 而能見도 亦通一人多人하고 所見도 亦通一境異境이니 但取處同時異耳니라

七은 或異時異處見은 時則朝暮不同이오 處則東西臺別이로되 而能見도 亦通一人多人이니 謂或一人이 朝於中臺에 見菩薩하고 暮於北臺에 見菩薩이니 異人도 可知니라 然多約一人이오 其所見境도 亦通同異니 同見菩薩은 如上已明이어니와 或一人이 朝於中臺에 見菩薩하고 暮於北臺에 見師子라 然多分且約一境이니라

八은 或同時同處見은 亦約多人이 同在中臺하야 同於中時에 見菩薩이니 所見도 亦通同異로되 且約同說이니라

九는 或一人이 於同異交互時處에 見多人所見者는 言同異交互時處者란 謂同時異處와 異時同處를 名交互時處니라 然同時異處는 卽是第五니 而要是多人이오 異時同處는 卽是第六이니 通一人多人이어니와 今唯一人이 頓見前多人所見이라 此機는 亦是不思議人이 能於同時異處見故니 謂有一人이 於晨朝時에 在於中臺하야 見中臺多人所見하고 亦在西臺하야 見多人所見하고 又於中臺 於朝於暮에 皆見多人所見也니라

十은 或一人이 於同異俱時處에 見一切人所見者는 謂同時同處와 異時異處를 名同異俱時處니 旣是一人인댄 時該多時하고 處徧諸處하고 見通諸境이라 故是普眼機也니라

'然佛不分身'下는 不分而徧이오 '無思普現'은 頓應前十也니라】

뒤의 9수(제2~10) 게송 가운데, 悲願이 자재하여 조복이 두루 널리 함이니 비록 그 수효가 미세한 티끌보다 많지만 간단하게 그

178

가운데 9가지만을 논하였다. 모든 게송에 '혹은 … 볼 수 있다[或見].'고 말했지만 여기에는 많은 의미를 담고 있다.

　⑴ 혹은 많은 중생[多機]이 각기 다른 곳에서 각기 감응하여 봄이며,

　⑵ 혹은 같은 곳에서 각기 달리 봄이며,

　⑶ 혹은 다른 시간에 개별로 봄이며,

　⑷ 혹은 같은 시간에 각기 달리 봄이며,

　⑸ 혹은 같은 시간에 다른 곳에서 봄이며,

　⑹ 혹은 같은 곳에서 다른 시간에 봄이며,

　⑺ 혹은 다른 시간에 다른 곳에서 봄이며,

　⑻ 혹은 같은 시간에 같은 곳에서 봄이며,

　⑼ 혹은 한 사람이 같고 다름이 서로 통하는 시간과 곳에서 많은 사람이 보는 대상을 봄이며,

　⑽ 혹은 한 사람이 같고 다름이 함께하는 시간과 곳에서 모든 사람이 보는 대상을 봄이니 이는 普眼의 근기를 지닌 때문이다.

　그러나 부처님은 分身하지 않고서도 아무런 생각이 없이 널리 현신하신다. 【초_ 위에서 모두 "혹은 … 볼 수 있다."고 말한 것은 이 9가지의 개별 속에서 9가지로 "혹은 … 볼 수 있다."는 것이다. 그에 대한 의의를 쉽게 이해할 수 있음에도 사람들은 오히려 혼미한 까닭에 여기에서 淸凉 五臺에 문수를 찾아본 고사에 붙여 이로써 법계에서의 부처님을 친견하는 차이점을 비유한 것이다. 이는 모두 10가지의 의의가 있다.

"(1) 혹은 많은 중생[多機]이 각기 다른 곳에서 각기 감응하여 본다."는 것은 예컨대 다섯 사람이 있다면 이를 '많은 중생[多機]'이라 말하고, 각기 다른 하나의 臺에 있는 것을 '다른 곳[異處]'이라고 말한다. 어느 사람은 南臺에서 보살을 보고, 어느 사람은 西臺에서 사자를 보고, 어느 사람은 中臺에서 수많은 성인을 보고, 어느 사람은 東臺에서 화신불을 보고, 어느 사람은 北臺에서 聖僧을 보는 것이 "각기 달리 감응하여 친견"한 것이다.

"(2) 혹은 같은 곳에서 각기 달리 본다."는 것은 다섯 사람이 똑같이 中臺에 있는 까닭에 이를 '같은 곳[同處]'이라 말하고, 어느 사람은 보살을 보고 어느 사람은 사자를 보는 등 달리 본 까닭에 이를 "각기 달리 친견"함이라고 말한다.

"(3) 혹은 다른 시간에 개별로 본다."는 것은 어느 한 사람이 아침에는 보살을 보고 저물녘엔 화신불을 보는 등을 말한다.

"(4) 혹은 같은 시간에 각기 달리 본다."는 것은 위에서 말한 "다른 시간에 개별로 본다."는 부분에서 말한 한 사람이든 많은 사람이든 국한하지 않는다. 하지만 여기에서 말한 바는 많은 사람을 요한다. 예컨대 두 사람이 똑같은 이른 새벽에 어느 사람은 화신불을 보고 어느 사람은 보살을 친견함이다.

"(5) 혹은 같은 시간에 다른 곳에서 본다."는 것은 또한 많은 사람이 똑같은 이른 새벽 시간에 어느 사람은 동대에서 보고 어느 사람은 북대에서 보되, 보는 경계의 대상이 어떤 때에는 똑같기도 하고 어떤 때에는 다르기도 하는 것을 말한다. 어떤 때에는 보살을 친견하는 것 또한 이처럼 "같은 시간에 다른 곳에서 봄"이며, 혹은 어느 사람은 보살을, 어느 사람은 화신불을 친견하는 것 또한 "같은 시간에 다른 곳에서 봄"이다.

"(6) 혹은 같은 곳에서 다른 시간에 본다."는 것은 똑같이 중대에서 아침에도 보고 저녁에도 보지만 보는 주체[能見] 또한 한 사람이든 많은 사람이든 모두 통하고, 보는 대상[所見] 또한 하나의 경계이든 다른 경계이든 모두 통한다. 다만 장소는 같지만 시간이 다름을 들어 말한 것이다.

"(7) 혹은 다른 시간에 다른 곳에서 본다."는 것은 시간으로는 아침저녁이 똑같지 않고 장소로는 곧 동쪽 서쪽의 臺가 각기 다르지만, 이를 볼 수 있는 주체 또한 한 사람이든 많은 사람이든 모두 통한다. 어떤 때에는 어느 사람이 아침에 중대에서 보살을 보고 저물녘엔 북대에서 보살을 봄이니 다른 사람은 말하지 않아도 알 수 있다. 그러나 많은 이들이 어느 한 사람을 들어 말하고, 보는 대상의 경계 또한 똑같은 곳과 다른 곳에도 통한다. 똑같이 보살을 보는 것에 대해 이미 위에서 밝힌 바와 같거니와 어떤 때에는 어느 사람이 아침에 중대에서 보살을 보고 저물녘에 북대에서 사자를 보는 것이다. 그러나 대부분 또한 하나의 경계로 말한 것이다.

"(8) 혹은 같은 시간에 같은 곳에서 본다."는 것은 또한 많은 사람이 똑같이 중대에서 똑같이 정오에 보살을 보는 것으로 말한다. 보는 대상 또한 똑같은 곳과 다른 곳에도 통하나 여기서는 잠시 똑같은 곳을 들어 말한 것이다.

"(9) 혹은 한 사람이 같고 다름이 서로 통하는 시간과 곳에서 많은 사람이 보는 대상을 본다."는 것에서 '같고 다름이 서로 통하는 시간과 장소'라 말한 것은 같은 시간에 다른 장소와 다른 시간에 같은 곳을 '서로 통하는 시간과 장소'라고 말한다. 그러나 '같은 시간에 다른 장소'는 곧 "(5) 혹은 같은 시간에 다른 곳에서 본다."는 것이다. 이는 많은 사람을 요한다. '다른 시간에 같은 장소'란 곧 "(6) 혹은 같은 곳에서 다른 시간에 본다."는 것이다. 한 사람과 많은 사람에 통하거니와 여기에서는 오직 한 사람이 앞에서 말한 많은 사람이 본 대상을 한꺼번에 본 것이다. 이러한 근기는 또한 불가사의한 사람만이 '같은 시간에 다른 장소'를 볼 수 있기 때문이다. 어떤 사람이 이른 새벽녘 중대에서 중대의 많은 사람이 보았던 경계의 대상을 보고, 또한 서대에서 많은 사람이 보았던 경계의 대상을 보고, 또한 중대에서 아침과 저녁에 모두 많은 사람이 보았던 경계의 대상을 본 것이다.

"(10) 혹은 한 사람이 같고 다름이 함께하는 시간과 곳에서 모든 사람이 보는 대상을 본다."는 것은 '같은 시간에 같은 장소'와 '다른 시간에 다른 장소'를 "같고 다름이 함께하는 시간과 곳"이라고 말한다. 이미 한 사람이라면 그 시간은 많은 시간에 해당하고, 그 장소는 여러 장소에 다하고, 보는 것이 여러 경계에 통한 터라, 이 때문에 이를 普眼의 근기라 말한다.

"그러나 부처님은 分身하지 않는다." 이하는 분신하지 않고서도 두루 널리 나타나심이며, "아무런 생각이 없이 널리 현신한다."

는 것은 한꺼번에 앞에서 말한 10가지에 응함을 말한다.】

一은 初生時에 身如夜月하야 瞰鏡可觀이오 智猶滿月하야 淸涼照物일세 故云'永作'이라하니라

첫째는 부처님이 처음 나실 적에 그 몸이 달과 같아서 해맑은 거울처럼 볼만하고, 그 지혜가 보름달과 같아서 밝게 모든 것을 비춰주기에 이를 '永作(永作人中月)'이라 말한다.

經

或見經行時에 具無量功德하시며
念慧皆善巧하사 丈夫師子步로다

　혹은 걸으실 때에
　한량없는 공덕 갖추시고
　생각과 지혜 모두 훌륭하여
　대장부의 사자 걸음 볼 수 있었네

 疏 ●

二는 行七步時에 顯其具德이라
　둘째는 일곱 걸음을 걸으실 때에 그 구족한 덕을 나타냄이다.

經

或見紺靑目으로 觀察於十方하고
有時現戱笑하사 爲順衆生欲이로다

혹은 검푸른 눈으로

시방세계 관찰하고

어떤 때는 웃음을 지으시며

중생의 염원 따라주심을 보았네

◉ 疏 ◉

三은 顧盼時에 觀方現笑라

　셋째는 돌아보실 때에 시방세계를 모두 관찰하고 웃음을 지으신 것이다.

經

或見師子吼와　　　殊勝無比身으로
示現最後生하사　　所說無非實이로다

　혹은 사자후와

　훌륭하여 비할 데 없는 몸으로

　최후의 생을 나타내 보이시어

　설법의 말씀 모두 진실함을 보았네

◉ 疏 ◉

四는 師子吼時에 說我獨尊이라

　넷째는 사자후할 때에 천상천하 유아독존을 말씀하셨다.

經

或有見出家하사　　　解脫一切縛하고
修治諸佛行하사　　　常樂觀寂滅이로다

　　혹은 출가하시어
　　온갖 속박에서 벗어나시고
　　모든 부처님 행을 닦으시어
　　항상 즐거운 마음으로 적멸을 관하심을 보았네

◉ **疏** ◉

五는 出家時에 解縛修寂이라
　　다섯째는 출가할 때에 속박에서 벗어나 적멸을 닦으심이다.

經

或見坐道場하사　　　覺知一切法하고
到功德彼岸하사　　　癡暗煩惱盡이로다

　　혹은 도량에서 좌선으로
　　모든 법 깨달으시고
　　공덕의 피안에 이르시어
　　어리석고 어두운 번뇌를 다함을 보았네

◉ **疏** ◉

六은 坐道場時에 障盡德圓이라

여섯째는 도량에서 좌선할 당시, 어리석음과 번뇌의 장애가 다하여 덕이 원만함이다.

經

或見勝丈夫가　　　　具足大悲心하사
轉於妙法輪하야　　　度無量衆生이로다

　혹은 훌륭한 대장부로
　큰 자비의 마음 구족하사
　미묘한 법륜 굴리시어
　한량없는 중생 제도하심을 보았네

● 疏 ●

七은 轉法輪時에 因悲度物이라

일곱째는 법륜을 굴릴 때에 대자비의 마음으로 인하여 중생을 교화, 제도함이다.

經

或見師子吼가　　　　威光最殊特하사
超一切世間하야　　　神通力無等이로다

　혹은 사자후 장광설이
　위엄과 광명 가장 훌륭하여
　모든 세간 뛰어넘어

신통력이 비할 이 없음을 보았네

◉ 疏 ◉

八은 現神通時에 調彼難調니라

여덟째는 신통력을 나타낼 때에 저 조복받기 어려운 이를 조복함이다.

經

或見心寂靜이   如世燈永滅호대
種種現神通하시니   十力能如是로다

혹은 고요한 마음이
세간의 꺼진 등불 같더니만
가지가지 신통력 나타내시니
열 가지 힘이 이와 같음을 보았네

◉ 疏 ◉

九는 示入涅槃이나 不妨神用이라 又下二句는 亦總結前九 皆是神通이오 並有深意하니 如第八會라【鈔_ 如第八會者는 即五十九經이라 各有十意하니 說者應引이니라】

아홉째는 열반에 드심을 보여주었으나 신통묘용이 방해롭지 않음이다.

또 아래의 제3, 4구는 또한 앞의 9수 게송이 모두 신통임을

187

총괄하여 끝맺음이며, 아울러 깊은 뜻이 있으니 제8법회와 같다. 【초_ "제8법회와 같다."는 것은 곧 59經을 말한다. 각각 10가지의 뜻이 있는바, 이를 설명하고자 하는 자는 이를 인용, 증명해야 할 것이다.】

一

第四重은 光照千界라
　제4겹, 광명이 1천 경계를 비추다

經
爾時에 光明이 過百世界하야 徧照東方千世界하고 南西北方과 四維上下도 亦復如是하시니 彼一一世界中에 皆有百億閻浮提와 乃至百億色究竟天이라 其中所有가 悉皆明現하니
彼一一閻浮提中에 悉見如來가 坐蓮華藏師子之座어시든 十佛刹微塵數菩薩의 所共圍繞라 悉以佛神力故로 十方各有一大菩薩이 一一各與十佛刹微塵數諸菩薩로 俱하야 來詣佛所하시니 其大菩薩은 謂文殊師利等이며 所從來國은 謂金色世界等이며 本所事佛은 謂不動智如來等이니라
　그때 광명이 1백 세계를 지나서 동방의 1천 세계를 두루 비추고 남, 서, 북방, 그리고 동서남북의 간방, 위와 아래 또한 이와 같이 비쳤다.

그 하나하나의 세계 가운데 모두 백억의 염부제 내지 백억의 색구경천이 있는데 그 가운데 있는 모든 것이 모두 다 분명하게 나타났다.

그와 같은 하나하나의 염부제 가운데 여래께서 연화장 사자좌에 앉아 계시는데 열 불찰미진수의 보살들이 함께 둘러싸고 계신 것을 모두 볼 수 있었다.

이는 모두 부처님의 헤아릴 수 없는 위신력으로 시방에 각각 한 분의 큰 보살이 있고 하나하나의 보살마다 각각 열 불찰미진수의 모든 보살들과 함께 부처님이 계신 곳으로 찾아갔다. 그 가운데 큰 보살은 문수사리 등이며, 찾아온 곳의 국토는 금색세계 등이며, 본래 섬기던 부처님은 부동지여래 등이라 하였다.

爾時에 **一切處 文殊師利菩薩**이 **各於佛所**에 **同時發聲**하사 **說此頌言**하사대

그때 모든 곳에 있는 문수사리보살이 각각 부처님 계신 곳에서 동시에 소리를 내어 이 게송을 말하였다.

佛於甚深法에 **通達無與等**이라
衆生不能了일세 **次第爲開示**로다

    부처님이 매우 심오한 법을
    통달하여 그와 같은 이 없어라
    중생이 깨달음을 얻지 못하여

차례대로 열어 보여주셨다

● 疏 ●

頌中에 顯菩提體性이니 十頌은 分三이라 初偈는 雙具悲智니 爲菩提體요 次四는 三德內圓이요 後五는 卽體悲用이라
今初 上半은 智深이요 下半은 悲濟라

    이의 게송은 보리의 體性을 나타냄이다.

    10수의 게송은 3단락으로 나뉜다.

    처음 제1게송은 大悲와 大智를 모두 갖춤이니 보리의 본체가 되고,

    다음 4수(제2~5) 게송은 3가지의 덕[知德, 斷德, 恩德]이 내면에 원만함이며,

    뒤의 5수(제6~10) 게송은 본체와 하나가 된 大悲의 妙用이다.

    첫째 제1게송의 제1, 2구는 큰 지혜가 심오함이며, 아래 제3, 4구는 큰 자비로 중생을 제도함이다.

經

我性未曾有며　　　　　我所亦空寂이어니
云何諸如來가　　　　　而得有其身이리오

    나의 자성이 있지 않으며
    나의 소유 또한 공적한데
    어찌 모든 여래께서

그 몸이 있겠는가

◉ 疏 ◉

次四偈中에 一은 歎菩提永絶二我德이라 謂二我之見이 必因於身하나니 今觀我身이 若我卽陰인댄 我卽生滅이오 若我異陰인댄 以何相知아 故但妄情이라 曾未暫有니 旣無有我인댄 誰是我所오 我·我所空이어니 身從何有리오 無身之身으로 顯法身德이라 【鈔_'今觀於身'者는 卽中論法品中意니 論云若我卽五陰인댄 我卽爲生滅이오 若我異五陰인댄 則非五陰相이라 若無有我者댄 何得有我所리오 內外我我所 盡滅無有故로 諸受卽爲滅이오 受滅이면 則身滅이라 業煩惱滅故로 名之爲解脫이오 業煩惱는 非實이오 入空이면 戲論滅이라하니라】

다음 4수(제2~5) 게송 가운데, 첫째 제2게송은 보리지혜로 영원히 '我·我所[二我]'가 끊어진 덕을 찬탄함이다. 자아[我]와 자아의 대상[我所]이라는 견해는 반드시 몸을 인연하는 법이다. 여기에서 자아의 몸을 관함에 있어 만일 자아가 곧 五陰이라면 자아가 곧 생겨나기도 하고 사라지기도 할 것이며, 만일 자아가 오음과 다르다면 무엇으로써 이를 알 수 있을까? 이 때문에 단 妄情이라, 일찍이 잠시도 있지 않다. 이렇듯 자아가 있지 않다면 무엇이 '자아의 대상'일까? 자아와 자아의 대상이 공한데 몸이 어디에서 생겨나겠는가. 몸이 없는 몸[無身之身]으로 법신의 덕을 나타낸 것이다.【초_"여기에서 자아의 몸을 관한다."는 것은 용수보살의 中論 觀法品 12게송에서 말한 뜻이다. 중론에서 다음과 같이 말하였다.

"만약 자아가 오음이라면 자아는 생겨나고 사라질 것이며, 자아가 오음과 다르다면 자아는 오음의 모습이 아니다. 만약 자아가 없다면 어떻게 자아의 대상이 있을 수 있겠는가. 안이건 바깥이건 자아와 자아의 대상[我·我所]이 모두 사라져 존재하지 않기 때문에 모든 집착이 사라지게 되고 집착이 사라지면 몸도 사라진다. 업과 번뇌가 소멸하기 때문에 이를 해탈이라고 부른다. 업과 번뇌는 실재 있는 것이 아니며, 空에 들어가면 戱論이 소멸하게 된다."】

經

解脫明行者가　　　　　無數無等倫하시니
世間諸因量으로　　　　求過不可得이로다

　해탈과 밝은 반야행이여
　수도 없고 짝할 이도 없으시니
　세간의 모든 인과 양(量)으로
　허물 찾으려 해도 찾을 수 없네

◉ 疏 ◉

二는 顯解脫般若德이라 涅槃二十五에 云'貪瞋癡心이 永斷滅故로 心善解脫이오 於一切法에 知無障礙故로 慧善解脫'이라하니 涅槃에 略有一百八句하야 以顯深廣이라
言'明行'者는 卽般若德이니 若作'明行足'釋인댄 卽禪慧德이라 瑜伽三十八에 云'明은 謂三明이오 行은 謂止觀二品'이라하며 涅槃十六에 又

云'明者는 三明이니 一은 菩薩明이오 二는 佛明이오 三은 無明明이라 菩薩明者는 卽是般若波羅蜜이오 佛明者는 卽是佛眼이오 無明明者는 卽畢竟空이라하니라 然皆般若因果理智異耳니라 '足'有二義하니 一은 脚足義니 約因이오 二는 圓足義니 約果어니와 此文엔 略無니라

'無數'下는 顯其離過니 非有爲故無數오 超下位故無等이니 豈是因明으로 能求其過리오 因明立量은 依世俗하야 分別定有定無라 故曰'世間'이어니와 今엔 體絶有無일세 故彼莫能過也니라

다음 4수 게송 가운데, 둘째 제3게송은 해탈과 반야의 덕을 나타냄이다.

열반경 25에 이르기를 "탐진치의 마음이 영원히 끊어진 까닭에 마음이 잘 해탈하였고, 일체 법에 걸림이 없음을 알고 있기에 지혜가 잘 해탈하였다."고 한다. 열반경에는 이에 관해 대략 108구가 있는데 해탈의 심오함과 광대함에 대해 밝혀주고 있다.

'明行(解脫明行者)'이라 말한 것은 곧 반야의 덕이다. 만일 이를 '明行足'으로 해석한다면 곧 禪慧의 덕이다. 유가론 38에서 明行에 대해 이르기를 "명이란 3가지의 밝음[三明]을 말하고, 행이란 止觀 2품을 말한다."고 하며, 열반경 16에서는 또한 이르기를 "명이란 3가지의 밝음[三明]이다. (1) 보살의 밝음이요, (2) 부처님의 밝음이요, (3) 無明의 밝음이다. 보살의 밝음이란 곧 반야바라밀이며, 부처님의 밝음이란 곧 부처님의 눈이며, 無明의 밝음이란 畢竟 곧 空이다."고 하였다. 그러나 이는 모두 반야의 인과와 理智가 다르다.

'足' 자에는 2가지의 뜻이 있다. (1) 脚足이라는 뜻이니 원인으

로 말함이며, ⑵ 圓足이라는 뜻이니 결과로 말한 것이지만 이의 경문에서는 이를 생략하여 언급한 바 없다.

'無數無等倫' 이하는 그 허물에서 벗어남을 나타냄이다. 有爲가 아닌 까닭에 無數하고, 아래의 지위[下位]에서 초월한 까닭에 無等이라 한다. 어찌 이런 因明으로 그 허물을 찾을 수 있겠는가.

因明에 量을 세운 것[世間諸因量]은 세속을 따라 결정적으로 존재한다[定有]는 것과 결정적으로 존재하지 않는다[定無]는 것을 분별한 까닭에 이를 '世間'이라 말했지만 여기에서는 본체에 有無가 끊어진 까닭에 그들이 허물을 찾을 수 없는 것이다.

經

佛非世間蘊과　　　界處生死法이라
數法不能成일세　　故號人師子로다

부처님의 몸은 세간의 5온(蘊)
18계(界), 12처(處)의 생사법이 아니다
세속의 셈법으로 성취하신 몸이 아니시기에
'사람 가운데 사자[人中師子]'라 말한다

◉ 疏 ◉

三에 一偈는 歎佛超絶三科德이라 蘊者는 聚義니 謂是有爲生死果相이오 界者는 種族義니 謂是愛著生死因相이오 處者는 生門義니 謂諸識內外緣相이라 然不離色心이니 俱舍에 云 愚根이 樂三故로 說蘊處

界三이라하니라 蘊等에 有二하니 一者는 有漏니 是世數法이라 佛非此成이오 二는 是無漏니 則佛非無라 因滅無常色等이오 獲常色等故로 如來妙色은 常安穩故일세니라【鈔_ '因滅無常色'은 即涅槃三十八이니 如下當引이라 '如來妙色常安穩故'는 但要此句니 具有一偈云妙色湛然常安穩하야 不爲時節劫數遷이라 大聖曠劫行慈悲할세 獲得金剛不壞體라하니라】

다음 4수 게송 가운데, 셋째 제4게송은 부처님이 三科(五蘊·十二處·十八界)에서 초탈한 덕을 찬탄함이다.

蘊이란 쌓이고 모여 있다는 뜻인바 이는 有爲의 生死 果相을 말한다. 界란 종족이라는 뜻인바 이는 애착의 生死 因相을 말한다. 處란 生門이라는 뜻인바 모든 識의 內外 緣相을 말한다. 그러나 육신의 色과 의식의 마음을 여의지 못하기에, 구사론에 이르기를 "어리석은 근기를 지닌 중생이 三科를 좋아한 까닭에 五蘊·十二處·十八界 3가지를 말한다."고 하였다.

蘊 등에는 2가지의 뜻이 있다.

(1) 有漏(āsava)이다. 이는 이것이 있기 때문에 저것이 생겨나고 이것이 일어난 까닭에 저것이 일어나는 세속적 셈법[世數法: 俗數法者, 謂此有故彼有, 此起故彼起]이다. 부처님은 이런 것으로 성취함이 아니다.

(2) 無漏(asasrava)이다. 부처님은 색신 등이 없는 것은 아니다. 無常의 색신 등을 떨쳐버림으로 인하여 영원한 색신[常色] 등을 얻었기에 부처님의 미묘한 색신[如來妙色]은 언제나 편안하고 평온할

195

수 있기 때문이다. 【초_ "無常의 색신 등을 떨쳐버림으로 인하여"
라는 것은 열반경 38에서 말한 뜻이다. 아래의 해당 부분에서 인
용, 증명한 바와 같다.

"부처님의 미묘한 색신은 언제나 편안하고 평온할 수 있기 때
문이다."는 이 구절이 중요하다. 이를 구체적으로 언급한 게송에서
다음과 같이 말하였다.

"미묘한 몸이 담담하게 언제나 편안하고 평온하여 時節과 劫數
에 변하지 않는다. 대성인께서 영겁에 대자비를 행한 까닭에 금강
처럼 부서지지 않는 몸을 얻으셨다."】

經

其性本空寂하고　　　內外俱解脫하사
離一切妄念하시니　　無等法如是로다

　　그 체성이 본래 공적하고
　　안팎으로 모두 해탈하시어
　　모든 망념을 여의시니
　　짝할 수 없는 법이 이와 같다

● 疏 ●

四는 歎佛超離根境德이라 境智雙寂이라 契彼性空이오 根塵兩忘이라
內外解脫이오 亦常照內外라 脫於無知니라 空尚不存이어늘 妄從何起
리오【鈔_ 四歎佛者는 卽是初句니 其性本空寂인댄 何法不寂이리오만

은 獨歎如來잇가 故로 疏에 答云'境智雙寂이라 契彼性空이라'하니 故爲佛德이라 所以無心於物이면 境則未忘이오 攝境歸心이면 心又未寂이어니와 今에 佛寂照하사 方契性空이니라 此以第二句로 成上第一句니라
次言根塵兩忘이라 內外解脫은 卽上句로 釋下句라 由契性空일새 故忘根塵이라 心所知法 一切皆空이라 故忘塵也오 能知之心도 亦不可得이라 故忘根也니라 由內忘故로 根不能繫오 由外忘故로 境豈能牽가 眞解脫也니 斯乃解脫惑障이라
次云亦常照者는 此智障解脫이라 上寂此照니 寂照無二 眞佛心也니라 空尚不存者는 擧況 釋第三句니 空爲所契로되 尚不當心이어늘 妄念空華가 豈當佛意아】

다음 4수 게송 가운데, 넷째 제5게송은 부처님께서 육근 육진을 초탈한 덕을 찬탄함이다.

인식의 대상인 경계와 인식의 주체인 지혜[境智]가 모두 고요하여 사라진 까닭에 저 性空에 하나가 되고, 감각 작용인 육근과 감각 대상인 육진을 모두 잊은 까닭에 안팎으로 모두 해탈하며, 또한 언제나 안팎을 관조한 까닭에 무지에서 벗어날 수 있었다. 空마저도 오히려 두지 않았는데 幻妄이 그 어디에서 일어날 수 있겠는가.

【초_ "넷째 제5게송은 부처님께서 육근 육진을 초탈한 덕을 찬탄함이다."는 것은 제1구(其性本空寂)의 뜻이다. 그 체성이 본래 空寂하다면 그 어떤 법인들 공적하지 않을 턱이 있겠는가. 그럼에도 어찌하여 유독 부처님만을 찬탄하는 것일까? 이 때문에 청량소에서 이런 의문에 대해 답하고 있다.

"인식의 대상인 경계와 인식의 주체인 지혜가 모두 고요하여 사라진 까닭에 저 性空에 하나가 된다."

이 때문에 부처님의 덕이라 말한 것이다. 이 때문에 현상의 物에 무심하면 인식의 대상인 경계를 잊지 못하며, 경계를 받아들여 마음속에 귀착하면 마음 또한 고요하지 못하다. 그러나 여기에서 부처님은 고요하면서도 관조한 까닭에 '性空에 하나가 된' 것이다. 이는 제2구(內外俱解脫)로써 위의 제1구를 이뤄낸 것이다. 다음에 "감각 작용인 육근과 감각 대상인 육진을 모두 잊은 까닭에 안팎으로 모두 해탈하였다."고 말한 것은 곧 위의 제1구로 아래의 제2구를 해석한 것이다. 性空에 하나가 된 자리를 얻은 까닭에 육근과 육진을 잊을 수 있었다. 마음으로 알 수 있는 대상의 법, 그 모든 게 다 공한 까닭에 육진을 잊고, 알 수 있는 주체의 마음마저도 얻을 수 없기에 육근을 잊은 것이다.

내면의 주체적인 마음을 잊은 까닭에 육근이 그를 묶어두지 못하고, 외적인 경계를 잊은 까닭에 경계가 어떻게 그를 이끌고 갈 수 있겠는가. 이것이 참다운 해탈이다. 이는 惑障으로부터 해탈이다.

다음에 '亦常照內外'라 말한 것은 智障에서의 해탈이다. 위에서는 空寂을, 여기에서는 觀照를 말하였다. 이처럼 공적과 관조가 둘이 없는 자리가 참다운 佛心이다.

"空마저도 오히려 두지 않았다."는 것은 비유를 들어 제3구를 해석한 것이다. 空은 깨달음의 대상이지만 그것마저도 오히려 마음에 두지 않는데 妄念의 허공 꽃이 어떻게 부처님의 마음에 있을

수 있겠는가.】

又上四偈에 初一은 法身故常이오 二는 無過故樂이오 三은 數不能成故로 自在稱我오 四는 解脫故淨이니라

또한 위의 4수(제2~5) 게송 가운데, 첫째 제2게송은 법신이기 때문에 영원하고, 둘째 제3게송은 허물이 없는 까닭에 즐겁고, 셋째 제4게송은 세속의 셈법으로 성취하지 못한 까닭에 자재하여 자아에 걸맞고, 넷째 제5게송은 해탈한 까닭에 청정하다.

經

體性常不動하야　**無我無來去**하사대
而能悟世間하야　**無邊悉調伏**이로다

　　체성은 항상 움직이지 아니하여
　　'아'도 없고 오고 감이 없지만
　　세간 중생을 깨우쳐
　　끝없는 중생이 모두 조복하네

● 疏 ●

後五는 卽體悲用中에 初偈는 不動普應德이니 上半은 不動이오 下半은 普應이니 二我永亡일세 稱性不動이오 智周法界어니 何有去來리오

뒤의 5수(제6~10) 게송은 본체와 하나가 된 大悲의 妙用 가운데, 첫째 제6게송은 不動과 普應의 덕을 밝히고 있다.

본 게송의 제1, 2구는 不動이요, 제3, 4구는 普應이다. 我와 我

199

所[二我]가 영원히 사라진 까닭에 체성과 하나가 되어 움직임이 없고, 지혜가 법계에 두루 한데 어찌 오고 감이 있겠는가.

經

常樂觀寂滅이 　　　**一相無有二**하사
其心不增減하사대 　　**現無量神力**이로다

　항상 즐거운 마음으로 적멸상을 관하심이
　하나의 모양일 뿐, 둘이 없기에
　그 마음 더하지도 덜하지도 않고서
　한량없는 위신력 보여주시네

◉ 疏 ◉

次偈는 動寂無二德이니 三句는 入寂이오 一句는 起用이라 一相은 是表니 所謂無相이오 無二는 是遮니 體不可分이라 又'無二'者는 非對有說無也라 觀無始終일세 故心不增減이오 三輪之化를 云無量力이라하니라

　뒤의 5수 게송 가운데, 다음 제7게송은 動用과 空寂이 둘이 없는 덕을 밝히고 있다.

　제1~3구는 적멸에 들어감이며, 마지막 제4구는 묘용이 일어남이다. '하나의 모양[一相]'이란 表이니 이른바 '모양 없음[無相]'이며, '둘이 없다[無二].'는 것은 遮이니 본체를 둘로 나누지 못함이며, 또한 無二란 有를 상대로 無를 말한 게 아니다. 시작도 끝도 없음을 본 까닭에 마음이 더하지도 덜하지도 않으며, 부처님 교화의 세

가지를 일컫는 身輪·口輪·意輪[三輪]을 "한량없는 위신력"이라고 말한다.

經
不作諸衆生의　　　　　**業報因緣行**하고
而能了無礙하시니　　　**善逝法如是**로다

　　모든 중생의
　　업보의 인연행을 짓지 않고
　　걸림 없는 법을 아시니
　　부처님[善逝]의 법이 이와 같아라

◉ **疏** ◉

次偈는 無染了機라

　　뒤의 5수 게송 가운데, 다음 제8게송은 물들지 않고서 중생에게 깨달음을 주심이다.

經
種種諸衆生이　　　　　**流轉於十方**이어든
如來不分別하사　　　　**度脫無邊類**로다

　　가지가지 여러 중생들이
　　생사윤회로 시방세계 오가지만
　　여래는 분별하지 않으시고

201

그지없는 중생의 무리 제도하시네

◉ 疏 ◉

次偈는 度心平等이라

뒤의 5수 게송 가운데, 다음 제9게송은 모든 중생을 차별하지 않고 제도하는 부처님의 평등한 마음을 말하고 있다.

經

諸佛眞金色이   **非有徧諸有**하사
隨衆生心樂하야   **爲說寂滅法**이로다

  시방삼세 일체 제불 황금빛 장엄한 모습이여
  형상이 있지 않으나 모든 세간[三界·二十五有]에 두루 현신하시어
  중생이 좋아하는 마음에 따라서
  청정적멸법을 설하시네

◉ 疏 ◉

後偈는 無生現生이니 智契非有나 悲心徧生하사 隨機引之하사 令歸常寂이니라

뒤의 5수 게송 가운데, 맨 뒤의 제10게송은 태어남이 없는 몸[無生]으로 태어난 몸을 보여주심이다. 보리지혜는 있지 않은[非有] 眞諦의 세계를 깨달았지만 大悲의 마음으로 三界·二十五有의 세계에 두루 현신하여 중생의 근기에 따라 인도하여 일체중생으로

하여금 常樂我淨의 적멸법에 돌아가도록 마련해주셨다.

第五는 光照十千世界라
제5겹, 광명이 십천 세계를 비추다

經

爾時에 光明이 過千世界하야 徧照東方十千世界하고 南西北方과 四維上下도 亦復如是하시니 彼一一世界中에 皆有百億閻浮提와 乃至百億色究竟天이라 其中所有가 悉皆明現하니 彼一一閻浮提中에 悉見如來가 坐蓮華藏師子之座어시든 十佛刹微塵數菩薩의 所共圍繞라 悉以佛神力故로 十方各有一大菩薩이 一一各與十佛刹微塵數諸菩薩로 俱하야 來詣佛所하시니 其大菩薩은 謂文殊師利等이며 所從來國은 謂金色世界等이며 本所事佛은 謂不動智如來等이니라

그때 광명이 1천 세계를 지나서 동방의 십천 세계를 두루 비추고 남, 서, 북방, 그리고 동서남북의 간방, 위와 아래 또한 이와 같이 비췄다.

그 하나하나의 세계 가운데 모두 백억의 염부제 내지 백억의 색구경천이 있는데 그 가운데 있는 모든 것이 모두 다 분명하게 나타났다.

그와 같은 하나하나의 염부제 가운데 여래께서 연화장 사자좌

203

에 앉아 계시는데 열 불찰미진수의 보살들이 함께 둘러싸고 계신 것을 모두 볼 수 있었다.

이는 모두 부처님의 헤아릴 수 없는 위신력으로 시방에 각각 한 분의 큰 보살이 있고 하나하나의 보살마다 각각 열 불찰미진수의 모든 보살들과 함께 부처님이 계신 곳으로 찾아갔다. 그 가운데 큰 보살은 문수사리 등이며, 찾아온 곳의 국토는 금색세계 등이며, 본래 섬기던 부처님은 부동지여래 등이라 하였다.

爾時에 **一切處 文殊師利菩薩**이 **各於佛所**에 **同時發聲**하사 **說此頌言**하사대

그때 모든 곳에 있는 문수사리보살이 각각 부처님 계신 곳에서 동시에 소리를 내어 이 게송을 말하였다.

發起大悲心하사 　　**救護諸衆生**하야
永出人天衆하시니 　**如是業應作**이어다

　　큰 자비심 일으켜
　　모든 중생 구호하여
　　인간과 천상 대중에서 길이 벗어나게 하시니
　　이와 같은 선업을 닦아나가야 한다

◉ **疏** ◉

頌中에 明等菩提因行이라 文有十行이니 皆三句는 辨相이오 一句는 勸

修니 雖皆作業이나 而展轉深細니라
略分爲五니 初一은 大悲下救業이니 不求自利일세 云永出人天이라

   본 게송은 無上正等菩提의 因行(과거 세상에서 부처가 되기 위한 수행)을 밝힌 것이다. 게송은 모두 10수로서 모두 앞의 3구(제1~3)는 因行의 相을 말하였고, 마지막 구절은 그처럼 수행하기를 권면하고 있다. 여기에서 비록 모두 作業(如是業應作)이라 말했으나 뒤로 가면 갈수록 심오하고도 미세하다.
   10수의 게송은 간단하게 5단락으로 구분된다.
   첫 단락의 제1게송은 大悲의 마음으로 아래로 중생을 구제하신 일이다. 自利를 추구하지 않은 까닭에 "인간과 천상 대중에서 길이 벗어났다."고 말한 것이다.

經

意常信樂佛하사   其心不退轉하야
親近諸如來하시니   如是業應作이어다

   마음에 항상 부처님을 믿어 좋아하여
   그 마음 물러서지 아니하고
   모든 여래 친근하시니
   이와 같은 선업을 닦아나가야 한다

◉ 疏 ◉

次四는 修智上攀業이니 一信 二樂 三念 四學이라

又初一은 長時修니 常信不轉故니라【鈔_ '次四修智'下는 疏有二意하니 前意는 各別一行이오 後意는 通修諸行이니 文雖局一이나 義乃兼通이라 如長時修는 謂長時信 長時樂 長時念 長時學이니 下三도 亦然이라 若約所信念等인댄 皆佛功德이라】

다음 제2단락의 4수(제2~5) 게송은 지혜를 닦아 위로 제불을 반연하는 業이다.

첫째 제2게송은 信을, 둘째 제3게송은 樂을, 셋째 제4게송은 念을, 넷째 제5게송은 學을 말하고 있다.

또한 본 단락의 첫째 제2게송은 영겁의 수행[長時修]이다. 언제나 신심으로 물러서지 않기 때문이다.【초_ '次四修智' 이하는 청량소에서 2가지의 뜻으로 말하고 있다. 앞에서 말한 '一信 二樂 三念 四學'이라는 뜻은 각 게송별로 각기 다른 뜻을 말하였고, 뒤에서 말한 '長時修'란 여기에서 말한 '信·樂·念·學' 모든 行을 전체로 닦아 나가는 것이다. 게송의 경문은 비록 하나의 게송에 국한하지만 그 의의는 모두 통하는 것이다. 예컨대 '長時修'는 長時信, 長時樂, 長時念과 長時學을 말한다. 아래의 '樂·念·學'을 말한 3수 게송의 의의 또한 그와 같다. 만일 '信·樂·念·學' 등으로 말하면 그 모두가 부처님의 공덕이다.】

經

志樂佛功德하사　　其心永不退하야
住於淸凉慧하시니　　如是業應作이어다

부처님의 공덕 좋아하는 굳건한 의지
그 마음 길이 물러서지 아니하여
청량한 지혜에 머무시니
이와 같은 선업을 닦아나가야 한다

● 疏 ●

次一은 殷重修니 志樂不退故라 淸涼慧者는 無惑熱故니라

　제2단락의 4수 게송 가운데, 다음 제3게송은 간절하고도 깊이 있는 수행[殷重修]이다. 굳은 의지로 좋아하여 뒤로 물러서지 않기 때문이다. 淸涼慧란 미혹의 번뇌[惑熱]가 없기 때문이다.

經

一切威儀中에　　　　常念佛功德하사
晝夜無暫斷하시니　　如是業應作이어다

　　행주좌와 모든 위의 가운데
　　항상 부처님 공덕 생각하사
　　주야로 잠시도 끊임없으시니
　　이와 같은 선업을 닦아나가야 한다

● 疏 ●

次偈는 無間修니 不暫斷故니라

　제2단락의 4수 게송 가운데, 다음 제4게송은 그치거나 끊임이 없는 수행[無間修]이다. 잠시도 그치거나 끊어짐이 없기 때문이다.

經

觀無邊三世하고　　　　　**學彼佛功德**하사대
常無厭倦心하시니　　　　**如是業應作**이어다

　　그지없는 시방삼세 제불 살펴보시고
　　일체 제불의 공덕을 배우시되
　　항상 싫거나 게으른 마음 없으시니
　　이와 같은 선업을 닦아나가야 한다

◉ **疏** ◉

　*後偈*는 *無餘修*니 *常徧學故*니라

　　제2단락의 4수 게송 가운데, 맨 뒤의 제5게송은 남김없이 모두 닦아나가는[無餘修] 것이다. 언제나 두루 일체 제불의 공덕을 배우기 때문이다.

經

觀身如實相하사　　　　　**一切皆寂滅**하야
離我無我着하시니　　　　**如是業應作**이어다

　　부처님 몸의 여실상(如實相: 眞實相)을 관하여
　　삼라만상 일체가 모두 적멸의 자리라

아(我)와 무아(無我)의 집착을 여의시니[13]
이와 같은 선업을 닦아나가야 한다

● 疏 ●

三 有一偈는 內照業이라 觀身實相者는 如淨名에 '觀佛前際不來'等이오 又如法華 '不顚倒'等이라【鈔_ 如淨名'者는 卽見阿閦佛品이니 佛問 維摩詰하사대 汝欲見如來면 爲以何等觀如來乎아 維摩詰言호대 如自觀身實相하야 觀佛도 亦然하나이다 我觀如來인댄 前際不來오 後際不去며 今則不住라 不觀色하고 不觀色如하며 不觀色性하고 不觀受想行識하며 不觀受想行識如하고 不觀受想行識性하며 非四大起하야 同於虛空하며 六入無積하고 眼耳鼻舌身心已過하야 不在三界하고 三垢已離하야 順三脫門하며 三明이 與無明等하며 不一相 不異相하고 不自相 不他相하며 非無相 非取相하고 不此岸 不彼岸 不中流하야 而化衆生하며 觀於寂滅이나 亦不永滅等이라 彼는 以觀身實相으로 用觀如來로되 今은 但自觀이니 爲小異耳나 眞實觀은 同이라

'又如法華'者는 卽安樂行品 第二親近處니 經云 '文殊師利 又菩薩摩訶薩은 觀一切法空하야 如實相이니 不顚倒 不動 不退 不轉이니 如虛空無所有性인달하야 一切語言道斷이라 不生 不出 不起이니 無名

....
13 이에 대해 일반적으로 "我를 떠나 我에 대한 집착이 없다."고 번역하고 있으나, 여기에서는 아래 淸凉疏의 "又'離我'者는 超凡夫; '離無我'者는 超二乘"이라는 구절과 華嚴經淺釋 해당 부분의 "若是離開我, 沒有一個我執; 也沒有我所執, 卽沒有法執. 我執也空了, 法執也空了, 這才合乎寂滅的理"라는 부분을 근거로 본 번역에서는 "我와 無我의 집착을 여의었다."고 해석하였다.〈譯註〉

無相 實無所有라 無量無邊하고 無礙無障이니라 但以因緣有로 從顚
倒生故로 說常樂觀如是法相이니 是名菩薩摩訶薩 第二親近處니라
釋曰 上經은 皆觀實相이 卽理實相也일세 云皆寂滅이라하니라 】

  제3단락의 제6게송은 내면의 실상을 관조하는 업[內照業]이다.
"부처님 몸의 實相을 관한다."는 것은 유마경에서 말한 "부처님을
뵈면 과거로부터 오신 것도 아니다."는 등과 같으며, 또한 법화경
에서 말한 "모든 법이 공하여 실상 그대로이기에 뒤바뀐 적도 없
다."는 등과 같다.【초_ '如淨名'이란 유마경 제12 見阿閦佛品이다.
  부처님께서 유마힐에게 물으셨다.
  "그대가 여래를 보고자 한다면 어떻게 여래를 관하겠는가?"
  유마힐이 말했다.
  "스스로 제 몸의 實相을 보듯이 부처님을 관하는 것 또한 그렇
게 하나이다. 제가 여래를 뵈면 과거로부터 오신 것도 아니요, 미
래로부터 오신 것도 아니요, 현재에 머무시는 것도 아니옵니다. 色
으로도 보지 않고 색과 같은 것으로도 보지 않으며, 색의 성품으로
도 보지 않고 수·상·행·식으로도 보지 않으며, 식과 같은 것으로
도 보지 않고 식의 성품으로도 보지 않으며, 四大로 이루어진 것도
아니어서 허공과 같으며, 六入이 쌓인 것도 없고 안·이·비·설·
신·심을 이미 초월하여 삼계에 계시지도 아니하고 3가지 번뇌를
이미 여의시어 3가지 해탈문에 순응하며, 三明을 모두 갖추셨으나
無明과 같으시며, 하나의 모습도 아니요 다른 모습도 아니고, 자
신의 모습도 아니요 남의 모습도 아니며, 모습이 없는 것도 아니요

모습을 취하는 것도 아니고, 此岸도 彼岸도 그 중간에도 계시지 않으면서도 중생을 교화하시며, 寂滅을 관하시지만 또한 영원히 멸하지 않습니다."

위에서 말한 등이다. 저 유마경에서는 자아의 몸에 관한 실상을 보는 것으로 여래를 보았지만, 여기에서는 단 자아를 스스로 볼 뿐이다. 이 점이 조금 다른 부분이다. 그러나 眞實觀만큼은 똑같다.

"또한 법화경에서 말한 不顚倒 등과 같다."는 것은 법화경 安樂行品 제2 親近處에서 말한 것으로 다음과 같다.

"또한 보살마하살은 일체 법이 공하여 실상 그대로임을 관할지니, 뒤바뀐 적도 없고 움직인 적도 없고 물러난 적도 없고 굴러간 적도 없다. 허공이 가지고 있는 성품이 없는 것처럼 일체 모든 언어가 끊어져 생긴 적도, 난 적도, 일어난 적도 없다. 이름도 없고 모습도 없어 실제 있는 것이 없다. 한량없고 끝도 없고 걸리고 막히는 것도 없다. 다만 인연만이 있어 뒤바뀐 생각을 따라 일어난 것이니 이와 같은 법의 모양을 항상 관하기를 즐겨하라 말씀하신 것이다. 이는 보살마하살이 친근해야 할 두 번째 몸가짐이다."

이에 대해 해석하면 다음과 같다.

위의 경문에서는 모두 실상이 곧 이치의 실상임을 관한 까닭에 게송에서 "일체가 모두 적멸이다."고 말한 것이다.】

中論法品에 云諸法實相者는 心行言語斷이라 無生亦無滅하야 寂滅如涅槃이라하니 即上半也오 又云諸佛或說我하며 或說於無我로되 諸法實相中에 無我無非我라하니 即下半也라 又離我者는 超凡夫오 離

無我'者는 超二乘이라 故能悲濟니라【鈔_ '又離我者'下는 上來는 直就體明이오 此下는 對人以顯이니 不著無我면 則不趣證일세 故能悲濟니라】

중론 법품에 이르기를 "모든 법의 實相이란 마음의 작용과 언어가 끊어진 자리라 생겨남도 없고 사라짐도 없다. 寂滅하여 열반과 같다."고 하니 이는 곧 제1, 2구[觀身如實相 一切皆寂滅]에서 말한 뜻이다. 또 이르기를 "제불이 간혹 我를 말씀하기도 하고 간혹 無我를 말씀하기도 하지만 모든 법의 실상 속에는 我도 없고 我가 아닌 것도 없다."고 하니 이는 곧 제3, 4구[離我無我著 如是業應作]에서 말한 뜻이다.

또 "我를 여의었다."는 것은 범부에서 초월함이며, "無我를 여의었다."는 것은 二乘에서 초월함이다. 이 때문에 대자비의 마음으로 중생을 제도한 것이다.【초_ '又離我者'下는 위에서는 다만 본체의 자리에서 밝음이며, 이 아래는 사람을 상대로 나타냄이다. 無我에 집착하지 않으면 곧 증득하여 더 이상 나아갈 바가 없기에 대자비의 마음으로 중생을 제도한 것이다.】

然이나 我·無我는 通有四句니 一은 唯有我오 二는 唯無我오 三者는 雙辯이니 卽生死는 無我오 涅槃은 有我며 四는 雙非니 上二互形奪故일세니라【鈔_ '然我無我'下는 復以四句會融하야 釋此四句라 略有三意하니 一은 對人以顯成前對人이니 謂唯我는 卽凡夫오 無我는 卽二乘이오 雙辨은 對小說大니 涅槃에 云 '無我者는 所謂生死오 我者는 謂大涅槃'이라하니 二乘之人은 但見無我오 不見於我니라 雙非는 卽泯絕大小니라

二者는 直就大乘性相說도 亦有此四니 初句는 唯一眞我 迥然獨立이오 次句는 對病顯實이니 我法皆空이오 雙辨句는 眞妄雙觀하야 不壞性相이오 雙非句는 性相融即일세 故互奪兩亡이니라

三者는 但約觀照니 第一句는 知衆生妄執有我오 二는 稱理而觀하야 離於二我오 三은 亦雙照性相이오 四는 即眞妄形奪이라 與第二釋異者는 此初句有我는 此是妄我오 第二初我는 乃無我法中에 有眞我耳라】

그러나 我와 無我에는 모두 4句가 있다.

제1구는 오직 자아가 있고,

제2구는 오직 자아가 없고,

제3구는 2가지로 논변함이니 곧 생사는 無我이고 열반은 有我이며,

제4구는 2가지 모두 잘못된 것이니 위에서 말한 '有我·無我' 2가지는 서로 압도[形奪]하기 때문이다. 【초_"그러나 我와 無我에는 모두 4句가 있다." 이하는 다시 4구로 종합하여 원융하게 이 4구를 해석하였다.

간단히 말하면 3가지의 의의가 있다.

① 사람을 상대로 이를 밝혀 앞서 말한 상대의 사람을 성취함이다. 오직 我는 곧 범부이며, 無我는 곧 二乘이다. '2가지로 논변[雙辨]'함은 작은 것을 상대로 큰 것을 말함이다. 열반경에 이르기를 "無我란 이른바 생사이며, 我란 대열반을 말한다."고 하니 이승의 사람은 단 無我만을 볼 뿐 我는 보지 못한다. '2가지 모두 잘못[雙

非'된 것은 곧 크고 작은 것이 사라져 끊어짐이다.

② 바로 대승의 性相에 나아가 말해도 또한 이런 4가지가 있다. 제1구는 오직 하나의 眞我가 아득히 홀로 존재함이며, 제2구는 병을 상대로 실상을 밝힘이니 我와 法이 모두 공함이며, 제3 '雙辨' 구는 참과 거짓[眞妄]을 모두 관하여 본체와 현상[性相]을 무너뜨리지 않음이며, 제4 '雙非' 구는 본체와 현상이 하나가 된 까닭에 상호의 압도[形奪]가 모두 사라진 것이다.

③ 단 觀照만으로 말한다. 제1구는 중생이 잘못 有我에 집착함을 앎이며, 제2구는 이치에 맞게 관하여 我와 無我를 모두 여읨이며, 제3구는 또한 본체와 현상을 모두 관조함이며, 제4구는 곧 참과 거짓[眞妄]이 서로 압도함이다. ②의 해석과 다른 것은 여기에서 말한 제1구의 有我는 妄我이지만 ②의 제1구 해석에서 말한 我는 無我의 법 가운데 眞我가 있는 것으로 말했기 때문이다.】

經

等觀衆生心으로　　　不起諸分別하사
入於眞實境하시니　　如是業應作이어다

　　중생을 평등하게 보는 마음으로
　　모든 분별심 일으키지 않고서
　　진실 경계에 들어가시니
　　이와 같은 선업을 닦아나가야 한다

● 疏 ●

四一偈는 等觀業이니 大悲同體일세 所以等觀이라 見眞息妄일세 不起分別이오 妄盡契如를 名入眞實이라하니라

　　제4단락의 제7게송은 일체중생을 평등하게 보는 업[等觀業]이다. 대자비의 마음으로 중생을 동일체로 생각하는 것이 바로 平等觀이다. 진리를 깨달아 헛된 마음이 사라진 까닭에 분별심을 일으키지 않았고, 헛된 마음이 모두 사라져 진여에 하나가 되는 것을 "진실 경계에 들어갔다."고 말한다.

經

悉擧無邊界하고　　　　普飮一切海가
神通大智力이시니　　如是業應作이어다

　　끝없는 세계 모두 살펴보고
　　모든 바닷물 다 마신 것은
　　신통력과 큰 지혜의 힘이시니
　　이와 같은 선업을 닦아나가야 한다

思惟諸國土의　　　　色與非色相하사
一切悉能知하시니　　如是業應作이어다

　　모든 제불국토의
　　유형의 색과 색이 없는 것을 모두 사유하시어
　　일체를 모두 아시니

이와 같은 선업을 닦아나가야 한다

十方國土塵을   一塵爲一佛하야
悉能知其數하시니   如是業應作이어다

　　시방 국토의 미세한 티끌마다
　　하나의 티끌 속에 한 분의 부처님 계시는데
　　모두 그 부처님의 수를 아시니
　　이와 같은 선업을 닦아나가야 한다

● 疏 ●

五 後三偈는 大用業이니 初偈는 神足通이오 後二는 法智通이라
於中에 初一은 知土니 法性土는 爲非色이오 餘皆爲色이니 此二融卽을
皆悉委知오 後一은 知佛이라
又十展轉者는 初悲欲救生인댄 當云何救오 信樂近佛이니라 樂其何
法고 樂佛功德이니 佛以功德으로 成其身故니라 空樂何益고 當念念修
學이니라 學他는 不如自觀이오 自觀은 不及物我齊致니 入眞滯寂에 當
起大用이니 用何所爲오 當擬窮十方界하야 入諸佛海니라

　　제5단락의 뒤 3수(제8~10) 게송은 大用의 업이다. 첫째 제8게송
은 六神通의 하나로 공간에 걸림이 없이 왕래하며 몸을 마음대로
변화할 수 있는 神足通이며, 뒤의 제9, 10게송은 모든 법에 대한
진실한 지혜의 통달인 法智通이다.
　　제5단락의 3수 게송 가운데, 첫째 제8게송은 모든 제불국토를

깨달아 앎이니 法性土는 형상이 없는 非色이고 나머지는 모두 형상이 있는 色이다. 색이 있는 것과 색이 없는 2가지가 원융하여 하나가 되는 것을 모두 앎이며, 3수 게송 가운데, 셋째 제10게송은 수많은 부처님의 수효를 아는 것이다.

또한 10수의 게송이 아래로 내려갈수록 심오하다는 것은 첫 게송에서 대자비의 마음으로 중생을 구제하고자 한다면 마땅히 어떻게 구제해야 하는가. 부처님을 믿고 좋아하고 가까이하는 데에 있다. 그 무슨 법을 믿고 좋아해야 하는가. 부처님의 공덕을 믿고 좋아해야 한다. 부처님이 그와 같은 공덕으로 그 몸을 성취한 때문이다. 부질없이 믿고 좋아한다면 무슨 이익이 있겠는가. 마땅히 이 점을 생각하고 생각하면서 닦아나가야 한다. 남에게 배우는 것은 스스로 자신이 보는 것만 같지 못하고, 스스로 자신이 보는 것은 나와 남을 하나로 생각하는 자리에는 미치지 못한다. 진리의 자리에 들어가 空寂에 빠지면 마땅히 큰 작용을 일으켜 벗어나야 한다. 큰 작용은 어떻게 해야 하는가. 마땅히 시방세계를 다하여 제불의 공덕 바다에 들어가려고 생각해야 한다.

第六重은 光照百千世界라
제6겹, 광명이 백천 세계를 비추다

經

爾時에 光明이 過十千世界하야 徧照東方百千世界하고 南西北方과 四維上下도 亦復如是하시니 彼一一世界中에 皆有百億閻浮提와 乃至百億色究竟天이라 其中所有가 悉皆明現하니

彼一一閻浮提中에 悉見如來가 坐蓮華藏師子之座어시든 十佛刹微塵數菩薩의 所共圍繞라 悉以佛神力故로 十方各有一大菩薩이 一一各與十佛刹微塵數諸菩薩로 俱하야 來詣佛所하시니 其大菩薩은 謂文殊師利等이며 所從來國은 謂金色世界等이며 本所事佛은 謂不動智如來等이니라

그때 광명이 십천 세계를 지나서 동방의 백천 세계를 두루 비추고 남, 서, 북방, 그리고 동서남북의 간방, 위와 아래 또한 이와 같이 비췄다.

그 하나하나의 세계 가운데 모두 백억의 염부제 내지 백억의 색구경천이 있는데 그 가운데 있는 모든 것이 모두 다 분명하게 나타났다.

그와 같은 하나하나의 염부제 가운데 여래께서 연화장 사자좌에 앉아 계시는데 열 불찰미진수의 보살들이 함께 둘러싸고 계신 것을 모두 볼 수 있었다.

이는 모두 부처님의 헤아릴 수 없는 위신력으로 시방에 각각 한 분의 큰 보살이 있고 하나하나의 보살마다 각각 열 불찰미진수의 모든 보살들과 함께 부처님이 계신 곳으로 찾아갔다. 그 가운데

큰 보살은 문수사리 등이며, 찾아온 곳의 국토는 금색세계 등이며, 본래 섬기던 부처님은 부동지여래 등이라 하였다.

⊙ 疏 ⊙

卽第二에 答佛威德問이니 威德約身故니라

이는 곧 제2의 '부처님의 위신력과 공덕'에 관한 물음에 대한 대답이다. 위신력과 공덕은 부처님의 몸으로 말한 때문이다.

經

爾時에 一切處 文殊師利菩薩이 各於佛所에 同時發聲하사 說此頌言하사대

그때 모든 곳에 있는 문수사리보살이 각각 부처님 계신 곳에서 동시에 소리를 내어 이 게송을 말하였다.

若以威德色種族으로　　而見人中調御師인댄
是爲病眼顚倒見이라　　彼不能知最勝法이로다

　만약 대위덕의 색상(色相)과 존귀한 종족으로서
　사람 가운데 부처님(調御師)을 보려고 한다면
　그것은 병든 눈이요 전도된 소견이라
　그는 부처님의 가장 훌륭한 법을 알지 못하리라

◉ 疏 ◉

偈中에 前五는 法身이오 後五는 智身이라
前中에 分二니 初一은 揀迷니 謂以威德인댄 則自在熾盛이오 色相則端嚴吉祥이오 種族則名稱尊貴니 雖是薄伽로되 而見從外來하야 取相이면 乖於最勝이라 故爲倒見이니 猶眼有病일새 故로 見外空華하야 執內爲外하야 謂空爲有니라【鈔_ 初一揀迷는 以初句下五字로 爲三節攝이니 佛地論歎佛偈에 云'自在熾盛與端嚴과 名稱吉祥及尊貴여 如是六種義差別은 應知總名薄伽梵이라하니 今文具用이니 翻此六義하야 以顯眞佛最勝之法이라
初는 以自在·熾盛二德으로 釋其威德이니 論云'自在者는 永不繫屬諸煩惱故오 熾盛者는 猛燄智光所燒鍊故라 此는 內威德이니 由內具此智·斷二德하야 外攝羣魔하며 制諸外道라하다
二는 以端嚴·吉祥으로 釋於色字니 色은 卽色相이니 論云'端嚴者는 三十二相所莊嚴故오 吉祥者는 一切世間親近供養하야 咸稱歎故라하다
三은 以名稱·尊貴로 釋種族字니 論云'名稱者는 一切殊勝功德圓滿하야 無不知故오 尊貴者는 具一切德하야 常起方便하야 利益世間하고 安樂一切하야 無懈廢故라하다
此上 二德은 前是功德이오 後是大悲니라 悲智功德이 爲佛種族이니 謂佛以功德으로 爲種性故며 佛以大悲로 爲根本故며 爲出生故니 卽內種族故로 能悲現刹帝利種이라
雖是薄伽下는 釋後半이라 躡上而釋이니 謂上六義를 號爲薄伽라하야 依此而取면 未免顚倒니라

'見從外來'는 卽不了唯心이니 故起信文에 云'見從外來하야 取色分齊'
라하니라

'取相'二字는 向上엔 成心外取相이어니와 若就當句댄 設取心佛이라도
亦爲取相이니 不了眞佛이 無相相故니라

言顚倒者는 顚者는 頂也니 頂合在上이어늘 向下면 卽倒니라 如是合無
爲有하고 合內爲外를 皆名顚倒라하니 故擧空華하야 喩通二義니라 】

  10수의 게송 가운데 앞의 5수(제1~5) 게송은 法身을, 뒤의 5수
(제6~10) 게송은 智身을 말하였다.

  앞의 5수 게송은 다시 2부분으로 나뉜다. 첫 제1게송은 중생의
혼미함을 밝혀줌이다. 威德으로 부처님을 보려고 하면 자재와 치
성이고, 색상으로 부처님을 보려고 하면 단엄과 길상이며, 종족으
로 부처님을 보려고 하면 명칭과 존귀이다.

  비록 부처님[薄伽梵: bhagavat]이라 할지라도 부처님을 보려는 견
해가 외적인 색상만을 취한다면 그것은 가장 殊勝하고 미묘한 법
에 어긋난 일이다. 이 때문에 '顚倒相'의 견해라 말한 것이다. 이는
눈에 병이 있기 때문에 바깥 허공 꽃을 보는 것처럼 내면의 자리를
집착하여 바깥의 세계로 삼으며, 空을 有의 세계로 삼는 것을 말한
다. 【초_ "첫 제1게송은 중생의 혼미함을 밝혀줌이다."는 것은 제1
구의 '威德色種族' 5글자로써 아래 3구절을 모두 포괄하고 있다. 불
지론 歎佛偈에 이르기를 "自在와 熾盛, 그리고 端嚴과 名稱, 吉祥
및 尊貴, 이와 같은 6가지의 의의에 대한 차별을 알아야 한다. 이
런 의의를 총괄하여 薄伽梵이라고 명명한다."고 하니 본 게송에서

자세히 인용하였다. 이와 같은 6가지의 의의로 이를 번역하여 眞佛의 가장 훌륭한 법을 밝혀주었다.

① 自在·熾盛 2가지의 덕으로써 '威德'을 해석하였다. 논에 이르기를 "자재란 영원히 모든 번뇌에 얽매이지 않기 때문이며, 치성이란 사나운 불꽃 같은 지혜광명으로 불태우고 단련하기 때문이다."고 하였다. 이는 내면의 威德이다. 내면에 지혜와 결단이라는 2가지의 덕이 갖춰져 있는 까닭에 밖으로 수많은 마군을 두렵게 만들며, 모든 외도를 제재하고 굴복시키는 것이다.

② 端嚴·吉祥으로써 '色' 자를 해석하였다. 色은 곧 色相이다. 논에 이르기를 "단엄이란 32相으로 장엄하였기 때문이며, 길상이란 일체 세간 중생이 부처님을 가까이하고 공양하여 모두 찬탄하였기 때문이다."고 하였다.

③ 名稱·尊貴로써 '種族' 2글자를 해석하였다. 논에 이르기를 "명칭이란 일체 수승한 공덕이 원만하여 알지 못함이 없기 때문이며, 존귀란 일체 모든 덕을 갖추어 항상 방편을 일으켜 세간에 이익을 주고 일체중생을 안락케 하여 게으르거나 그만둠이 없도록 한 때문이다."고 하였다.

위에서 말한 ①의 자재·치성과 ②의 단엄·길상이라는 2가지의 덕 가운데, ①은 부처님의 공덕이요, ②는 부처님의 大悲이다.

大悲大智의 공덕을 지닌 것이 곧 부처님의 종족이다. 부처님의 공덕으로써 종족의 성씨를 삼고, 부처님이 大悲의 마음으로 근본을 삼으며, 出生을 삼은 때문이다. 이는 곧 내면의 부처님 종족인 까닭에 大悲로 刹帝利種을 나타낸다.

"비록 부처님이라 할지라도[雖是薄伽]" 이하는 제3, 4구에 대한 해석이다. 위의 의의를 뒤이어 해석하였다. 위에서 말한 '自在·熾盛·端嚴·吉祥·名稱·尊貴' 6가지의 의의에 의해 '부처님[薄伽]'이라 부른다고 하여 이런 의의를 따라 집착하면 전도된 견해를 면치 못할 것이다.

"부처님을 보려는 견해가 외적인 색상만을 취한다면[見從外來]"이라는 것은 곧 모든 것이 마음[唯心]인 줄 깨닫지 못함이다. 이는 기신론에 이르기를 "부처님을 보려는 견해가 외적인 면을 따라 색상의 한계를 취한다."고 하였다.

'取相' 2글자는 위에서는 마음 밖의 색상만을 취한 것으로 말했지만, 만일 해당 구절로 말하자면 설사 心佛을 취해 말한다 하더라도 그것 또한 相을 취한 것이다. 眞佛이란 '형상이 없는 형상[無相之相]'임을 깨닫지 못한 때문이다.

'顚倒'라 말한 것은 顚이란 정수리[頂]이다. 정수리는 당연히 위에 있는 형체인데 아래로 향하면 그것은 곧 거꾸로 된 것이다. 이와 같이 無를 합하여 有를 삼고 內를 합하여 外를 삼음을 모두 顚倒라고 말한다. 이 때문에 '空華'를 들어 2가지의 의의를 한꺼번에 비유한 것이다.】

如來色形諸相等을　　**一切世間莫能測**이라

億那由劫共思量하야도　　　色相威德轉無邊이로다

　여래의 모습 32상 80종 상호들을
　일체 세간 중생은 헤아릴 수 없다
　억만 나유타 겁 동안 온통 생각할지라도
　부처님의 모습과 위덕은 도리어 끝이 없다

● 疏 ●

後四는 示悟니 顯最勝法이라 初偈는 明如來色相無邊일새 故超情莫測이라 無邊은 有二니 一은 深故로 隨一一相하야 稱眞無邊이오 二는 廣故로 謂具十蓮華藏塵數之相이니라

　앞의 5수 게송 가운데, 뒤의 4수(제2~5) 게송은 깨달음을 보여준다. 가장 훌륭한 법을 나타낸 것으로, 첫째 제2게송은 부처님의 색상이 그지없는 까닭에 중생의 精識을 초월하여 헤아릴 수 없음을 밝혔다.

　'그지없다[無邊]'는 것은 2가지의 뜻이 있다.

　(1) 심오하기 때문이다. 하나하나의 색상을 따라서 眞諦와 하나됨이 그지없음이며,

　(2) 광대하기 때문이다. '10蓮華藏의 미세한 티끌만큼 헤아릴 수 없는 색상'을 갖추고 있음을 말한다.

經

如來非以相爲體라　　　但是無相寂滅法이라

身相威儀悉具足하시니   **世間隨樂皆得見**이로다

여래는 색상으로 몸을 삼지 않고

색상 없는 적멸의 법이지만

신상과 위의 모두 구족하시니

세간 중생이 좋아하는 바에 따라 모두 볼 수 있다

◉ 疏 ◉

次偈는 釋上二義라 前半은 釋深이니 相卽無相故오 後半은 釋廣이니 無相之相故니라 廣復有二하니 一은 無限因成이오 二는 應機普現이니 謂色無定色은 若金剛之合朱紫오 形無定形은 猶光影之任修短이오 相無定相은 似明鏡之對姸媸라 故隨樂皆見이니라【鈔_ 一無限因成者는 此中無文이로되 含在 '隨樂見'中이라 上 '普興雲幢主水神偈'에 云 淸淨慈門刹塵數로 共生如來一妙相하니 一一諸相莫不然일새 是故見者無厭足이라하니 此一慈門 已無量矣이온 況於諸門가 出現寶光主海神云 '不可思義大劫海에 供養一切諸如來하사 普以功德施羣生일새 是故端嚴最無比'라하니 卽施門無量也라 普發迅流主河神云 '如來往昔爲衆生하사 修治法海無邊行'이라하니 卽無限因也라 如是等은 或一切因이 共成一相하고 或一切因이 成一切相等이라 故云無限이라하니라

'二應機普現'者는 下擧三喩하야 別喩 '色·形·諸相' 三法이라】

앞의 5수 게송 가운데, 다음 제3게송은 위의 게송에서 말한 2가지[深·廣]의 뜻을 해석해주고 있다. 앞의 제1, 2구는 부처님의 심

오함을 해석함이니 부처님의 相이 곧 상이 없기[無相] 때문이다. 뒤의 제3, 4구는 부처님의 광대함을 해석함이니 부처님은 상이 없는 상이기 때문이다.

'부처님의 광대[廣]함'에는 또한 2가지가 있다.

(1) 한량없는 원인[無限因]으로 성취함이다.

(2) 중생의 근기에 따라 널리 현신함이다. 이는 부처님의 색상에 일정한 색상이 없음은 금강에 붉은색과 자주색이 합해 있음과 같고, 형체에 일정한 형체가 없음은 빛과 그림자의 長短에 맡겨두는 것과 같으며, 형상에 일정한 형상이 없음은 거울이 예쁘고 미운 얼굴을 비춰주는 것과 같다. 이 때문에 중생이 좋아하고 원하는 바에 따라 모두 볼 수 있다. 【초_ "(1) 한량없는 원인[無限因]으로 성취함"이란 여기에는 해당 경문이 없지만, 세간의 중생이 모두 좋아하는 데에 따라 볼 수 있는 가운데 그 뜻이 포괄되어 있다.

세주묘엄품에서 말한 보흥운당주수신의 게송에 이르기를 "청정한 자비 법문, 세계 티끌처럼 많은 수효, 여래의 미묘한 모습 모두 나오는데, 낱낱 그 모습 모두 청정자비, 이 때문에 보는 이마다 싫어함이 없다."고 한다. 이는 하나의 자비 법문이 이처럼 한량이 없는데 하물며 그 밖의 법문이야 오죽하겠는가.

出現寶光主海神(제1 불가괴금강당주해신)의 게송에 이르기를 "생각할 수 없는 한량없는 세월 동안, 일체 모든 여래에게 공양하사, 중생에게 널리 공덕을 베푸셨기에, 단엄한 모습 가장 비길 데 없다."고 하니 이는 보시 법문이 한량없음이다.

普發迅流主河神의 게송에 이르기를 "여래께서 지난날 중생을 위하여, 법해의 끝없는 행 닦으셨다."고 하니 이는 곧 한량없는 원인[無限因]이다.

위와 같은 것 등은 혹 일체의 모든 원인[一切因]이 하나의 색상을 이루고, 혹 일체의 모든 원인이 일체의 모든 색상을 성취한 까닭에 '한량없다'고 말한 것이다.

"(2) 중생의 근기에 따라 널리 현신함"이란 아래에 3가지의 비유를 들어 개별로 色·形·諸相 3가지의 법을 비유함이다.】

經

佛法微妙難可量이라 　　**一切言說莫能及**이니
非是和合非不合일세 　　**體性寂滅無諸相**이로다

　　부처님의 미묘한 법을 헤아리기 어려워
　　그 어떤 말로도 형용할 수 없다
　　화합도 아니요 화합 아닌 것도 아니다
　　체성이 적멸하여 그 어떤 형상도 없어라

● 疏 ●

三 一偈는 明所證超情하야 以成前義라
前半은 正顯이니 謂欲言其有인댄 體相寂滅하고 欲言其無인댄 色相無邊일세 故止言微妙니라 唯智方契일세 故心慮叵量하며 理圓言偏일세 故言說莫及이니라

後半은 重釋이니 謂應緣은 非不合이오 住體는 非和合이라 又緣起修成은 非不合이오 契眞相盡은 非和合이라 又緣卽非緣일새 故非和合이오 非緣卽緣일새 故非不合이오 合相離故로 無諸相이오 非合도 亦離體寂滅也니라【鈔_ 後半重釋者는 前半云'難可量'은 則心行處滅이오 言說莫及은 則言語道斷이어늘 今重釋者는 何以寂滅諸相은 心言罔及耶아 釋意云 寂滅은 是不和合義오 隨樂皆見은 是和合義니 今亦不可作合與不合하야 而知而說일새 故重釋之니라

於中에 寄三身說이니 初는 約法身住體偏應釋이니 則前無相寂滅은 卽是住體오 隨樂皆見은 卽是偏應이라 故今以二義相奪일새 故非合不合이라 其住體偏應은 猶如虛空이 隨其竅隙하야 方圓大小니라

'又緣起修成'下는 約報身修成契實說이니 如鑄金成像에 像全同金이로되 亦互奪叵說이라

'又緣卽非緣'下는 約化身應緣說이니 猶如影像이 有而卽虛이오 亦二相奪하야 不可得說이니 已釋上句오 從'合相離故'下는 釋下句라】

앞의 5수 게송 가운데, 셋째 제4게송은 증득한 대상[所證]이 情識을 초월함을 밝혀 앞에서 말한 의미를 끝맺고 있다.

앞의 제1, 2구는 바로 "미묘한 법을 헤아리기 어렵다."는 뜻을 밝힘이다. 이는 그것을 있다[有]고 말하고자 하면 體相이 적멸하고 그것을 없다[無]고 말하고자 하면 색상이 그지없는 까닭에 단 '미묘'라 말했을 뿐이다. 오직 증득한 지혜만이 바야흐로 여기에 하나가 되는 까닭에 마음과 생각으로 헤아릴 수 없으며, 이치는 두루 원만하고 언어란 한쪽에 치우치기 때문에 "그 어떤 말로도 형용할 수

없다."고 말한 것이다.

　뒤의 제3, 4구는 "미묘한 법을 헤아리기 어렵다."는 뜻을 거듭 해석한 부분이다. 인연에 응한 것[應緣]은 중생의 마음과 화합하지 않은 게 없지만 不動의 본체자리[住體]는 화합할 수 있는 자리가 아니다. 또한 緣起를 닦아 성취하는 것은 화합하지 않은 게 없지만 眞諦에 하나가 되어 相이 다한 자리는 화합이 아니다. 또한 인연이 곧 인연이 아닌 까닭에 화합이 아니요, 인연이 아닌 것이 곧 인연이기에 화합이 아닌 것도 아니다. 화합의 相을 여읜 까닭에 모든 相이 없고, 화합이 아닌 것마저도 또한 여의었기에 '체성이 적멸'한 것이다. 【초_ "뒤의 제3, 4구는 '미묘한 법을 헤아리기 어렵다.'는 뜻을 거듭 해석한 부분"이라고 한 구절에서, 앞의 제1구에서 "미묘한 법을 헤아리기 어렵다."고 말한 것은 곧 마음의 의식작용을 초월한 경지이며, 제2구의 "그 어떤 말로도 형용할 수 없다."는 것은 곧 그 어떤 말로도 표현할 수 없는 최상의 진리임을 말한다.

　"여기에서 '거듭 해석한 부분'이란 어떻게 체성이 적멸하여 그 어떤 형상도 없는 자리를 마음의 의식으로나 언어로써 미칠 수 없는 것일까?"

　이에 대해 해석하면 다음과 같다.

　적멸이란 그 어떤 것과도 화합하지 않는다는 뜻이며, "중생이 좋아하는 바에 따라 모두 볼 수 있다."는 것은 중생의 마음과 화합한 뜻이다. 여기에서 적멸의 자리란 화합이니 화합이 아니니 하는 따위의 의식으로나 또는 언어로 말할 수 없기 때문에 '이를 거듭 해석'한 것이다.

이러한 재해석에서 法身·報身·化身 三身에 붙여 설명하고 있는 것은 다음과 같다.

재해석에서 첫 구절[非是和合非不合]은 法身의 住體와 徧應을 들어 말한 것이다. 다시 말해 앞서 말한 '그 어떤 형상도 없는 적멸의 체성'은 곧 부동의 본체자리[住體]이고, "중생이 좋아하는 바에 따라 모두 볼 수 있다."는 것은 곧 두루 빠짐없이 응함[徧應]이다. 이 때문에 여기에서 住體와 徧應이라는 2가지의 의의가 서로 모순이 있기에 "화합도 아니요 화합 아닌 것도 아니다."고 말한 것이다. 그 住體와 徧應은 마치 허공이 그 틈새를 따라서 모나기도 하고 둥글기도 하고 커지기도 하고 작아지기도 하는 것과 같다.

"또한 緣起를 닦아 성취하는 것은 화합하지 않은 게 없지만" 이하는 報身의 修成과 契實을 들어 말한 것이다. 금을 녹여서 어떤 형상을 만들면 그 형상은 온전히 원래 금과 똑같지만, 또한 서로가 이것도 저것도 아니어서 이를 뭐라고 말할 수 없다.

"또한 인연이 곧 인연이 아닌 까닭에" 이하는 化身의 應緣을 들어 말한 것이다. 마치 그림자는 분명 있지만 곧 공허함과 같으며, 또한 이처럼 있으면서도 없는 것처럼 이 2가지는 서로 모순으로 무어라 말할 수 없다. 이처럼 上句[非是和合非不合]를 해석하였고, "화합의 相을 여읜 까닭에" 이하는 下句[體性寂滅無諸相]를 해석한 것이다.】

經

佛身無生超戲論하사   **非是蘊聚差別法**이라
得自在力決定見하시니   **所行無畏離言道**로다

    생멸이 없는 부처님 법신, 언어를 뛰어넘어
    오온의 차별법이 아니다
    자재한 힘을 얻어야 결정코 법신을 보리니
    행하는 것마다 두려운 바 없는, 언어를 여읜 자리

◉ 疏 ◉

四有一偈는 明能證超絕하야 結歸佛身이라 上來 體性寂滅은 遣有오 身相具足은 遣無며 非合不合은 遣俱有無라 而復謂佛是非有非無라하야 還成戲論이니 中論에 云 戲論破慧眼이라 是皆不見佛이라 故次遣之니 謂妄惑不生일새 故非蘊聚니 起心則生하야 便成戲論이라 決定見者는 不隨境相이 名自在力이오 有無不能累其神일새 故無畏也오 非言行處가 爲絕言道니라【鈔_ 決定見下는 釋下半이니 謂決定見者는 則見法身이니 如來法身은 其相云何오 論云 如來所有性은 即是世間性이니 如來無有性일새 世間亦無性이라하니 眞妄無性이 即佛法身이니라 如是見者는 不隨相轉이니 若隨相轉이면 即不自在어니와 不隨相轉이면 即決定見이라 見同無性하야 能所雙寂이어니 何有有無 能累其神가 則不畏有無等也니라】

    앞의 5수 게송 가운데, 넷째 제5게송은 증득할 수 있는 주체[能證]까지도 초월하여 제불의 법신으로 귀결됨을 밝혀주고 있다. 위

의 게송에서 말한 '體性寂滅無諸相'이란 有를 떨쳐버림이며, '身相威儀悉具足'이란 無까지도 떨쳐버림이며, '非是和合非不合'이란 有無를 몽땅 떨쳐버린 것인데, 여기에서 다시 "부처님의 법신은 有도 아니요 無도 아니다."고 말한다면 그것은 도리어 아무런 쓸모도 없는 일을 따지고 의논하는 戲論에 지나지 않는다.

중론에 이르기를 "아무런 쓸모도 없는 일을 따지고 의논하는 것은 지혜의 눈을 버리는 일이다. 그것은 모두 부처님을 볼 수 없다."고 한다. 이 때문에 차례차례 떨쳐버리는 것이다. 妄惑이 일어나지 않는 까닭에 오온의 무더기[蘊聚]가 아니다. 마음을 일으키면 망혹이 발생하여 곧 아무런 쓸모도 없는 일을 따지고 의논하게 되는 것이다.

'決定見'이란 경계의 상[境相]을 따르지 않는 것을 自在力이라 하고, 有·無가 그의 정신을 옭아매지 못한 까닭에 두려움이 없고 [無畏], 말로 형용할 수 있는 곳이 아니기에 언어가 끊어진 자리[絶言道]이다. 【초_ '決定見' 이하는 아래 제3, 4구를 해석하고 있다. 決定見이라 말한 것은 곧 법신을 본 것이다. 여래의 법신은 그 모습이 어떤 것일까? 中論에 이르기를 "여래께서 지닌 자성은 곧 세간 중생의 자성이다. 여래께서 자성이 없는 까닭에 세간의 중생 또한 자성이 없다."고 한다. 眞妄이 자성이 없는 것이 곧 여래의 법신이다. 이처럼 보는 자는 그 모습을 따라 전변하지 않는다. 만일 모습을 따라 전변하면 곧 자재할 수 없거니와 모습을 따라 전변하지 않으면 그것이 곧 決定見이다. 그런 '결정견'이란 자성이 없는 것과 같아서 주관과 객관[能所]이 모두 고요하다. 어찌 有니 無니 하는 따위가 그의 정신을 옭아맬 수 있겠는가. 따라서 곧 有·無에 대해 두려워하지 않는다는 등이 있다.】

經

身心悉平等하고　　內外皆解脫일세
永劫住正念하사　　無着無所繫로다

　몸과 마음 모두 평등하고
　안팎으로 모두 해탈이라
　영겁 동안 바른 생각에 들어
　집착도 없고 얽매임도 없다

● 疏 ●

後五 智身中에 初는 知解脫智니 謂外身非業繫이며 內心無取著이 爲皆解脫이오 常契等理일세 故云正念이라 又內脫二障이면 外用無羈니 此明自在니라【鈔_ 初一은 知解脫智며 此偈第四句는 結歎이라 疏에 總不別釋하고 四句交絡하야 相合而釋이니 謂初句身字를 合次句外字하고 初句心字를 合次句內字하야 云外身內心이오 平等二字는 是身心理오 解脫二字는 通上身心內外로되 而解脫不同이니 外身이 脫業繫苦相이면 卽以解脫로 上取外身하고 下取第四句中'無所繫'字며 內心이 脫執取等相이면 卽以解脫字로 上取內心하고 下取第四句中'無著'二字니라 心無取著하야 卽爲能證이오 契上平等이 名爲正念이니 是第

233

三句니 四句 圓矣라 】

뒤의 5수(제6~10) 게송의 智身 가운데, 제6게송에서 첫 구절[身心悉平等]은 知解脫智이다. 밖으로 몸은 업에 얽매이지 않고 안으로 마음에 집착한 바 없는 것을 '모두 해탈[皆解脫]'이라 하고, 항상 평등한 이치에 契合한 까닭에 이를 '正念'이라고 말한다. 또한 안으로 煩惱障과 所知障에서 벗어나면 밖으로의 작용에 얽매임이 없으니, 이는 자재함을 밝힘이다. 【초_ 첫 구절[身心悉平等]은 知解脫智이며, 본 게송의 제4구[無着無所繫]는 끝맺으면서 찬탄함이다. 청량소에서는 총괄하여 개별로 해석하지 않았고, 4구를 서로 연결 지어 서로 종합하여 해석한 것이다. 첫 구절의 '身' 자를 다음 제2구의 '外' 자에 종합하고, 첫 구절의 '心' 자를 다음 제2구의 '內' 자에 종합하여 '밖으로의 몸과 안으로의 마음[外身內心]'이라 말하였고, '平等' 2글자는 몸과 마음의 이치이며, '解脫' 2글자는 위에서 말한 몸과 마음, 안과 밖으로 모두 통하지만 해탈이란 똑같지만은 않다. 밖으로 몸이 업으로 얽매인 괴로운 모습에서 벗어나면 곧 해탈로써 위로는 外·身을 취하고 아래로는 제4구의 '無所繫' 3글자를 취함이며, 안으로 마음이 집착 등의 모습에서 벗어나면 곧 '解脫'이라는 글자로써 위로는 內·心을 취하고 아래로는 제4구의 '無着' 2글자를 취한 것이다. 마음에 집착이 없음이 곧 증득의 주체[能證]가 되고, 위에서 말한 '平等'의 이치에 계합함을 '正念'이라고 말한다. 이는 제3구의 뜻이다. 이처럼 본 게송의 4구가 원만하다.】

意淨光明者의　　　　　所行無染着이라
智眼靡不周하사　　　廣大利衆生이로다

　　청정한 생각으로 지혜광명 얻은 이는
　　행하는 것마다 오염과 집착이 없으며
　　지혜의 눈이 모든 곳에 두루 하여
　　일체중생에게 광대한 이익 베푸네

一身爲無量이오　　　無量復爲一이라
了知諸世間하사　　　現形徧一切로다

　　부처님의 하나의 몸은 한량없는 몸이 되고
　　한량없는 몸은 다시 하나의 몸이 된다
　　일체 세간 중생의 마음을 밝게 알고서
　　가지가지 모습으로 모든 곳에 두루 나타내신다

此身無所從이며　　　亦無所積聚어늘
衆生分別故로　　　　見佛種種身이로다

　　이 몸은 그 어디서 온 곳도 없으며
　　또한 오온이 쌓이고 모여서 이뤄진 몸이 아니지만
　　중생이 지닌 분별심 때문에
　　부처님의 가지가지 몸을 바라본다

心分別世間호대　　　是心無所有라
如來知此法이시니　　如是見佛身이니라

　　마음으로 세간의 모든 법을 분별하지만
　　본래 마음이란 분별이 있는 게 아니다
　　여래는 이런 법을 증득하셨으니
　　우리도 이처럼 부처님의 몸을 보아야 한다

◉ 疏 ◉

下四는 大用自在니 展轉相釋이라

初一은 以寂照智利生이니 意淨은 寂也오 光明은 照也라 淨故無著이오 明故智周니 故能大作佛事니라

次一은 云何利生고 謂變化智自在니 上半은 一多無礙오 下半은 隨器普現이라

次偈는 明一多所從이니 以無生智로 隨物而感이니 謂一身·多身이 但由衆生分別心起라 故無積無從이니 其猶並安千器에 數步而千月不同이오 一道澄江에 萬里而一月孤暎이라 情隔則法身成異어니와 心通而玄旨必均이니 云云自他가 於佛何預오

後偈는 復拂前迹이니 謂卽前分別之器도 亦無所有인댄 妄見之身인들 豈當可得가 此法은 是佛所知니 當依此理見佛이니라 此後二句는 兼通結上이라【鈔_ 謂卽前等者는 上云 '月之一多는 由器有異오 佛之一多는 由感不同이라'하며 今云 '心分別世間호되 是心無所有'라하니 則分別之器도 亦忘也라 其猶夢中에 見器中之月이어니 豈唯月之不實

이리오 亦器本自無니 能現之器 旣無인댄 所現之月 安有리오 約法可思니라 '此法是佛下는 釋下半이니 依此見佛이면 則如佛見이니라 】

아래의 4수(제7~10) 게송은 위대한 妙用이 자재함을 말하고 있는바, 이를 차례로 해석하고자 한다.

첫째 제7게송은 '寂照의 지혜'로 일체중생에게 이익을 줌을 말하고 있다. 청정한 생각[意淨]은 寂이요, 광명은 照이다. 청정한 까닭에 집착이 없고, 밝은 까닭에 지혜가 두루 함이다. 이 때문에 크게 불사를 일으킬 수 있다.

다음 제8게송은 어떻게 일체중생에게 이익을 주는가. '변화의 지혜'가 자재한 때문이다. 제1, 2구는 하나와 많은 걸림이 없음을, 제3, 4구는 중생의 근기에 따라 널리 현신함을 말하고 있다.

다음 제9게송은 하나와 많음이 그 어디에서 왔는가를 밝혀준다. '無生의 지혜'로 중생을 따라 감응한다. 하나의 몸과 수많은 몸이 단 중생의 분별심에 의하여 일어난 까닭에 오온의 쌓임으로 생겨난 것도 없고, 그 어디에서 온 것도 없다. 그것은 마치 1천 개의 그릇을 한자리에 나란히 두면 몇 걸음의 차이에서도 그릇에 비친 1천 개의 달그림자는 각기 다르고, 한 줄기 맑은 강물에 1만 리의 거리에서도 하나의 달이 외로이 비치는 것과 같다. 정이 멀어지면 법신이 각기 달리 이뤄지지만 마음이 통하면 玄旨가 반드시 均平하여 똑같다. 이런저런 말을 하는 자타 모두가 부처님의 법신 자리에 있어서는 그 무슨 상관이 있겠는가.

마지막 제10게송은 다시 앞서 말한 발자취를 말끔히 떨쳐버린다. 이는 곧 앞에서 말한 분별심의 근기 또한 본래 있는 바가 없는데 妄見의 몸인들 어떻게 찾을 수 있겠는가. 이런 법은 부처님께서 증득하신 바이다. 우리는 마땅히 이런 이치를 따라서 부처님을 보아야 한다. 제3, 4구는 모두 위의 뜻을 끝맺는 데에 통한다. 【초_ "곧 앞에서 말한 분별심의 근기" 등이란 제9게송의 해석 부분에서 이르기를 "달그림자가 하나이고 많은 것은 그릇에 따라 각기 다르며, 부처님의 몸이 하나이고 많은 것은 중생의 마음에 따라 감응한 데에서 똑같지 않다."고 하였는데, 제10게송에서 "마음으로 세간의 모든 법을 분별하지만 본래 마음이란 분별이 있는 게 아니다."고 하였다. 이는 곧 분별심의 중생 근기 또한 잊은 것이다. 그것은 꿈속에서 그릇 가운데에 비친 달그림자를 보는 것과 같다. 어찌 달그림자만이 진실하지 못할 뿐이겠는가. 또한 그릇 자체도 본래 스스로 없는 것이다. 나타날 수 있는 주체[能現]의 그릇이 이처럼 없다면 나타날 대상[所現]의 달인들 어떻게 있을 수 있겠는가. 이처럼 법을 가지고 깊이 생각해야 할 것이다. "이런 법을 부처님께서 증득하였다." 이하는 아래 제3, 4구를 해석한 부분이다. 이런 법을 따라 부처님을 살펴보면 곧 부처님의 견해와 같을 것이다.】

第七重은 光照十方百萬世界라 此下四段은 答法性問이니 佛以功德으로 爲法性故니 卽分爲四라 初一은 總顯內外包攝德이오 二는 方便幹能德이오 三은 大悲救攝德이오 四는 因果圓偏德이라

今은 初段이라

제7겹, 광명이 시방 백만 세계를 비추다

이 아래의 4단락은 법성의 물음에 관한 대답이다. 부처님은 공덕으로써 법성을 삼기 때문이다.

이는 곧 4단락으로 구분되는 바 다음과 같다.

제1단락, 내외로 포섭한 공덕을 총괄하여 나타내며,

제2단락, 方便 幹能의 공덕이며,

제3단락, 大悲 救攝의 공덕이며,

제4단락, 因果 圓徧의 공덕이다.

이는 제1단락이다.

經

爾時에 光明이 過百千世界하야 徧照東方百萬世界하고 南西北方과 四維上下도 亦復如是하시니 彼一一世界中에 皆有百億閻浮提와 乃至百億色究竟天이라 其中所有가 悉皆明現하니

彼一一閻浮提中에 悉見如來가 坐蓮華藏師子之座어시든 十佛刹微塵數菩薩의 所共圍繞라 悉以佛神力故로 十方各有一大菩薩이 一一各與十佛刹微塵數諸菩薩로 俱하야 來詣佛所하시니 其大菩薩은 謂文殊師利等이며 所從來國은 謂金色世界等이며 本所事佛은 謂不動智如來等이니라

그때 광명이 백천 세계를 지나서 동방의 백만 세계를 두루 비

추고 남, 서, 북방, 그리고 동서남북의 간방, 위와 아래 또한 이와 같이 비췄다.

그 하나하나의 세계 가운데 모두 백억의 염부제 내지 백억의 색구경천이 있는데 그 가운데 있는 모든 것이 모두 다 분명하게 나타났다.

그와 같은 하나하나의 염부제 가운데 여래께서 연화장 사자좌에 앉아 계시는데 열 불찰미진수의 보살들이 함께 둘러싸고 계신 것을 모두 볼 수 있었다.

이는 모두 부처님의 헤아릴 수 없는 위신력으로 시방에 각각 한 분의 큰 보살이 있고 하나하나의 보살마다 각각 열 불찰미진수의 모든 보살들과 함께 부처님이 계신 곳으로 찾아갔다. 그 가운데 큰 보살은 문수사리 등이며, 찾아온 곳의 국토는 금색세계 등이며, 본래 섬기던 부처님은 부동지여래 등이라 하였다.

爾時에 一切處 文殊師利菩薩이 各於佛所에 同時發聲하사 說此頌言하사대

그때 모든 곳에 있는 문수사리보살이 각각 부처님 계신 곳에서 동시에 소리를 내어 이 게송을 말하였다.

如來最自在하사　　　超世無所依하시며
具一切功德하사　　　度脫於諸有로다

　여래께서 가장 자재하여

세간을 초월하여 의지한 바 없으시며

모든 공덕을 갖추시어

삼계 25유(有) 중생을 제도하시네

無染無所着하시며   **無想無依止**하사
體性不可量이나   **見者咸稱歎**이로다

　오염도 없고 집착도 없으시며

　생각도 없고 의지함도 없으시다

　부처님의 체성은 한량없으나

　보는 이 모두 칭탄하도다

光明徧淸淨하시며   **塵累悉蠲滌**하사
不動離二邊하시니   **此是如來智**로다

　지혜광명이 두루 청정하시고

　번뇌를 모조리 씻어 없애시어

　움직이지 않은 채 공·유(空有) 양쪽 모두 여의시니

　이것이 여래의 지혜이시다

● **疏** ●

偈中分二니 前五는 歎佛法難思오 後五는 示入方便이라
今初는 分三이니 初三은 直就佛明이오 次一은 對機以辨이오 後一은 約法以明이라

今初에 初一句는 所緣과 及一切種智清淨이니 於所緣所知中에 無礙智自在轉故오 次句는 所依清淨이니 煩惱習氣永無餘故오 三은 一切種心清淨이니 一切善根 皆積集故오 四는 具大悲故니라【鈔_ 初句所緣者는 契經諸論에 皆說如來一百四十不共功德이어늘 今依瑜伽四十九說이라 論云依如來住와 及依如來到究竟地에 諸佛世尊이 有百四十不共佛法이라하니 謂諸如來 三十二大人相과 八十種隨形好와 四一切種清淨과 十力과 四無所畏와 三念住와 三不護와 大悲와 無忘失法과 永害習氣와 及一切種妙智어늘 今經略具라

初三句中에 具四一切種清淨하니 言四淨者는 一은 一切種 所依清淨이니 謂煩惱麤重과 幷諸習氣가 於自所依에 無餘永滅故며 又於自體에 如自所欲取住捨中에 自在而轉이오 二는 一切種 所緣清淨이니 謂於種種에 若化若變과 若所顯現 一切所緣에 皆自在轉故오 三은 一切種 心清淨이니 謂如前說一切心麤重永滅離故오 又於心中에 一切種善根이 皆積集故오 四는 一切種智清淨이니 謂如前所說이라 一切無明品麤重을 永滅離故오 又徧一切所知境中에 知無障礙智自在轉故니라 上四中에 除第二하고 皆有二釋이어늘 今疏之中에 皆具四淨이나 而文少略은 取順經耳라

初如來最自在句는 有二清淨하니 所緣은 是第二오 一切種智는 是第四라 於所緣中에 無礙轉은 釋第二所緣清淨이오 於所知中에 無礙智自在轉은 卽是第四一切智清淨이라 彼論二釋이어늘 今取後釋이니 此二는 皆是最自在義라

次句所依清淨者는 卽經超世無所依니 是第一淨을 可知니라

三一切種心淸淨者는 卽經具一切功德이니 是第三 心淸淨이니 亦
二釋中에 後釋이니 對論易知니라 】

　본 게송은 크게 2단락으로 나뉜다. 앞의 5수(제1~5) 게송은 불법의 불가사의함을 찬탄함이며, 뒤의 5수(제6~10) 게송은 불법에 들어갈 수 있는 방편을 보여줌이다.

　앞의 5수(제1~5) 게송은 다시 3부분으로 나뉜다.

　처음 제1~3게송은 바로 부처님의 자리에 나아가 밝히고,

　다음 제4게송은 중생의 근기를 상대로 논변하며,

　맨 뒤의 제5게송은 불법을 들어 밝힌 것이다.

　이의 제1게송에 있어 제1구는 인연의 대상 및 一切種智가 청정함이니 인연의 대상과 아는 대상 속에 無礙智가 자재하게 전변하기 때문이며,

　제2구는 의지한 대상이 청정함이니 번뇌습기가 영원히 남아 있지 않기 때문이며,

　제3구는 일체 온갖 마음이 청정함이니 일체 선근을 모두 쌓아 모았기 때문이며,

　제4구는 大悲心이 구족하기 때문이다.【초_ "제1구 인연의 대상"이라 하는 것은 경전의 여러 논에 의하면 모든 부분에서 "여래에게는 140가지의 함께할 수 없는 공덕이 있다."고 말했는데, 여기에서는 瑜伽經 49설을 따른 것이다. 논에 이르기를 "여래에 의하여 머무는 것과 여래의 究竟地에 이르는 것에 제불세존에게는 140가지의 함께할 수 없는 불법이 있다."고 한다. 모든 여래에게는 32

大人相, 80가지의 형체에 따른 아름다움, 4가지의 一切種 청정, 10가지의 힘, 4가지의 두려운 바 없는 것, 3가지의 念住, 3가지의 보호하지 않은 것, 大悲, 忘失法이 없는 것, 永害習氣, 그리고 일체종의 미묘한 지혜를 말하는데, 이 경전에서는 간단하게 말한 것이다.

제1게송 제3구에는 4가지의 일체종 청정을 갖추고 있다. 4가지의 청정은 다음과 같다.

① 일체종이 의지한 바의 청정이다. 거칠고 중대한 번뇌와 아울러 모든 습기의 습기, 그 자체의 의지처가 남김없이 영원히 사라졌기 때문이며, 또한 자체에 스스로 원하는 대로 취하고 머물고 버리는 가운데 자재하여 전변함이다.

② 일체종이 반연한 바의 청정이다. 가지가지 변화와 일체의 인연한 바에 모두 자재하게 전변하기 때문이다.

③ 일체종의 마음이 청정함이다. 앞에서 말한 바와 같이 일체 거칠고 중대한 번뇌가 길이 사라지고 벗어났기 때문이며, 또한 마음속에 일체종의 선근이 모두 쌓여 모여 있기 때문이다.

④ 일체종 지혜의 청정함이다. 이는 앞서 말한 바와 같다. 일체 無明品의 추중이 길이 사라지고 벗어났기 때문이며, 또한 일체에 두루 한 所知境의 가운데 장애가 없는 지혜가 자재하게 전변함을 알았기 때문이다.

위의 4가지 가운데 '② 일체종이 반연한 바의 청정'을 제외하곤 모두 2가지 해석이 있는데, 이의 청량소에서는 모두 4가지의 청정을 갖추고 있으나 경문에서 다소 생략한 것은 경전의 문맥이 원활하도록 하기 위함이다.

제1구 '如來最自在'에는 2가지의 청정함이 있다. 반연의 대상이란 '② 일체종이 반연한 바의 청정'이며, 一切種智란 '④ 일체종 지혜의 청정'의 뜻이다. 반연한 가운데 걸림 없이 전변한 것은 '②의 반연한 바의 청정'을 해석한 것이며, 所知의 가운데 장애가 없는 지혜가 자재하게 전변한 것은 곧 '④ 일체종 지혜의 청정'이다. 저 논에서는 2가지로 해석했는데 여기에서는 후자의 해석만을 취한 것이다. 이 2가지는 모두 가장 자재하다는 뜻이다.

다음 제2구 '所依淸淨'이란 곧 게송에서 말한 "세간을 초월하여 의지한 바 없다[超世無所依]."는 것이다. 이는 '① 일체종이 의지한 바의 청정'임을 알 수 있다.

제3구 '一切種心淸淨'이란 곧 게송에서 말한 "모든 공덕을 갖추심[具一切功德]"이다. 이는 '③ 일체종의 마음이 청정함'인바, 이 또한 2가지의 해석 가운데 후자로 해석한 것이다. 논지를 대조해 보면 쉽게 알 수 있다.】

五는 無憂喜之雜染하야 安住捨故라 故無所著이오
六은 惡想都絕하야 不依止名聞利養故오
七八二句는 體雖叵量이나 具相好故로 稱歎이니라 【鈔_ '五無憂喜'者는 卽無染無所著이니 是三念住니 謂一者는 一心聽法 不憂오 二者는 一心聽法 不喜오 三者는 常住捨心이니 謂有憂喜면 卽染이오 不住捨면 卽著이라 今無染無著일세 故具三念住니라
'六惡想'下는 卽經'無想無依止'니 是三不護이니 一은 惡想都絕이오 二

는 不依止名聞이오 三은 不依止利養이라 今無想은 成初一이오 無依止
는 成後二니라】

제5구(제2게송 제1구)는 근심과 기쁨의 雜染이 없어 보시에 안주
하기 때문이다. 그러므로 집착한 바가 없다.

제6구(제2게송 제2구)는 악한 생각이 모두 끊어져 名聞과 利養을
의지하지 않기 때문이다.

제7, 8구(제2게송 제3, 4구)는 부처님의 체성은 비록 헤아릴 수 없
으나 相好가 구족한 까닭에 모든 중생이 칭탄한 것이다.【초_"제2
게송 제1구에서 근심과 기쁨이 없다."는 것은 雜染된 바 없고 집착
한 바 없기 때문이다. 이는 三念住이다.

① 하나같은 마음으로 법을 들음에 걱정이 없고,

② 하나같은 마음으로 법을 들음에 기뻐함이 없고,

③ 항상 보시하는 마음에 안주함이다. 근심과 기쁨이 있으면
곧 잡염이며, 보시에 안주하지 않으면 곧 집착이다.

여기에서는 잡염과 집착이 없기 때문에 삼념주가 구족한 것
이다.

"제2게송 제2구에서 악한 생각이 모두 끊어졌다."의 이하는 곧
게송에서 말한 "생각도 없고 의지함도 없다[無想無依止]."는 것이다.
이는 三不護이다.

① 악한 생각이 모두 끊어짐이며,

② 名聞에 의지하지 않음이며,

③ 利養에 의지하지 않음이다.

계송에서 '생각이 없다[無想].'는 것은 악한 생각이 모두 끊어진 三不護의 첫째를 성취한 것이며, '의지함이 없다[無依止].'는 것은 三不護의 후자 2가지를 성취한 것이다.】

九는 智光徧覺이니 離倒名淨이라 身光可知니라 十은 永害習氣故오 十一은 住正念故로 離邊이오 常明記故로 不動이니 亦是成上智光所觀이라 故로 結云佛智라하니라

又此一偈는 卽四無所畏니 光明은 卽正覺이오 淸淨은 卽出苦오 滌累는 漏盡이오 及與障道無畏니라 不動은 卽無畏之義니 外難不能傾故오 不墮勝負二邊故니 是無畏智니라【鈔_ 九智光徧覺은 卽一切種妙智오 十은 可知오 十一은 卽無忘失法이라 故常明記니라

'又此一偈'者는 謂光明徧淸淨이니 屬無畏니 有四라 一은 一切智無畏오 二는 漏盡無畏오 三은 出障道無畏오 四는 出苦道無畏니 至十藏品하야 當釋이려니와 唯十力智는 在第三에 約法以顯中이니 則百四十功德具矣라】

제9구(제3계송 제1구)는 지혜광명이 모든 것을 두루 깨달음이다. 전도됨을 여읜 것을 청정이라 말한다. 법신의 광명은 말하지 않아도 알 수 있다.

제10구(제3계송 제2구)는 영원히 습기를 해치기 때문이다.

제11구(제3계송 제3구)는 正念에 머문 까닭에 空·有 양쪽을 모두 여의고, 항상 밝게 기억한 까닭에 '동요하지 않는다[不動]'. 이 또한 위에서 말한 지혜광명으로 관찰의 대상을 성취한 것이다. 이 때문에 제12구(제3계송 제4구)에서 이를 '佛智'로 끝맺었다.

또한 이 제3게송은 곧 四無所畏이다. ⑴ 광명은 곧 正覺이요, ⑵ 청정은 곧 出苦요, ⑶ 滌累는 漏盡이자, ⑷ 障道無畏이다. '동요하지 않음'은 곧 無畏의 의의이다. 그 어떤 바깥의 어려움에도 흔들리지 않기 때문이며, 勝·負 그 어느 쪽에도 떨어지지 않기 때문에 이는 '두려움이 없는 지혜[無畏智]'이다. 【초_ "제3게송 제1구는 지혜광명이 모든 것을 두루 깨달음이다."는 것은 一切種妙智이고,

"제3게송 제2구의 영원히 습기를 해치기 때문이다."는 것은 말하지 않아도 알 수 있으며,

"제3게송 제3구의 正念에 머문다."는 것은 곧 忘失法이 없는 것이다. 이 때문에 항상 밝게 기억한 것이다.

"또한 이 제3게송"이라 하는 것은 광명으로 두루 한 청정이다. 이는 四無畏에 속한다.

① 일체지에 두려움이 없으며,

② 번뇌가 다하여 두려움이 없으며,

③ 장애의 길에서 벗어나 두려움이 없으며,

④ 괴로움의 길에서 벗어나 두려움이 없다.

十藏品에서 의당 이를 다시 해석하겠지만 오직 十力의 지혜는 제3게송에서 불법을 가지고서 그 가운데 밝혀주었다. 이는 곧 140가지 공덕이 구족함이다.】

若有見如來가   **身心離分別**이면

則於一切法에　　　　　　永出諸疑滯로다
　　만약 어떤 이가 여래를 볼 때에
　　몸과 마음에 분별의식을 여의면
　　모든 일체 법에서
　　모든 의심을 영원히 벗어나리라

● 疏 ●

二에 一偈는 對機以辨中에 身心離分別者는 含於二意니 一은 約佛인댄 以三業隨智慧行等故오 二는 約機인댄 卽知上功德하야 而能身心無分別者는 得無疑益이라

　　앞의 5수(제1~5) 게송 가운데, 둘째 제4게송은 중생의 근기를 상대로 논변한 가운데 "몸과 마음에 분별의식을 여의었다."는 것은 2가지의 뜻을 함축하고 있다.

　　(1) 부처님을 들어 말한다면 신구의 삼업이 청정하여 智慧行 등을 따르기 때문이며,

　　(2) 중생의 근기를 들어 말한다면 곧 위에서 말한 부처님의 공덕을 알고서 몸과 마음에 분별의식이 없는 자는 '의심이 없는 이익[無疑益]'을 얻게 된다.

經

一切世間中에　　　　　　處處轉法輪하사대
無性無所轉이시니　　　　導師方便說이로다

일체 세간의 중생 따라
모든 곳에서 법륜을 굴리시나
자성도 없고 굴리는 바도 없으니
이것이 부처님의 방편 말씀이어라

● 疏 ●

三에 有一偈는 約法以顯이니 雖法界偏轉이나 無性寂滅이라 故無所轉이오 假以言宣일세 云方便說이니 其能轉智는 卽十力智니라

앞의 5수 게송 가운데, 셋째 제5게송은 법을 들어 밝힘이다. 비록 법계에 두루 전전하지만 자성이 없어 적멸한 까닭에 "굴리는 바도 없고" 언설로써 선양함을 빌린 까닭에 "부처님의 방편 말씀"이라고 하니, 그처럼 굴릴 수 있는 주체의 지혜[能轉智]는 곧 十力의 지혜이다.

經

於法無疑惑하고　　　永絕諸戲論하야
不生分別心이면　　　是念佛菩提니라

　　법에 의혹이 없고
　　쓸모없는 모든 희론을 영원히 끊어
　　분별하는 마음을 내지 않으면
　　이것이 부처님의 보리를 생각함이다

● 疏 ●

後五 示入方便者는 上來說佛은 不離功德菩提요 上所說法은 不離教義니 次第令入이라

初偈는 令念菩提니 初句는 善決性相이요 次二句는 契理絶想이라 以生分別想은 卽戱論故니 具斯二義 爲念菩提라 故로 大般若云 '覺法自性하야 離諸分別이면 同菩提故라하며 又 '心絶動搖하고 言忘戱論이라'하며 又瑜伽九十五에 有六種戱論이라 故名爲諸라하니라【鈔_ 故大般若下는 卽文殊分中에 如前已引이요 又心絶動搖도 亦是此經이라 次後는 那伽室利分이니 那伽云龍이니 卽龍吉祥菩薩이라 妙吉祥菩薩이 欲入城乞食한대 龍吉祥이 問云我欲入城은 爲有情故로 巡行乞食이니라 妙吉祥云隨汝意往호리라 然於行時에 勿得擧足하고 勿得下足하고 勿屈勿伸하고 勿起於心하고 勿興戱論하고 勿生路想과 城邑想과 大小男女想하라 所以者何오 菩提는 遠離諸所有想하야 無高無下하고 無卷無舒하며 心絶動搖하고 言忘戱論하야 無有數量이라하니 今此는 唯用後一對耳라

又瑜伽者는 一은 顚倒戱論이요 二는 唐捐戱論이요 三은 諍競戱論이요 四는 於他分別勝劣戱論이요 五는 分別工巧長命戱論이요 六은 耽著世間財食戱論이라 動搖도 尙無어늘 斯六이 豈有리오】

뒤의 5수(제6~10) 게송은 불법에 들어갈 수 있는 방편을 보여줌이다. 위의 게송에서 부처님에 대해 말한 것은 공덕과 보리를 여의지 않음이며, 위의 게송에서 말한 '법'은 敎義를 여의지 않음이니, 차례에 따라 부처님의 경계에 들어가도록 함이다.

뒤의 5수 게송 가운데, 첫째 제6게송은 일체 세간 중생으로 하여금 부처님의 보리를 생각하도록 함이다.

제1구는 性相을 잘 결단함이며,

다음 제2, 3구는 이치에 계합하여 '분별의 생각'을 끊음이다. '분별의 생각'을 냄이 바로 쓸모없는 말이기 때문이다. 이 2가지의 의의를 갖춤이 '부처님의 보리를 생각함'이 된다.

이 때문에 大般若에 이르기를 "법의 자성을 깨달아 모든 분별의 마음을 여의면 부처님의 보리와 같기 때문이다."고 하며, 또한 "마음은 동요가 사라지고 말은 아무 쓸모없는 말들을 잊는다."고 하며, 또한 瑜伽 95에 6가지의 戱論이 있기 때문에 이를 '모든[諸]'이라고 말한 것이다. 【초_ '故大般若' 이하는 곧 文殊分 가운데 앞에서 이미 인용한 부분과 같고, "마음은 동요가 사라졌다."는 것 또한 대반야론에서 나온 문장이다. 다음 뒷부분은 那伽室利分이다. 那伽(Nāga)는 용을 말한다. 이는 곧 龍吉祥보살(龍樹: Nāgārjuna. 曷樹那)이다.

妙吉祥보살(문수사리보살)이 성안으로 들어가 걸식하고자 하자, 용길상보살이 물었다.

"내가 성안으로 들어가 걸식을 하고자 하는 것은 有情의 중생을 위한 까닭에 차례차례 걸으면서 걸식할 것이다."

묘길상보살이 말하였다.

"나 역시 그대의 뜻을 따라 그렇게 갈 것이다. 그러나 차례차례 걸으면서 걸식할 때에 발을 들어서도 안 되고 발을 내려서도 안 되고 굽혀서도 안 되고 펴서도 안 되고 마음을 일으켜서도 안 되고 희론을 일으켜서도 안 되고, 길 가는 생각, 성읍에 대한 생각, 대소 남녀의 생각을 내서도 안 된다. 그것은 무엇 때문인가? 보리는 모든 생각을 멀리 떠나서 높은 것도 없고 낮은 것도 없으며, 말리는 것도 없고 펼치는 것도 없으며, '마음은 동요가 사라지고 말은 희론을 잊어' 수로 헤아릴 수 없기 때문이다."

그러나 여기에서는 오직 뒷부분의 한 對句('마음은 동요가 사라지고 말은 희론을 잊어')만을 인용하였다.

"또한 유가경 95에 6가지의 희론이 있다."란 다음과 같다.

① 顚倒戱論, ② 唐捐戱論, ③ 諍競戱論, ④ 우열을 분별하는 희론, ⑤ 工巧와 長命을 분별하는 희론, ⑥ 세간의 재물과 음식을 탐착하는 희론이다. 마음의 동요조차도 오히려 없는데 이런 6가지의 희론이 어떻게 있을 턱이 있겠는가.】

經

了知差別法하고　　　　不着於言說하야
無有一與多하면　　　　是名隨佛敎니라

　차별의 법을 잘 알고
　말에 집착하지 아니하여
　하나와 많음이 없으면
　이를 부처님의 가르침을 따른 것이라고 말한다

● 疏 ●

次偈는 隨教니 上二句는 了法亡言이오 次句는 得旨니 方名隨順이니라

뒤의 5수 게송 가운데, 다음 제7게송은 부처님의 가르침을 따른 것이다.

제1, 2구는 법을 깨닫고 언설을 잊음이며, 다음 제3구는 불법의 뜻을 증득함이니 바야흐로 이를 "부처님의 가르침을 따른 것"이라고 말한다.

經

多中無一性이오　　　一亦無有多니
如是二俱捨면　　　普入佛功德이니라

많은 가운데 하나의 자성이 없고
하나의 속에도 많음이 없다
이와 같이 2가지 모두 버리면
부처님의 공덕에 널리 들어가리라

● 疏 ●

次偈는 入佛功德이니 上二句는 雙存이니 一多相別故오 次句는 雙泯이니 相形奪故라 一因於多有라 多中應有一이오 多因於一有라 一中에 應有多어니와 今多中無一이라 一無從矣오 一中無多라 多無從矣일세 故로 二俱捨也니 而性相融通하야 入一이 卽是入多일세 名普入也니라

뒤의 5수 게송 가운데, 다음 제8게송은 부처님의 공덕에 들어

감이다.

　제1, 2구는 하나와 많음이 모두 존재함이니 하나와 많음이 서로 구별되기 때문이며, 제3구는 하나와 많음을 모두 없앰이니 서로 압도[形奪]하기 때문이다.

　하나는 많은 것으로 인하여 있는 터라 많은 가운데 당연히 하나가 있고, 많은 것은 하나로 인하여 있는 터라 하나의 가운데 당연히 많은 것이 있거니와, 여기에서는 많은 속에 하나도 없는 터라 하나도 유래한 바가 없고, 하나의 가운데 많은 것도 없는 터라 많은 것이 유래한 바가 없다. 이 때문에 이 2가지를 모두 버림이다. 본성과 현상이 서로 통하여 하나에 들어가는 것이 곧 많은 것에 들어가는 것이기에 이는 '普入'이다.

經

衆生及國土가　　　　一切皆寂滅이니
無依無分別이면　　　能入佛菩提니라

　　중생과 국토가
　　일체가 모두 적멸하니
　　의지함도 분별함도 없으면
　　부처님의 보리에 들어가리라

● 疏 ●

次偈는 入佛菩提이니 依正皆寂일세 故無所依오 智契於斯일세 故無分

別이니라

뒤의 5수 게송 가운데, 다음 제9게송은 부처님의 보리에 들어감이다. 依報·正報가 모두 고요한 까닭에 의지한 바 없고, 지혜가 여기에 계합한 까닭에 분별심이 없다.

經
衆生及國土가　　　　　一異不可得이니
如是善觀察하면　　　　名知佛法義니라

　중생과 국토가
　하나이다 다르다 말할 수 없다
　이와 같이 잘 관찰하면
　불법의 뜻을 안다고 말하리라

● 疏 ●

後偈는 知法義라 上明生土皆寂이니 不可言異오 依正兩殊하니 不可云一이라

뒤의 5수 게송 가운데, 맨 뒤의 제10게송은 法義를 앎이다. 위에서 중생과 국토가 모두 고요함을 밝혔으니 이를 다르다고 말하지 못하고, 依報와 正報가 모두 다르니 하나라고 말하지 못한다.

第八重은 光照一億界라 前云百萬이라 今十倍於前하니 卽千萬爲億

也니라

제8겹, 광명이 1억 세계를 비추다

앞에서 백만이라 말했기에 여기에서는 앞의 열 곱이 되니 곧 천만으로 1억이 된 것이다.

經

爾時에 光明이 過百萬世界하야 徧照東方一億世界하고 南
西北方과 四維上下도 亦復如是하시니 彼一一世界中에 皆
有百億閻浮提와 乃至百億色究竟天이라 其中所有가 悉皆
明現하니
彼一一閻浮提中에 各見如來가 坐蓮華藏師子之座어시든
十佛刹微塵數菩薩의 所共圍繞라 悉以佛神力故로 十方
各有一大菩薩이 一一各與十佛刹微塵數諸菩薩로 俱하야
來詣佛所하시니 其大菩薩은 謂文殊師利等이며 所從來國
은 謂金色世界等이며 本所事佛은 謂不動智如來等이니라

그때 광명이 백만 세계를 지나서 동방의 1억 세계를 두루 비추고 남, 서, 북방, 그리고 동서남북의 간방, 위와 아래 또한 이와 같이 비췄다.

그 하나하나의 세계 가운데 모두 백억의 염부제 내지 백억의 색구경천이 있는데 그 가운데 있는 모든 것이 모두 다 분명하게 나타났다.

그와 같은 하나하나의 염부제 가운데 여래께서 연화장 사자좌에 앉아 계시는데 열 불찰미진수의 보살들이 함께 둘러싸고 계신 것을 모두 볼 수 있었다.

　이는 모두 부처님의 헤아릴 수 없는 위신력으로 시방에 각각 한 분의 큰 보살이 있고, 하나하나의 보살마다 각각 열 불찰미진수의 모든 보살들과 함께 부처님이 계신 곳으로 찾아갔다. 그 가운데 큰 보살은 문수사리 등이며, 찾아온 곳의 국토는 금색세계 등이며, 본래 섬기던 부처님은 부동지여래 등이라 하였다.

爾時에 **一切處 文殊師利菩薩**이 **各於佛所**에 **同時發聲**하사 **說此頌言**하사대
　그때 모든 곳에 있는 문수사리보살이 각각 부처님 계신 곳에서 동시에 소리를 내어 이 게송을 말하였다.

● 疏 ●
十偈는 歎佛權實雙行의 方便幹能이라 然方便之言은 略有三意하니 一은 以因中十種加行方便之力으로 修成佛果自在之德이오 二는 但是差別之用을 皆名方便이니 其無礙慧에 無若干故오 三은 卽實之權이 起用自在라 故名方便이니라
今文具三하니 皆三句는 辨相이오 一句는 結名이라

　10수의 게송은 중생을 구제하기 위해 변할 수 있는 방편[權]과 변하지 않는 진리와 실체[實]를 모두 행하는 부처님의 방편 능력을 찬탄함이다. 그러나 '방편'이라는 말에는 간단하게 말하면 3가지의

뜻이 있다.

⑴ 因中에서 닦아온 10가지 加行方便의 힘으로써 佛果 自在의 덕을 닦아 성취함이며,

⑵ 단 차별의 妙用을 모두 방편이라고 말한다. 그 걸림 없는 지혜[無礙慧]에 그 어떤 조그마한 것도 없기 때문이며,

⑶ 진리의 실체에 하나가 된 방편이 묘용을 일으킴이 자재한 까닭에 이를 방편이라고 말한다.

이의 게송에는 3가지의 뜻을 모두 갖추고 있다. 위의 3구는 그 모습에 대해 논변[辨相]하였고, 마지막 1구는 그 명제를 끝맺음[結名]이다.

經

智慧無等法無邊하시며　　**超諸有海到彼岸**하시며
壽量光明悉無比하시니　　**此功德者方便力**이로다

　　부처님의 지혜는 짝이 없고 법력은 그지없으며
　　삼계 25유(有) 세계를 초월하여 피안에 이르시며
　　수명과 광명도 모두 비할 데 없으시니
　　이는 공덕이 원만한 부처님의 방편의 힘이시다

● 疏 ●

初偈는 卽體起用으로 爲方便이라 然有六義하니 一은 智超下位오 二는 證法無邊이오 三은 解脫有海오 四는 具上三義하야 到涅槃岸이오 五는

259

壽兼眞應이오 六는 身光無涯니 皆佛功德이라

　　제1게송은 본체의 자리에서 묘용을 일으키는 것으로 방편을 삼음이다. 그러나 여기에는 6가지의 뜻이 있다.

　　(1) 지혜가 下位에서 벗어남이며,
　　(2) 증득한 법이 그지없음이며,
　　(3) 삼계 25유 세계 바다에서 해탈함이며,
　　(4) 위 3가지의 의의를 갖추고서 열반의 언덕에 이름이며,
　　(5) 수명이 진신 응신을 겸함이며,
　　(6) 법신의 광명이 끝이 없음이니, 모두 부처님의 공덕이다.

經

所有佛法皆明了하시며　　　常觀三世無厭倦하시며
雖緣境界不分別하시니　　　此難思者方便力이로다

　　모든 불법을 모두 밝게 아시고
　　항상 삼세를 관찰하되 싫어함이 없으며
　　비록 경계를 반연하나 분별심이 없으시니
　　이는 불가사의한 부처님의 방편의 힘이시다

◉ 疏 ◉

二는 歎寂照方便이라 初句는 橫照오 次句는 竪窮이오 次句는 卽寂照而無思라 故難思也니라

　　제2게송은 寂照의 방편을 찬탄함이다.

제1구는 공간[橫]으로 비춤을, 제2구는 시간[豎]으로 무궁함을, 제3구는 寂照에 하나가 되어 아무런 생각이 없음이다. 이 때문에 제4구에서 이를 '難思者'라고 말한 것이다.

經

樂觀衆生無生想하시며　　**普見諸趣無趣想**하시며
恒住禪寂不繫心하시니　　**此無礙慧方便力**이로다

　중생을 즐겨 보되 중생이라는 생각이 없고
　여러 갈래 악취(惡趣)를 널리 보되 악취라는 생각이 없으며
　항상 선정에 머물되 마음에 얽매임이 없으시니
　이는 부처님의 걸림 없는 지혜, 방편의 힘이시다

● 疏 ●

三은 歎佛事理無礙方便이라 初二句는 有無無礙요 次二句는 定散無礙니라【鈔_ 初二句者는 無卽是理요 有卽是事며 次句定散無礙者는 恒住禪寂은 定也니 由契心性理也요 禪不繫心은 不礙散也니 卽涉事也니라】

　제3게송은 事法界, 理法界에 걸림이 없는 부처님의 방편을 찬탄함이다.
　앞의 제1, 2구는 有·無에 걸림이 없음이며, 다음 제3, 4구는 定·散에 걸림이 없음이다.【초_"앞의 제1, 2구는 有·無에 걸림이 없다."는 것은 無란 곧 理法界요, 有는 곧 事法界이다. "다음 제3,

4구는 定·散에 걸림이 없다."는 것은 항상 禪寂에 머물러 定이니 心性의 이치에 계합한 데에서 유래하며, 禪寂이 마음에 얽매임이 없는 것은 散에 걸리지 않음이니 곧 사법계에 관련된 것이다.】

經
善巧通達一切法하시며　　**正念勤修涅槃道**하사
樂於解脫離不平하시니　　**此寂滅人方便力**이로다

　　훌륭한 방편으로 모든 법을 통달하며
　　바른 생각으로 부지런히 열반의 도를 닦으시어
　　해탈을 즐기고 불평을 떠나시니
　　이는 적멸하신 부처님의 방편의 힘이시다

●**疏**●
四는 歎佛修無修方便이라 初句는 善窮性相이오 次句는 無念勤修니 樂於解脫은 釋修涅槃이오 離不平者는 釋前正念이라 以不見生死爲 雜染 涅槃爲淸淨이니 此二無差 爲眞寂滅이니라

　　제4게송은 닦으시되 닦음이 없는 부처님의 방편을 찬탄함이다.
　　제1구는 근본의 체성과 현상의 법을 잘 궁구하고,
　　제2구는 無念으로 부지런히 닦으며,
　　제3구의 "해탈을 즐김[樂於解脫]"이란 열반을 닦음을 해석하고, "불평을 떠났다[離不平]."는 것은 앞서 말한 正念에 대한 해석이다.
　　'생사란 잡염이요, 열반이란 청정이다.'고 보지 않아야 한다. 이

런 2가지의 차별의식이 없는 것이 제4구에서 말한 참다운 적멸이다.

經

有能勸向佛菩提하며　　趣入法界一切智하며
善化衆生入於諦하시니　　此住佛心方便力이로다

　부처님의 보리에 회향을 권하며
　법계의 모든 지혜에 나아가며
　중생을 잘 교화하여 진리에 들게 하시니
　이는 불심에 머무신 부처님의 방편의 힘이시다

● 疏 ●

五는 歎廻向方便이니 初二句 趣入法界는 是廻向實際오 餘는 皆廻向菩提며 次句는 廻向衆生이니 住如化物일새 故爲方便이니라【鈔_ 初二句者는 二句之中에 唯取四字 是向實際오 初句 及一切智는 皆廻向菩提니라】

　제5게송은 회향의 방편을 찬탄함이다.
　처음 제1, 2구에서 법계로 나아감은 實際에 회향함이고, 나머지는 모두 보리에 회향함이며, 다음 제3구는 중생에 회향함이다. 진여에 머물면서 중생을 교화한 까닭에 제4구에서 이를 방편이라고 말한 것이다.【초_ "처음 제1, 2구"란 2구절의 가운데 오직 趣入法界 4글자가 이 實際에 향함을 취함이며, 제1구 및 제2구의 一切智는 모두 보리에 회향함이다.】

佛所說法皆隨入하시며　　**廣大智慧無所礙**하시며
一切處行悉以臻하시니　　**此自在修方便力**이로다

　　제불의 말씀하신 8만 4천 법문을 모두 따라 들어가

　　넓고 큰 지혜 걸림이 없으시며

　　모든 곳에 다니는 일 모두 지극하시니

　　이는 자재하게 닦으신 부처님의 방편의 힘이시다

六은 證知方便이니 初句는 隨順證入이오 次句는 知而無障이오 次句는
知徧趣行이니 卽利生法이오 卽知卽證이 爲自在修也니라

　　제6게송은 증득과 지혜의 방편이다.

　　제1구는 순리에 따라 증득하여 들어가며,

　　제2구는 지혜가 있으되 장애가 없으며,

　　제3구는 모든 길에 행함을 앎이니 곧 중생에게 이익을 주는 법이며,

　　제4구는 앞서 말한 지혜와 증득이 자재하게 닦으신 바이다.

經
恒住涅槃如虛空하시며　　**隨心化現靡不周**하시니
此依無相而爲相이라　　　**到難到者方便力**이로다

　　항상 열반에 계시어 허공과 같으며

마음대로 화현하여 끝없이 두루 하시니

이는 형상이 없는 것으로 형상을 삼음이라

이르기 어려운 데 이르신 부처님의 방편의 힘이시다

◉ 疏 ◉

七은 寂用方便이니 初句는 寂이오 次句는 用이오 次句는 寂用無礙하야 爲無住涅槃이니 凡小難到니라

  제7게송은 적멸과 묘용의 방편이다.

  제1구는 적멸이요, 제2구는 묘용이요, 제3구는 적멸과 묘용이 걸림이 없는 無住涅槃이다. 이는 제4구에서 말한 범부와 소승이 이르기 어려운 자리이다.

經

晝夜日月及年劫과　　世界始終成壞相을
如是憶念悉了知하시니　此時數智方便力이로다

  낮과 밤, 태양과 달, 그리고 해와 겁

  세계의 시작과 끝, 이뤄지고 무너지는 모양을

  이처럼 생각하여 다 아시니

  이는 시간의 숫자 지혜인 부처님의 방편의 힘이시다

◉ 疏 ◉

八은 時數方便이니 可知니라

제8게송은 시간과 숫자의 방편이다. 이는 말하지 않아도 알 수 있다.

經

一切衆生有生滅과 **色與非色想非想**의
所有名字悉了知하시니 **此住難思方便力**이로다

모든 중생의 생멸과
색과 비색, 상과 비상
모든 이름을 다 아시니
이는 생각하기 어려운 데 머무신 부처님의 방편의 힘이시다

● **疏** ●

九는 難思方便이니 初句는 了生滅이니 刹那一期를 皆悉了知오 次十一字는 了相이니 卽衆生體 不出三界九地니 下二界는 是色이오 無色界는 非色이오 二界八地는 皆名爲想이오 無想天은 爲非想이오 有頂은 非想非非想이라 悉了知者는 能了오 兼了其性이 卽是無生이니 此是無邊之境일세 故難思也니라 上二偈는 但了差別이니 卽是方便이라

제9게송은 불가사의한 방편이다.

제1구는 생멸을 깨달음이니 찰나와 생멸의 一期를 모두 깨달아 앎이며,

다음 제2, 3구의 11자[色與非色想非想, 所有名字]는 體相을 깨달음

이니, 곧 중생의 체성이 三界 九地[14]에서 벗어나지 않는다. 아래의 二界는 '色'이고 無色界는 '非色'이며, 二界의 八地는 모두 '想'이라 하고 無想天은 '非想'이라 하고 有頂은 非想非非想이라 한다. '悉了知'란 이를 모두 깨달아 앎이며, 겸하여 그 자성이 곧 無生임을 깨달아 앎이다.

이는 끝이 없는 경계인 까닭에 제4구에서 "생각하기 어렵다."고 말하였다.

위의 제8게송과 제9게송은 단 차별을 깨달아 앎이다. 곧 이것이 방편이다.

經

過去現在未來世의　　　　**所有言說皆能了**하사대
而知三世悉平等하시니　　**此無比解方便力**이로다

    과거 현재 미래 삼세의
    모든 중생의 말을 모두 아시되
    삼세가 모두 평등함을 아시니
    이는 비할 데 없이 아시는 부처님의 방편의 힘이시다

....

14 九地: 일명 九有. ① 五趣雜居地, 이는 俗界. ② 離生喜樂地, ③ 定生喜樂地, ④ 離喜妙樂地, ⑤ 捨念淸淨地, 이상은 色界. ⑥ 空無邊處地, ⑦ 識無邊處地, ⑧ 無所有處地, ⑨ 非非想處地, 이상은 無色界.

◉ 疏 ◉

十은 無比方便이니 初二句는 知相이니 上句는 竪窮이오 下句는 橫攝이며 次句는 知性이라 此二不二일세 故無比라하니 即爲方便也니라

제10게송은 비할 데 없는 방편이다.

제1, 2구는 현상을 앎이니 제1구는 시간의 궁극이요 제2구는 공간의 섭수이며, 제3구는 근본 자성을 앎이다. 이처럼 근본 자성과 현상이라는 2가지가 결코 2가지가 아니기에 제4구에서 이를 "비할 데 없다."고 말한 것이다. 이것이 곧 방편이다.

第九重은 照十億界니 歎大悲救生德이라

제9겹, 광명이 십억 세계를 비추다
대비심으로 중생을 구제한 공덕을 찬탄하였다.

經

爾時에 光明이 過一億世界하야 徧照東方十億世界하고 南西北方과 四維上下도 亦復如是하시니 彼一一世界中에 皆有百億閻浮提와 乃至百億色究竟天이라 其中所有가 悉皆明現하니
彼一一閻浮提中에 悉見如來가 坐蓮華藏師子之座어시든 十佛刹微塵數菩薩의 所共圍繞라 悉以佛神力故로 十方各有一大菩薩이 一一各與十佛刹微塵數諸菩薩로 俱하야

來詣佛所하시니 **其大菩薩**은 **謂文殊師利等**이며 **所從來國**은 **謂金色世界等**이며 **本所事佛**은 **謂不動智如來等**이니라

그때 광명이 1억 세계를 지나서 동방의 십억 세계를 두루 비추고 남, 서, 북방, 그리고 동서남북의 간방, 위와 아래 또한 이와 같이 비췄다.

그 하나하나의 세계 가운데 모두 백억의 염부제 내지 백억의 색구경천이 있는데 그 가운데 있는 모든 것이 모두 다 분명하게 나타났다.

그와 같은 하나하나의 염부제 가운데 여래께서 연화장 사자좌에 앉아 계시는데 열 불찰미진수의 보살들이 함께 둘러싸고 계신 것을 모두 볼 수 있었다.

이는 모두 부처님의 헤아릴 수 없는 위신력으로 시방에 각각 한 분의 큰 보살이 있고 하나하나의 보살마다 각각 열 불찰미진수의 모든 보살들과 함께 부처님이 계신 곳으로 찾아갔다. 그 가운데 큰 보살은 문수사리 등이며, 찾아온 곳의 국토는 금색세계 등이며, 본래 섬기던 부처님은 부동지여래 등이라 하였다.

爾時에 **一切處 文殊師利菩薩**이 **各於佛所**에 **同時發聲**하사 **說此頌言**하사

그때 모든 곳에 있는 문수사리보살이 각각 부처님 계신 곳에서 동시에 소리를 내어 이 게송을 말하였다.

廣大苦行皆修習하사대　　日夜精勤無厭怠하사
已度難度師子吼로　　　普化衆生是其行이로다

　숱한 모진 고행 모두 닦으시며
　밤낮으로 정진하여 게으름이 없으시어
　제도하기 어려운 중생을 제도하신 사자후로
　중생을 널리 교화하심이 부처님의 행이어라

● 疏 ●

十偈는 多以第四句로 爲結이라 於中에 分三이니 初偈는 總標行海已圓而能普化요 次八은 別顯化類不同이오 後一은 總結悲智周徧이라 初中 初句는 無餘修니 廣은 謂徧受요 大는 謂極苦라 次句는 長時無間이오 次句는 功行已圓이니 極惡難度를 已能度故니라 云何能度오 謂師子吼니라 師子吼者는 名決定說이니 定說一切衆生皆有佛性하사 度一闡提하고 定說無我하사 度諸外道하고 定說欲苦不淨하사 以度波旬하고 定說如來常樂我淨하사 度諸聲聞하고 定說大悲하사 以度緣覺하고 定說如來無礙大智하사 以度菩薩일세 故云'普化衆生'이라하니라
【鈔】初句無餘修者는 此有四修하니 一은 無餘修니 以皆修故오 次句에 有二修하니 一은 長時修오 二는 無間修니 日夜不息은 卽是長時오 精勤無怠일세 故無有間오 難度能度는 勇猛修也니 此偈는 是總示度相이라 】

　　10수의 게송은 대부분 제4구로 끝맺고 있다. 게송은 3단락으로 나뉜다. 제1게송은 行海가 이미 원만하여 널리 중생을 교화하

고 제도함을 총괄하여 밝힌다. 다음 게송(제2~9)은 교화 대상의 부류가 똑같지 않음을 개별로 밝히고, 맨 뒤의 제10게송은 大悲大智가 두루 함을 총체로 끝맺는다.

제1게송의 제1구는 남김없이 모두 닦음이니 '廣大苦行'의 廣이란 두루 받아들임을 말하고 大는 지극한 괴로움을 말한다. 제2구는 장시간 끊임이 없는 수행을 말한다.

제3구는 공덕의 행이 이미 원만하니 극도로 악하여 제도하기 어려운 중생을 이미 제도하였기 때문이다. 어떻게 제도했는가? 사자후를 말한다. 사자후란 決定說, 즉 반드시 말씀하신 바를 말한다. 반드시 일체중생이 모두 불성이 있다고 말하여 하나의 闡提[15]를 제도하고, 반드시 無我를 말하여 모든 외도를 제도하고, 반드시 欲의 苦와 不淨을 말하여 파순을 제도하고, 반드시 여래의 常樂我淨을 말하여 모든 성문을 제도하고, 반드시 大悲를 말하여 연각을 제도하고, 반드시 여래의 無礙大智를 말하여 보살을 제도한 까닭에 "중생을 널리 교화한다."고 말한 것이다.【초_"제1구는 남김없이 모두 닦음이다."고 말한 데에는 4가지의 수행이 있다. ① 남김이 없이 수행함이다. 이는 모든 것을 수행한 때문이다. 제1구에는 2가지의 수행이 있다. ② 장시간의 수행이요, ③ 끊임없는 수행이다. 주야로 쉼이 없음은 장시간의 수행이며, 정진과 근면으로 게으름이 없기에 끊임이 없다. ④ 제도하기 어려운 중생을 제도하였다

....

15 闡提: 살생을 많이 하여 착한 성품이 전혀 없음을 이르는 말. 無性闡提.

는 것은 용맹한 수행이다. 본 게송에서는 제도의 모습을 총괄하여 보여준 것이다.】

經

衆生流轉愛欲海하야　　**無明網覆大憂迫**일세
至仁勇猛悉斷除하시니　　**誓亦當然是其行**이로다

　　중생이 애욕 바다에 표류하면서
　　무명의 그물에 덮여 큰 시름에 쫓긴 터라
　　지극히 어진 부처님, 용맹으로 모두 끊으시니
　　서원 또한 당연히 그와 같이 행해야 한다

● **疏** ●

次八別中에 云何普化오 初는 化癡愛衆生이니 前半은 所救니 如人墮海면 五事難出이니 一 水深이오 二 波迅이오 三 迷暗이오 四 蟲執이오 五 憂迫失力이라 衆生欲海流轉도 亦爾나라 此中에 愛有二義하니 一은 已得無厭深廣如海오 二는 於未得處에 無足如流라 癡亦二義하니 一은 迷不見過오 二는 妄見有德하야 結網自纏이라 五는 由前癡愛하야 招大憂苦나라 次句는 擧古佛已行이니 忘身爲物이라 故曰至仁이오 後句는 立誓當作이라【鈔_ '五事難出'은 一은 水深이니 卽愛欲海오 二는 卽流轉이오 三은 卽無明이오 四는 卽網覆義오 兼蟲執이니 羅不得出이오 五는 卽大憂迫이라 次 衆生下는 約法釋五로되 而四釋蟲執에 云妄見有德하야 結網自纏이라 】

다음 8수(제2~9) 게송은 교화 대상의 부류가 똑같지 않음을 개별로 밝히는 것인바, 이들을 어떻게 널리 교화하는 것일까? 첫째 제2게송은 어리석고 애욕에 빠진 중생을 교화함이다.

앞의 제1, 2구는 구제의 대상이다. 사람이 바다에 빠지면 5가지의 일로 벗어나기 어려움과 같다. (1) 물이 깊기[水深: 愛欲海] 때문이며, (2) 파도가 거칠기[波迅: 流轉] 때문이며, (3) 혼미하기[迷暗: 無明] 때문이며, (4) 벌레처럼 붙잡혀 있기[蟲執: 網覆] 때문이며, (5) 걱정으로 정신이 없어 힘이 빠지기[憂迫失力: 大憂迫] 때문이다.

중생이 욕망의 바다에 빠져 전전하는 것 또한 이처럼 5가지의 일에서 벗어나기 어렵다. 이때 애욕에는 2가지의 의의가 있다. 첫째 (1) 이미 얻었음에도 만족하지 못하는 큰 욕심이 마치 깊고도 드넓은 바다와 같고, 둘째 (2) 얻지 못한 것에 대해 만족하지 못함이 마치 끊임없이 흘러가는 물결의 파도와 같다. 어리석음에도 2가지의 의의가 있다. 첫째 (3) 혼미하여 자신의 잘못을 보지 못함이고, 둘째 (4) 덕이 있는 것처럼 잘못 알고서 스스로 그물을 엮어서 그 자신이 자신을 옭아맨 것이다. (5)는 앞서 말한 어리석음과 애욕으로 연유하여 큰 걱정과 괴로움을 불러들이는 것이다.

제3구는 옛 부처님께서 이미 행한 일을 들어 말함이니, 자기의 몸을 잊고 남을 위한 까닭에 '지극히 어진 이[至仁]'라고 말한다.

제4구는 굳건한 맹서를 세워 당연히 해야 할 일이다.【초_"5가지의 일에서 벗어나기 어렵다."에 대하여 설명하면, ① 물이 깊다는 것은 곧 애욕의 바다이며, ② 波迅이란 곧 流轉이며, ③ 迷暗

이란 곧 無明이며, ④ 蟲執이란 곧 그물로 덮여 있다는 뜻이고 벌레처럼 붙잡혀 있다는 뜻을 겸하고 있는바 그물 속에서 벗어나지 못함이며, ⑤ 憂迫失力이란 큰 걱정과 핍박이다. 다음 '衆生欲海流轉' 이하는 법을 들어 5가지를 해석하였지만, 네 번째의 蟲執에 대한 해석에 이르기를 "덕이 있는 것처럼 잘못 알고서 스스로 그물을 엮어서 그 자신이 자신을 옭아맨 것이다."고 말했다.】

經

世間放逸着五欲하야　　　　不實分別受衆苦일세
奉行佛教常攝心하사　　　　誓度於斯是其行이로다

　　세간 중생이 방일하고 오욕에 집착하여
　　부실한 잘못된 분별로 수많은 고통 받기에
　　부처님의 가르침 받들어 항상 마음 거두어
　　제도하기를 서원하여 그와 같이 행해야 한다

● 疏 ●

二는 度著欲衆生이니 上半는 所救니 放逸者는 著欲緣也오 著五欲은 欲事也오 不實分別은 欲因也오 受衆苦는 欲果也라 未得·已失에 皆受大苦어니와 正得도 亦苦어늘 橫生樂想이온 況當受三塗아 故云衆苦라하니라 次句는 受教自修오 後句는 立誓轉化니라

　　다음 8수(제2~9) 게송 가운데, 둘째 제3게송은 욕심에 집착한 중생을 제도함이다.

제1, 2구는 구제의 대상이다. 방일이란 욕심에 집착하게 되는 바이며, 5가지의 욕심(財·色·名·食·睡)에 집착하는 것은 욕심에 관한 일이며, 부실한 잘못된 분별은 욕심의 원인이며, 수많은 고통을 받음은 욕심의 결과이다. 원하는 바를 얻지 못하거나 이미 잃었을 때에 모두 큰 고통을 받지만 바르게 얻은 것 또한 괴로운 일인데 부질없이 이를 좋아하는 생각을 내게 된다. 더욱이 훗날 三塗의 고통을 받는 일이야 오죽하겠는가. 이 때문에 이를 "수많은 고통"이라고 말한 것이다.

제3구는 부처님의 가르침을 받아 스스로 닦아감이며,

제4구는 誓願을 세워 가르침을 따라 변해가는 것이다.

經

衆生著我入生死하야　　求其邊際不可得일세
普事如來獲妙法하사　　爲彼宣說是其行이로다

중생이 자아에 집착하여 생사의 바다에 들어가

그 끝자락 찾으려야 찾을 수 없다

널리 여래를 섬겨 미묘한 법을 얻어

그들 위해 설법하여 그와 같이 행해야 한다

● 疏 ●

三은 救著我衆生이니 前半은 所救니 著我爲因이오 受生死 果니 未證無我일세 浩無邊際니라 次句는 救方이니 說二無我는 唯佛有之니라

다음 8수 게송 가운데, 셋째 제4게송은 자아에 집착한 중생을 구제함이다.

앞의 제1, 2구는 구제의 대상이다. 자아에 집착함이 원인이 되고, 생사를 받음이 결과이다. 無我를 증득하지 못한 까닭에 드넓은 생사의 바다가 끝이 없다.

제3구는 구제의 방법이다. 人無我, 法無我 2가지를 말할 수 있는 것은 오직 부처님만이 이를 할 수 있다.

經

衆生無怙病所纏으로　　**常淪惡趣起三毒**하야
大火猛燄恒燒熱일세　　**淨心度彼是其行**이로다

　　중생이 선한 법을 믿지 않아 병에 얽히어
　　항상 악취에 빠져 삼독을 일으켜서
　　거세고 사나운 불길에 항상 불타느니
　　청정한 마음으로 그들을 제도하고자 그와 같이 행해야 한다

◉ **疏** ◉

四는 救惡趣衆生이니 三句는 所救니 謂無善可怙오 顯唯惡業及惑病因으로 招三惡趣하야 展轉復起三毒之過일세 因果俱燒니라 末句는 救方이니 但淨其心이면 因亡果喪이니라

다음 8수 게송 가운데, 넷째 제5게송은 惡趣의 중생을 구제함이다.

제1~3구는 구제의 대상이다. 선을 믿은 바 없고 오직 악업 및 惑病의 원인으로 스스로가 三惡趣를 불러들여 그곳에서 전전하면서 다시 탐진치 삼독의 잘못을 일으키기에 인과에 모두 불타는 고통을 받게 된 것이다.

제4구는 구제의 방법이다. 단 그들의 마음을 청정하게 하면 악취의 원인이 사라지고 악취의 결과가 없어지게 된다.

經

衆生迷惑失正道하야　　常行邪徑入暗宅일세
爲彼大然正法燈하사　　永作照明是其行이로다

　중생이 미혹하여 바른 도를 잃고
　항상 삿된 길 걷고 암흑의 집에 들어가니
　그들 위해 정법의 등불 훤히 밝혀
　영원히 밝게 비춰 그와 같이 행해야 한다

◉ 疏 ◉

五는 救邪見衆生이니 前半은 所救니 上句는 明因이니 迷四眞諦하야 惑現境故오 次句는 起見이니 邪見翳理 卽爲暗宅이라 後半은 能救之方이라

다음 8수 게송 가운데, 다섯째 제6게송은 삿된 견해를 지닌 중생을 구제함이다.

앞의 제1, 2구는 구제의 대상이다. 제1구는 원인을 밝힘이니 4

가지 진리인 苦·集·滅·道諦를 알지 못하여 현상의 경계에 현혹되었기 때문이며, 제2구는 견해를 일으킴이니 삿된 견해로 이치를 가림이 곧 암흑의 집[暗宅]이다.

뒤의 제3, 4구는 구제의 주체가 사용하는 방편이다.

經

衆生漂溺諸有海하야　　憂難無涯不可處일세
爲彼興造大法船하사　　皆令得度是其行이로다

　중생이 삼계 25유 세계 바다에 빠져
　근심과 어려움 끝없어 바른 집에 머물지 못하니
　그들 위해 불법의 큰 배를 만들어
　모두 제도할 수 있도록 그와 같이 행해야 한다

● 疏 ●

六은 救著有衆生이니 前半은 所救니 三有深廣을 總喻於海라 漂至人天이라가 還溺惡趣하나니 未遇如來면 多成難處니라 希求不已일세 故名爲憂오 未有對治일세 故無涯畔오 具上諸失일세 故不可處니라 後半能救는 可知니라

　다음 8수 게송 가운데, 여섯째 제7게송은 有에 집착한 중생을 구제함이다.

　앞의 제1, 2구는 구제의 대상이다. 三界의 깊고도 드넓은 세계를 모두 바다에 비유한 것인바, 이리저리 표류하며 人天에 이르렀

다가 다시 惡趣에 빠지게 된다. 따라서 여래를 만나지 못하면 수많은 어려움을 겪게 된다. 바라고 추구하는 마음이 그지없는 까닭에 이를 근심걱정이라 말하고, 이를 다스리지 못한 까닭에 끝이 없으며, 위의 많은 잘못을 모두 갖춘 까닭에 바른 집에 머물 수 없다.

뒤의 제3, 4구는 구제의 주체임을 말하지 않아도 알 수 있다.

經

衆生無知不見本하야　　迷惑癡狂險難中일세
佛哀愍彼建法橋하사　　正念令昇是其行이로다

　중생이 무지하여 근본을 못 보고서
　미혹하고 어리석어 험한 길로 치달리니
　부처님이 그들을 불쌍히 여겨 법의 다리를 세워
　바른 마음으로 올라서도록 그와 같이 행해야 한다

● 疏 ●

七은 救無明衆生이니 前半은 所救니 由本住無明이라 故不見無住之本하야 迷理惑事하야 狂走於生死之中이오 後半은 能救니 佛旣授法이라 正念이 卽升也니라

다음 8수 게송 가운데, 일곱째 제8게송은 무명의 중생을 구제함이다.

앞의 제1, 2구는 구제의 대상이다. 본래 무명에 머문 데에서 유래한 까닭에 無住의 근본을 보지 못하고, 이치에 혼미하고 사물

에 현혹하며 생사의 길에 미치광이처럼 달리는 것이다.

　뒤의 제3, 4구는 구제의 주체이다. 부처님이 이미 法을 주신지라 正念으로 곧 올라서는 것이다.

經
見諸衆生在險道하야　　**老病死苦常逼迫**하고
修諸方便無限量하사　　**誓當悉度是其行**이로다

　　모든 중생이 험한 길에서
　　늙음 질병 죽음의 고통에 항상 쫓김을 보고
　　온갖 방편 한량없이 닦아
　　맹세코 모두 제도하도록 그와 같이 행해야 한다

● **疏** ●
八은 **救險道衆生**이니 **前半**은 **所救**니 **人天報危**하야 **臨墮惡趣**를 **名爲險道**니 **能救**를 **可知**니라

　다음 8수 게송 가운데, 여덟째 제9게송은 험한 길의 중생을 구제함이다.

　앞의 제1, 2구는 구제의 대상이다. 人天의 과보가 위태로워 악취에 떨어지게 되는 것을 '험한 길[險道]'이라고 말한다.

　제3, 4구는 구제의 주체임을 말하지 않아도 알 수 있다.

聞法信解無疑惑하며　　**了性空寂不驚怖**하고
隨形六道徧十方하사　　**普教群迷是其行**이로다

　　법문 듣고 믿고 알아서 의혹이 없으며
　　성품이 공적함을 깨달아 놀라지 않고
　　육도 중생의 형상을 따라 시방에 두루 현신하사
　　많은 중생 널리 교화하듯 그와 같이 행해야 한다

● 疏 ●

後一偈總結者는 前半은 結有教證之智하야 能導無緣之悲오 次句는 結有同體之悲하야 能徧十方六道오 後句는 結於所救 不越羣迷니라

　　맨 뒤의 제10게송은 총체로 끝맺는다는 것은 제1, 2구는 교화와 증득의 지혜가 있어 반연 없는 중생을 인도하는 大悲의 마음을 끝맺음이며, 제3구는 同體 大悲의 마음이 있어 시방 六道에 두루함을 끝맺음이며, 제4구는 구제의 대상이 수많은 혼미한 중생에 지나지 않음을 끝맺음이다.

第十重은 光照十方이니 總結無盡이라

　　제10겹, 광명이 시방의 무진세계를 비추다
　　이는 시방의 무진세계를 총괄하여 끝맺음이다.

爾時에 光明이 過十億世界하야 徧照東方百億世界와 千億世界와 百千億世界와 那由他億世界와 百那由他億世界와 千那由他億世界와 百千那由他億世界와 如是無數無量無邊無等과 不可數不可稱不可思不可量不可說인 盡法界虛空界의 所有世界하고 南西北方과 四維上下도 亦復如是하시니 彼一一世界中에 皆有百億閻浮提와 乃至百億色究竟天이라

그때 광명이 십억 세계를 지나서 동방의 백억 세계, 천억 세계, 백천억 세계, 나유타억 세계, 백 나유타억 세계, 천 나유타억 세계, 백천 나유타억 세계, 이와 같이 셀 수 없고 한량없고 그지없고 똑같은 게 없는 세계, 헤아릴 수 없는, 말할 수 없는, 생각할 수조차 없는, 헤아릴 수조차 없는, 말로 할 수조차 없는 법계, 허공계에 있는 그 모든 세계를 두루 비추고 남, 서, 북방, 그리고 동서남북의 간방, 위와 아래 또한 이와 같이 비췄다.

그 하나하나의 세계 가운데 모두 백억의 염부제 내지 백억의 색구경천이 있다.

● 疏 ●

長行은 分二니 先明世界數量이 略有十七하야 漸窮法界니라

장항의 경문은 2단락으로 나뉜다. 앞 단락에서는 세계의 수량이 대략 17세계가 있어 점점 법계에 다함을 밝히고 있다.

其中所有가 悉皆明現하니
彼一一閻浮提中에 悉見如來가 坐蓮華藏師子之座어시든 十佛刹微塵數菩薩의 所共圍繞라 悉以佛神力故로 十方 各有一大菩薩이 一一各與十佛刹微塵數諸菩薩로 俱하야 來詣佛所하시니 其大菩薩은 謂文殊師利等이며 所從來國 은 謂金色世界等이며 本所事佛은 謂不動智如來等이니라

그 가운데 있는 모든 것이 모두 다 분명하게 나타났다.

그와 같은 하나하나의 염부제 가운데 여래께서 연화장 사자좌에 앉아 계시는데 열 불찰미진수의 보살들이 함께 둘러싸고 계신 것을 모두 볼 수 있었다.

이는 모두 부처님의 헤아릴 수 없는 위신력으로 시방에 각각 한 분의 큰 보살이 있고 하나하나의 보살마다 각각 열 불찰미진수의 모든 보살들과 함께 부처님이 계신 곳으로 찾아갔다. 그 가운데 큰 보살은 문수사리 등이며, 찾아온 곳의 국토는 금색세계 등이며, 본래 섬기던 부처님은 부동지여래 등이라 하였다.

◉疏◉

後는 明彼諸世界 所有皆現이라

뒤 단락에서는 저 모든 세계에 있는 바가 모두 나타남을 밝히고 있다.

爾時에 **一切處 文殊師利菩薩**이 **各於佛所**에 **同時發聲**하사 **說此頌言**하사대

그때 모든 곳에 있는 문수사리보살이 각각 부처님 계신 곳에서 동시에 소리를 내어 이 게송을 말하였다.

一念普觀無量劫호니　　**無去無來亦無住**라
如是了知三世事하사　　**超諸方便成十力**이로다

　한 생각에 한량없는 겁을 널리 보니
　떠나감도 다가옴도 없고 머묾도 없다
　이와 같이 삼세의 일을 분명히 깨달아
　모든 방편 뛰어나 열 가지 힘을 성취하셨다

● **疏** ●

十頌는 明因果圓徧德이니 於中애 分二라 前四는 示佛因果徧說이오 後六은 勸物順行이라

今初에 初一偈는 因圓果滿일세 彰有說因이니 初三句는 三達因圓이오 後句는 十力果滿이라【鈔_ 初三句者는 三達은 卽達三世라 於中에 初句는 了相이니 '無量劫'言은 通過及未오 次句는 了性이니 過去心不可得일세 故云 '無去'오 未來心不可得일세 故云 '無來'오 現在心不可得일세 故云 '無住'니라 淨名云 若過去인댄 過去心 已滅이오 若未來인댄 未來心 未至오 若現在인댄 現在心 無住라하니 現在 是住인댄 亦生卽滅일

세 故云無住니라 第三句는 結이니 佛如是知니라 云何如是오 非唯知無去等이라 亦知其相이며 又性相無礙하며 又一念能知니 爲如是了니라】

10수의 게송은 인과가 원만하고 두루 한 공덕을 밝힘이다. 이는 2단락으로 나뉜다. 앞의 4수(제1~4) 게송은 부처님의 인과를 보여 두루 설명함이며, 뒤의 6수(제5~10) 게송은 중생을 권면하여 순리대로 행하도록 함이다.

앞 단락의 제1게송은 원인이 원만하고 결과가 원만한 까닭에 현상의 有의 세계를 나타내어 원인을 말해주고 있다. 앞의 제1~3구는 三達(삼세의 통달)의 원인이 원만함이며, 뒤의 제4구는 十力[16]의 결과가 원만함이다. 【초_ "앞의 제1~3구는 三達의…"란 곧 삼세를 통달함이다. 그중에 제1구는 현상을 깨달음이다. 게송에서 말한 '無量劫'은 과거 및 미래를 통달함이다.

제2구는 근본의 자성을 깨달음이다. 과거심을 얻지 못한 까닭에 게송에서 '無去'라 말하고, 미래심을 얻지 못한 까닭에 게송에서 '無來'라 말하며, 현재심을 얻지 못한 까닭에 게송에서 '無住'라 말한다. 정명경에 이르기를 "만일 과거라 하면 과거심은 이미 사라짐이며, 만일 미래라 하면 미래심은 이르지 않음이며, 만일 현재라 하면 현재심은 머묾이 없다."고 하였다. 현재를 住라고 한다면 이

---

16 十力: ① 廣大力, ② 最上力, ③ 無量力, ④ 大威德力, ⑤ 難獲力, ⑥ 不退力, ⑦ 堅固力, ⑧ 不可壞力, ⑨ 不思議力, ⑩ 無能動力이라 하기도 하고, 또한 ① 身命不可壞力, ② 毛孔容持力, ③ 毛持大小力, ④ 定用自在力, ⑤ 常徧演法力, ⑥ 德相降魔力, ⑦ 圓音徧徹力, ⑧ 心無障礙力, ⑨ 法身微密力, ⑩ 具足行智力으로 말하기도 한다.

또한 생이요 곧 滅이기에 '無住'라 말한다.

    제3구는 깨달음을 끝맺음이다. 부처님은 이와 같이 아신다. 어떤 것이 '이와 같은' 것일까? 오직 감도 없고 옴도 없고 머묾도 없음을 알 뿐 아니라, 또한 그 현상을 알며, 또한 근본의 자성과 현재의 모습에 걸림이 없으며, 또한 한 생각에 앎이니 이와 같이 아신 것이다.】

經

十方無比善名稱이　　　永離諸難常歡喜하사
普詣一切國土中하야　　廣爲宣揚如是法이로다

    시방세계 비할 데 없는 좋은 명성이
    모든 어려움 영원히 떠나 항상 기쁘며
    모든 국토에 널리 나아가
    이러한 법을 널리 펼치신다

◉ 疏 ◉

次一偈는 大用外彰이니 正明說法周徧을 可知니라

    앞의 4수(제1~4) 게송 가운데, 다음 제2게송은 大用이 밖으로 나타남이다. 바로 설법을 두루 널리 함을 밝힘이니 이는 말하지 않아도 알 수 있다.

爲利衆生供養佛일세　　**如其意獲相似果**하시고
於一切法悉順知하사　　**徧十方中現神力**이로다

　　중생의 이익 위해 부처님께 공양하여

　　그 뜻대로 똑같은 결과 얻으시고

　　모든 법에 따라 모두 아시기에

　　시방세계 두루두루 위신력 나투신다

從初供佛意柔忍하며　　**入深禪定觀法性**하고
普勸衆生發道心이실세　　**以此速成無上果**로다

　　처음 부처님 공양할 적에 마음이 부드럽고 인욕으로

　　선정에 깊이 들어 법성을 관찰하고

　　중생에게 널리 권해 도심을 내게 하사

　　이로써 무상각과(無上覺果) 빨리 이루셨다

● 疏 ●

後二는 對因辨果라 初一偈는 徧因이니 初句는 爲因이오 三句는 皆果라 法供養佛일세 故로 於法順知오 普爲衆生일세 故로 能徧用이라 斯卽 等流니 名相似果니라 晉經에 云正心供養이라하니 明是法供養也니라 後一偈는 深因이라 故能速證이니 初二句는 六度自利니 謂供佛是檀이오 意柔兼戒오 從初至末은 是進策也라 次句는 利他니 兼方便等이니 二行旣圓이면 則佛果朝夕일세 故云速成이라하니라【鈔_ 兼方便者

는 勸物涉有일세 故是方便이오 勸生發心이 卽是大願이오 衆生無邊誓願度며 佛道無上誓願成이라 故卽修習力이 爲智決斷이라 】

앞의 4수 게송 가운데, 뒤의 제3, 제4 게송은 원인을 상대로 결과를 논변하였다.

제3게송은 두루 수행한 원인이다. 제1구는 원인이 되고, 제2~4구는 모두 결과이다. 법으로 부처님께 공양하였기에 법에 대해 순순히 알고, 널리 중생을 위한 까닭에 묘용을 두루 베푼 것이다. 이는 곧 그 원인과 똑같은 성질이 있는 결과를 이룬다는 等流果이다. 이를 相似果라고도 말한다. 晋經에 이르기를 "바른 마음으로 공양한다."고 하니 이는 법공양을 밝힘이다.

제4게송은 깊은 원인이다. 이 때문에 빠르게 증득할 수 있다. 제1, 2구는 6바라밀의 自利이다. 부처님께 공양을 올리는 것은 보시바라밀이요, 意柔는 지계바라밀을 겸하며, 처음부터 끝까지는 정진바라밀이다. 제3구는 利他이다. 방편바라밀 등을 겸한다. 자리행과 이타행이 이미 원만하여 곧 佛果를 조석에 성취한 까닭에 이를 '速成無上果'라 말한 것이다. 【초_ "방편바라밀 등을 겸하였다."는 것은 중생을 권면하여 有에 관계되는 까닭에 방편바라밀이요, 중생을 권면하여 발심케 함이 곧 大願바라밀이요, 그지없는 중생을 誓願코 제도하며, 위없는 부처님의 도를 서원코 성취하려는 까닭에 곧 닦고 익히는 힘이 지혜바라밀의 결단이 된다.】

十方求法情無異하고　　**爲修功德令滿足**하며
有無二相悉滅除하면　　**此人於佛爲眞見**이니라

　　시방으로 법을 구하여 마음 변치 않고
　　공덕을 닦아 만족케 하며
　　있고 없는 두 모양을 모두 없애면
　　이런 사람은 부처님의 본래면목을 참으로 보리라

◉ 疏 ◉

後六偈는 勸物順行이니 佛昔如是行하사 今得說法果일새 令物行之하야 亦得斯果니라 初一偈는 求法行이오 二는 說法行이오 三은 聽法行이오 四에 有三偈는 破相行이라
今初에 初句는 離過니 勝他名利를 名爲異情이오 次二句는 顯德이오 一句는 滿福이오 一句는 圓智라
又'無異'者는 於一切法에 都無所求니 若此之求면 見眞法身하리라

　　뒤의 6수(제5~10) 게송은 중생을 권면하여 순리대로 행하도록 함이다. 부처님이 옛적에 이와 같이 행하여 오늘날 설법의 결과를 얻은 까닭에 중생으로 하여금 이처럼 수행하여 그들 또한 이런 결과를 얻도록 함이다.
　　뒤의 6수 게송 가운데, 첫째 제5게송은 求法行이며, 둘째 제6게송은 說法行이며, 셋째 제7게송은 聽法行이며, 넷째 제8~10게송은 破相行이다.

289

첫째 제5게송의 제1구는 허물을 여읨이니 남을 이기려는 名利를 異情이라고 말한다. 다음 제2, 3구는 공덕을 밝힘이니 제2구는 원만한 복덕이요, 제3구는 원만한 지혜이다.

또한 '十方求法情無異'의 '無異'란 一切法에 대해 전혀 추구하는 바가 없음이니 이와 같이 추구하면 참다운 법신을 볼 수 있다.

經

普往十方諸國土하야　　廣說妙法興義利호대
住於實際不動搖면　　　此人功德同於佛이니라

　시방세계 모든 국토 두루 찾아서
　미묘법문 널리 설해 의리를 일으키되
　실제 진리에 머물러 여여부동(如如不動)하면
　이런 사람의 공덕은 부처님과 같으리라

● 疏 ●

二는 說法行이니 前半은 說法益物이니 義利者는 令衆生으로 得離惡攝善故며 此世他世益故며 世出世益故며 福德智慧益故니라 上四對는 皆先義後利오 後半은 若無說無示면 同佛說也니라

뒤의 6수 게송 가운데, 둘째 제6게송은 說法行이다.

앞의 제1, 2구는 설법으로 중생에게 이익을 줌이다. '義利'란 중생으로 하여금 악을 여의고 선을 지니게 하며, 이 세계와 저 세계에 이익을 주며, 세간과 출세간에 이익을 주며, 복덕과 지혜에 이익

을 주기 때문이다. 위에서 말한 4가지의 대칭(得離惡攝, 此世他世, 世出世, 福德智慧)은 모두 의리를 우선하고 이익을 뒤로하였다. 뒤의 제3, 4구는 만일 말함이 없고 보여줌이 없으면 부처님의 말씀과 같다.

經

如來所轉妙法輪이여　　一切皆是菩提分이니
若能聞已悟法性하면　　如是之人常見佛이니라

　　여래께서 굴리신 미묘한 법륜
　　그 모두가 보리지혜 밝히는 법문이니
　　만약 이를 듣고서 법성을 깨달으면
　　이러한 사람은 항상 부처님을 보리라

● 疏 ●

三은 聽法行이니 兼顯法輪之體라 初句는 敎法이오 次句는 卽敎成行이니 無有一文一法 非菩提因이어니 豈止三十七品이리오 次句는 悟理니 揀去隨文이오 後句는 理無廢興일세 故常見佛果也니라 【鈔_ 次句悟理者는 不隨文이라 故無聞이오 悟理라 故無得이라 】

　　뒤의 6수 게송 가운데, 셋째 제7게송은 聽法行이니 겸하여 법륜의 본체를 밝혀주었다.
　　제1구는 가르침의 법이며,
　　제2구는 부처님의 가르침으로 行을 성취함이다. 그 어느 하나의 경문과 하나의 법문도 보리의 원인이 아닌 게 없는데, 어찌 단

순히 37品에만 그치겠는가.

제3구는 진리를 깨달음이니 그저 경문만 따라 보는 것을 버려야 하고,

제4구는 진리의 자리에는 폐함도 흥함도 없기에 항상 佛果를 볼 수 있다.【초_ "제3구는 진리를 깨달음이다."는 것은 문장을 따르지 않기에 들음이 없고, 이치를 깨달은 까닭에 얻음이 없다.】

經

不見十力空如幻이면　　　雖見非見如盲覩니
分別取相不見佛이오　　　畢竟離着乃能見이니라

　열 가지의 힘이 공하여 마술과 같음을 보지 못하면
　아무리 보아도 보지 못하는 맹인과 같다
　분별심으로 모양을 취하면 근본 천진불을 보지 못하리니
　반드시 집착을 떠나야 이런 자릴 보리라

衆生隨業種種別을　　　　十方內外難盡見이니
佛身無礙徧十方을　　　　不可盡見亦如是니라

　중생은 업력 따라 가지가지 다르기에
　시방세계 안팎을 모두 보기 어렵듯이
　부처님의 몸 걸림 없어 시방세계 두루 하여
　모두 볼 수 없는 것 또한 이와 같다

譬如空中無量刹이　　　**無來無去徧十方**호대
生成滅壞無所依하야　　**佛徧虛空亦如是**니라

　비유하면 허공의 한량없는 세계가
　오는 것도 떠나감도 없이 시방에 두루 하면서도
　생, 성, 괴, 멸이 의지한 데 없듯이
　부처님이 허공에 두루 함 또한 이와 같다

● 疏 ●

後三은 破相行이라 初一은 正明이오 後二는 轉釋이라
今初에 初三句는 反顯이니 金容煥目而非形이어니 安可以相取리오 後句는 正顯이니 法性은 超乎視聽이라 唯可虛己而求니라
後二는 轉釋이니 云何不見고 前偈는 以妄喩眞이니 衆生妄惑도 尙不可窮이온 諸佛契眞을 如何見盡가 後偈는 復轉釋云 雖徧十方이나 不可定取라 如刹徧空이 有其四義하니 一은 多刹滿空이오 二는 體無來去오 三은 不妨成壞오 四는 無別所依니라 佛身徧空도 亦具四義하니 一은 頓徧多刹이오 二는 恒不去來오 三은 應有出沒이오 四는 體用無依라 是故로 佛身도 亦不可以徧空而取耳니라(上來三品에 答初十句所依果問 竟하다)

　뒤의 6수(제5~10) 게송 가운데, 뒤의 제8~10게송은 破相行이다.
　제8게송은 破相行을 바로 밝혔고, 제9~10게송은 파상행을 돌려서 해석하였다.
　제8게송의 제1~3구는 반대로 밝힘이다. 부처님의 황금 용모

는 눈이 부시지만 부처님의 본래 모습이 아니다. 어떻게 보이는 형상으로 부처님을 볼 수 있겠는가. 제4구는 바로 밝힘이니 법성이란 보고 듣는 감각세계를 초월한 자리이다. 오직 몸을 비워놓고서 추구해야 한다.

제9~10게송은 파상행을 돌려서 해석하였다. 어찌하여 볼 수 없는 것일까? 앞의 제8게송에서는 중생의 妄惑의 현상으로 진리를 비유하였다. 중생의 망혹도 오히려 다 알 수 없는 법인데, 여러 부처님의 진리의 깨달음 세계를 어떻게 모두 볼 수 있겠는가. 따라서 뒤의 제9~10게송에서는 다시 이를 돌려 다음과 같이 해석하였다.

비록 걸림 없는 부처님의 몸이 시방세계에 두루 하지만 어느 일정한 부분으로 취할 수 없다. 저 세계의 허공에 두루 가득함에는 4가지의 의의가 있다.

(1) 수많은 세계가 허공에 가득하며,

(2) 본체의 자리는 오고 감이 없으며,

(3) 이뤄지고 무너지는 데에 걸림이 없으며,

(4) 별도로 의지하는 바가 없다.

부처님의 몸이 허공에 두루 계심에도 또한 4가지의 의의를 갖추고 있다.

(1) 한꺼번에 수많은 세계에 두루 계시며,

(2) 영원히 오고 감이 없으며,

(3) 응당 나오시고 들어가심이 있으며,

(4) 본체와 묘용에 의지함이 없다.

이 때문에 부처님의 몸 또한 허공법계에 두루 계시지만 어느 일정한 부분으로 취할 수 없다.(위의 3品에서 初十句의 의지한 果에 대한 대답은 여기에서 끝마치다.)

◉ 論 ◉

已上文殊師利 說此十頌하사 歎佛十德은 令起信心者로 發信進修行故니라 此光明覺品은 擧佛果法하사 令信心者로 正自入信이니 信同諸佛果法이 不移法身不動智코 菩薩行徧周하야 一體 自古及今에 更無他法하야 凡聖 一性이라 同無性味하며 同大願大慈大悲大智인 文殊妙慧와 普賢萬行之味하야 總爲動寂一體用故니라 如是信修하야 從初發心으로 一時並進일세 以此로 十信位內에 置一百四十大願하고 成大悲行하야 法身慧身智身이 一時俱進故니 法身者는 卽十色世界 是오 智身者는 卽十智佛이 是오 慧身者는 卽文殊師利 是며 大悲者는 卽一百四十大願成之 是니 如是已上諸法이 皆是此光明覺品에 悉皆信入이오 如問明品은 卽是已入信中에 問答法則하야 成其信力修行故라

위에서 문수사리보살이 10수의 게송을 말씀하여 부처님의 10가지 공덕을 찬탄한 것은 신심을 일으키는 자로 하여금 믿고서 정진하여 수행해야 하는 마음을 일으켜주기 위함이다.

이 광명각품은 부처님의 果法을 들어서 신심이 있는 자로 하여금 바로 믿음으로 들어가게 하고자 함이다.

"제불의 果法이 법신의 不動智에서 옮겨가지 않고서도 보살행

이 두루 하여, 一體가 예로부터 지금에 이르기까지 다시는 그 밖의 다른 법이 없어 범부와 성인이 하나의 자성이라 자성이 없는 맛과 같으며, 大願·大慈·大悲·大智인 문수보살의 미묘한 지혜와 보현보살의 萬行의 맛과 같아서 모두 動用과 寂靜이 하나의 體用이다." 는 것과 같다는 사실을 믿기 때문이다.

이와 같이 믿고 닦아서 처음 발심할 때로부터 일시에 모두 아울러 나아가기에, 이로써 十信位 내에 140大願을 두고 大悲行을 성취하여 法身·慧身·智身이 일시에 모두 아울러 나아가기 때문이다. 법신이란 十色世界가 바로 그것이요, 智身이란 十智佛이 바로 그것이요, 慧身이란 문수사리보살이 바로 그것이요, 大悲란 140大願으로 성취함이 바로 그것이다.

이와 같은 위의 모든 법은 모두 이 광명각품을 통하여 모두가 믿고 들어갈 수 있으며, 제10 보살문명품은 곧 이처럼 믿고 들어간 가운데 법칙을 문답하여 그 신심의 힘으로 수행함을 성취시켜 주기 때문이다.

問日 何故로 成十信門에 皆文殊師利 說法이니잇고 答日 爲明文殊는 是十方諸佛妙慧로 善簡擇正邪니 正邪 旣定이라야 方以行修行이 卽 普賢行也라 次第合然故니 明文殊師利는 是童子菩薩이라 以因創發 啓蒙入信之首故로 因行成名也니라

"무슨 까닭으로 十信門의 모든 성취에 대해 문수사리보살이 설법한 것일까?"

이에 대해 답하였다.

"문수보살은 시방 제불의 미묘한 지혜로써 바른 도와 삿된 도를 잘 가려내신다. 바른 도와 삿된 도가 이처럼 결정되어야 바야흐로 行으로써 행을 닦음이 곧 보현보살의 만행임을 밝힌 것이다. 차례가 당연히 그러하기 때문이다. 문수보살은 동자보살이라, 因行으로 처음 啓蒙을 열어주어 신심에 들어가게 하는 첫머리인 까닭에 因行으로써 그런 명호를 얻게 되었음을 밝힌 것이다."

問曰 五位法中엔 菩薩이 入定方說이어늘 何故信位엔 不入定說이니잇고 答하사대 信是凡夫生滅心이니 信未入證일세 故로 無定也어니와 以五位는 是入體應眞無作之理智니 非無思不顯이오 不可以有情으로 求之일세 故須入定이니라 (光明覺品 竟하다)

"五位法 가운데 보살이 入定하고서 그 뒤에 비로소 설법을 했는데, 무슨 까닭으로 信位에서는 입정하지 않고 설법한 것일까?"

"信位는 범부의 生滅心이다. 신심이란 증득의 깨달음에 들어가지 못한 까닭에 입정이 없거니와, 五位는 본체에 들어가고 眞諦에 상응하는, 작위가 없는[無作] 진리의 지혜[理智]이다. 오직 생각이 없어야만 이를 밝힐 수 있을 뿐, 情識이 있는 중생으로서는 이를 추구할 수 없기에 반드시 선정에 들어가야 한다." **(광명각품을 끝마치다.)**

광명각품 제9-2 光明覺品 第九之二
화엄경소론찬요 제23권 華嚴經疏論纂要 卷第二十三

화엄경소론찬요 제24권
華嚴經疏論纂要 卷第二十四

보살문명품 제10-1
菩薩問明品 第十之一

釋此一品에 亦有四門하니 初는 來意라

이 품의 해석은 또한 4분야(來意·釋名·宗趣·釋文)이다.

1. 유래한 뜻

◉ 疏 ◉

來意中에 有通有別하니 通은 謂上來三品에 已答十句生解所依라 此下는 正答生解因果일새 故로 次來也니라 生解因中에 先答十住니 住攬信成이라 將答所成에 先辨能成이오 又正答十信일새 故下三品來也니라 後別者는 三品에 明信有解·行·德이니 解爲二本일새 此品이 先來니라【鈔 通謂下는 明盡一分來意오 直盡第七會來오 '生解因中'下는 唯明下三品來意라】

유래한 뜻에는 총체도 있고 개별도 있다.

먼저 총체로 말하면, 위의 3품에서 이미 10구 견해를 내는[生解] 데에 의지한 바를 답하였다. 따라서 이하에서는 바로 견해를 내는 인과에 대해 답한 까닭에 다음으로 본 품이 유래한 것이다.

견해를 내는 원인 가운데 먼저 十住에 대해 답하였다. 십주가 十信을 성취한 까닭에 장차 성취의 대상인 십신을 답하려 함에 앞서 이를 성취할 수 있는 주체로서의 십주를 논변한 것이며, 또한 바로 십신을 답하려는 까닭에 아래의 3품이 유래한 것이다.

뒤이어 개별로 말하면, 3품에서 말한 信에는 解·行·德이 있음을 밝힌 것이다. 解란 行·德 2가지의 근본이 되기에 본 품이 먼저 유래한 것이다.【초_ "먼저 총체로 말하면, 위의 3품에서" 이하는 일부분의 유래한 뜻을 밝혔는데 곧장 제7회의 유래에 다하였고, '生解因中' 이하는 오직 아래의 3품이 유래한 뜻을 밝히고 있다.】

二 釋名
2. 품명을 해석하다

⊙ 疏 ⊙

釋名者는 菩薩은 是人이오 問明은 是法이니 遮果表因일세 故云菩薩이라 하니라

問卽是難이오 明卽是答이라 然問有二種하니 一은 汎爾相問이니 梵云必理車오 二者는 難問이니 謂以理徵詰이니 梵云鉢羅室囊이니 卽今品意也니라 答亦有二하니 一은 但依問訓報曰答이오 二는 若俱爲解釋인 댄 旁兼異義일세 美言讚述하야 令理顯煥曰明이니 卽今品意也라

明亦破暗이니 能除問者之疑暗故니 今文殊九首 互爲明難하야 遞作碪椎하야 硏覈敎理하야 以悟羣生일세 故以名也니라 又長行은 明起於問이오 偈頌은 明解於問이라 故曰問明이라 不云答者는 欲以明兼於問故니라

問有二義일세 故得稱明이니 一은 問中에 徵責詰難理盡하야 使答者亡言이니 此至明之問也오 二는 以問中進退로 詰理令現하야 使答者易釋이라 故以爲明은 又明卽法明이니 以十菩薩이 問出十種法明일세 故

302

曰問明이라하니 雖諸義不同이나 皆菩薩之問明이니 依主釋也니라

　품명을 해석한다는 부분에서 말한 보살이란 사람이요, 問明이란 법이다. 결과를 가리고 원인을 나타낸 까닭에 이를 '보살'이라 말한다.

　물음[問]은 곧 논란이요, 밝음[明]은 곧 대답이다. 그러나 물음에는 2가지 뜻이 있다.

　(1) 그럭저럭 서로 물음이니 범어에서는 이를 必理車라 한다.

　(2) 논란하여 물음이니 이치로 따지는 것을 말한다. 범어에서는 이를 鉢羅室囊이라 한다. 이는 본 품에서 말한 뜻이다.

　답 또한 2가지가 있다.

　(1) 단 묻고 대답하는 것으로 말하면 대꾸하는 것을 '답'이라 한다.

　(2) 만일 모두 해석을 위한 것이라면 여러 가지로 다른 의의를 겸한 까닭에 아름다운 말로 찬술하여 그 이치를 뚜렷하게 밝히는 것을 '明'이라 말하니 이는 본 품에서 말한 뜻이다.

　밝음[明]은 또한 어둠을 없애주는 것이다. 묻는 이의 의심이나 어두운 부분을 없애주기 때문이다. 이 품에서는 문수보살과 覺首·財首 등 九首 보살이 서로 밝히고 논란하여 번갈아 다듬이질하듯이 부처님의 교리를 연구하고 사실을 밝혀 이로써 많은 중생을 깨우쳐주는 까닭에 본 품을 보살문명품이라고 명명하였다.

　또한 장항의 경문에서는 밝음이란 묻는 데에서 일어남을 말하였고, 게송에서는 밝음이란 묻는 데에서 이해할 수 있음을 밝힌 것이다. 이 때문에 이를 '問明'이라고 말한다. 이를 '問答'이라 말하지

않은 것은 밝음으로써 물음을 겸하고자 한 때문이다.

물음에는 2가지의 의의가 있기 때문에 밝음[明]이라고 말한다.

(1) 물음 속에서 이치를 묻고 따지기를 다하여 답한 자로 하여금 말을 잃게 함이 '지극히 밝은[至明]' 물음이다.

(2) 물음 속에서 오가면서 이치를 따지고 논란하여 그 의의를 밝혀 답한 자로 하여금 해석하기 쉽게 한 까닭에 이를 '밝음[明]'이라고 말한다.

또한 밝음의 대상은 곧 법으로 밝히는 것이다. 10대 보살이 10가지의 법을 밝히고자 물음을 도출한 것이기에 이를 '問明'이라고 말한다. 비록 이처럼 여러 가지의 의의가 똑같지 않으나 모두 보살의 問明인바 법주에 의한 해석이다.

三 宗趣

3. 종취

● 疏 ●

宗趣者도 亦先通後別이라 通復二義니 一은 通分宗이오 二는 通會宗이니 並如會初며 二는 別明此品에 有其二義하니 一은 望當品이니 以十甚深으로 爲宗하고 依成觀解로 爲趣며 二는 望後二品이니 則以甚深觀解로 爲宗하고 成後行德으로 爲趣니라

종취 또한 앞에서는 총체로, 뒤에서는 개별로 말하고 있다.

먼저 총체로 말하면, 여기에는 2가지의 의의가 있다.

(1) 부분을 통합한 종지[通分宗]로 말하였고,

(2) 법회를 통합한 종지[通會宗]로 말하였다.

이는 모두 법회의 초기와 같다.

뒤이어 개별로 말하면, 여기에도 2가지의 의의가 있다.

(1) 해당 본 품을 상대로 하면 10가지의 지극히 심오한[十甚深: 緣起, 敎化, 業果, 說法, 福田, 正敎, 正行, 正助, 一道, 佛境甚深] 것으로 宗을 삼고 觀을 성취한 이해에 의지하는 것으로 趣를 삼으며,

(2) 뒤의 품을 상대로 하면 지극히 심오한 觀解로 종을 삼고 뒤의 行·德을 성취한 것으로 취를 삼는다.

◉ 論 ◉

約分三門호리니 一은 釋品名目者는 爲成十種信根하고 長十種信力에 文殊師利覺首等이 互爲主伴하사 問十種法明故니 故爲問明品이라
二는 釋品來意者는 前品엔 如來 足下輪中에 放光開覺하사 所照佛境遠近으로 令信心者로 一一觀之無碍하야 令心行廣大하야 稱法界故며 又文殊師利菩薩이 以十偈頌으로 歎佛十德하사 勸令信心者로 修行故어니와 此問明品은 卽是明十信心者의 正修行之行과 及斷疑故로 有此品이 來也라
三은 隨文釋意者는 於此品一段文中에 有十一段經은 明文殊覺首十菩薩等이 互爲主伴하사 問十種法明하야 各以菩薩之名으로 卽表十信所行之行이니 文殊는 還以名下之行으로 以相諮問하고 十菩薩

305

等은 各以自行之法으로 以頌答之하사 令信心者로 依而倣學이니 其十問十頌은 其文이 如下오 最下一段은 都結十方이 同此니라

간단하게 3부분으로 나뉜다.

(1) 본 품의 명목을 해석한다는 것은 10가지 신심의 뿌리를 성취하고 10가지 신심의 힘을 키워나감에 있어 문수사리, 각수보살 등이 서로 주객이 되어 10가지의 법을 물어 법을 밝히고자 한 까닭에 이를 '보살문명품'이라 한다.

(2) 본 품의 유래한 뜻을 해석한다는 것은 앞의 제9 광명각품에서는 여래께서 발바닥 아래[足下輪]에서 방광하여 깨달음을 열어줌으로써 광명이 비춰진 원근의 불국토에 신심이 있는 이들로 하여금 하나하나 방광을 봄에 있어 걸림이 없도록 하여 그들의 마음을 드넓고 크게 지녀 광활한 법계에 하나가 되도록 한 때문이며, 또한 문수사리보살이 10수의 게송으로 부처님의 10가지 덕을 찬탄하면서 권면하여 신심이 있는 이들로 하여금 수행하도록 마련해준 때문이지만, 이 보살문명품은 곧 10가지의 신심이 있는 이들이 바로 수행해야 할 만행 및 의심을 끊어주는 부분을 밝힌 까닭에 본 품을 여기에 쓰게 된 것이다.

(3) 경문을 따라 그 뜻을 해석한다는 것은 본 품의 한 단락 경문에 11단락의 경문이 있는 바는 문수·각수 등 십대 보살이 서로 주객이 되어 10가지의 법을 물어 그 법을 밝혀 각각 보살의 명호로써 곧 10가지의 신심이 있는 이들이 행해야 할 행을 나타낸 것이다. 문수보살 또한 그 십대 보살의 명호에 걸맞은 행으로 인하여 묻고,

십대 보살 등은 각각 자신이 행한 법을 게송으로 답하여 신심이 있는 이들로 하여금 이를 따라 배우도록 한다는 점을 밝혀준 것이다. 그 10가지의 물음과 10수의 게송은 그 경문이 아래와 같고 맨 아래의 1단락은 시방세계가 이와 같음을 모두 끝맺은 것이다.

▬

四는 釋文이라 此下로 至菩薩住處히 明生解之因이니 配十句問은 如前問中이라 依文次第하야 且分爲六이니 初는 此下三品은 明未信令信이오 二는 第三會는 已信令解오 三은 第四會는 已解令行이오 四는 第五會는 已行令起願이오 五는 第六會는 已起願令證入이오 六은 十定品으로 至住處品은 已證入令等佛이라

今初三品은 卽爲三別이니 此品은 明正解理觀이오 次品은 明隨緣願行이오 賢首品은 明德用該收니라

就初分二니 先은 問答顯理오 後는 示相結通이라 前中에 以十菩薩로 各主一門하야 顯十甚深일세 卽爲十段이니 一은 緣起甚深이오 二는 敎化甚深이오 三은 業果甚深이오 四는 說法甚深이오 五는 福田甚深이오 六은 正敎甚深이오 七은 正行甚深이오 八은 正助甚深이오 九는 一道甚深이오 十은 佛境甚深이라

此十甚深은 次第云何오 緣起深理는 總該諸法 觀解之要일세 故首明之오 衆生迷此일세 故須敎化오 違化·順化에 有善惡業이니 欲知此業인댄 由說法成이라 然說法成善은 唯佛福田이니 旣說順田인댄 須持聖敎니라 敎在勤行하고 行須助道니 助必有正이라 殊途同歸하고 得一

道者는 當趣佛境이라 故爲此次니라

又此十種을 亦可配於十信이로되 但不次耳라 文殊佛境은 卽當信心이니 文殊는 主信故오 佛境은 卽所信故니 約發心次第인댄 信居其初어와 約所信終極인댄 最居其後니라 亦明十心호되 不必次故니 勤首는 卽進心이오 財首는 爲念心이니 明四念故오 德首는 定心이니 心性無念이 爲上定故오 智首는 卽慧心이니 慧爲上首하야 兼己莊嚴일세 故有十度오 法首는 卽不退心이니 如說修行하야 不得退故오 寶首는 卽戒心이니 三聚無缺이 如寶珠故며 業果甚深이 戒所招故오 覺首는 卽護法心이니 緣起甚深이 是所護故오 目首는 卽願心이니 福田等一이나 由願異故며 目能將身이 如願導行故오 賢首는 卽廻向心이니 以歸一道 卽廻向眞如며 一身一智等이 卽是佛果니 文云 如本趣菩提일세 所有廻向心 等이라하니 以是圓融十法일세 故各兼多義하며 又亦攝十信之十德이로되 恐繁不敍니라【鈔_ 然이나 十甚深은 卽遷禪師所立이니 今古同遵이라 '緣起深理'者는 若染若淨의 染淨交徹하야 無不攝故니 攝論에 云 '菩薩 初學에 應先觀諸法如實因緣하야 以成正信 及正解故'라하니라

'又此十種下는 先正配釋이라 然十信心은 謂一信 二進 三念 四定 五慧 六不退 七戒 八護法 九願 十廻向이니 配文可知니라

'以是圓融下는 後通妨難이니 謂有難云 '信進等相은 釋處易知어니와 今十甚深은 文義兼廣이어늘 何得而是十信等耶아 故爲此答이라

'又亦攝者는 信有十德하니 一은 親近善友오 二는 供養諸佛이오 三은 修習善根이오 四는 志求勝法이오 五는 心常柔和오 六은 遭苦能忍이오 七은 慈悲深厚오 八은 深心平等이오 九는 愛樂大乘이오 十은 求佛智慧니

라 配十甚深者는 一은 卽正教甚深이니 近佛善友하야 聞教法故오 二는 卽福田甚深이오 三은 卽業果오 四는 卽緣起오 五는 卽正行이오 六은 卽助道오 七은 卽教化오 八은 卽一道오 九는 卽說法이오 十은 卽佛境이라 通說佛智爲所信故니라 旣有多含일세 故文義兼廣이라 】

4. 경문의 해석

이 아래로부터 '菩薩住處'에 이르기까지는 이해하게 할 수 있는 원인을 밝힌 부분이다. 10句의 물음을 배대함은 앞의 물음에서 말한 바와 같다.

경문의 차례에 따라 또한 6단락으로 나뉜다.

⑴ 이 아래로 3품은 신심이 없는 이들로 하여금 신심을 지니도록 함을 밝히며,

⑵ 제3법회는 이미 신심이 있는 이들로 하여금 이를 이해하도록 함이며,

⑶ 제4법회는 이미 이해한 이들로 하여금 행하도록 함이며,

⑷ 제5법회는 이미 행한 이들로 하여금 서원을 일으키도록 함이며,

⑸ 제6법회는 이미 서원을 일으킨 이들로 하여금 증득하도록 함이며,

⑹ 十定品으로 住處品에 이르기까지는 이미 증득한 이들로 하여금 부처님과 똑같도록 함이다.

이의 첫 아래 3품은 곧 3가지로 구별된다. 본 문명품은 바른 이해의 理觀을 밝히고, 다음 淨行品은 반연에 따른 願行을 밝히며,

賢首品은 德用을 모두 거둬들임을 밝힌다.

본 문명품에 의하면 2부분으로 나뉜다.

1) 문답으로 이치를 밝히며,

2) 모습을 보여 총체로 끝맺는다.

1) 문답에서는 십대 보살이 각각 하나의 법문을 주관하여 10가지의 지극히 심오한[十甚深] 경지를 나타내준 까닭에 이는 곧 10단락이 된다.

(1) 연기가 지극히 심오하며,

(2) 교화가 지극히 심오하며,

(3) 업과가 지극히 심오하며,

(4) 설법이 지극히 심오하며,

(5) 복전이 지극히 심오하며,

(6) 正敎가 지극히 심오하며,

(7) 正行이 지극히 심오하며,

(8) 正助가 지극히 심오하며,

(9) 一道가 지극히 심오하며,

(10) 佛境이 지극히 심오하다.

이 10가지의 지극히 심오한 경지의 차례는 어떠한가.

緣起의 심오한 이치는 모든 법을 觀하고 이해하는 데에 요체를 총괄한 까닭에 맨 먼저 밝혔다.

중생이 이를 알지 못하여 혼미한 까닭에 반드시 교화를 한다.

교화를 어기느냐 따르느냐에 의하여 선업과 악업이 생겨나게 된다.

이러한 업을 알고자 한다면 설법을 따라 성취된다.

그러나 설법에 의한 선업의 성취는 오직 부처님의 복전이다.

이미 복전을 따라야 함을 설법하였다면 반드시 부처님의 가르침을 받들어 지녀야 한다.

부처님의 가르침은 반드시 부지런히 행하는 데에 있고, 행하는 것은 도를 돕는[助道] 것으로 반드시 추구해야 한다.

도를 돕는 데에는 반드시 바른 도가 있어야 한다. 가는 길은 다르지만 귀결처는 똑같고 하나의 도[一道]를 얻은 자는 마땅히 부처님의 경지로 나아가야 한다.

이 때문에 이런 차례로 쓰여 있는 것이다.

또한 이 10가지의 지극히 심오한 경지를 十信에 짝할 수 있지만, 꼭 그 차례가 맞는 것만은 아니다. 문수보살과 부처님의 경지는 곧 신심에 해당한다. 문수보살은 신심을 위주로 하고, 부처님의 경지는 곧 신심의 대상이 되기 때문이다. 發心의 차례를 가지고 말하면 신심이 그 첫 자리에 해당하지만, 신심 대상의 궁극적인 자리로 말한다면 가장 끝자리에 있다.

또한 10가지의 마음[十心]으로 밝혔지만 반드시 차례가 꼭 맞는 것만은 아니기 때문이다.

勤首보살은 곧 進心이요, 財首보살은 念心이다. 이는 四念을 밝힌 때문이다.

德首보살은 곧 定心이다. 心性無念이 최상의 禪定이기 때문이다.

智首보살은 곧 慧心이다. 지혜가 가장 뛰어난 분으로 자신의 장엄을 겸한 까닭에 십바라밀이 있다.

法首보살은 곧 不退心이다. 부처님이 말씀하신 바와 같이 수행하여 조금도 물러서지 않기 때문이다.

寶首보살은 곧 戒心이다. 결점이 없는 三聚淨戒(攝律儀戒: saṁvara-śīla, 攝善法戒: kuśala-dharma-saṁgrāhaka-śīla, 攝衆生戒: sattvārtha-kriyā-śīla)가 마치 보배 구슬과 같기 때문이며, 업과가 지극히 심오함은 持戒에 의해 얻어지는 바이기 때문이다.

覺首보살은 곧 護法心이다. 연기가 지극히 심오함은 이처럼 보호하는 대상이 되었기 때문이다.

目首보살은 곧 願心이다. 복전은 똑같으나 원하는 바에 따라 달라지기 때문이며, 사람의 몸에 있어 눈의 역할은 모든 몸을 거느리는 것처럼 誓願이 모든 行을 인도하는 것과 같기 때문이다.

賢首보살은 곧 廻向心이다. 하나의 도에 돌아감이 곧 진여에 회향함이며, 하나의 몸과 하나의 지혜 등이 곧 佛果이다. 경문에 이르기를 "본래 보살의 길에 나아갈세, 소유한 회향심과 똑같은" 등이라 하였다.

이처럼 원융한 10가지의 법이 있기에 각각 많은 뜻을 겸하며, 또한 10가지 신심의 10가지 덕을 포괄하고 있지만 너무 문장이 번잡할까 두려워 더 이상 서술하지 않는다. 【초_ 그러나 10가지의 지극히 심오함은 곧 遷禪師가 정립한 논지인바 고금에 모두 이를 따르고 있다.

"연기의 심오한 이치"란 것은 이렇듯 오염과 이렇듯 청정한 데에 오염과 청정이 서로 통하여 포괄하지 않은 바가 없기 때문이다. 攝論에 이르기를 "보살이 처음 배울 적에 마땅히 먼저 모든 법의 여실한 인연을 보고 正信 및 正解를 성취하기 때문이다."고 하였다.

'又此十種' 이하는 먼저 正配로 해석하였다. 그러나 十信心은 ① 信·② 進·③ 念·④ 定·⑤ 慧·⑥ 不退·⑦ 戒·⑧ 護法·⑨ 願·⑩ 廻向을 말한다. 경문의 配對에 대해서는 말하지 않아도 알 수 있다.

'以是圓融' 이하는 뒤의 논란을 통함이다. 논란하여 이르기를 "① 信·② 進 등의 모습을 해석한 곳은 말하지 않아도 알기 쉽지만, 여기에서 말한 10가지의 지극히 심오[+甚深]한 것은 경문과 그 의의가 모두 광대하다. 어떻게 십신 등처럼 말할 수 있겠는가."라고 말한 까닭에 이처럼 답한 것이다.

'又亦攝'이란 신심에는 10가지의 덕이 있다.

① 착한 벗을 가까이하며,

② 많은 부처님을 공양하며,

③ 선근을 닦고 익히며,

④ 마음에 훌륭한 법을 추구하며,

⑤ 마음은 항상 부드럽고 화평하며,

⑥ 괴로운 일을 당해서도 참으며,

⑦ 자비의 마음이 깊고 두터우며,

⑧ 深心이 평등하며,

⑨ 대승을 좋아하고 사랑하며,

⑩ 부처님의 지혜를 구한다.

이를 10가지의 지극히 심오함에 짝하면 다음과 같다.

① 正教가 지극히 심오하다. 이는 부처님의 착한 벗을 가까이 하여 가르침과 법문을 들었기 때문이다.

② 복전이 지극히 심오하다.

③ 업과가 지극히 심오하다.

④ 연기가 지극히 심오하다.

⑤ 正行이 지극히 심오하다.

⑥ 助道가 지극히 심오하다.

⑦ 교화가 지극히 심오하다.

⑧ 一道가 지극히 심오하다.

⑨ 설법이 지극히 심오하다.

⑩ 부처님의 경지가 지극히 심오하다. 부처님의 지혜가 신심의 대상임을 총체로 말한 때문이다.

이처럼 수많은 의의를 함축하고 있는 까닭에 경문과 의의가 모두 광대한 것이다.】

且爲十甚深解라 然有二義하니 一은 約行이오 二는 約法이라
言約行者는 文殊發問에 九菩薩答하야 明妙慧通於衆行이오 九菩薩問에 文殊爲答하야 明衆行成於妙慧니라

言約法者는 初九는 顯差別義오 後一은 顯差別同歸佛境이니 此二不二 成信中之觀解니라 文中十段은 皆先問後答이며 又先起明問이오 後解問明라

今初緣起深中에 二니 初問이오 二答이라 問中 二니 初는 彰問答之主라

또한 10가지의 지극히 심오한 부분에 대해 해석할 것이다. 그러나 여기에는 2가지의 뜻이 담겨 있다.

(1) 行으로 말함이며,

(2) 法으로 말함이다.

(1) 行으로 말함이란 문수보살이 물음을 던짐에 9首 보살이 답하여 미묘한 지혜가 수많은 행에 통함을 밝혔고, 끝으로 9首 보살이 물음에 문수보살이 답하여 수많은 행이 미묘한 지혜에 의해 성취됨을 밝힌 것이다.

(2) 法으로 말함이란 앞부분의 9首 보살은 차별의 의의를 밝혔고, 뒤의 문수보살 대답은 차별의 의의가 모두 하나의 부처님 경계에 귀결됨을 밝힌 것이다. 이처럼 차별의 2가지가 둘이 아님이 신심 속의 觀解를 이뤄준다.

경문의 10단락은 모두 앞에서는 장항으로 물었고, 뒤에서는 게송으로 답하였다.

또한 앞에서는 明問을 일으켰고, 뒤에서는 問明으로 해석하였다.

제1. 연기가 지극히 심오하다

이는 2단락으로 나뉜다. (1) 물음이요, (2) 대답이다.

(1) 물음은 2부분으로 나뉜다.

첫째, '爾時' 이하에서는 문답의 주재자를 밝혔다.

經

爾時에 **文殊師利菩薩**이 **問覺首菩薩言**하사대

그때 문수사리보살이 각수보살에게 물었다.

⊙ 疏 ⊙

問覺首者는 彼得此門故니 緣起深義를 不覺則流轉故일세니라

각수보살에게 물은 것은 그가 이 법문을 얻었기 때문이다. 연기의 심오한 뜻을 깨닫지 못하면 생사의 바다에 끝없이 윤회하기 때문이다.

二는 正顯問端이니 略起五門호리라

初問所爲者는 有二義故로 最初問之니 一은 拂異見이오 二는 顯深理니라

'拂見'에 有三하니 一은 令諸菩薩로 知法從緣하야 異外道見이오 二는 知從心現하야 捨二乘見이오 三은 但心性起일세 不同權敎니라

'二顯深理'者는 令諸大菩薩로 於此實義에 發深信解하야 起行證眞하야 始終皆實일세 故問斯義니 起信論에 云 '有法하야 能起摩訶衍信根일세 是故로 應說'이라 所言法者는 謂衆生心이니 依一心法하야 有眞如門

及生滅門이라하니 彼論依此生淨信故니라【鈔_ '二顯深理者'는 疏文에 分二니 先은 正明이니 令始涉者로 便悟心性하야 超乎大方일새 故云 始終皆實이라하니 故起信論云下오 第二는 引證이니 具如論所明이라】

첫 단락의 물음 2부분 가운데 둘째는 바로 물음의 단서를 밝힘에 있어 간단하게 5부분으로 일으킨 것이다.

제1부분: 물음의 목적 대상[所爲]이다. 여기에는 2가지의 의의가 있다. 이 때문에 맨 처음 물은 것이다.

(1) 異見을 털어내고,

(2) 심오한 이치를 나타낸다.

(1) 異見을 털어냄에는 3가지가 있다.

① 모든 보살로 하여금 법의 반연을 따라야 함을 알아서 외도의 견해와 달리하게 하고,

② 마음으로부터 나타남을 알아서 二乘의 견해를 버리게 하며,

③ 다만 心性이 일어난 까닭에 權敎와 같지 않다.

(2) 심오한 이치를 나타낸다는 것은 모든 대보살로 하여금 이런 여실한 진리에 깊은 신심과 이해를 가지고서 모든 행실을 일으켜 진리를 증득하여 처음부터 끝까지 모두 여실하게 한 까닭에 이런 의의를 물은 것이다. 기신론에 이르기를 "법이 있어 摩訶衍 信根을 일으키는 까닭에 응당 설법을 해야 하는 것이다. 말씀하신 법이란 중생의 마음을 말한다. 하나의 心法에 의하여 眞如門 및 生滅門이 있다."고 하였다. 기신론에서는 이에 의하여 청정한 신심을 내게 한 때문이다.【초_ "(2) 심오한 이치를 나타낸다."는 것은 청량소에

서는 2단락으로 나누어 보았다. ① 바로 밝힘이다. 처음 관계한 자로 하여금 곧 마음과 본성을 깨달아 大方으로 초탈하게 한 까닭에 '시종이 모두 실상'이라고 말하니, '故起信論'은 이하를 말한다. ② 인증이다. 구체적으로 논에서 밝힌 바와 같다.】

二述問意者는 謂明心性是一이어늘 云何見有報類種種가니라 若性隨事異인댄 則失眞諦요 若事隨性一인댄 則壞俗諦니라 設彼救言호되 報類差別은 自由業等熏識變現이니 不關心性이라 故無相違者라도 爲遮此救라 故重難云‘業不知心’等이라하니 謂心業互依하야 各無自性이니 自性尙無어니 何能相知而生諸法가 旣離眞性이오 各無自立인댄 明此皆依心性而起이니라 心性旣一인댄 事應不多어 事法旣多인댄 性應非一이니 此是本末相違難이며 亦是理事相違며 亦一異相違며 亦眞妄相違니라

제2부분: 물음의 의의를 서술함이란 마음의 자성이 하나인데 어찌하여 과보의 유형이 가지가지로 다르게 되는가를 밝힘이다. 만일 본성이 일의 차이를 따라 달라진다고 한다면 그것은 곧 眞諦를 잃음이요, 일이 본성의 똑같은 하나의 자리를 따라 달라진다고 한다면 그것은 곧 俗諦를 무너뜨림이다.

설령 그가 이를 구원하여 말하기를 "과보의 각기 다른 유형은 그 자신의 업 등의 熏識의 變現에 의한 것이지 심성과는 관계가 없다. 이 때문에 서로 어긋남이 없다."고 할지라도 이러한 구원의 말을 차단하기 위한 목적으로 거듭 논란하여 이르기를 "업은 마음을 알지 못한다[業不知心]." 등이라 말하였다. 이는 마음과 업이 서로 의

지하여 각기 자성이 없음을 말한다. 자성도 오히려 없는데 어떻게 서로 알고서 모든 법을 만들어내겠는가. 이미 眞性을 여의고 각기 자립함이 없다면 이는 모두 마음의 자성에 의해 일어남을 밝힌 것이다. 마음의 자성이 이미 하나라면 모든 일의 법이 응당 많은 것이 아니요, 일의 법이 이처럼 이미 많다면 마음의 자성도 응당 하나가 아니다. 이는 근본과 지말이 서로 어긋남[本末相違]이며, 또한 理法界와 事法界가 서로 어긋남[理事相違]이며, 또한 하나와 차이가 서로 어긋남[一異相違]이며, 또한 참과 거짓이 서로 어긋남[眞妄相違]이다.

三 揀定所問者는 準此問意컨대 離如來藏코 不許八識能所熏等이 別有自體하야 能生諸法이오 唯如來藏이 是所依生이며 亦不可言八識無二類일세 故名心性一이라하니 以能生種種이 非相違故며 亦非第八而爲性一이니 熏成種種이 非相違故며 心性之言은 非第八故일세니라 答中에 旣言法性本無生이로되 示現而有生이라하니 法性은 卽是眞如異名이니 正與報事相違일세 故成難耳니라 文殊 欲顯實敎之理일세 故以心性而爲難本하야 欲令覺首 以法性示生으로 決定而答하야 海會同證이니 楞伽 密嚴에 皆廣說故일세니라【鈔_ '三揀定所問者' 意云此是假名法相이라 師問은 欲顯法性義니 非是法性師問이오 顯成法相義일세 故云揀定이라하니라 '亦不可言'下는 二遮救也니 卽法相師 救云 此法性師 難法相義니 心性是一者는 八識心王이 同是心故로 名爲性一이오 破云生於種種이니 卽眼耳鼻舌等이라 故非相違니라 '亦非第八'下는 遮轉救云若八識非一이니 第八賴耶 此是一義라 故今破云第八

은 正是所熏心體는 含多種子하야 熏成種種이라도 亦非相違니라 心性
之言下는 以理正折이니 第八은 但是心相生滅이오 非唯識性이라 答中
에 既云法性示生이오 不言第八無生示生이니 明是眞如隨緣義耳니라 】

제3부분: 물음의 대상을 가려서 정한다는 것은 위 물음의 의의
에 준해 보면, "여래장을 여의고서 八識의 훈습 주체와 객체[能熏·
所熏] 등이 별개로 그 자체의 체성이 있어 모든 법을 만들어낸다."
는 점을 인정하지 않음이고, 오직 여래장이 의지의 대상으로 그에
의해 생겨날 수 있으며, 또한 8식은 훈습의 주체와 객체라는 2가
지의 유가 없다고 말하지 못한 까닭에 '마음의 자성이 하나이다.'고
말한다. 이는 가지가지 과보의 유형을 만들어냄이 서로 어긋나지
않기 때문이며, 또한 제8식은 본성의 하나 자리가 아니다. 가지가
지 과보의 유형을 만들어냄이 서로 어긋나지 않기 때문이며, 마음
의 자성이란 말은 제8식이 아니기 때문이다.

각수보살이 게송으로 답한 가운데 이미 "법성은 본래 생겨남이
없으나 몸을 나투어 태어남이 있다."고 말하였다. 여기에서 말한
'법성'이란 곧 진여의 다른 이름이다. 바로 과보의 일과 서로 어긋
난 까닭에 이런 논란을 형성한 것이다.

문수보살은 진리의 실체에 관한 가르침의 이치를 밝히고자 한
까닭에 마음의 자성으로 물음의 근본을 삼아, 각수보살로 하여금
본래 생겨남이 없는 법성으로 현신하여 생을 보여준다는 의의로
결정코 답하여 바다처럼 수많은 법회대중이 다 함께 이를 증득케
하고자 함이다. 능가경과 밀엄경에서 이에 대해 자세히 설명한 때

문이다.【초_ "제3부분: 물음의 대상을 가려서 정한다."는 의의는 이는 가명의 법상을 말한 것이다. 스님이 묻는 것은 법성의 의의를 나타내고자 함이다. 이는 법성을 위주로 하는 스님의 물음이 아니다. 법상을 성취한 의의를 나타내고자 한 까닭에 이를 揀定이라 말한 것이다.

'亦不可言' 이하는 둘째, 막아내고 구제함이다. 이는 법상을 위주로 하는 스님이 구제하여 말하기를 "이는 법성을 위주로 하는 스님이 법상을 논란한 뜻이다. 마음의 성품이 하나라는 것은 8식의 심왕이 이 마음과 같기 때문에 성품이 하나이다고 말한다."고 하였고, 이를 논파하여 말하기를 "가지가지에서 발생한 것이니 곧 눈, 귀, 코, 혀 등이다. 이 때문에 서로 어긋나지 않는다."고 하였다.

"또한 제8식은 본성의 하나 자리가 아니다."는 것은 잘못된 지적을 막아내면서 다시 그 잘못에서 구제하여 말하기를 "만일 8식과 같은 경우에는 한 가지가 아니다. 제8 아뢰야식은 이것이 바로 하나의 의의이다."고 하였다. 그러므로 이에 대해 논파하여 말하기를 "제8식은 바로 마음의 본체를 훈습하는 바는, 많은 종자를 함유하고서 가지가지를 훈습하여 이룬다 할지라도 또한 서로 어긋난 것이 아니다."고 하였다.

"마음의 자성이란 말은 제8식이 아니기 때문이다." 이하는 이치에 따라 잘못된 부분을 지적한 것이다. 제8식은 단 마음이 서로 생겨나고 사라지는 것이지 유식성이 아니다. 대답 속에 이미 법성이 생겨남을 보여주었다고 말한 것이지, 제8식은 생겨남이 없는

것으로써 생겨남을 보여준다고 말하지는 않았다. 이는 진여가 반연을 따른다는 뜻을 밝혀주는 것이다.】

四會相違者는 問호되 '若爾인댄 瑜伽等中에 異熟賴耶 從業惑種하야 辨體而生이오 非如來藏隨緣所成이어늘 如何會釋가 答호되 瑜伽等中은 對於凡小일세 約就權教하야 隨相假說이어니와 楞伽密嚴은 對大菩薩일세 依於實教하야 盡理而說이니 旣機有大小인댄 法有淺深이오 教有權實이라 故不相違니라 故密嚴云 '佛說如來藏이 以爲阿賴耶라하야늘 惡慧는 不能知藏卽賴耶識이라하니 此明守權拒實일세 訶爲惡慧니라 又彼經에 云 '如來淸淨藏이 世間阿賴耶니 如金與指環이 展轉無差別이라하고 楞伽中에 '眞識·現識이 如泥團與微塵이 非異非不異라 金莊嚴具도 亦復如是라하니 皆此義也니라 又彼經에 云 '如來藏 爲無始惡習所熏을 名爲藏識이라하고 又入楞伽에 云 '如來藏이 名阿賴耶識이니 而與無明七識共俱라하며

又起信論에 云 '不生不滅이 與生滅和合하야 非一非異를 名阿賴耶識이라하고 又如達磨經頌에 云 '無始時來界로 爲諸法等依라하니 攝論等은 就初教釋하야 云 '界者는 因義니 卽種子識이라하니 寶性論에 翻此頌云 '此性無始時'等이라하니 彼論은 就實教釋하야 云 '性者는 謂如來藏性이라하니 如聖者勝鬘經에 說호되 '依如來藏故로 有生死하고 依如來藏故로 有涅槃이라하니 以此等文으로 故知兩宗不同은 淺深可見이오 又唯識等은 亦說眞如是識實性이로되 但後釋者 定言不變하야 失於隨緣하니 過歸後輩耳라【鈔_ '四會相違者'는 此門躡前而起니 謂若依上如來藏隨緣成立이면 則違瑜伽等이라 故會之하야 先敘所違하니

玄談已釋이라 後答下는 會通이니 先會宗意오 後楞伽下는 申性宗意라 故密嚴下는 引證이니 初引密嚴이오 次引楞伽오 及入楞伽에 又引起信하고 又引達磨經頌 及勝鬘하야 皆證如來藏隨緣之義니 具如彼文이오 玆不繁出이라 又唯識下는 引唯識論文하야 結同法性이라 故論云 此諸法勝義는 亦卽是眞如라 常如其性故니 卽唯識實性이라하니 釋曰 旣用眞如하야 爲識實性하니 明知天親도 亦用如來藏而成識體로되 但後釋論之人이 唯立不變이라 故云 過歸後輩라하야놀 況世親 造佛性論에 廣用勝鬘가】

제4부분: 서로 어긋난 부분을 이해하고 해석한다는 것은 이에 대해 다음과 같이 물었다.

"만약 그러하다면 유가론 등에서 말했듯이 異熟과 아뢰야식이 業惑의 종자로부터 체성을 갖춰 생겨난 것이지, 여래장이 반연을 따라 이뤄진 바가 아니다. 어떻게 이를 이해하고 해석해야 하는 것일까?"

이에 대해 다음과 같이 답하였다.

유가론 등에서는 범부와 소인을 상대로 말한 까닭에 방편의 가르침[權敎]으로 형상을 따라 假說을 한 부분으로 말했지만, 능가경과 밀엄경은 대보살을 상대로 말한 까닭에 변하지 않는 진리와 실체의 가르침[實敎]에 의하여 이치를 다해 말한 것이다. 이처럼 중생의 근기에 크고 작은 게 있다면 법에는 얕고 깊음이 있고 가르침에는 방편과 진리의 차이가 있기 마련이다. 이 때문에 서로 어긋남이 없다.

그러므로 밀엄경에서 이르기를 "부처님께서 여래장이 아뢰야식이라고 말씀하셨지만 나쁜 지혜[惡慧]를 지닌 이들은 여래장이 곧 아뢰야식인 줄을 알지 못한다."고 하였다. 이는 방편의 가르침을 고수한 채 불변의 진리와 실체를 거부한 까닭에 '나쁜 지혜'가 됨을 밝힌 것이다. 또 밀엄경에서 이르기를 "여래의 청정한 여래장이 세간의 아뢰야식이다. 황금과 가락지가 서로 전전하면서 차별이 없음과 같다."고 하며, 능가경에서는 "眞識과 現識이 마치 진흙덩이와 미세한 티끌처럼 다른 것도 아니요 다르지 않은 것도 아님과 같다. 황금의 장엄구 또한 이와 같다."고 하였다. 모두가 이런 뜻으로 말한 것이다.

또 그 능가경에서 이르기를 "여래장이 거슬러 올라가도 처음 비롯한 곳이 없는 때의 惡習으로부터 훈습한 바가 됨을 藏識이라고 한다."고 하며, 또한 入楞伽經에 이르기를 "여래장이 곧 아뢰야식이다. 無明과 七識으로 함께한다."고 하며, 또한 기신론에 이르기를 "생겨나지도 사라지지도 않는 것이 생겨나고 사라지는 것과 화합하여, 같지도 않고 다르지도 않은 것을 아뢰야식이라고 말한다."고 하며, 또한 阿毘達摩經의 게송에 이르기를 "아무리 거슬러 올라가도 처음 비롯한 곳이 없는 때부터 자성은 모든 법의 의지처가 되었다."고 하였다.

攝論 등은 처음 가르치는[初敎] 입장에서 해석하여 말하기를 "界란 원인[因]이라는 뜻인바 곧 種子識이다."고 하였는데, 寶性論에서는 이를 뒤집어 게송으로 말하기를 "아무리 거슬러 올라가도 처음 비롯한 곳이 없는 때부터…" 등이라 하니, 그 논에서는 변하

지 않는 진리와 실체를 가르치는[實敎] 입장에서 해석하여 말하기를 "性이란 如來藏性을 말한다."고 하였다. 聖者 勝鬘經에서는 "여래장에 의한 까닭에 생사가 있고 여래장에 의한 까닭에 열반이 있다." 등의 문장을 말하였다. 이 때문에 初敎와 實敎의 논지가 똑같지 않은 데에서 얕고 깊음의 경지를 볼 수 있다는 사실을 알 수 있다. 또한 유식 등에서도 "진여는 식의 實性이다."고 말했지만 단 후세에 이를 해석한 이들이 결정적인 말로 변화할 줄을 모름으로써 반연을 따라 달라짐을 모른 것이다. 그 잘못은 후학들에게 있다.

【초_ '四會相違'란 이 법문은 앞을 이어서 일으킨 것이다. 만약 위에서 말한 여래장이 반연을 따라 성립한 것이라고 한다면 유가론 등과 어긋난 논지이다. 그러므로 이를 종합하여 먼저 그 어긋난 바를 서술하였다. 이는 현담에서 이미 해석하였다.

뒤의 '答' 이하는 會通이다. 먼저 종지의 뜻을 이해하고, 뒤의 '楞伽' 이하는 性宗의 뜻을 거듭 말한 것이다. 그러므로 密嚴 이하는 처음 밀엄경을 인용하고, 그다음에 능가경을 인용하고, 입능가경에서 또다시 기신론을 인용하고, 또다시 달마경 게송 및 승만경을 인용하였다. 이는 모두가 여래장이 반연을 따른다는 뜻을 인용한 것이다. 구체적으로 그 경문에서 말한 바와 같기에 여기에서는 번거롭게 말하지 않는다.

'又唯識' 이하는 유식론의 문장을 인용하여 법성이 같음을 끝맺었다. 이 때문에 논에 이르기를 "이 모든 법의 훌륭한 의의는 또한 곧 진여이다. 항상 그 자성과 같기 때문이니 곧 유식의 실성이다."

고 하였다.

　이에 대하여 다음과 같이 해석하였다.

　이미 진여를 인용하여 식의 실성을 삼았다. 천친보살 또한 여래장을 인용하여 식의 본체를 성립하였지만, 단 후세에 이를 해석하고 의논하는 사람들이 오직 不變의 논지만을 내세운 것이다. 이 때문에 "그 잘못은 후학들에게 있다."고 하였다. 더욱이 세친보살이 불성론을 지을 때 많은 부분에서 승만경을 인용하여 명확한 근거를 가지고 있다.】

五. 釋文

제5부분: 경문의 해석

經

佛子야 心性이 是一이어늘
云何見有種種差別이니잇고
所謂往善趣惡趣와 諸根滿缺과 受生同異와 端正醜陋와 苦樂不同이니라
業不知心하고 心不知業하며 受不知報하고 報不知受하며
心不知受하고 受不知心하며 因不知緣하고 緣不知因하며
智不知境하고 境不知智로다

　불자여, 마음의 자성은 하나로 똑같은데 어찌하여 가지가지 업

보의 차별이 보이는 것입니까?

이른바 좋은 세계에 태어나기도 하고 나쁜 세계에 태어나기도 하며, 모든 근기가 원만하기도 하고 모자라기도 하며, 생을 받음이 같기도 하고 다르기도 하며, 용모가 단정하기도 하고 누추하기도 하며, 삶에 고통을 받기도 하고 즐거움을 받기도 하는 것이 똑같지 않습니다.

받은 업은 마음을 알지 못하고 마음은 받은 업을 알지 못하며, 받은 것은 과보를 알지 못하고 과보는 받은 것을 알지 못하며, 마음은 받은 것을 알지 못하고 받은 것은 마음을 알지 못하며, 내적·직접적인 원인[因]은 외적·간접적인 반연[緣]을 알지 못하고 외적·간접적인 반연은 내적·직접적인 원인을 알지 못하며, 지혜는 경계를 알지 못하고 경계는 지혜를 알지 못합니다.

● 疏 ●

文分三이니 初佛子下는 立宗案定이니 謂心之性故니 是如來藏也이오 又心卽性故니 是自性淸淨心也라 又妄心之性은 無性之性이니 空如來藏也오 眞心之性은 實性之性이니 不空如來藏也라 皆平等無二일세 故云一也니라

이의 경문은 3단락으로 나뉜다.

제1단락 '佛子(佛子心性是一)' 이하는 종지를 세워 안건을 정함이다. 마음의 자성인 때문이니 이는 여래장이며, 또 마음이 곧 본성인 때문이니 이는 자성의 淸淨心이다. 또한 妄心의 자성은 자성이

없는 자성이니 空如來藏이며, 眞心의 자성은 實性의 자성이니 不空如來藏이다. 이 모두가 평등하여 둘이 없기 때문에 이를 "하나로 똑같다[一]."고 말한다.

二云何下는 設難相違니 初는 總顯相違니 謂心性旣一인댄 云何而有五趣諸根의 總別殊報오 故云種種이라【鈔_ 五趣等者는 如持五戒하야 招得人身은 是總報業오 由於因中에 有瞋忍等하야 於人總報而有妍媸는 名別報業이라 唯識에 亦名爲引滿業이니 能招第八引異熟果라 故名引業이오 能招第六滿異熟果일세 名爲滿業이라 俱舍 亦云 一業引一生이오 多業能圓滿이라하니 猶如繢像에 先圖形狀하고 後塡衆綵等이라 然其引業能造之思는 要是第六意識所起로되 若其滿業能造之思는 從五識起니라】

제2단락 '云何' 이하(云何見有…苦樂不同)는 논란을 전개함이니 서로 어긋남에 대한 논란이다.

제2단락의 (1) '云何見有種種差別'은 서로 어긋남을 '총체의 과보'로 밝히고 있다. 마음의 자성이 이미 하나로 똑같다면 어찌하여 五趣 중생의 모든 근기에 '총체와 개별의 각기 다른 과보'가 있는 것일까? 이 때문에 "가지가지 업보의 차별"이라고 말한 것이다.

【초_ '五趣' 등이란 五戒를 잘 지켜 사람의 몸을 얻음은 '총체의 과보에 의한 업[總報業]'이요, 因中에 성을 내고 인욕 등이 있음으로 말미암아 사람의 몸을 얻은 총체의 과보[總報]에 용모가 잘생기고 못생김이 있음은 '개별의 과보에 의한 업[別報業]'이라 말한다.

유식론에서는 또한 引滿業이라고 명명한다. 이는 제8 引異熟

果를 불러들이기 때문에 引業이라 명명하며, 제6 滿異熟果를 불러들인 까닭에 滿業이라 명명한다. 또한 구사론에서 말하기를 "하나의 업이 하나의 생을 이끌어내고, 수많은 업이 원만하다."고 하였다. 이는 마치 영정을 그릴 때 먼저 그 모습을 그리고 그 뒤에 수많은 색채를 메워나가는 것과 같다. 그러나 그 引業이 조작하는 주체의 생각은 요컨대 제6 의식에서 일어난 것이지만 그 滿業으로써 조작의 주체가 되는 생각은 제5식에서 일어난다.】

二'所謂下는 別示相違니 十事五對라 初約總報인댄 明趣有善惡하니 善은 謂人天이오 惡은 謂三塗라 下四對는 皆約別報니 諸根下는 於前 善惡趣中에 各根有滿缺하니 謂眼等內根이오 '受生'下는 於前滿缺中에 各生有同異하니 謂四生不同하고 勝劣處異오 端正下는 於上同異 生處에 各貌有妍媸오 '苦樂'下는 於上妍媸에 各受有苦樂이라 上之 五對는 前前이 皆具後後하고 後後는 必帶前前이니 展轉異同하야 成多 差別이라 故云種種不同이라하니 心性是一은 其義安在오

(2) '所謂(所謂往善趣…苦樂不同)' 이하는 '개별의 과보'로 서로 어긋남을 보임이다. 10가지의 일을 5가지로 配對하였다.

첫 구절[往善趣惡趣]은 '총체의 과보[總報]'를 들어 밝힌다면 중생이 태어나는 세계에 좋은 세계와 나쁜 세계가 있다. 좋은 세계는 人天을 말하고, 나쁜 세계는 三塗를 말한다.

아래의 4가지 배대[四對: 諸根, 受生, 端醜, 苦樂]는 모두 '개별의 과보'로 말하였다.

"모든 근기가 원만하기도 하고 모자라기도 한다[諸根滿缺]."는

것은 앞서 말한 좋고 나쁜 세계에 태어나 각각 근기가 원만하기도 하고 모자라기도 함을 말한다. 눈·귀 따위의 內根을 말한다.

"생을 받음이 같기도 하고 다르기도 하다[受生同異]."는 것은 앞서 말한 근기가 원만하기도 하고 모자라기도 하는 가운데 각각 태어나는 부류에서 같고 다름이 있다. 胎·卵·濕·化 四生이 똑같지 않고 우열의 차이가 있음을 말한다.

"용모가 단정하기도 하고 누추하기도 하다[端正醜陋]."는 것은 四生으로 태어난 곳이 같기도 하고 다르기도 한 가운데 각각 용모에 예쁘고 추악함의 차이가 있다는 뜻이다.

"삶에 고통을 받기도 하고 즐거움을 받기도 하는 것이 똑같지 않다[苦樂不同]."는 것은 위에서 말한 예쁘고 추악한 용모에 각각 받아온 과보에 고통과 즐거움의 차이가 있다는 뜻이다.

위에서 말한 5가지의 배대[五對]는 앞에 앞의 것이 모두 뒤에 뒤의 것을 갖추었고 뒤에 뒤의 것은 반드시 앞에 앞의 것을 띠고 있다. 전전하면서 다르고 같은, 수많은 차별을 이룬 까닭에 "가지가지 업보의 차별"이 있다. 그렇다면 마음의 자성은 하나로 똑같다는 것은 그 의의가 어디 있는가.

第三結成前難이라 此文은 意稍難見일세 略爲二解호리라 一은 依古德作遮救重難이니 如前第二問意中辨이오 二는 直結成前難이라

且依此釋文인댄 有二하니 先明大意에 自有三意는 由前難意亦有三故일세니라

一은 直問所以니 故今結云 '非但本性是一이라 我細推現事컨대 各不

相知니 旣有種種인댄 何緣不相知며 旣不相知인댄 誰敎種種가 若謂業令種種인댄 業不知心이오 若謂心令種種인댄 心不知業이니 一一觀察에 未知種種之所由也니라

二는 懷疑重難이니 故結云旣不相知인댄 爲是一性가 爲是種種가

三은 作相違難이니 結云一性隨於種種인댄 卽失眞諦오 種種隨於一性인댄 卽失俗諦라하니라 今見種種이 又不相知하니 此二互乖라 云何並立가

제3단락(業不知心…境不知智)은 앞서 말한 앞의 논란을 해석하여 끝맺음이다. 이 경문의 뜻은 조금 보기 어려운 까닭에 간단하게 2가지로 해석하겠다.

⑴ 옛 큰스님의 말을 따라 거듭 논란하여 막아내고 구제함이니 앞의 제2단락 ⑵ '10가지의 일을 5가지로 배대'한 물음에 대해 논변함과 같고,

⑵ 바로 앞서 말한 앞의 논란을 해석하여 끝맺음이다.

또한 이를 따라 경문을 해석한다면 그 나름 2가지의 뜻이 있다.

⑴ 대의를 밝힘에 있어 스스로 3가지의 의의가 있다는 것은 앞서 논란한 의의 또한 3가지가 있는 데에서 유래한 때문이다.

① 바로 각기 다른 업보의 이유를 물었다. 이 때문에 여기에서는 다음과 같이 끝맺은 것이다. 단 본성이 하나로 똑같을 뿐 아니라, 내가 자세히 현실의 일들을 미루어 살펴보건대 각각 서로 알지 못하고 있다. 이처럼 가지가지 업보의 차별이 있다면 무슨 연유로 서로 알지 못하며, 이처럼 서로 알지 못한다면 그 무엇이 가지가지

업보의 차별을 내는 것일까?

　만일 업보 그 자체가 하여금 가지가지로 다르게 만든다고 한다면 업은 마음을 알지 못하고, 마음이 하여금 가지가지로 다르게 만든다고 한다면 마음은 업을 알지 못한다. 하나하나를 살펴봄에 가지가지로 다르게 만든 유래를 알 수 없다.

　② 의심을 품고서 거듭 논란하였다. 이 때문에 여기에서는 "이미 서로 알지 못한다면 하나의 똑같은 마음의 자성이라 할 수 있을까? 가지가지의 차이가 있을까?"로 끝맺은 것이다.

　③ 서로 어긋남에 대한 논란이다. 이 때문에 여기에서는 "하나의 똑같은 마음의 자성이 가지가지 업보의 차별을 따른다면 곧 眞諦를 잃고, 가지가지 업보의 차별이 하나의 똑같은 마음의 자성을 따른다면 곧 俗諦를 잃는다."고 끝맺었다.

　이처럼 살펴보건대 가지가지의 차이가 또한 서로 알지 못한다. 이 2가지는 서로 어긋나는데 어떻게 함께 성립될 수 있겠는가.

二는 正釋本文에 亦有十事五對하니 略爲二解호리라 一通·二別이라 初通은 謂總觀前來總別二報오
一'業不'下는 就先業因하야 約能所依以難이라 然有二意하니 一은 約本識이니 謂業是能依오 心是所依니 離所無能일세 故云'業不知心'이라하고 離能無所일세 故云'心不知業'이라하니 以各無體用으로 不能相成이라 旣各不相知인댄 誰生種種가 下並準之니라 二는 約第六識이니 業是所造오 心是能造니 並皆速滅일세 起時에 不言我起하고 滅時에 不言我滅이어니 何能有體而得相生하야 成種種耶아【鈔_ '一約本識'者는

332

業是心所라 故依於心이니 心은 是第八爲根本依니라 '離所無能' 下는
釋不相知義니 以相待門釋이라
言'離所無能'者는 旣無所依心王이오 亦無能依之業이어늘 今依心有
業하고 業從緣生이라 故無自性이면 不能知心이니라
'離能無所'者는 離能依業이면 則心非所依어늘 今由業成所依하야 所
依無性이라 故不能知業이라 '以各' 下로 結하니 謂各從緣成하야 性空無
體하야 相依無力이라 故云無用이라하니 覺首 亦云 '無體用故'일세 故不
相知라하니라
'二約第六識'者는 卽以第六識으로 名心이니 從於積集하야 通相說故니
謂第六識은 人執無明하야 迷眞實義와 '異熟理故'로 以善不善相應
思로 造罪가 等三行하야 熏阿賴耶하야 能感五趣·愛非愛等 種種報
相이어늘 但云六者는 謂五識無執하야 不能發潤이라 故非迷理면 無推
度故로 不能造業이오 雖造滿業이라도 亦非自能이오 但由意引이라야 方
能作故니라
'並皆速滅'者는 明不相知니 通相而言이면 皆約無體用故오 別相而
言이면 用門不同이라 此用二門이니 一은 無常門이라 故言'並皆速滅'이라
하니 淨名 弟子品에 云 '優波離여 一切法이 如幻如電하며 諸法이 不相
待하며 乃至一念이라도 不住하며 諸法이 皆妄見故로 心業皆空'이라하고
下經에 云'衆報隨業生이 如夢不眞實하니 念念常滅壞하야 如前後亦
爾니라 故由無常하야 不能相知니라
'起時不言我起' 下는 卽無我門이니 約法無我하야 明不相知라 故淨名
問疾品에 云 '又此病起는 皆由着我니 是故로 於我에 不應生着'이라 할

333

지니라 既知病本인댄 卽除我想及衆生想하고 當起法想이니 應作是念호
되 但以衆法으로 合成此身이라 起唯法起요 滅唯法滅이라하니 釋曰 上은
以法遣我라하니라 次經에 云 又此法者는 各不相知하야 起時에 不言我
起하고 滅時에 不言我滅이라하니 釋曰 此는 總顯我空이니 明不相知니라
次經에 又云 彼有疾菩薩이 爲滅法想하야 當作是念호대 此法想者도
亦是顚倒니 顚倒者는 卽是大患이라 我應離之리라 云何爲離오 謂離
我我所니라 云何離我我所오 謂離二法이라 云何離二法고 謂不念內
外諸法하고 行於平等이니 云何平等고 謂我等涅槃等이니 所以者何오
我及涅槃이 此二皆空이라 以何爲空고 但以名字故로 空이며 如此二
法이 無決定性이라하니

釋曰 此는 破法顯空이어늘 今但取我法 不相知義라 故略用二句니라
次下經에 云 得是平等하야는 無有餘病하고 唯有空病이니 空病亦空이
라하니 釋曰 此는 以空空으로 破空이니 非今所要로되 因便引來하야 成一
段義 畢耳니라 】

(2) 바로 본문을 해석함에 있어 또한 10가지의 일에 5가지의 배대가 있다. 간단하게 2가지로 해석하겠다. ① 총체로 봄[通觀]이요, ② 개별로 봄[別觀]이다.

① 총체로 봄[通觀]이란 앞서 말한 '총체의 과보'와 '개별의 과보'를 총체로 살펴봄을 말한다.

① 通觀의 제1對 '業不知心 心不知業'은 먼저 업보의 원인 입장에서 의지의 주체와 의지의 대상[能所依]을 가지고서 따져 물은 것이다. 그러나 여기에는 2가지의 뜻이 있다.

㉠ 本識으로 말함이니 업은 의지의 주체[能依]요, 마음은 의지의 대상[所依]이다. 의지의 대상인 마음을 여의고 의지의 주체인 업이 없는 까닭에 이를 "업은 마음을 알지 못한다."고 하였고, 의지의 주체인 업을 여의고 의지의 대상인 마음이 없는 까닭에 이를 "마음은 업을 알지 못한다."고 하였다. 각각 體用이 없어 서로 형성하지 못한 것이다. 이처럼 각각 서로 알지 못한다면 무엇이 가지가지의 다른 업보를 내는 것일까? 아래 부분도 아울러 이에 준한다.

㉡ 第六識으로 말함이니 업은 조성의 대상이요, 마음은 조성의 주체이다. 아울러 모두 속히 사라지는 까닭에 일어날 때에 자아가 일어난다 말하지 않고, 사라질 때에 자아가 사라진다고 말하지 않는다. 어떻게 체성이 있어 서로 발생한 데에서 가지가지의 다른 업보를 조성하겠는가. 【초_ '一約本識'에서 말한 業은 心所이다. 그러므로 마음을 의지하는 것이다. 마음은 제8 根本依이다.

'離所無能' 이하는 서로 알지 못한다는 뜻을 해석한 것인바, 相待門으로 해석한 것이다.

'離所無能'이라 말한 것은 이미 의지할 대상의 心王이 없고, 또한 의지할 주체의 업이 없는 것이다. 여기에서는 마음에 의지하여 업이 있고, 업은 반연을 따라 생겨난 것이다. 그러므로 자성이 없으면 마음을 알지 못한다.

'離能無所'는 의지의 주체가 되는 업을 여의면 마음은 의지의 대상이 아니다. 여기에서는 업이 의지의 대상으로 성립함으로 말미암아 의지할 대상의 자성이 없는 것이다. 따라서 업을 알지 못한다.

'以各(以各無體用)' 이하로 끝을 맺고 있다. 각기 반연을 따라 이루어 자성이 공하여 체성이 없음으로써 서로 의지하는 데 힘이 없다. 이 때문에 無用이라고 말한다. 각수보살 또한 "체용이 없기 때문에 서로 알지 못한다."고 말하였다.

'二約第六識'은 곧 제6식으로서 마음이라 명명한 것이다. 積集을 따라서 총체의 형상[通相]으로 말한 때문이다. 제6식은 사람이 무명에 집착하여 '眞實義'와 '異熟[17]理'를 혼미하여 알지 못한 까닭에 선과 불선이 상응하는 생각으로 죄업을 짓는 것이 三行[18]과 똑같이 아뢰야를 훈습하여 五趣·愛非愛 등 가지가지 과보의 모습을 얻게 되는 것인데, 단 제6식만을 말한 것은 제5식에 집착이 없어 점차 불어나지 않는다. 이 때문에 진실한 이치에 혼미하지 않으면 미루어 헤아릴 수 없기 때문에 업을 짓지 않고, 비록 滿業을 짓는다 할지라도 또한 스스로 그처럼 한 것이 아니며, 단 의식의 이끌림으로 말미암아야만 비로소 이러한 업을 짓기 때문이다.

"아울러 모두 속히 사라진다[並皆速滅]."라 함은 알 수 없음을 밝힌 것이다. 총체의 형상[通相]으로 말하면 모두 체용이 없는 것으로 밝힌 때문이며, 개별의 형상[別相]으로 말하면 작용의 부분[用門]이 똑같지 않다. 여기에는 2가지의 부분[二門]이 있다. 첫째는 無常

----

17 異熟: 선업에 의해 樂果를, 악업에 의해 苦果를 얻는 것처럼, 선악의 원인에 따라 고락이라는 서로 다른 과보를 얻기 때문에 異熟이라고 한다.

18 三行: 지은 악업에 의해서 왕래할 수 있는 세 곳.

門이다. 이 때문에 "아울러 모두 속히 사라진다."고 말하였다. 이에 대해 유마경 弟子品에서는 다음과 같이 말하였다.

"우바리여, 일체 법이 생기고 소멸하여 머물지 않음이 허깨비와 같고 번갯불과 같으며, 제법이 서로 상대하지 않으며 내지 한 생각의 찰나에도 머물지 않는다. 모든 법이 다 허망한 견해인 까닭에 마음과 업이 모두 공한 것이다."

아래의 財首보살의 게송에서는 다음과 같이 말하였다.

"온갖 과보가 업을 따라 생겨나는 것이 마치 꿈과 같아서 진실되지 않으며, 순간순간 항상 사라짐이 앞과 뒤가 같다."

이 때문에 無常에 의해 서로 알 수 없음을 밝힌 것이다.

"일어날 때에 자아가 일어난다 말하지 않는다." 이하는 곧 無我門이다. 法無我를 가지고서 서로 알 수 없음을 밝힌 것이다.

이 때문에 유마경 問疾品에서 다음과 같이 말하였다.

"또 이 병이 일어나는 것은 모두 '자아'에 대한 집착으로 말미암은 때문이다. 이런 까닭에 '자아'에 집착하지 않아야 하며, 이미 병의 근본을 알았다면 곧 '아상'과 '중생상'을 없애고 당연히 '법상'을 일으켜야 한다. 또 생각하기를 단 여러 법이 합하여 이 몸이 이루어진 것이라서 오직 법이 일어나면 몸이 일어나고 법이 사라지면 몸이 사라지는 것이다."

이에 대한 해석은 다음과 같다.

"위는 법으로써 '자아'를 버린 것이다."

아래에서는 다음과 같이 말하였다.

"또한 이 법이란 각각 서로 알지 못하여 일어날 때에 자아가 일어난다 말하지 않고, 사라질 때에 자아가 사라진다고 말하지 않는다."

이에 대한 해석은 다음과 같다.

"이는 我空을 총체로 나타내어 서로 알 수 없음을 밝힌 것이다."

아래에서는 또 다음과 같이 말하였다.

"또 그 병든 보살은 물질, 즉 법이라는 생각[法想: dharma-sa ja]을 없애고 마땅히 이렇게 생각해야 한다. 법이라는 생각 또한 곧 전도망상이다. 전도망상이란 큰 우환이기 때문에 내가 마땅히 떨쳐버려야 한다.

어떻게 떨쳐버릴 것인가? '자아'와 '내 것'이라는 생각을 여읨을 말한다.

어떻게 '자아'와 '내 것'을 여읠 것인가? 이 2가지의 법을 모두 여읨을 말한다.

어떻게 이 2가지의 법을 여읠 것인가? 안팎의 모든 법을 생각하지 않고 평등하게 행함을 이르는 것이다.

무엇이 평등인가? 나와 평등하고 열반과 평등함을 말한다.

무엇 때문인가? 나와 열반, 이 2가지가 모두 공한 때문이다.

무엇을 공하다고 하는가? 공이란 단 이름이 공일 뿐이며, 그와 같은 2가지의 법이 결코 자성이 없다."

이에 대한 해석은 다음과 같다.

"이는 물질이 존재하는 법을 타파하여 空을 나타낸 것인데, 여기에서는 단 '자아'의 법을 서로 알 수 없다는 뜻만을 취하여 말했을 뿐이다."

아래에서는 다음과 같이 말하였다.

"이러한 평등을 얻으면 다른 병이 없고 오직 공의 병만 있을 뿐이며, 공의 병 또한 공하게 된다."

이에 대한 해석은 다음과 같다.

"이는 空을 공하게 하는 것으로 공을 타파함을 말한다. 여기에서 이 부분은 중요한 대목은 아니지만 편의상 이를 인용하여 1단락의 뜻을 끝마친다."】

二'受不'下는 約得報果時하야 難能所受니 謂受是報因이니 即名言種이 爲業所引하야 受所受報니라 離報無受일세 故云'受不知報'라하고 離受無報일세 故云'報不知受'라하니 以並無體故로 準前應知니라【鈔 第二對者는 此釋受不知報 報不知受니라 受는 是能受之因이오 報는 是所受之報니 此上은 總明이오 謂受是報因下는 別釋이니 即名言種者는 唯識 第八에 云 '復次生死相續이 由諸習氣'라하니라 然諸習氣는 總有三種하니 一은 名言習氣오 二는 我執習氣오 三은 有支習氣니 名言習氣者는 謂有爲法 各別親種이라 名言有二하니 一은 表義名言이니 即能詮義音聲差別이오 二는 顯境名言이니 即能了境心心所法이니 隨二名言所熏成種하야 作有爲法하야 各別因緣이니라 釋曰 言各別親種者는 三性種異故오 能詮義音聲者는 揀無詮聲이니 彼非名故니라 名은 是聲上屈曲이니 唯無記性이라야 不能熏成色心等種이라 然因名起種하야 名名言種하고 顯境名言하나니 即七識 見分等心은 非相分

心이니라 相分心者는 不能顯境故오 此見分等은 實非名言이로되 如言說名하야 顯所詮義니라 此心·心所法은 能顯所了境하야 如似彼名으로 能詮義故로 隨二名言이 皆熏成種이오 二는 我執習氣오 三은 有支習氣니 並如六地라 有支는 卽是今文이니 爲業所引이니 能引之業故로 唯識云'三有支習氣'라하니 謂招三界異熟業種이니 有支는 有二라 一은 有漏善이니 卽能招可愛果業오 二는 諸不善이니 卽是能招非愛果業이라 隨二有支所熏成種하야 令異熟果로 善惡趣別이라 故論頌에 云'由諸業習氣와 二取習氣俱하야 前異熟旣盡하면 復生餘異熟'이라하니 此能引業은 卽諸業習氣어늘 此名言種은 卽二取習氣니라

言'爲業所引'者는 卽彼俱義하야 親辦果體댄 卽由名言이니 若無業種이면 不招苦樂이니 如種無田이면 終不生芽니라 故此名言이니 由業引起하야 方受當來異熟之果 苦樂之報라 故六地에 云'業爲田'이오 '識爲種'이라하니라

'離報無受'下는 釋不相知니 亦約相待空故일세니라 】

① 通觀의 제2對 '受不知報 報不知受'는 과보[報果]를 받게 되는 때를 들어서 받게 되는 주체와 받는 대상[能所受]에 대해 물어 논란한 것이다. 받은 것[受]은 과보의 원인[報因]이다. 곧 名言種이 업을 끌어당기는 대상[所引]이 되어 받게 될 대상[所受]의 과보를 받게 한다. 과보를 여의고 받을 것이 없는 까닭에 이를 "받은 것은 과보를 알지 못한다."고 말하며, 받을 것을 여의고 과보가 없는 까닭에 이를 "과보는 받을 것을 알지 못한다."고 말하니, 그 모두가 아울러 체성이 없는 까닭에 앞의 경문에 준해 이를 말하지 않아도 알 것이

다.【초_ 제3단락의 제2對는 "받은 것은 과보를 알지 못하고 과보는 받을 것을 알지 못함"을 해석한 것이다. 受는 받을 수 있는 주체[能受]의 원인이요, 報는 받을 대상[所受]의 과보이다. 이의 윗부분은 총체로 밝힘이다. '謂受是報因' 이하는 개별로 해석함이다. '卽名言種'이란 유식 제8에 이르기를 "또한 생사가 서로 이어지는 것은 모든 습기에 연유한 것이다."고 한다. 그러나 모든 습기는 3가지로 총괄할 수 있다.

① 名言習氣, ② 我執習氣, ③ 有支習氣[19]이다.

① 名言習氣란 일체의 有爲法을 '각기 달리 내게 하는 직접의 업종자[各別親種]'를 말한다. 名言에는 2가지가 있다. ㉠ 의미를 나타내는 소리[表義名言]이니, 곧 그 의의를 말을 표현할 수 있는 주체로서의 음성의 차별이며, ㉡ 경계를 상대로 나타내는 소리[顯境名言]이니, 곧 경계를 이해하는 주체로서의 마음[心]과 心所法이다. 이 2가지 名言의 훈습으로 업종자를 성취하는 바를 따라서 일체 유위법이 각기 다른 인연을 지어내는 것이다.

----

19 有支習氣: 삼계에 윤회하는 원인이라는 뜻. 이는 삼계의 윤회를 가능케 하는 업력으로써 업종자이다. ① 名言習氣. 名言(言語的表象)에 의해서 熏成된 종자, 곧 名言種子를 말하는 것으로, 일체의 有爲法을 각기 내게 하는 직접의 因으로, 곧 等流果(因과 等한 종류의 果)를 引生하는 점에서 等流習氣라고도 한다. 이것을 다시 表義名言(의미를 나타내는 소리)에 의한 習氣와, 顯境名言(對境을 緣慮하는 心··心所)에 의한 習氣의 2종으로 나눈다. ② 我執習氣. 我執에 의해서 길들여진 習氣. ③ 有支習氣. 有支(범어 bhavanga) 곧 三有(곧 三界에서의 生存)의 因(支는 因의 뜻)인 선악의 업에 의해서 熏成된 업종자를 말하는 것으로, 異熟果(果報)를 초래하는 점에서 異熟習氣라고도 한다. 또 ②를 없애고 等流習氣와 異熟習氣의 2종으로 하는 수도 있다.

이에 대해 다음과 같이 해석하였다.

'各別親種'이라 말하는 것은 세 가지의 종자가 다르기 때문이며, '能詮義音聲'이란 지어낼 수 없는 소리와 다른 것인바 名義가 아니기 때문이다. 名義란 음성 상에서의 굴곡이다. 오직 無記性이어야 색심 등의 종자를 熏成하지 못한다. 그러나 명의로 인하여 종자가 일어나 名言種이라 명명하고 경계의 명언을 나타내는 것인바 곧 제7식 見分 등의 마음은 相分의 마음이 아니다.

相分의 마음이라 하는 것은 경계를 나타내지 못한 때문이며, 이 見分 등은 실로 명언이 아니지만 언설의 명의와 같이 말해야 할 의의를 나타내주는 것이다. 이런 心과 心所法은 깨달아야 할 대상의 경계를 나타내어 그 명의가 그 뜻을 말해줄 수 있기 때문에 2가지의 名言을 따르는 것이 모두 다 종자를 훈성하는 것이다.

② 我執習氣, ③ 有支習氣는 아울러 모두 六地와 같다. 有支라 하는 것은 곧 이의 경문과 같다. 업이 이끄는 대상이다. 이를 이끄는 주체의 업이기 때문에 유식론에서 말하기를 '③ 有支習氣'라 말하니 삼계 異熟業의 종자를 불러들임을 말한다. 有支에는 2가지의 뜻이 있다. 하나는 有漏善이다. 이는 사랑스러운 果業을 불러들인다. 또 다른 하나는 모든 不善이다. 이는 사랑스럽지 않은 과업을 불러들인다. 이 2가지의 有支에 훈습하여 종자가 형성됨을 따라 이숙과로 하여금 선악의 길이 다르게 만드는 것이다.

이 때문에 유식론의 게송에서 말하기를 "모든 업의 습기와 二取의 습기가 함께함으로 말미암아 앞의 異熟이 이미 다하면 다시 나머지 異熟이 발생한다."고 하였다. 이처럼 이끌어가는 주체의 업은 곧 모든 업의 습기인데 이러한 名言種이란 곧 二取의 습기이다.

'爲業所引'이라 말한 것은 곧 그 부분의 뜻을 함께하여 친히 과보의 체성을 갖춘 것으로 말하면 곧 명언을 말미암은 것이다. 만일 업의 종자가 없으면 괴로움과 즐거움을 불러들이지 않는다. 이는 마치 밭이 없으면 끝내 새싹이 돋아날 수 없는 것과 같다. 이 때문에 名言이라고 한다. 업을 이끌어 일으킴에 의하여 바야흐로 현재와 미래에 이숙과와 고락의 과보를 받게 된다. 따라서 제6지에서 말하기를 "업은 밭이 되고 식은 종자가 된다."고 하였다.

'離報無受' 이하는 서로 알지 못함을 해석한 것이다. 또한 相待의 공으로 말한 때문이다.】

三心不下는 約名言因하야 就能所依難이니 謂前能受報因이 依心無體라 故無相知니 餘義는 同前이라【鈔_ '三約名言'等者는 標也니 卽將第二對中能受名言之因하야 對第一對中所依本識이니 前은 以業依識難이오 今以種依現行難이라 謂前能受報因下는 釋不相知로되 但釋受不知心하고 不解心不知受일세 故結云'餘義同前'이라하니 若具안댄 應云'所依心體 若離能依면 亦無所依니 無所依故로 不能相知라하니라】

① 通觀의 제3對 '心不知受 受不知心'은 名言習氣의 因을 가지고서 의지한 바의 주체와 객체에 나아가 묻고 논란함이다. 앞에서는 報果를 받을 수 있는 주체의 因이 마음을 의지하여 체성이 없는 까닭에 서로 알지 못한다. 나머지의 뜻은 앞서 말한 바와 같다.

343

【초_ '제3對의 名言習氣' 등이란 전체의 뜻을 나타낸 것이다. 곧 第二對 '受不知報 報不知受'에서 말한 이를 받게 되는 주체[能受]인 명언습기의 因을 들어서 第一對 '業不知心 心不知業'에서 말한 의지의 대상[所依]인 本識을 상대로 말하였다. 앞에서는 業으로써 識에 의한 점을 묻고 논란하며, 여기에서는 업종자로써 現行에 의한 점을 묻고 논란한다.

"앞에서는 報果를 받을 수 있는 주체의 因[謂前能受報因]" 이하는 서로 알지 못한 데 대한 해석이지만, 단 "받은 것은 마음을 알지 못함[受不知心]"을 해석했을 뿐, "마음은 받은 것을 알지 못함[心不知受]"에 대해서는 해석하지 않은 까닭에 이를 끝맺어 이르기를 "나머지의 뜻은 앞서 말한 바와 같다[餘義同前]."고 말한다. 만일 이 부분을 자세히 서술한다면 이는 "의지의 대상[所依]인 心體가 만일 의지의 주체[能依]를 여의면 또한 의지의 대상도 없다. 의지의 대상이 없는 까닭에 서로 알지 못한다."고 말해야 할 것이다.】

四因不下는 約因緣親疎相假難이니 謂所引名言爲因이오 能引業爲緣이니 相待相奪하야 各無自性은 如不自生等 準之니라【鈔_ 四約因緣等者는 取前第二對中所引名言과 及能引業하야 相對以明이니 此卽標也라

謂所引下는 出體오 相待相奪下는 釋不相知니 言相待者는 業無識種이면 不親劫體오 識無業種이면 不招苦樂이로되 旣互相待면 卽各無自性이라 言相奪者는 以業奪因이면 唯由業招라 故因如虛空이오 以因奪緣이면 卽唯心爲體라 故業如虛空이니 互奪獨立이라 亦不能相

知오 互奪兩亡이라 無可相知니라

'如不自生'等者는 引例以釋이니 以緣奪因일새 故不自生이오 以因奪緣일새 故不他生이니 因緣合辨에 相待無性일새 故不共生이오 互奪雙亡이어니 無因豈生가 以此不生으로 類於不知면 居然易了니 即以因爲自오 以緣爲他며 合此爲共이오 離此爲無因이니 互有라도 尚不相知은 互無어니 豈能相知아】

① 通觀의 제4對 '因不知緣 緣不知因'은 因·緣의 親疎가 서로서로 가탁함을 들어 묻고 논란함이니 그것을 끌어오는 대상[所引]으로서의 명언습기는 因이 되고, 그것을 끌어오는 주체[能引]의 업은 緣이 된다. 서로가 필요로 하고 서로가 빼앗아 각각 자성이 없음은 '不自生' 등과 같은 부분에 준해야 한다. 【초_ 제4對 因·緣의 親疎 등이란 앞의 第二對 '受不知報 報不知受'에서 그것을 이끌어오는 대상의 명언습기 및 그것을 이끌어오는 주체의 업을 취하여 상대로 이를 밝힌 것이다. 이는 곧 그 뜻을 나타낸 것이다.

"그것을 끌어오는 대상으로서의 명언습기" 이하는 體를 내는 것이며, '相待相奪' 이하는 서로 알 수 없음에 대한 해석이다. 相待라 말한 것은 업이 識종자가 없으면 친히 체성을 이루지 못하고, 식이 業종자가 없으면 苦樂을 부르지 못한다. 이미 이처럼 서로 필요로 한다면 그것은 곧 각각 자성이 없다. 相奪이라 말한 것은 업으로써 因을 빼앗으면 오직 업이 부를 것만을 따른 까닭에 因이 허공과 같고, 因으로써 緣을 빼앗으면 곧 오직 마음만 체성이 되는 터라, 이 때문에 業이 허공과 같다는 뜻이다. 서로가 빼앗아 獨立

한 것이기에 또한 서로 알지 못하고, 서로가 빼앗아 모두 사라진 자리이기에 서로 알지 못한다.

'如不自生' 등은 예를 인용하여 해석한 것이다. 緣으로써 因을 빼앗은 까닭에 自生이 아니요, 因으로써 緣을 빼앗은 까닭에 他生이 아니다. 因과 緣을 서로 합함으로써 서로 필요로 하여 자성이 없는 까닭에 共生이 아니요, 서로 빼앗아 모두 사라져서 因 그 자체가 없는데 어떻게 생겨날 수 있겠는가. 이처럼 스스로 생겨나지 않음을 가지고서 서로 알 수 없는 자리에 견주어보면 가만히 있어도 이를 쉽게 알 수 있다. 곧 因으로써 自를 삼고 緣으로써 他를 삼으며, 이것을 합한 것으로 共을 삼고 이것을 여의는 것으로 因이 없음을 삼는다. 서로 있다 할지라도 오히려 서로 알지 못하는데, 서로 없는 것을 어떻게 서로 알 수 있겠는가.】

五'智不'下는 約境智相對 相見虛無難이니 謂境是心變이라 境不知心이오 心托境生이라 心不知境이니 以無境外心이 能取心外境일세 是故로 心境虛妄하야 不相知也니라【鈔_ 五約境智等者는 相은 卽相分이오 見은 卽見分이라 諸心·心所에 略有二分이오 廣說有四니 如下當辨호리라

謂境是心變下는 明不相知義니 先約唯識能所變釋이오 後'以無境外'下는 約當經互融以說이라 故로 下經에 云'無有智外如 爲智所入이오 亦無如外智 能證於如'라하니 無有少法이라도 與法同住어니와 以擧心攝境이면 則無心外之境이오 擧境攝心이면 則無境外之心이니 以性無二相卽性故로 相隨性融하고 隨一皆攝이라 上約眞心이오 後'心境

虛妄下는 約其妄心이니 眞則互融이어니와 妄俱無體라 故下答中에 云
能緣所緣力으로 種種法出生이니 速滅不暫停하야 念念悉如是니라하니
卽顯妄無性故로 不相知也니라 然上五對에 初及第四는 唯約因中에
第二一對는 因果對辨이오 第三一對는 心含因果오 第五一對는 義通
因果니 修因二取는 卽名言等이라 故唯識論에 釋二取호되 二中에 總
有四義하니 一者는 相見이오 二者는 名色이오 三者는 王所오 四者는 本
末이니 末은 卽六識異熟이오 本은 卽第八異熟이라 四種二取 皆能熏
發하야 親能生彼本識上功能일새 名二取習氣오 所變心境은 卽通果
也라 又能變之心은 是因이오 所變之境은 是果니 心託境生하야 俱通
因果일세니라】

① 通觀의 제5對 '智不知境 境不知智'는 경계와 지혜가 상대하는 相分·見分의 虛無를 가지고서 논란함이다. 이르기를 "경계는 마음의 변화라 경계는 마음을 알지 못하고, 마음은 경계에 의탁해 생겨나는 터라 마음이 경계를 알지 못한다. 경계 밖의 마음이 마음 밖의 경계를 취함이 없는 까닭에 마음과 경계가 허망하여 서로 알지 못한다.【초_ '제5對 경계와 지혜' 등의 相은 곧 相分이요 見은 곧 見分이라, 모든 심과 소에 심소를 간단히 말하면 2가지로 나뉘고 자세히 말하면 4가지이다. 아래의 해당 부분에서 자세히 말할 것이다.

'謂境是心變' 이하는 서로 알지 못한다는 뜻을 밝힌 것이다. 먼저 유식의 能變과 所變으로 해석한 것이며, 뒤의 '以無境外' 이하는 해당 경전이 서로 원용하는 것으로 말하였다. 따라서 아래의 경문

에서 이르기를 "지혜 밖의 진여가 지혜에 들어가는 바가 없고, 또한 진여 밖의 지혜가 진여를 증득할 수 없다."고 한다. 조그마한 법이 없을지라도 법과 함께 머물 수 있거니와 마음을 들어 경계를 섭수하면 마음 밖에 경계가 없고, 경계를 들어 마음을 섭수하면 경계 밖에 마음이 없다. 성품에 둘의 차이가 없는 상이 곧 성품이기에 서로 따라서 자성이 원융하고 하나를 따라 모두 받아들여지는 것이다.

위에서는 진심으로 말하였고 뒤의 '心境虛妄' 이하는 망심으로 말하였다. 진심이란 서로 원융하지만 망심이란 모두 체성이 없다. 이 때문에 아래 재수보살이 게송으로 답한 가운데 "반연의 주체와 반연할 대상의 힘으로 갖가지 법이 생겨나는데, 빠르게 사라져 잠시도 멈추지 않아 한 생각 한 생각의 찰나가 모두 그와 같다."고 하였다. 이는 곧 망심이란 자성이 없기 때문에 서로 알지 못함을 나타낸 것이다.

그러나 위의 5가지 배대에서 제1대와 제4대는 오직 원인의 가운데, 제2대는 인과를 상대로 논변한 것이고, 제3대는 마음이 인과를 함유하고 있는 것이며, 제5대는 그 의의가 인과에 통한 것이다. 인을 닦는 二取는 곧 名言 등이다. 이 때문에 유식론에서 二取를 해석함에 있어 2가지 가운데 모두 4가지의 뜻이 담겨 있다. ① 相見, ② 名色, ③ 王所, ④ 本末이다. 末이란 곧 제6식 異熟이며, 本이란 곧 제8식 이숙이다. 4가지의 종자, 二取는 모두 훈습으로 발생하여 친히 본식상의 기능을 발생하기 때문에 二取習氣라 명명하고, 변화의 대상인 마음과 경계는 곧 공통의 과보이다. 또한 변화의 주체가 되는 마음은 원인이요, 변화의 대상이 되는 경계는 결과이다. 마음이 경계에 의탁하여 발생하여 모두 인과를 통하기 때문이다.】

二別觀者는 以初二對로 結趣善惡이니 趣善惡者는 正由業熏하야 受總報故일세니라【鈔_ 第二別觀者는 上云通觀이니 五對之中에 一一通前善惡趣等하야 五對本難이어늘 今卽以斯五對로 別對前五하야 而前後鉤鎖로되 但有四重을 細尋可見이라 以初二對로 結趣善惡者는 標也오 趣善惡者는 正由業熏이니 是第一對오 業不知心과 心不知業은 此對爲因이오 次云'受總報故'란 卽第二對오 受不知報와 報不知受는 初對爲因이오 受第二對는 報오 總報는 卽是趣善惡故니라 】

② 개별로 봄[別觀]이란 '제1對 業不知心 心不知業'과 '제2對 受不知報 報不知受'로써 태어나는 세계[趣]의 선악을 끝맺음이다. 태어나는 세계의 선악이란 바로 업의 훈습에 의하여 '총체의 과보'를 받기 때문이다.【초_ "② 개별로 봄[別觀]"은 위의 ①에서는 총체로 봄[通觀]이라 말하였다. 이는 五對의 가운데 하나하나가 앞서 말한 善趣·惡趣 등을 통틀어 五對를 본래 논란한 것인데, 여기에서는 이 五對로써 별개로 앞의 五對를 상대로 하여 전후 부분을 하나로 묶어놓은 것이지만, 자세히 살펴보면 단 4重으로 말하고 있음을 알 수 있다.

"제1對 業不知心 心不知業과 제2對 受不知報 報不知受"로 태어나는 세계의 선악을 끝맺은 것은 모든 뜻을 총체로 밝힘이며, '태어나는 세계의 선악'이란 바로 업의 훈습에 의함이니 이는 第一

對이며,

"받은 업은 마음을 알지 못하고 마음은 받은 업을 알지 못한다."는 것은 이 對가 因이 되고, 다음에 "모든 과보를 받기 때문이다."는 것은 곧 第二對이며,

"받은 것은 과보를 알지 못하고 과보는 받은 것을 알지 못한다."는 것은 第一對가 因이 되고, 第二對의 受不知報 報不知受는 報이며,

'총체의 과보[總報]'는 곧 태어나는 세계의 선악이기 때문이다.】
二는 復以第二及第三對로 結受生同異니 初對는 以名言種으로 對所生處요 次對는 以名言種으로 對能依本識이라【鈔_ '二復以第二'等者는 鉤取前二對中第二對니 卽重明受不知報와 報不知受니 受는 卽名言種이라 故云 '初對以名言種對所生處'라하니 謂亦由識種하야 往所生處라 故初地에 云於三界田中에 復生苦芽라하니라
'次對以名言'等者는 卽心不知受와 受不知心이니 受는 卽名言種이오 心은 卽能依本識者니 依名言種하야 招現行識이라 故로 識爲能依니 則此心言은 通因及果라 上約因中本識일새 故爲所依오 今約果中일새 故爲能依니라】

② 別觀의 2는 또한 '제2대 受不知報 報不知受' 및 '제3대 心不知受 受不知心'으로 "생을 받음이 같기도 하고 다르기도 함"을 끝맺었다. 初對(제2대)는 명언습기의 종자[名言種]로 태어난 곳을 상대로 말하였고, 次對(제3대)는 명언습기의 종자로써 의지의 주체[能依]가 되는 本識을 상대로 말하였다.【초_ "② 別觀의 2는 또한 제2

대" 등이란 앞의 二對 가운데 제2대를 말한다. 곧 받은 것은 과보를 알지 못하고 과보는 받은 것을 알지 못함을 거듭 밝힘이니 受란 명언습기의 종자이다. 이 때문에 "初對(제2대)는 명언습기의 종자[名言種]로 태어난 곳을 상대로 말하였다."고 한다. 이 또한 識의 종자에 의하여 태어날 곳으로 가는 것이다. 이 때문에 初地에 이르기를 "三界의 밭 가운데 다시 고통의 싹이 돋아난다."고 하였다.

"次對(제3대)는 명언습기의 종자" 등이란 곧 마음은 받은 것을 알지 못하고 받은 것은 마음을 알지 못함이니 受란 명언습기의 종자이며, 마음이란 의지의 주체가 되는 根本識이다. 명언습기의 종자에 의하여 現行識을 불러들인 것이다. 이 때문에 識은 의지의 주체이다. 이에 마음으로 말한 것은 因과 果를 총괄하여 말한 것이다. 위에서는 因 가운데 本識으로 말한 까닭에 의지의 대상이 되고, 여기에서는 果로 말한 까닭에 의지의 주체가 된다.】

三은 復以第三及第四對로 結苦樂不同과 及端正醜陋니 初對는 觀現受時오 次對는 觀苦樂因과 及彼姸媸이니 皆由緣令異니 謂損益因으로 成苦樂果하고 以瞋忍因으로 成姸媸果니라【鈔_ '三復以第三等者는 卽通以此二對로 雙結前二對니 初對觀現受時者는 卽心不知受와 受不知心이니 謂亦由受因하야 受苦樂體와 及姸媸故니라 若有識種本識이면 此二도 亦無所依니라

次對觀苦樂因等者는 卽因不知緣과 緣不知因이라

謂損益下는 別示二對之相이니 由損他業하야 感於苦報하고 由益他業하야 感於樂報하고 以瞋恚業으로 感於醜陋하고 由忍辱業하야 感於

端正이라 此中言因은 名緣爲因이오 此中言果는 是別報果니라 】

② 別觀의 3은 또한 '제3대 心不知受 受不知心'과 '제4대 因不知緣 緣不知因'으로 "삶에 고통을 받기도 하고 즐거움을 받기도 하는 것이 똑같지 않음"과 "용모가 단정하기도 하고 누추하기도 함"을 끝맺었다. 初對(제3대)는 현재 생을 받을 때[現受時]를 觀함이며, 次對(제4대)는 삶의 고통과 즐거움이 되는 원인 및 용모의 단정함과 누추함을 觀함이다. 이는 모두 외적·간접적인 반연[緣]을 따라서 이처럼 차이가 생겨나는 것이다.

남들에게 손해를 끼쳤느냐 이익을 주었느냐[損益]의 因으로 인하여 삶의 고통과 즐거움의 과보[苦樂果]를 이루고, 남들에게 성내느냐 참느냐[瞋忍]의 因으로 인하여 용모의 단정함과 누추함의 과보[姸媸果]를 이루게 된다. 【초_ "② 別觀의 3은 또한 제3대 心不知受" 등이란 곧 제3, 제4 대를 총괄하여 앞서 말한 '苦·樂'과 '姸·媸' 2가지의 배대를 한꺼번에 끝맺은 것이다. "初對(제3대)는 현재 생을 받을 때를 觀함"이란 곧 "마음은 받은 것을 알지 못하고 받은 것은 마음을 알지 못함"이다. 이 또한 받은 것의 원인[受因]에 의하여 삶의 고통과 즐거움 및 용모의 단정함과 누추함을 받게 되는 이유를 말한 것이다. 만약 識의 종자인 근본식[本識]이 있다면 이 2가지 또한 의지할 바가 없다.

"次對(제4대)는 삶의 고통과 즐거움이 되는 원인" 등이란, 곧 "내적·직접적인 원인[因]은 외적·간접적인 반연[緣]을 알지 못하고, 외적·간접적인 반연은 내적·직접적인 원인을 알지 못함"을 말한다.

二는 答이라

(2) 각수보살의 게송 대답

經

時에 覺首菩薩이 以頌答曰

그때 각수보살이 게송으로 답하였다.

仁今問是義는　　　　　爲曉悟群蒙이라
我如其性答호리니　　　惟仁應諦聽하소서

　　인자(仁者)여, 지금 이런 뜻을 물으심은
　　중생을 깨우쳐주기 위함인 터
　　내가 그 법성과 같이 답하리니
　　인자여, 자세히 들으소서

● 疏 ●

答中分二니 初偈는 讚問許說이라 上半은 讚問이니 謂文殊自究深旨는 一向爲他하야 仁心弘益也오 次句는 許說分齊니 稱性說故也오 後句는 勸聽이니 言同意別也라 故令諦受니라

　　게송의 대답은 2단락으로 나뉜다.
　　제1단락의 제1게송은 문수보살의 물음을 찬탄하면서 설법을 허락함이다.

밝고 예리하고 수승함을 갖추게 되고, 만일 지혜가 경계에 信 등이 따라 없다거나 혹 깊고 후하지 못하면 과보를 얻을 때에 眼·耳·鼻·舌·身이 따라 결손되거나 혹 下品을 이루게 된다.

"아울러 이는 모두 자성이 없다." 이하는 위의 개별로 해석하는 가운데 단 能對·所對 2가지의 법체를 내는 것이지만, 여기에서는 총체로 서로 알지 못한다는 뜻을 밝힌 것인바 경문을 쉽게 이해할 수 있다. 그 뜻은 다음과 같다.

모두가 각기 서로 의지하여 반연을 따라 자성이 없다는 것인데 어떻게 훈습의 주체와 대상 등이 서로 알 수 있겠는가.

"이처럼 서로 알지 못한다면"은 오로지 제1의 직접 물은 뜻을 끝맺은 것이지만, 또한 당연히 다음과 같은 의심을 가질 수밖에 없다.

"이는 가지가지의 자성일까? 하나의 자성일까?"

이에 관한 논란을 다음과 같이 끝맺고 있다.

"하나의 자성이 가지가지를 따르면 眞諦를 잃게 되고, 가지가지의 자성이 하나의 본성을 따르면 俗諦를 잃게 된다."

하나의 자성은 곧 서로 알지 못한다. 이 또한 당연히 다음과 같이 끝맺어 말할 것이다.

"가지가지의 자성이 서로 알지 못함을 따르면 속제를 잃게 되고, 서로가 서로를 알지 못한 것이 가지가지의 자성을 따르면 진제를 잃게 된다."】

이 隨於一性이면 則失俗諦라 一性은 即不相知오 亦應結云 種種隨於 不相知면 則失俗諦오 不相知隨於種種이면 則失眞諦니라】

② 別觀의 4는 또한 '제4대 因不知緣 緣不知因' 및 '제5대 智不知境 境不知智'로써 "모든 근기가 원만하기도 하고 모자라기도 함"을 끝맺은 것이다. 또한 滿業의 인연(인간계에 태어난 자에게 개개의 개체를 완성시키는 업)이 남들에게 손해를 끼쳤느냐 이익을 주었느냐의 차이에 따른 까닭에 內六處(六根: 眼處·耳處·鼻處·舌處·身處·意處)의 근기가 원만하기도 하고 모자라기도 하는 과보를 이루고, 또한 眼耳鼻舌身意의 근기가 원만하고 모자람에 의한 까닭에 分別位의 경계를 깨달음이 똑같지 않다. 아울러 이는 모두 자성이 없어 각각 서로 알지 못한다. 이처럼 서로 알지 못한다면 그 무엇이 가지가지 다르게 만들겠는가.【초_ "② 別觀의 4는 또한 '제4대 因不知緣 緣不知因' 및" 등은 이는 위에서 총체로 밝힌 것이며 '亦由滿業' 이하는 개별로 그 相滿業을 설명한 것이다. 이는 곧 제4대 '因不知緣 緣不知因' 내적·직접적인 원인[因]은 외적·간접적인 반연[緣]을 알지 못하고 외적·간접적인 반연은 내적·직접적인 원인을 알지 못하며, 緣은 곧 업이니 오직 만업을 취한 터라 그 눈과 귀를 손상함으로 말미암아 봉사와 귀머거리가 이루어진다 등이며, 그 육근 등을 더함에 의하여 6곳이 만족함을 이룬다고 하였다.

"또한 內六處의 근기가 원만" 등이란 곧 제5대의 "지혜는 경계를 알지 못하고 경계는 지혜를 알지 못함"이다. 지혜는 경계에 信·進·念·定·慧의 만족이 있으면 과보를 받은 가운데에 또한 오근이

"남들에게 손해를 끼쳤느냐 이익을 주었느냐[損益]의 因" 이하는 별개로 '苦·樂'과 '姸·媸' 2가지 배대의 모습을 보여준다. 남들에게 손해를 끼친 업으로 말미암아 고통의 과보를 받고, 남들에게 이익을 주는 업으로 말미암아 즐거움의 과보를 받고, 성내는 업으로 말미암아 누추한 얼굴을 받고, 인욕의 업으로 말미암아 단정한 얼굴을 받는다. 여기에서 말한 因은 緣을 명명하여 因이라 하였고, 여기에서 말한 果는 별개의 報果이다.】

四는 復以第四及第五對로 結諸根滿缺이니 亦由滿業因緣이 有損他益他之異일세 故成內六處滿缺之果하고 又由內根有滿缺일세 故於分別位에 了境不同이니 並皆無性하야 各不相知인댄 誰令種種가【鈔_'四復以第四等者는 此上總明이오 '亦由滿業下는 別說其相滿業이니 卽第四對因不知緣 緣不知因'이라 緣은 卽是業이니 唯取滿業이라 由損他眼耳하야 成盲聾等하고 由益他六根等하야 成六處滿足이라
'又由內根'等者는 卽第五對'智不知境 境不知智'이니 謂智於境에 有信進念定慧之滿足이면 則受果中에 亦具五根明利勝上이오 若智於境에 信等隨闕이오나 或非深厚면 則得果時에 五根遂缺이오나 或成下品이라
'並皆無性'下는 上別釋中에 但出能對·所對 二種法體로되 今則總明不相知義니 在文易了라 意云並各相依하야 從緣無性이어니 何有能所熏等而能相知리오.
'旣不相知'者는 此但約第一直問意結이어늘 亦應帶疑云 爲是種種이오 爲是一性이라하고 結成難云 一性이 隨於種種이면 則失眞諦오 種種

제1, 2구는 물음을 찬탄함이다. 문수보살이 스스로 깊은 종지를 궁구함은 하나같이 남을 위하여 인자한 마음으로 중생에게 큰 이익을 주기 위함이다.

제3구는 설법의 한계이다. 법성에 칭합한 이치를 말하려 하기 때문이다.

제4구는 자세히 듣기를 권면함이다. 말이란 같으면서도 그 의미가 다르기 때문에 문수보살로 하여금 자세히 받아들이도록 하기 위함이다.

經

諸法無作用이며   **亦無有體性**이라
是故彼一切가   **各各不相知**니라

　모든 법이란 그 자체의 작용이 없으며
　또한 체성도 없다
　그러므로 그 모든 법은
　각각 서로 알지 못한다

 疏

二는 正答이니 答勢縱橫하야 具答前來三重問意라 分爲二니 前五는 答前結成之中에 以何因緣으로 而不相知오니 用此釋成하야 答前難故로 首而明之오 後五는 正答前難이라
今初는 分二니 先一은 法說이오 後四는 喩況이라

今初는 意云特由從緣種種이라 故不相知也라 卽此偈 上半은 出因이오 下半은 結歸本宗이오 後四는 卽爲同喩니라 量云眼等은 是有法이니 定不相知故는 是宗法이오 因云從緣無體用故오 同喩云如河中水니 河水는 無體用일세 河水不相知오 眼等은 無體用일세 眼等不相知니라 若以緣起相由門釋者인댄 初句는 因緣相假라 互皆無力이오 次句는 果法含虛라 故無體性이니 至下喩中하야 別當釋之라 是故로 虛妄緣起 略有三義니 一은 由互相依하야 各無體用일세 故不相知오 二는 由依此無知無性하야 方有緣起오 三은 由此妄法이 各無所有일세 故令無性眞理로 恒常顯現이니 現文에 但有初後二意니라

言諸法者는 非唯擧前十事五對라 亦該一切有爲法也니 果從因生이라 果無體性이오 因由果立이라 因無體性이라 因無體性이어니 何有感果之用이며 果無體性이어니 豈有酬因之能이리오 又互相待일세 故無力也오 以他爲自일세 故無體也니라

下半結中에 '是故'者는 是前體用俱無故니 故彼一切法이 各各不相知也니라【鈔 '果從因生'等者는 上取義便이로되 但因無力하야 說果無體어늘 今欲盡理일세 故具擧之니 則上句諸法은 通於因果하니 先以因緣門으로 明因果俱無體니라

'因無體性'下는 以上無體로 釋成因果無用이니 體尙不立이온 用安得存가

'又互相待'下는 以相待門으로 明無體用이니 先明因果無用이라 故云無力이라하니라

'以他爲自'下는 明因果無體니 旣全攬他일세 故無自體니라】

제2단락은 바로 대답함이다. 대답의 문맥이 종횡으로 거침없이 앞서 말한 三重으로 물은 뜻에 대해 자세히 대답하였다.

제2단락의 10수 게송은 2단락으로 나뉜다.

제1의 5수(제2~6) 게송은 앞의 물음을 결성한 가운데 "무슨 인연으로 서로 알지 못하는가."라는 점에 대한 대답이다. 이러한 해석을 통하여 앞의 논란을 대답한 까닭에 먼저 이를 밝힌 것이며, 제2의 5수(제7~11) 게송은 앞의 논란에 바로 대답함이다.

제1의 5수(제2~6) 게송은 다시 2부분으로 나뉜다. 앞의 제2게송은 법대로 말함이며, 뒤의 4수(제3~6) 게송은 비유이다.

앞의 제2게송은 특별히 緣을 따라 가지가지의 차이가 유래한 까닭에 서로 알지 못하게 됨을 말한 것이다. 제2게송의 제1, 2구는 因을 냄이며, 제3, 4구는 本宗으로 귀결 지음이다.

뒤의 4수(제3~6) 게송은 곧 같은 비유이다. 立量으로 말하면 눈·귀 등은 유위법이다. 결정코 제4구에서 "서로 알지 못하기" 때문이라 함은 宗法이다. 因은 緣을 따라 體用이 없기 때문이고, 같은 비유는 강하의 물과 같다. 강하의 물은 체용이 없는 까닭에 강하와 물이 서로 알지 못하고, 눈·귀 등이 체용이 없는 까닭에 눈·귀 등이 서로 알지 못한다.

만일 緣起相由門으로 해석한다면 제1구는 因과 緣이 서로서로 가탁한 터라 서로가 모두 힘이 없고, 다음 제2구는 결과의 법이 허공을 함유한 터라, 이 때문에 체성이 없다. 이는 아래의 비유 부분에서 별개로 해석할 것이다.

이 때문에 허망한 緣起에는 간단하게 3가지의 의의가 있다.

(1) 서로가 의지하여 각각 체용이 없는 까닭에 서로 알지 못하고,

(2) 이 無知와 無性을 의지함으로 말미암아 바야흐로 緣起가 있으며,

(3) 이 허망한 법이 각각 있는 바가 없음으로 말미암은 까닭에 자성이 없는 진리[無性眞理]로 하여금 언제나 뚜렷이 나타나게 만든 것이다. 이의 게송에서는 3가지 의의 가운데 단 (1)과 (3)의 의의가 있을 뿐이다.

제1구에서 '諸法'이라 말한 것은 오직 앞서 말한 十事五對만을 들어 말했을 뿐만 아니라 일체 유위법을 모두 포괄하고 있다. 결과는 원인에 의해 생겨나는 것이므로 결과는 체성이 없고, 원인은 결과에 의해 성립되므로 원인은 체성이 없다. 원인의 체성 자체가 없는데 어떻게 결과를 얻는 작용이 있겠는가. 결과의 체성 자체가 없는데 어떻게 원인에 의한 결과의 주체가 있겠는가. 또한 서로 필요로 한 까닭에 힘이 없고, 다른 것으로 자아를 삼은 까닭에 체성이 없다고 말한다.

제3구의 끝맺은 말에서 '是故'라 말한 것은 앞서 체성과 작용이 모두 없기 때문이다. 이 때문에 저 모든 법이 각각 서로 알지 못한다. 【초_ '果從因生' 등이란 위에서 말한 의의의 편의를 취하였지만, 단 무력함으로 인하여 결과에 체성이 없는 것을 말하였는데, 여기에서는 그 이치를 극진히 다하고자 하는 까닭에 구체적으로 들어 말한 것이다. 상구의 모든 법은 인과에 통하는 것이니 먼저

인연법문으로써 인과가 모두 체성이 없음을 밝힌 것이다.

'因無體性' 이하는 위의 체성이 없다는 것으로써 인과의 작용이 없음을 해석하여 끝맺는다. 체성도 오히려 성립될 수 없는데 어떻게 작용이 존재할 수 있겠는가.

'又互相待' 이하는 상대문으로 체용이 없음을 밝힌 것이다. 먼저 인과의 작용이 없음을 밝히며, 이 때문에 무력이라 말한다.

'以他爲自' 이하는 인과의 체성이 없음을 밝힌 것이니, 이미 모두 그것을 가지고 말한 까닭에 자체가 없다.】

譬如河中水가　　　　湍流競奔逝호대
各各不相知인달하야　　諸法亦如是니라

　비유하면 강에 흐르는 물이
　빠르게 다투어 흘러가지만
　각각 서로 알지 못하듯이
　모든 법 또한 이와 같다

● 疏 ●

第二는 喩況이니 略有二意라 一은 以此四喩로 通釋諸法不相知言이오 二는 別對前文諸不相知하고 兼通前設難이라
今初는 以四大爲喩나 然各上三句는 喩況이오 下句는 法合이라 然此四喩는 各顯一義니 一은 依水 有流注오 二는 依火 燄起滅이오 三은 依風

361

有動作이오 四는 依地 有任持라 法中四者는 一은 依眞 妄相續이오 二는 依眞 妄起滅이오 三은 妄用 依眞起오 四는 妄爲眞所持라 然此法喩 一一各有三義하니 一은 唯就能依오 二는 依所依오 三은 唯所依니라 今初喩中에 唯就能依者는 流也라 然此流注에 有十義不相知하야 而成流注니 一은 前流不自流라 由後流排故流니 則前流無自性일세 故不知後오 二는 後流雖排前이나 而不到於前流일세 故亦不相知오 三은 後流 不自流라 由前流引故流니 則後流無自性일세 故不能知前이오 四는 前流雖引後이나 而不至後라 故亦不相知오 五는 能排與所引 無二라 故不相知오 六은 能引與所排 無二라 故不相知오 七은 能排與所排 亦無二라 故不相知오 八은 能引與所引 亦無二라 故不相知오 九는 能排與能引 不得俱라 故不相知오 十은 所排與所引 亦不得俱라 故不相知니라 是則前後互不相至하야 各無自性이라 只由如此無知無性하야 方有流注니 則不流而流也니 肇公云 江河競注而不流 卽其義也니라 然上云 '前後'者는 通於二義니 一은 生滅前後니 謂前滅後生이 互相引排오 二는 此彼前後니 卽前波後波니라 小乘도 亦說當處生滅호되 無容從此轉至餘方하야 而不知無性緣起之義耳니라【鈔_ 然此流注下는 別示不相知니 謂欲顯不相知理라 故寄前後流異하야 成其十門이니 若不說前後之流면 將何不相知耶아 一河之水 不出前後이면 則千里九曲에 皆悉無性하야 不相知矣라 然雖十義로되 本唯二流 成兩重能所하나니 前流의 望引은 爲能이오 望排는 爲所며 後流의 望排는 爲能이오 望引은 爲所니 以斯四義로 相集成十이니라 '肇公'下는 引他證成이니 卽物不遷論이라 然其相連에 總有四句니 論

云 '旣無往反之微朕'이어니 有何物而可動乎아 然則旋嵐偃岳而常靜하고 江河競注而不流하고 野馬飄鼓而不動하고 日月歷天而不周復何怪哉아하니 今四喩中에 但用水風이오 彼無火地니라

'然上云'下는 別釋前後二字오 '一生滅前後'者는 此卽竪說이니 如壯與老라 謂此流水는 刹那生滅하야 前刹那滅에 後刹那生이라

'二此彼前後'者 猶如二人이 同行狹徑에 後人排前하고 前人引後니 此卽橫說이라 分分之水는 皆有前後하야 乃至毫滴히 亦有前毫後毫라 故聚衆多하야 皆成流注하니 則無性矣라

'小乘亦說'下는 揀定不相知理니 先擧小乘이오 '而不知'下는 擧大異小니 小乘은 卽俱舍論業品中에 釋身表하야 許別形이니 非行動爲體는 以諸有爲法이 有刹那盡故일세니라 論文初句에 論主標有宗義오 下三句는 破正量部니 以正量部에 謂以動身으로 爲身表體일세 故論破之라 然正量部 心·心所法은 則有刹那어니와 此之動色은 無有刹那라 今論主 明諸有爲法이 皆有刹那니 何以知有오 後有盡故일세니라 旣後有盡이면 知前有滅이라 故論에 云若此處生이면 卽此處滅이니 無容從此轉至餘方이라 釋曰 此生此滅이 不至餘方은 同不遷義로되 而有法體 是生是滅이라 故非大乘이라 大乘之法은 緣生無性일세 生卽不生이오 滅卽不滅이라 故遷則不遷이니 則其理懸隔이라 然肇公論은 則含二意하야 顯文所明은 多同前義라 故云 '傷夫라 人情之惑이 久矣라 目對眞而莫覺이여 旣知往物而不來로되 而謂今物而可往이라하니 往物旣不來댄 今物 何所往고 何則고 求向物於向인댄 於向未嘗無로되 責向物於今이면 於今未嘗有라 於今未嘗有로 以明物不來하고 於向

363

未嘗無오 以明物不去라 覆而求今인댄 今亦不往이라 是謂昔物自在昔이오 不從今以至昔이며 今物自在今이오 不從昔以至今이라 故仲尼曰 回也여 見新交臂非故라하니 如此則物不相往來 明矣라 既無往反之微朕이어니 又何物而可動乎아 即云然則旋嵐'等이라하고 下文에 又云若古不至今인댄 今亦不至古라 事各性住어니 何物而可去來아하니 釋曰 觀肇公意컨대 既以物各性住而爲不遷이니 則濫小乘 無容從此轉至餘方이오 下論에 云故談眞有不遷之稱하야 導物有流動之說하니 則以眞諦爲不遷이로되 而不顯眞諦之相나라 若但用於物各性住로 爲眞諦相인댄 寧非性空無可遷也리오 不眞空義라야 方顯性空이니 義約俗諦爲不遷耳라 】

뒤의 4수(제3~6) 게송은 비유이다. 간단하게 말하면 2가지의 의의가 있다.

1) 이는 4가지의 비유로써 모든 법이 서로 알지 못한다는 말을 총체로 해석하였고,

2) 별개로 앞서 말한 "모두가 서로 알지 못한다."는 말을 상대하고, 겸하여 앞서 말한 가설의 논란을 총체로 말하였다.

뒤의 4수 게송은 地·水·火·風 四大로 비유했으나, 여기에서는 각각 위의 제1~3구는 비유이고 아래의 제4구는 법으로 귀결지었다.

그러나 이러한 四大의 비유는 각각 하나의 의의를 밝히고 있는 바 다음과 같다.

1) 물을 의지하여 흘러감이 있으며,

2) 불을 의지하여 화염의 일어나고 사라짐이 있으며,

3) 바람을 의지하여 일어남이 있으며,

4) 땅을 의지하여 만물을 실어줌이 있다.

제4구의 법으로 귀결 지은 데는 4가지의 의의가 있다.

1) 참됨을 의지하여 거짓이 서로 이어지며,

2) 참됨을 의지하여 거짓이 일어나고 사라지며,

3) 거짓의 작용이 참됨을 의지하여 일어나며,

4) 거짓이 참됨의 의지의 대상이 된다.

그러나 이러한 법의 비유 속에는 하나하나에 각각 3가지의 의의가 있다.

(1) 오직 의지의 주체에 나아감이며,

(2) 의지의 대상을 의지함이며,

(3) 오직 의지의 대상이다.

이의 제3게송 물의 비유 가운데 "(1) 오직 의지의 주체에 나아감"이란 흐름이다. 그러나 이러한 흐름에는 10가지 의의의 서로 모를 부분으로 흘러감을 이루고 있다.

① 앞의 흐르는 물결은 스스로 흘러가는 것이 아니라 뒤 물결이 밀어내는 까닭에 흘러가는 것이다. 곧 앞의 흐르는 물결에는 자성이 없는 까닭에 뒤 물결을 알지 못한다.

② 뒤 물결이 비록 앞 물결을 밀어내지만 앞 물결에 이르지 못한 까닭에 또한 서로 알지 못한다.

③ 뒤 물결이 스스로 흐르지 못한 터라 앞 물결이 끌어당김에

의한 까닭에 흘러가는 것이다. 곧 뒤 물결이 자성이 없는 까닭에 앞 물결을 알지 못한다.

④ 앞 물결이 비록 뒤 물결을 끌어당기지만 뒤 물결에 이르지 못한 까닭에 또한 서로 알지 못한다.

⑤ 밀어주는 주체[能排]가 끌어주는 대상[所引]과 둘의 차이가 없기 때문에 서로 알지 못한다.

⑥ 끌어주는 주체[能引]가 밀어주는 대상[所排]과 둘의 차이가 없기 때문에 서로 알지 못한다.

⑦ 밀어주는 주체가 밀어주는 대상과 또한 둘의 차이가 없기 때문에 서로 알지 못한다.

⑧ 끌어주는 주체가 끌어주는 대상과 또한 둘의 차이가 없기 때문에 서로 알지 못한다.

⑨ 밀어주는 주체가 끌어주는 주체와 함께하지 못한 까닭에 서로 알지 못한다.

⑩ 밀어주는 대상이 끌어주는 대상과 또한 함께하지 못한 까닭에 서로 알지 못한다.

이처럼 곧 앞의 물결과 뒤의 물결이 서로 이르지 못하여 각각 자성이 없다. 단 이와 같은 無知와 無性에 의하여 바야흐로 흐름이 있는바, 곧 흐르지 않고 흘러감이다. 승조 법사가 이르기를 "강하는 앞다투어 흐르되 흐르지 않는다."고 함이 곧 이런 의의이다.

그러나 위에서 '前後'를 말한 것은 2가지의 의의와 통하고 있다.

① 生과 滅의 전후이다. 앞에서 사라짐과 뒤이어 생겨남이 서

로서로 끌어주고 밀어줌을 말한다.

② 이것과 저것의 전후이다. 곧 앞 물결과 뒤 물결이다. 小乘 또한 當處 생멸을 말하되 이곳으로부터 나머지 지방으로 전전하여 다다름을 용납함이 없어 자성이 없는 연기[無性緣起]의 의의를 알지 못한다.【초_ '然此流注' 이하는 개별로 서로 알지 못함을 보여준 것이다. 서로 알지 못하게 되는 이치를 밝혀주고자 이를 말한 것이다. 이 때문에 전후 흐름이 다른 데에 기탁하여 그 10가지의 부분을 이룬다. 만일 전후의 흐름을 말하지 않았다면 무엇을 가지고 장차 서로 알지 못하게 되는 것일까? 한 강하의 물줄기가 전후로 흘러오지 않는다면 천 리 멀리 아홉 번 굽이쳐 흘러가면서 모두 자성이 없어 서로 알지 못한다. 그러나 10가지의 의의를 가지고 있지만 본래는 오직 2가지의 흐름이 2중의 주체와 대상을 이룬다. 앞의 물줄기가 앞을 바라보면서 이끌고 가는 것은 주체가 되고 바라보면서 밀쳐가는 것은 대상이 되며, 뒤의 물줄기가 바라보고서 밀치는 것은 주체가 되고 바라보고서 이끄는 것은 대상이다. 이러한 4가지의 의의로써 서로 모여져 10가지가 되는 것이다.

'肇公' 이하는 그의 말을 인용하여 증명한 것이다. 그것은 곧 物不遷論이다. 그러나 서로 연결되는 데에는 모두 4구가 있다. 조론 물불천론에 이르기를 "이렇듯 오고 가는 미세한 조짐도 없는 이상, 도대체 어떤 사물에 무슨 변화가 있겠는가. 이와 같다면 돌개바람이 수미산을 무너뜨린다 한들 항상 고요하고, 강하가 다투어 흐르면서도 흐르지 않고, 아지랑이가 끝없이 휘날리면서도 움직이지 않고, 해와 달이 하늘에 돌고 돌면서도 돌지 않는 것 또한 어찌 이상하다고 생각할 수 있겠는가."라고 하였다. 여기에서는 4가지의 비유 가운데, 단 물과 바람의 비유만을 인용하였을 뿐 불과 땅의 비유는 없다.

'然上云' 이하는 개별로 전후 2글자를 해석한 것이며, '一生滅前後'라 하는 것은 시간으로 말하는 豎說이다. 젊은이와 늙은이가 같은 것이다. 이 흐르는 물은 찰나에 생겨나고 사라져서, 앞의 찰나에 사라지며 뒤의 찰나에 생겨난다.

'二此彼前後'라는 것은 마치 두 사람이 나란히 좁은 길을 갈 적에 뒷사람은 앞으로 밀치고 앞사람은 뒷사람을 이끄는 것과 같다. 이는 바로 공간으로 말하는 橫說이다. 분분의 물은 모두 전후가 있어 이에 물 한 방울까지도 앞의 물 한 방울과 뒤의 물 한 방울이 있다. 그러므로 수많은 물방울이 모여서 모두 큰 물줄기를 이루게 되니 곧 자성이 없다.

'小乘亦說' 이하는 서로 알지 못하는 이치를 가려서 정립한 것이다. 앞에서는 소승을 들어 말하였고, '而不知' 이하는 큰 것을 들어 작은 부분과 다름을 말하였다. 소승은 구사론 업품에서 신체의 표면을 해석하여 개별의 형체를 인정한 것이다. 행동으로 체성을 삼지 않는 것은 모든 유위법이 찰나에 다함이 있기 때문이다. 논문의 첫 구절에 論主는 종지의 뜻을 내세웠고, 아래의 3구는 正量部를 타파함이다. 정량부에서 움직이는 몸으로 신체 표면의 체성을 삼은 까닭에 이를 논파한 것이다. 그러나 정량부에서 말한 心과 心

所法은 찰나가 있거니와, 여기에서 말한 動色은 찰나가 없다.

여기에서의 논주가 모든 유위법이 모두 찰나가 있음을 밝히고자 한 것인바 어떻게 찰나가 있는 줄을 아는가. 뒤에 다함이 있기 때문이다. 이미 뒤에 다함이 있다면 앞에 사라짐이 있는 줄을 미루어 알 수 있다. 이 때문에 논에 이르기를 "이곳에서 생겨나면 곧 이곳에서 사라지는 것이다. 이로부터 전전하여 나머지 지방에 다다름을 용납하지 않는다."고 하였다.

이에 대하여 다음과 같이 해석하였다.

이에 생겨나고 이에 사라지는 것이 다른 지방에 이르지 않는다는 것은 물불천론에서 말한 뜻과 같지만 법체가 이에 생겨나고 이에 사라지는 터라 대승이 아니다. 대승의 법은 인연으로 생겨남이 자성이 없는 까닭에 생겨남은 곧 생겨남이 아니요 사라짐은 곧 사라짐이 아니다. 그러므로 곧 변천은 변천하지 않는다. 그 이치가 전혀 다른 것이다. 그러나 승조 법사의 물불천론은 2가지의 뜻을 함유하고 있다. 그 지문에서 밝힌 바는 크게 보면 앞에서 말한 뜻과 같음을 밝혀준 것이다.

이 때문에 말하기를 "슬프다. 사람의 마음이 미혹당한 지 오래이다. 눈으로 진리를 마주하고서도 깨닫지 못함이여. 이미 지나간 존재는 다시 오지 않음을 알고 있지만 지금의 존재는 떠나간다고 말한다. 이왕의 존재가 이처럼 다시 오지 않는다면 현재의 존재는 어느 곳으로 가는 것일까? 이는 무엇 때문일까? 지난날의 존재를 지난날의 입장에서 추구해보면 지난날에 일찍이 없었던 것은 아니었지만, 지난날의 존재를 오늘날에 따져보면 오늘날에 일찍이 존재한 게 아니다. 오늘날에 일찍이 존재하지 않았다는 것으로 해서 모든 사물은 오지 않음을 밝혔고, 지난날에 일찍이 없는 것이 아니라는 것으로 모든 사물은 떠나가지 않음을 밝혔다. 반복하여 오늘날 추구해보면 오늘날 또한 떠나간 게 아니다.

옛적의 존재는 스스로 옛적에 있는 것이지 오늘날로부터 옛적에 이르는 것이 아니며, 오늘날의 존재는 스스로 오늘날에 있는 것이지 옛적으로부터 오늘날에 이르러 온 것이 아니다. 이 때문에 공자는 말하기를 "안연이여, 새로 팔짱을 끼는 것은 옛것이 아님을 볼 수 있다."고 하였다. 이와 같다면 모든 사물이란 서로 오고 가지 않음이 분명한 것이다. 이렇듯 오고 가는 미세한 조짐도 없는 이상, 도대체 어떤 사물에 무슨 변화가 있겠는가.

이와 같다면 "돌개바람이 수미산을 무너뜨린다 한들 항상 고요하다." 등이라 하고, 아래 문장에서 또 말하기를 "만약에 옛것이 오늘날 이르지 않은 것이라면 오늘날의 것 또한 옛날로 되돌아갈 수 없다. 일이란 각자의 자성에 머문 것인바 어느 존재인들 오고 감이 있겠는가."라고 하였다.

이에 대하여 다음과 같이 해석하였다.

승조 법사의 뜻을 살펴보면 이미 모든 만물은 제각각 자성에 머물면서 옮겨가지 않는다. 그렇다면 잘못된 소승들이 여기로부터 전전하여 나머지 지방에 이르름을 용납할 수 없다. 아래의 논에서 말하기를 "그러므로 참으로 변천하지 않는다."고 하여, 존재에는 유동함이 있다는 말을 유도한 것이다. 이는 眞諦를 들어 변천하지 않는다는 뜻을 삼은 것이지만 정작 진제의 모습을 나타낸 것은 아니다. 만약 오로지 모든 존재가 각자의 자성에 머문 것으로 진제의 모습을 인식한다면 어찌 자성이 공한 것으로 변천이 없지 않겠는가. 眞空의 의의가 아니어야만 바야흐로 자성이 공함을 나타낸 것이다. 그 뜻은 속제를 가지고 不遷을 삼은 것이다.】

'二依所依者는 謂前流後流 各皆依水로되 悉無自體하야 不能相知니라 然不壞流相일세 故說水流라하니라

"(2) 의지의 대상을 의지함"이란 앞 물결이나 뒤 물결이 각각 모두 물에 의지하고 있다. 앞뒤 물결이 모두 자체가 없어 서로 알지 못한다. 그러나 흐르는 모습을 무너뜨리지 않은 까닭에 이를 '물의 흐름[水流]'이라고 말한다.

'三唯所依者는 流既總無인댄 但唯是水라 前水後水 無二性故로 無可相知니 是則本無有流而說流也라

"(3) 오직 의지의 대상"이란 물의 흐름이 이처럼 모두 자체가 없다면 오직 물이라, 앞의 물과 뒤의 물이 2가지의 자성이 없기 때문에 서로 알 수 없다는 뜻이다. 이는 곧 본래 흐름이 없으되 흐름을 말한 것이다.

二法中三義者는 一은 流喻能依妄法이오 二는 妄依眞立이오 三은 妄盡唯眞이라 初中에 妄緣起法이 似互相藉나 各不能相到라 悉無自性일세 故無相知니 是則有而非有也니라 '二依所依者는 謂此妄法이 各各自虛라 含眞方立이어니 何有體用하야 能相知相成이리오 即由此無

知無成하야 含眞故有니 是則非有而爲有也니라 '三唯所依者는 謂能依妄法이 逈無體用이라 唯有眞心이 挺然顯現하나니 旣無彼此인댄 何有相知아 正由此義하야 妄法은 有卽非有니라 以非有爲有오 復說眞性은 隱卽非隱이라 以非隱爲隱이니라【鈔_ '妄法有卽非有'는 是初義오 '隱卽非隱'은 是第二義니 以正爲事隱之時로 而有所依故오 '以非隱爲隱'은 卽第三義니 理常現故니라】

위에서 "법의 비유 속에는 하나하나에 각각 3가지의 의의가 있다."는 것에는 2가지의 의의가 있다.

(1) 물의 흐름으로 의지의 주체가 되는 허망한 법을 비유하며,

(2) 허망한 법이 다함에 오직 참의 진리이다.

"(1) 오직 의지의 주체에 나아감"에는 허망한 연기법이 서로서로 힘입음과 같으나 각각 서로 이르지 못한 터라 모두 자성이 없는 까닭에 서로 알지 못한다. 이는 곧 있다고 하지만 있는 것이 아니다.

"(2) 의지의 대상을 의지함"이란 이 허망한 법이 각각 스스로 공허한 터라 참 진리를 함유해야만 비로소 성립될 수 있는데, 어떻게 體用이 있어 서로 알고 서로 성립할 수 있겠는가. 곧 이와 같은 無知와 無性에 의하여 참 진리를 함유하기 때문에 있는 것이다. 이는 곧 있는 것이 아니지만 있게 된 것이다.

"(3) 오직 의지의 대상"이란 의지의 주체가 되는 허망한 법이 전혀 체용이 없는 터라 오직 眞心이 우뚝 뚜렷하게 나타나는 것이다. 이처럼 이미 저것과 이것의 차별이 없다면 어떻게 서로 알 수 있겠는가. 바로 이런 의의에 의하여 허망한 법이란 있다고 하지만

곧 있는 게 아니다. 있지 않은 것으로써 있음을 삼은 것이다. 다시 말하면 眞性은 보이지 않되 곧 보이지 않은 것이 아니라, 보이지 않은 것이 아님으로써 보이지 않음을 삼은 것이다.【초_ "허망한 법이란 있다고 하지만 곧 있는 게 아니다."는 것은 첫째 의의이며, "보이지 않되 곧 보이지 않은 것이 아니다."는 것은 둘째 의의인바, 바로 사물이 보이지 않을 때에 의지의 대상이 있기 때문이며, "보이지 않은 것이 아님으로써 보이지 않음을 삼음"은 셋째 의의인바, 이치가 언제나 나타나기 때문이다.】

此上三意는 即三種答으로 答上三種問이니 思之어다【鈔_ 思之者는 以易見故니라 若具說者인댄 第一은 妄法이 有而非有로 答前直問에 旣有種種인댄 何緣不相知오니 謂種種은 是妄有오 體는 即非有일새 故不相知니라 二는 答懷疑니 爲是種種가 爲不相知아 故今答에 云能依妄法이 依所依眞이라하니 妄은 常種種이오 眞은 常無知故일세니라 三 答結成難者는 即妄即眞故로 種種이 不乖不相知也니라】

이 위에서 말한 3가지의 의의는 곧 3가지의 답으로 위의 3가지의 물음에 답한 것이다. 이는 생각하면 알 수 있다.【초_ "이는 생각하면 알 수 있다."는 것은 그 의미를 보기 쉬운 때문이다. 만일 이를 구체적으로 말한다면, 첫째, "허망한 법이란 있다고 하지만 곧 있는 게 아니다."는 것으로 앞서 말한 "이처럼 가지가지의 차이가 있다면 무슨 연유로 서로 알지 못하는가."라는 물음에 답한 것이다. '가지가지의 차이'란 허망한 법으로 있는 것[妄有]이며, 體는 곧 있는 게 아닌 까닭에 서로 알지 못한다.

둘째, 품고 있는 의심에 대한 대답이다. 이는 '가지가지의 차이인가.', '서로가 서로를 알지 못함인가.'라는 의심 때문에 여기에서 이에 대해 "의지의 주체인 허망한 법이 의지의 대상인 참 진리를 의지한다."고 답하였다. 거짓의 허망[妄]은 언제나 '가지가지의 차이'이며 참 진리란 언제나 無知인 때문이다.

셋째, 끝맺음에 대한 논란을 답한 것으로, 곧 거짓의 허망이 곧 참 진리이다. 이 때문에 '가지가지의 차이'가 '서로가 서로를 알지 못함'에 어긋나지 않는다.】

何故로 以水喩眞心者오 以水十義 同眞性故일세니라

一은 水體澄淸으로 喩自性淸淨心이오

二는 得泥成濁으로 喩淨心不染而染이오

三은 雖濁不失淨性으로 喩淨心染而不染이오

四는 若澄泥淨現으로 喩眞心惑盡性現이오

五는 遇冷成氷而有硬用으로 喩如來藏이 與無明으로 合成本識用이오

六은 雖成硬用이나 而不失軟性으로 喩卽事恒眞이오

七은 煖融成軟으로 喩本識還淨이오

八은 隨風波動이나 不改靜性으로 喩如來藏이 隨無明風하야 波浪起滅이로되 而不變自性不生滅性이오

九는 隨地高下하야 排引流注로되 而不動自性으로 喩眞心 隨緣流注로되 而性常湛然이오

十은 隨器方圓이로되 而不失自性으로 喩眞如性이 普徧諸有爲法이로되 而不失自性이니라

略辨十義 少分似眞일세 故多以水爲喻니 此義는 見文에 雖似不具로되 而大通衆經이니라

　　무슨 까닭에 물로써 진심을 비유했을까? 물에는 10가지의 의의가 있으니 眞性과 같은 의미가 있기 때문이다.

　　⑴ 물의 체성이 맑고 맑은 것으로 자성의 청정한 마음에 비유하였으며,

　　⑵ 진흙을 만나면 혼탁함을 이루는 것으로 청정한 마음이 물들지 않되 물들게 됨을 비유하였으며,

　　⑶ 비록 혼탁할지라도 청정한 자성을 잃지 않음으로써 청정한 마음이 물들지만 물들지 않음에 비유하였으며,

　　⑷ 만일 진흙이 맑아지면 청정한 물이 나타나는 것으로 참 마음이 미혹이 다하면 眞性이 나타나게 됨을 비유하였으며,

　　⑸ 차가운 날씨에 얼음이 꽁꽁 얼면 단단한 작용이 있다는 것으로 여래장이 無明과 합해지면 本識의 작용이 이뤄지게 됨을 비유하였으며,

　　⑹ 비록 얼음의 단단한 작용이 있지만 유연한 성질을 잃지 않음으로 현상의 사물과 하나가 되어 언제나 진성임을 비유하였으며,

　　⑺ 따뜻하면 얼음이 풀림에 유연한 성질을 이루는 것으로 本識이 도리어 청정하게 됨을 비유하였으며,

　　⑻ 바람을 따라 물결이 일어나지만 고요한 자성이 변하지 않음으로써 여래장이 무명의 바람을 따라서 물결이 일어나기도 하고 사라지기도 하지만 생멸이 없는 자기의 진성이 변하지 않음을 비

375

유하였으며,

(9) 땅의 높낮이에 따라서 물줄기가 밀치고 끌어가면서 흐르지만 물의 자성에는 동요가 없다는 것으로 眞心이 반연을 따라 흘러가지만 진성은 언제나 담담함을 비유하였으며,

(10) 물을 담는 그릇에 따라 물의 모습이 모나기도 하고 둥글기도 하지만 자성을 잃지 않음으로써 眞如性이 모든 유위법에 널리 두루 하지만 자성을 잃지 않음을 비유하였다.

간단하게 물의 10가지 의의를 논변함이 다소 진성과 같은 까닭에 많은 부분에서 물로 진성을 비유한 것이다. 이런 의의는 게송을 살펴보면 비록 제대로 갖춰지지 않은 것처럼 보이지만 크게 보면 수많은 경전에 통하는 부분이다.

經

亦如大火聚가　　　　猛燄同時發호대
各各不相知인달하야　諸法亦如是니라

　또한 큰불 무더기에서
　맹렬한 불길이 한꺼번에 일어나지만
　각각 서로 알지 못하듯이
　모든 법 또한 이와 같다

● 疏 ●

第二依火燄起滅喩中에 三義同前이라 初唯燄者는 謂燄起滅에 有

其二義하니 一은 前燄謝滅하야 引起後燄할새 後燄無體라 而不能知前燄이오 前燄은 已滅에 復無所知일세 是故로 各各 皆不相知니라 二는 前燄若未滅이라도 亦依前引無體일세 故無能知오 後燄未生일세 故無所知니라 是故로 彼亦各不相知하나니 妄法도 亦爾라 刹那生滅이라 不能自立하나니 謂已滅은 未生이라 無物可知오 生已則滅이라 無體可知니라 是故로 皆無所有也니 斯則流金爍石而不熱也니라

'二依所依者는 謂彼火燄이 卽由於此無體無用하야 不相知라 故而有起滅虛妄之相이니 是則攬非有而爲有也니 妄法도 亦爾라 依此無所依之眞理일세 方是妄法이니 是亦非有爲有也니라【鈔_ '二依所依者는 亦先喻後合이라 然與水喻로 釋有影略하나니 水喻는 以水爲所依어니와 今以燄無體用而爲所依니라 若例前 流依於水者인댄 應以火爲所依니 火是熱性이니 身所觸故며 燄是色動이니 有形顯故일세니라 若依此釋인댄 應云 '前燄後燄'이 皆依於火라 以無自性일세 故無相知라하니 是則依水依火하야 明二空所顯不空眞理로 以爲所依어니와 若無體用爲所依者인댄 則顯依他無性이 卽是圓成이니 二空眞理로 以爲所依니라 顯義無方일세 故有影略이니 下唯所依도 亦準斯釋이니라 又若例後風喻컨대 風依物動인댄 則火依薪有라 薪爲可燃이오 火是能燃이라 故以燃因可燃이라 則燃無體오 可燃因燃이라 則可燃無體니 則以無性可燃으로 而爲所依니라】

"2) 불을 의지하여 화염의 일어나고 사라짐이 있다."는 비유 가운데 담겨 있는 3가지의 의의는 앞 제3게송의 청량소에서 말한 바와 같다.

377

"(1) 오직 의지의 주체에 나아간다."는 부분에서 오직 맹렬한 불길을 말한 것은 불길이 일어나고 사라지는 데에 그 2가지의 의의가 있다.

① 앞에 일어난 불길이 사라지면서 뒤의 불길을 이끌어 일어날 적에 뒤의 불길은 체성이 없는 터라 앞의 불길을 알지 못하고, 앞의 불길은 이미 사라진 터라 다시 알 수가 없는 까닭에 각각 모두 서로 알지 못한다.

② 만일 앞의 불길이 사라지지 않더라도 앞의 불길이 뒤의 불길을 이끌어내는 데에 체성이 없음을 의지한 까닭에 알 수 없고, 뒤의 불길은 일어나지 않은 까닭에 알 수 없다. 이런 이유로 그것들은 각각 서로 알지 못하듯이 거짓의 허망한 법 또한 그러하다. 이처럼 찰나에 생겨나고 사라지는 터라 자립하지 못한다. 이미 사라진 것은 생겨나지 않은 것이라 존재를 알 수 없고, 생겨나고 나면 곧 사라지는 터라 그 체성을 알 수 없다. 이런 이유로 모두 다 있는 바가 없다. 이는 곧 쇠가 녹아내리고 돌이 녹아내려도 뜨겁지 않다.

"(2) 의지의 대상을 의지함"이란 저 불길이 곧 체성이 없고 작용이 없다는 이유 때문에 서로 알지 못하는 것이다. 이 때문에 일어나고 사라지는 허망한 모습이 생겨난다. 이는 곧 있지 않은 것으로 있게 된다. 허망한 법 또한 그러하여 의지한 바 없는 진리에 의지함으로써 비로소 허망한 법이 된다. 이 또한 있지 않은 것이 있게 된 것이다. 【초_"(2) 의지의 대상을 의지함"이란 앞에서는 비유를, 뒤에서는 끝맺음이다. 그러나 앞서 말한 물의 비유와 더불어 이를 해석함에 있어 한 부분의 설명을 줄여 나머지 부분을 미루어 알 수 있도록 말하고 있다. 물의 비유는 물로 의지의 대상을 삼았지만, 여기에서는 불길에 체성과 작용이 없다는 것으로 의지의 대상을 삼았다. 만일 앞서 말한 강물의 흐름은 물에 의지하고 있다는 부분의 예를 따른다면 마땅히 불로써 의지의 대상을 삼아야 한다. 불은 뜨거운 성질[熱性]이다. 몸의 접촉 대상이기 때문이며, 불길은 색깔이 움직임이다. 이는 형체로 나타남이 있기 때문이다.

만일 이러한 해석을 따른다면 당연히 다음과 같이 말해야 할 것이다.

"앞의 불길이나 뒤의 불길이 모두 물을 의지한 터라 이처럼 자성이 없기 때문에 서로 알지 못한다."

이는 곧 물을 의지하고 불을 의지하여 이 2가지의 공허한 것이 나타나게 되는 대상인 不空眞理로 의지의 대상을 삼았음을 밝힌 것이지만, 만일 체성과 작용이 없는 것으로 의지의 대상을 삼는다면 곧 다른 것에 의지함[依他]과 자성이 없는 것[無性]이 곧 圓成實性임을 나타낸 것이다. 이는 2가지의 공허한 진리로 의지의 대상을 삼는다. 그 의의를 밝혀 나타냄에 있어 일정하게 고정된 곳이 없기 때문에 한 부분의 설명을 줄여 나머지 부분을 미루어 알 수 있도록 말하고 있다. 아래의 "(3) 오직 의지의 대상" 또한 이의 해석에 준해 살펴보아야 한다.

또 만일 뒤의 '바람 비유'에 의한 바람이 존재를 의지하여 동한다는 사실에 준해 보면 곧 불이란 섶을 의지하여 피어나는 것이다.

섶이란 불길을 일으켜주는 대상이고 불이란 불태우는 주체이다. 이 때문에 불타는 것은 불탈 수 있는 가능한 대상의 존재에 의한 것이다. 이는 곧 불태우는 존재는 그 자체의 체성이 없고, 불탈 수 있는 가능한 대상의 존재는 불태우는 존재로 인한 터라 곧 불탈 수 있는 가능한 대상의 존재는 체성이 없다. 이는 곧 자성을 불탈 수 있는 가능한 대상의 존재가 없음으로 의지의 대상을 삼은 것이다.】

'三唯所依者는 推起滅之燄컨대 體用俱無라 無燄之理 挺然顯現하나니 是則無妄法之有오 有妄法之無라 湛然顯現하야 遂令緣起之相으로 相無不盡하고 無性之理로 理無不現이라 上三義中에 亦如次喩 答前三問也니 下二喩準知니라【鈔_ '上三義中'下는 對問會通이라 唯燄無性이라 故不相知는 答直問也오 能依種種과 所依無二는 答懷疑也오 卽事同眞일세 故不相違는 答設難也니 在義易了일세 故云'準知'라하니라】

"(3) 오직 의지의 대상"에서 일어나고 사라지는 불길을 미루어 살펴보면 체성과 작용이 모두 없다. 따라서 불길이 없는 이치가 불현듯 또렷이 나타나게 된다. 이는 곧 거짓 허망한 법의 존재인 有가 없고, 거짓 허망한 법의 존재를 찾아볼 수 없는 無가 있어 담담하게 또렷이 나타나 마침내 緣起의 모습으로 하여금 그 모습이 다하지 않음이 없고, 자성이 없는 이치로 오히려 그 이치가 나타나지 않음이 없도록 해주는 것이다.

위에서 말한 3가지의 의의 가운데 또한 다음 비유와 같이 앞에서 말한 3가지의 물음에 답한 것이다. 아래의 2가지 비유(風·地)도

이에 준해 살펴보면 말하지 않아도 알 수 있다.【초_ "위에서 말한 3가지의 의의 가운데" 이하는 어려운 물음을 상대로 알기 쉽게 해석한 것이다.

오직 불길이 자성이 없는 터라, 이 때문에 서로 알지 못한다는 것은 직접 물음에 답함이며,

의지의 주체가 가지가지 다른 것과 의지의 대상이 둘의 차이가 없다는 것은 懷疑에 답함이며,

곧 현상의 모든 일이 진공의 진리와 같은 터라, 이 때문에 서로 어긋나지 않는다는 것은 가설의 논란에 대한 답이다.

이러한 의의를 알기 쉽기 때문에 "이에 준해 살펴보면 말하지 않아도 알 수 있다."고 말하였다.】

經

又如長風起에　　　遇物咸鼓扇호대
各各不相知인달하야　諸法亦如是니라

또 멀리서 불어오는 강한 바람이
물건에 닿으면 모두 흔들리지만
각각 서로 알지 못하듯이
모든 법 또한 이와 같다

◉ 疏 ◉

'第三依風有動作'은 喻妄用依眞起니 三義同前이라 一唯動者는 離

所動之物이면 風之動相을 了不可得일세 無可相知니 妄法亦爾라 離所依眞이면 體不可得이니라 故無相知니 斯則旋嵐偃岳而常靜也니라 【鈔_ 斯則旋嵐偃岳而常靜者는 卽肇公言이니 亦云隨嵐이라하니 卽興雲之風이니 北方風也며 亦是劫壞時風이라】

"3) 바람을 의지하여 일어남이 있다."는 것은 거짓 허망한 작용이 진리에 의해 일어남을 비유하였다. 비유 가운데 담겨 있는 3가지의 의의는 앞에서 말한 바와 같다.

"(1) 오직 의지의 주체에 나아간다."는 부분에서 오직 흔들리고 움직임은 흔들리는 대상의 존재를 여의면 바람의 움직이는 모습을 결국 찾아볼 수 없다. 이 때문에 서로 알 수 없다. 거짓 허망한 법 또한 이와 같다. 의지의 대상인 진리를 여의면 그 체성을 찾아볼 수 없다. 따라서 서로 알 수 없는 것이다. 이는 곧 돌개바람이 수미산을 무너뜨린다 한들 항상 고요한 것과 같다.【초_ "이는 곧 돌개바람이 수미산을 무너뜨린다 한들 항상 고요하다."는 것은 곧 승조법사의 物不遷論에서 말한 부분이다. 돌개바람[旋嵐]은 '隨嵐'이라 말하기도 한다. 이는 구름을 일으키는 바람으로 북풍이며, 또한 劫(kalpa)이 무너질 때에 부는 바람이다.】

'二依所依者는 謂風不能自動이라 要依物現動하나니 動無自體 可以知物이오 物不自動이라 隨風無體니 不能知風이니라 法中에 能依妄法이 要依眞立일세 無體知眞이오 眞隨妄隱이라 無相知妄이니라

"(2) 의지의 대상을 의지함"이란 바람 자체가 스스로 흔들리는 것이 아니라 반드시 존재의 대상에 의하여 흔들림이 나타나는 것

이다. 흔들림 그 자체가 존재의 대상을 알 수 없고, 존재의 대상은 스스로 그 자체가 흔들리는 것이 아니다. 바람을 따라 흔들릴 뿐 그 자체의 체성이 없다. 따라서 흔들림을 조성해주는 주체의 바람을 알지 못한다.

법으로 말하면 의지의 주체인 거짓 허망한 법이 반드시 진리에 의해 성립되는 터라 허망한 법의 체성이 진리를 알지 못하고, 진리는 허망한 법을 따라 보이지 않는 터라 현상의 모습이 허망한 법을 알지 못하는 것이다.

'三唯所依者는 謂風鼓於物할세 動唯物動이라 風相皆盡에 無可相知오 妄法作用은 自本性空이라 唯所依眞이 挺然顯現이니라 是故로 妄法은 全盡而不滅이오 眞性은 全隱而恒露니 能所熏等이 法本自爾니 思之可見이니라【鈔_ '是故妄法'下는 結이라 文有兩對하야 具上三門이라 '妄法全盡而不滅'者는 單取妄法全盡이니 是初門이오 將'上'而不滅하야 對下'眞性全隱'하야 爲第二門이오 以'不滅'爲能依하고 '全隱'爲所依라 故下句中'而恒露'는 現即第三門이라】

"(3) 오직 의지의 대상"이란 바람이 존재의 대상을 뒤흔들 때에 흔들림은 오직 존재의 대상이 흔들리는 것이어서 바람의 모습이 모두 다하여 사라지면 서로 알 수 없듯이, 허망한 법의 작용은 본성의 空寂으로부터 생겨난 것이어서 오직 의지의 대상인 진리가 불현듯 또렷이 나타난다.

이 때문에 거짓 허망한 법은 모두 다한다 할지라도 사라지지 않고, 眞性은 모두 보이지 않지만 언제나 드러나 있다. 薰習의 주체와 대상 등이 법이 본래 스스로 그와 같다. 이는 생각하면 스스로 찾아볼 수 있다. 【초_ "이 때문에 거짓 허망한 법" 이하는 끝맺음이다. 이의 청량소는 2부분을 상대로 말하여 위의 3부분[三門]을 구체적으로 말하고 있다.

"거짓 허망한 법은 모두 다한다 할지라도 사라지지 않는다."는 것은 단순히 허망한 법이 모두 다했다는 뜻만을 취한 것이다. 이는 "(1) 오직 의지의 주체"를 말함이며,

위의 "…사라지지 않는다[而不滅]."는 구절을 들추어 아래의 "진성은 모두 보이지 않지만[眞性全隱]"이라는 구절을 상대로 하여 "(2) 의지의 대상을 의지함"을 삼음이며,

"…사라지지 않는다[不滅]."는 것으로써 의지의 주체를 삼고 "모두 보이지 않는다[全隱]."는 것으로 의지의 대상을 삼은 까닭이며, 아래의 "언제나 드러나 있다[而恒露]."는 구절은 곧 "(3) 오직 의지의 대상"이다.】

經

又如衆地界가   展轉因依住호대
各各不相知인달하야   諸法亦如是니라

　　또 모든 대지가
　　서로서로 허공에 의지하여 머물면서도
　　각각 서로 알지 못하듯이
　　모든 법 또한 이와 같다

◉ **疏** ◉

'第四依地有任持者'는 喻妄爲眞所持니 三義同前이라

初 地界因依는 有二種義니 一은 約自類오 二는 約異類니라

前中에 從金剛際로 上至地面히 皆上依下하고 下持上하야 展轉因依而得安住니라 然上能依 皆離所일새 無體而能知下니라 然下能持도 皆亦離所일새 無體可令知上이니라 又上上能依 徹至於下호되 無下可相知오 下下能持 徹至於上호되 無上可相知라 是故로 若依若持 相無不盡이니라

所現妄法도 當知亦爾라 必麤依細니 謂苦報依於業이오 業依無明造오 無明依所造라 展轉無體하야 無物可相知니 斯則厚載萬物而不仁也니 肇公亦云 '乾坤倒覆이라도 無謂不靜也'라 하니라【鈔_ 初唯能依此中立名은 與前小異라 前云一唯流·唯燄·唯動이어늘 今初云 '地界因依'는 則喻勢小異라 '一約自類者'는 猶如果槃이니 餘並可知니라 '斯則厚載者'는 不恃仁德也니 老子云 '天地不仁하야 以萬物爲芻狗'라 하고 經云 '譬如大地는 荷四重任而無疲厭也'라 하니라

'次肇公'下 亦不遷論末에 總結云 '然則乾坤倒覆이라도 無謂不靜이오 洪水滔天이라도 無謂其動이라 苟能契神於卽物인댄 斯不遠而可知矣'라 하니 坤은 卽是地라 故得引之니라】

"4) 땅을 의지하여 만물을 실어줌이 있다."는 것은 거짓 허망한 법이 진리를 실어주는 대상임을 비유하였다. 비유 가운데 담겨 있는 3가지의 의의는 앞에서 말한 바와 같다.

"(1) 오직 의지의 주체에 나아간다."는 부분에서 大地가 인하여

의지함에는 2가지의 의의가 있다.

① 그 자체의 유로 말하고, ② 다른 유로 말함이다.

① 그 자체의 유로 말함이라는 것은 "땅은 金輪 위에 있고 금륜은 金剛 위에 있으며 금강 끝[金剛際]으로부터 蓮花臺가 있다."는 곳으로부터 위로 地面에 이르기까지 모두 위는 아래를 의지하고 아래는 위를 의지하여 서로서로 전전하여 의지하면서 안주하고 있음을 뜻한다. 그러나 위의 의지 주체가 모두 제자리를 여의면 위의 체성이 아래의 땅을 알 수 없다. 그러나 아래의 실어주는 주체 또한 모두 제자리를 여의면 아래의 체성이 위의 세계를 알 수 없다.

또한 위의 위 세계[上上]의 의지 주체가 아래의 땅까지 통하여 이르고 있지만 아래의 땅이 서로 알지 못하고, 아래의 아래 땅[下下]의 만물을 실어주는 주체가 위의 세계까지 통하여 이르고 있지만 위의 세계가 서로 알지 못한다. 이 때문에 위의 의지 주체와 아래의 실어주는 주체의 모습이 다하지 않음이 없다.

현상에 나타난 허망한 법도 또한 그와 같은 줄을 알아야 한다. 반드시 거친 부분이 미세한 부분에 의지하고 있다. 괴로움의 과보는 업을 의지하고 업은 無明의 조작을 의지하고 무명은 조작의 대상을 의지하는 터라, 서로 전전하면서 자체의 체성이 없어 모든 존재의 사물이 서로 알 수 없다. 이는 곧 땅이 만물을 두터이 실어주되 작은 사랑을 베풀지 않음이다. 또한 승조 법사가 物不遷論에서 이르기를 "하늘과 땅이 뒤집히고 무너질지라도 고요하지 않다고 말할 수 없다."고 하였다. 【초_ "(1) 오직 의지의 주체에 나아간다."

는 부분에서 명제를 세움은 앞에서 말한 바와 조금 다르다. 앞에서는 오직 하나의 흐름과 불길과 움직이는 것으로 말했는데 여기에서 처음 말하기를 '地界因依'라 말한 것은 곧 세력이 조금 다름을 비유한 것이다.

'一約自類'란 마치 벽돌을 쌓아놓은 것과 같다. 나머지는 아울러 말하지 않아도 알 수 있다.

'斯則厚載'라 말한 것은 인자한 공덕을 자시하지 않음이다. 노자 도덕경에 이르기를 "천지는 작은 인정을 가지지 않기에 만물로써 芻狗를 삼는다."고 하였고, 경에 이르기를 "비유하면 대지는 4가지 무거운 짐을 짊어지고서도 피곤해하거나 싫어함이 없다."고 하였다.

'次肇公' 이하는 또한 조론 물불천론의 끝부분에서 총체적으로 끝맺어 말하기를 "이와 같다면 하늘과 땅이 뒤집히고 무너질지라도 고요하지 않다고 말할 수 없을 것이며, 홍수가 하늘까지 넘실댄다 해도 움직인다고 말할 수 없을 것이다. 움직이는 사물에 나아가 천류하지 않는 이치에 나의 정신이 하나로 일치할 수만 있다면 이를 멀지 아니한 데에서 알게 되리라."고 하였다. 坤이란 곧 땅이다. 이 때문에 이를 인용하게 된 것이다.】

'二約異類者는 如下文에 '地輪依水輪이오 水輪依風輪이오 風輪依虛空이로되 虛空은 無所依라하니 準此컨대 妄境은 依妄心이오 妄心은 依本識이오 本識은 依如來藏이로되 如來藏은 無所依니라 是故로 若離如來藏이면 餘諸妄法이 各互相依호되 無體能相知니 是則妄法이 無不皆盡이니라

② 다른 유로 말함이라는 것은 아래 제37 여래출현품에서 "地輪은 水輪을 의지하고 수륜은 風輪을 의지하고 풍륜은 허공을 의지하지만 허공은 의지한 바가 없다."고 하였다.

이에 준해 보면 허망한 경계는 허망한 마음을 의지하고, 허망한 마음은 本識을 의지하며, 본식은 여래장을 의지하지만 여래장은 의지한 바가 없다. 이 때문에 만일 여래장을 여의면 나머지 모든 허망한 법이 각각 서로 의지하되 체성이 서로 알지 못한다. 따라서 허망한 법은 모두 다하지 않음이 없다.

二依所依者는 地界 正由各無自性하야 而得存立하나니 向若有體인댄 則不相依니라 不相依故로 不得有法이니 是故로 攬此無性하야 以成彼法이니 法合可知니라

"(2) 의지의 대상을 의지함"이란 대지의 세계가 바로 각각 자성이 없는 입장에서 존립함을 뜻한다. 앞서 만일 체성이 있다면 곧 서로 의지하지 못한다. 서로 의지하지 못한 까닭에 有의 법이 없다. 이 때문에 이처럼 자성이 없는 것을 가지고 저 법을 조성하는 것이다. 게송의 끝 구절에서 법으로 결론 지은 부분은 말하지 않아도 알 수 있다.

三唯所依者는 謂攬無性成彼法者니 是則彼法 無不皆盡이라 而未曾不滅이어니와 唯無性理而獨現前이니라 餘義는 同前이라 上通答釋成前難 竟하다

"(3) 오직 의지의 대상"에서 자성이 없는 것을 가지고서 저 법을 이뤘다는 것은 곧 저 법이 모두 다하지 않음이 없어 일찍이 사

라지지 않음이 없으나 오직 자성이 없는 진리가 홀로 앞에 나타남이다. 나머지의 뜻은 앞에서 말한 바와 같다.

앞서 논란한 부분에 대한 해석에 대해 총체로 답하는 것은 여기에서 끝마친다.

'第二別對諸不相知와 及通前難者는 初水流轉은 喩前二對不相知하야 答趣善惡難이니 以善惡趣流轉體故니라【鈔_ '第二別對等者는 上之四喩는 通喩五對不相知義어늘 今則別對라 言'及通前難者는 卽往善趣等 五對難也라

初水流轉者 卽業不知心 心不知業 受不知報 報不知受오 '答趣善惡者는 上云'心性是一이어늘 云何見往善趣惡趣오 答云'善趣惡趣는 卽是總報라 由業熏心하야 受所受報 如水漂流니라

言流轉體者는 體卽賴耶라 故唯識云'恒轉如瀑流'라하니 釋論에 云如瀑流水하야 非斷非常이오 相續長時 有所漂溺이니 此識도 亦爾니라 從無始來로 刹那刹那에 果生因滅이라 果生故非斷이오 因滅故非常이니 漂溺有情하야 令不出離라하니 亦如起信云'如大海水 因風波動'이라하고 楞伽云'藏識海常住로되 境界風所動'等이라하고 二地經云'一切衆生이 爲大瀑水 波浪所沒'이라하니라】

"2) 별개로 '모두가 서로 알지 못한다.'는 말을 상대하는 것과 앞서 말한 가설의 논란을 총체로 말하였다."는 것은, 첫 제3게송에서 말한 '물의 流轉'이란 앞 2가지의 상대[業·心, 受·報]의 서로 알지 못한다는 부분을 비유하여, 좋은 세계와 나쁜 세계에 태어나게 되는 과보의 차별에 대한 논란에 대해 답한 것이다. 이는 좋은 세계

와 나쁜 세계에 태어나게 되는 '流轉體'이기 때문이다.【초_ "(2) 별개로 '모두가 서로 알지 못한다.'" 등에서, 위에서 말한 地水火風 四大의 비유는 5가지 상대의 서로 알지 못한다는 의의를 총체로 비유함이며, 여기에서는 곧 별개로 대함이다. 겸하여 "앞서 말한 가설의 논란을 총체로 말함"이라는 것은 곧 좋은 세계에 태어나는 등의 5가지 상대가 서로 알지 못한다는 데에 대한 논란이다.

첫 제3게송에서 말한 '물의 流轉'이란 곧 "업은 마음을 알지 못하고 마음은 업을 알지 못하며, 받은 것은 과보를 알지 못하고 과보는 받은 것을 알지 못함"을 말한다.

"좋은 세계와 나쁜 세계에 태어나게 되는 과보의 차별에 대한 논란에 대해 답함"이란, 위의 경문에서 이르기를 "마음의 성품이 하나로 똑같은데 어찌하여 좋은 세계와 나쁜 세계에 태어나게 되는가."라고 하여 이에 대한 답으로 "좋은 세계와 나쁜 세계에 태어나는 것은 곧 '총체의 과보'이다. 업이 마음에 훈습함으로 말미암아 받아야 할 대상의 과보를 받음이 마치 물이 흘러가는 것과 같다."고 하였다. '流轉體'라 말한 體는 곧 아뢰야식이다. 이 때문에 유식에서 이르기를 "언제나 전변함이 폭포수와 같다."고 하며, 석론에 이르기를 "폭포수의 물줄기는 끊긴 것도 아니요 떳떳한 것도 아니지만 장시간 서로 이어가면서 흘러가는 바가 있는 것처럼 이 식 또한 그와 같다. 거슬러 올라가도 처음 비롯한 곳이 없는 시간으로부터 찰나 찰나에 결과가 생겨나고 원인이 사라진다. 결과가 생겨나는 까닭에 끊긴 것도 아니요, 원인이 사라진 까닭에 떳떳한 것도 아니지만, 중생을 표류케 하여 여기에서 벗어나지 못하도록 만든다."고 하였다. 또한 기신론에서 "큰 바닷물이 풍파에 의해 흔들리는 것과 같다."고 말하며, 능가경 集一切法品에서 "藏識의 바다는 항상 고요하나 경계의 바람에 의해 출렁거린다." 등이라 말하며, 二地經에서 "일체중생이 큰 폭포수의 물결에 휩쓸려 빠졌다."고 말한 것과 같다.】

二大火는 喻第二三對不相知하야 答前諸根·受生이니 如火依薪하야 有生滅故니라【鈔_ '二大火喻'者는 此亦鉤鎖라 第二對는 前已用竟이어늘 今復喻之니 謂受不知報 報不知受와 及心不知受 受不知心이니라 答前諸根受生者는 答前二難이니 由前問云心性是一이나 何以見有諸根滿缺과 及受生同異가 故今答云諸根滿缺과 受生同異는 皆由識種이니 受所受報는 亦依於心이니 如火依薪故니라】

둘째 제4게송에서 말한 큰 불길은 제2對(受·報), 제3對(心·受)의 서로 알지 못함을 비유하여, 앞서 말한 "모든 근기가 원만하기도 하고 모자라기도 하며, 생을 받음이 같기도 하고 다르기도 하다."는 물음에 관하여 답함이다. 불이 섶에 의하여 피어나고 사라짐이 있음과 같기 때문이다.【초_ "둘째 제4게송에서 말한 큰 불길"이란 또한 갈고리와 쇠사슬처럼 연결되어 있다. 제2대(受·報)를 이미 앞에서 말했고, 여기에서 다시 비유하였다. "받은 것은 과보를 알지 못하고 과보는 받은 것을 알지 못함"과 "마음은 받은 것을 알지 못하고 받은 것은 마음을 알지 못함"을 말한다.

"앞서 말한 '모든 근기가 원만하기도 하고 모자라기도 하며, 생을 받음이 같기도 하고 다르기도 하다.'"는 것은 앞의 2가지 논란(諸

根·受生)에 대한 답이다. 앞에서 "마음의 자성은 하나로 똑같은데 어찌하여 모든 근기가 원만하기도 하고 모자라기도 하며, 생을 받음이 같기도 하고 다르기도 하는 업보의 차별이 있는가."라는 물음에 대하여 여기에서 답하여 이르기를 "모든 근기가 원만하기도 하고 모자라기도 하며, 생을 받음이 같기도 하고 다르기도 한" 것은 모두 識의 종자에 의한 것이다. 받은 것과 받아야 할 과보 또한 마음을 따른 것인바, 이는 마치 불길이 섶을 따라 피어나는 것과 같기 때문이다.】

次以長風으로 喩前因緣하야 答前好醜니 遇物鼓扇하야 現諸相故니라
【鈔_ 次以長風者는 唯喩一對니 謂因不知緣 緣不知因이라 答前好醜者는 謂前問云 心性是一이어늘 云何見有端正醜陋아 故로 今答云 今所受報有姸媸者는 由業緣異하야 令報好醜 如風東西에 令物偃仰하야 相各不同이니라 】

다음 제5게송에서 바람으로써 앞의 "내적·직접적인 원인[因]과 외적·간접적인 반연[緣]"을 비유하여, 앞서 말한 "용모가 단정하기도 하고 누추하기도 함"을 답하였다. 바람이란 그 어떤 존재의 사물을 만나면 뒤흔들어 여러 가지의 모습을 나타내기 때문이다.
【초_ "다음 제5게송에서 바람"이란 것은 오직 하나의 對(因·緣)만을 비유함이니, "내적·직접적인 원인은 외적·간접적인 반연을 알지 못하고, 외적·간접적인 반연은 내적·직접적인 원인을 알지 못함"을 말한다. "앞서 말한 '용모가 단정하기도 하고 누추하기도 함'을 답함"이라고 한 것은, 앞에서 "마음의 자성은 하나로 똑같은데 어찌하여 용모가 단정하기도 하고 누추하기도 하는 업보의 차별이

있는가."라는 물음에 따른 까닭에, 여기에 답하여 이르기를 "이제 받아온 바의 업보에 용모가 예쁘고 추악함이 있는 것은 업의 반연에 관한 차이에 의함이다. 업보에 용모가 단정하기도 하고 누추하기도 하는 것은 마치 바람이 이리저리 휘몰아치면 부딪치는 사물들이 바람 따라 흔들리면서 그 모습이 제각각 다른 것과 같기" 때문이다.】

次以地界로 亦喩因緣하여 答前苦樂이니 展轉因依 似輕重故며 又喩前境智하야 答前諸根이니 隨種所生하야 根等異故니라【鈔_ 答前苦樂者는 喩不相知댄 則同於風이오 答前苦樂인댄 則不同風이라 謂上問言호되 '心性是一'이어늘 '云何見有受苦受樂'고 故로 今答云 '善因樂果와 惡業苦報'의 苦樂多種이 如地輕重이니라

'又喩前境智'者는 前以風地二喩로 同喩因緣一不相知어니와 今一地喩로 喩二不相知니라

'答前諸根'者는 以諸根有二義하니 一은 約眼等諸根인댄 則火喩以答이오 二 信等은 今地喩以答이니 地雖是一이나 隨種生芽오 心性雖一이나 隨報成異라 故信·進等이 各各不同이니라】

다음 제6게송에서는 또한 대지의 세계로써 "내적·직접적인 원인과 외적·간접적인 반연"을 비유하여, 앞서 말한 "삶에 고통을 받기도 하고 즐거움을 받기도 하는 업보의 차이"에 대해 대답한다. 서로서로 전전함으로 말미암아 생겨남이 경중의 차별이 있는 것과 같기 때문이며, 이는 또한 앞의 境·智를 비유하여 앞서 말한 "모든 근기가 원만하기도 하고 모자라기도 하는 업보의 차별"에 대해 답함이다. 가지가지 업보가 생겨나는 바에 따라서 모든 근기 등이 달

라지기 때문이다. 【초_ "앞서 말한 삶에 고통을 받기도 하고 즐거움을 받기도 하는 업보의 차이"란 서로 알지 못함에 대해 비유한 것이라면 그것은 곧 바람과 같고, "앞서 말한 삶에 고통을 받기도 하고 즐거움을 받기도 하는 업보의 차이"에 대해 답한 것이라면 그것은 곧 바람과 같지 않다.

위의 경문에서 "마음의 자성은 하나로 똑같은데 어찌하여 삶에 고통을 받기도 하고 즐거움을 받기도 하는 업보의 차별이 있는가."라는 물음에 답하여 이르기를 "착한 원인으로 즐거움을 받은 결과와 악한 업으로 고통을 받는 업보라는, 고통과 즐거움의 수많은 가지가지의 업보가 마치 땅에 가볍고 무거운 차이가 있는 것과 같다."고 하였다.

"또한 앞의 境·智를 비유함"은 앞에서는 바람과 대지 2가지의 비유로써 똑같이 因·緣이라는 한 가지의 상대가 서로 알지 못함을 비유했지만, 여기에서는 하나의 대지를 비유로 들어 2가지가 서로 알지 못함을 비유한 것이다.

"모든 근기가 원만하기도 하고 모자라기도 하는 업보의 차별"에 대해 답함에서 모든 근기에는 2가지의 뜻이 있다.

① 눈·귀 따위의 모든 근기로 말한다면 곧 불의 비유로써 답하였고,

② 信心·進心 등은 여기에서 대지의 비유로써 답하였다. 대지는 비록 하나로 똑같지만 뿌린 종자에 따라서 각기 다른 싹이 돋아나듯이, 마음의 자성이 비록 하나로 똑같지만 업보를 따라 차이가

생겨난 까닭에 信心·進心 등이 제각각 똑같지 않다.】

上來에 總別로 並答釋成中에 以何因緣으로 各不相知아를 竟하다

위에서 총체의 과보와 별개의 과보로 아울러 해석한 가운데 "무슨 인연으로 각각 서로 알지 못하는가."에 관한 답을 끝마치다.

▬

第二 五偈는 答前設難이라 文分爲三이니 初 三偈는 正答前難이오 次 一偈는 釋成前義오 第三 一偈는 拂迹入玄이라

今初는 先明大意오 次正釋文이라 今初는 前問有三重일새 今此三偈에 一一具答上之三問이니 謂第一에 直爾問云 旣有種種인댄 何緣得不相知오는 前五偈에 答竟이어니와 旣不相知인댄 何緣種種가는 答有四因하니 一은 妄分別故오 二는 諸識熏習故오 三은 由無性不相知故오 四는 眞如隨緣故니라

初偈는 具二三하고 餘二는 各一義니라 然此四因이 但是一致니 謂由妄分別爲緣하야 令眞如不守自性이오 隨緣成有일새 諸識熏習이 展轉無窮이어니와 若達妄源이면 成淨緣起하나니 諸宗各取 並不離象이나 受一非餘는 斯爲偏見이니라【鈔_ 第二五偈는 答前設難이라 '今初 前問有三下는 卽先明大意니 於中에 有二하니 第一은 總彰偈文之意에 二니 初는 正明이오 '然此四因下는 二 融會라 言諸宗者는 上四因中에 初一은 通性相二宗이오 二는 卽法相宗이오 三은 卽無相宗이오 四는 卽法性宗이라 據其實義인댄 四因不闕이라야 方成緣起甚深之趣어니와 隨情執見이면 則乖聖旨 如盲摸象하야 不全見象이니라 然不離象이니 盲

395

不識乳면 則一向奪之어니와 今盲摸象은 則乃是分奪이니 取其不離인댄 並順聖敎니라 】

제2의 5수(제7~11) 게송은 앞서 말한 가설의 논란에 관한 대답이다.

5수의 게송은 3단락으로 나뉜다.

제1단락의 3수(제7~9) 게송은 바로 앞의 논란에 관한 대답이다.

제2단락의 1수(제10) 게송은 앞의 의의를 해석함이다.

제3단락의 1수(제11) 게송은 모든 자취를 털어버리고 현묘한 경지에 들어감이다.

제1단락의 3수 게송은 먼저 대의를 밝히고, 다음에 바로 경문에 대해 해석하였다. 제1단락의 3수 게송은 앞에서 3重으로 물어왔기에 여기에서는 3수(제7~9) 게송으로 위의 3중 물음을 하나하나 구체적으로 답한 것이다.

첫 번째, 바로 "이처럼 가지가지 업보의 차별이 있다면 무슨 연유로 서로 알지 못하는가."라는 물음에 대하여 앞의 5수(제2~6) 게송으로 모두 대답을 끝냈지만, "이처럼 서로 알지 못한다면 무슨 연유로 가지가지 업보의 차별이 있는가."라는 물음에 대한 대답에는 4가지의 원인이 있다.

(1) 부질없이 잘못 분별한 때문이다.

(2) 모든 識이 훈습한 때문이다.

(3) 無性으로 말미암아 서로 알지 못한 때문이다.

(4) 진여가 반연을 따르기 때문이다.

첫 단락의 제7게송은 "(2) 모든 識의 훈습"과 "(3) 無性으로 말미암음"의 의의를 갖추고 있으며, 나머지 제8, 제9 게송은 각각 하나의 의의를 가지고 있다. 그러나 이 4가지의 원인이 단 하나로 똑같다. 부질없이 잘못된 분별의 반연에 의하여 진여로 하여금 자성을 지키지 못하여 반연을 따라 有爲를 조성하는 것이다. 따라서 모든 識의 훈습이 전전하여 끝이 없거니와 만일 부질없이 잘못 분별하는 본원을 깨달으면 청정연기를 이루게 된다. 여러 종파의 종지에 따라 각각 하나의 의의만을 취하면서 아울러 마치 맹인이 '코끼리[象]'를 여의지 못한 채, 코끼리의 전체 가운데 한 부분의 의의만을 받아들일 뿐, 자신이 만지지 못한 그 밖의 나머지 부분에 대해 그것은 아니라고 우기는 것은 바로 그들의 편견이다.【초_ '제2의 5수 게송'은 앞서 말한 가설의 논란에 관한 대답이다.

"제1단락의 3수 게송은 앞에서 3重으로 물어왔다." 이하는 곧 먼저 대의를 밝힘이니 여기에는 2가지의 뜻이 있다.

첫째, 게송의 의의를 총체로 나타냄에 있어 2가지가 있다. ① 바로 그 의의를 밝힘이며, "그러나 이 4가지의 원인이 단 하나로 똑같다." 이하는 ② 융합이다. '여러 종파[諸宗]'라 말한 것은 위에서 말한 '4가지의 원인' 가운데

   (1) 부질없이 잘못 분별함은 性宗·相宗 2宗에 통하며,

   (2) 모든 識의 훈습은 곧 法相宗이며,

   (3) 無性으로 말미암음은 곧 無相宗이며,

   (4) 진여가 반연을 따름은 곧 法性宗이다.

그 실제 의의에 따라 살펴보면 4가지의 원인 가운데 그 어느 것 하나 빠뜨림이 없어야만 비로소 지극히 심오한 緣起의 뜻을 이룰 수 있는바, 종파에 의한 情識을 따라 그들만의 견해에 집착하면 곧 부처님의 종지에 어긋나게 된다. 이는 마치 수많은 맹인들이 코끼리를 만질 때에 코끼리의 전체를 보지 못한 격이다. 그러나 코끼리를 여의지는 않았다. 맹인이 젖인 줄을 알지 못함은 곧 하나같이 전체를 잃은 것이지만 지금 수많은 맹인들이 코끼리를 매만지고 있다는 것은 그래도 곧 부분으로 잃은 것이다. 그들이 코끼리를 여의지는 않았다는 측면에서 살펴보면 아울러 부처님의 가르침을 따르고 있는 셈이다.】

上第二疑에 云'爲是種種가 爲是一性가 今答云'常種種이며 常一性이니라

第三難에 云'一性이 隨於種種이면 則失眞諦오 種種이 隨於一性이면 則壞俗諦니라 今答에 云此二 互相成立이어니 豈當相乖아 性非事外어니 曾何乖乎種種가 種種性空이어니 曾何乖乎一性가 由無方有하야 一性이 能成種種하고 緣生故空이라 種種이 能成一性이니라

是以로 緣起之法이 總有四義하니

一은 緣生故有니 卽妄心分別有와 及諸識熏習이 是也오

二는 緣生故空이니 卽上에 云諸法이 無作用이오 亦無有體性이라 是故로 彼一切 各各不相知 是也오

三은 無性故有니 論云'以有空義故로 一切法得成이라하며 經云'從無住本하야 立一切法이라하니 卽上隨緣이 是也며

四는 無性故空이니 即一切 空無性이 是也니라【鈔_ '是以緣起之法' 下는 就四義中에 二義는 是空·有之義니 謂緣生故有는 是有義오 無性故空이니 是空義라 二義는 是空·有所以니 謂無性故有는 是有所以오 緣生故空은 是空所以라 所以는 即因緣이니 謂何以無性으로 得成空義오 釋云'由從緣生이라 所以無性이니 是故緣生은 是無性空之所以也'라 '何以緣生으로 得爲有義오' 釋云'特由無定性故니 方始從緣而成幻有라 是故無性이니 是有所以'니라 故中論四諦品에 云'若人不知空은 不知空因緣과 及不知空義일세 是故自生惱니 如不善呪術과 不善捉毒蛇'라하니 若將四句하야 總望空有댄 則皆名所以니라 故云'緣生故名有오 緣生故名空이오 無性故名有오 無性故名空'이라하니 良以諸法은 起必從緣이라 從緣有故로 必無自性이오 由無性故로 所以從緣이니 緣有性無는 更無二法이어늘 而約幻有댄 萬類差殊라 故名俗諦오 無性一味라 故名眞諦니라 又所以四句는 唯第三句에 引證成者는 無性故有니 理難顯故로 若具證者라

'一緣生故有'者는 法華云'但以因緣有며 從顚倒生이라 故說'이라하고 淨名云'以因緣故諸法生'이라하고 中論云'未曾有一法이 不從因緣生' 等은 皆因緣故有義也라

'二緣生故空'者는 經云'因緣所生無有生'이라하고 論云'若法從緣生인댄 是則無自性이니 若無自性者댄 云何有自法'고하니라

三中言'以有空義故 一切法得成'者는 亦四諦品도 由前諸品하야 以空遣有면 小乘便爲菩薩立過云이라 若一切法空인댄 無生無滅者라 如是 則無有四聖諦之法이라하니 菩薩反答云'若一切不空인댄 無生

無滅者라 如是則無有四聖諦之法이라 謂小乘은 以空故無四諦오 菩薩은 以不空故로 則無四諦라 若有空義댄 四諦等成이라 故有偈云 以有空義故로 一切法得成이라 若無空義者인댄 一切則不成이라하니 卽無性故有也니라 經云 從無住本으로 立一切法者는 前已引竟이어늘 今當重引은 卽淨名第二 推善不善之本이라 故經云 善不善은 孰爲本고 答曰 身爲本이니라 又問 身孰爲本고 答曰 欲貪이 爲本이니라 又問 欲貪은 孰爲本고 答曰 虛妄分別이 爲本이니라 又問 虛妄分別은 孰爲本고 答曰 顚倒想이 爲本이니라 又問 顚倒想은 孰爲本고 答曰 無住爲本이니라 又問 無住는 孰爲本고 答曰 無住則無本이니라 文殊師利여 從無住本하야 立一切法이니라 叡公 釋云 無住는 卽實相異名이오 實相은 卽性空異名이라 故從無性하야 有一切法이라 餘如別說이라

四中에 應引淨名云 以何爲空고 但以名字故空이라 如是二法은 無決定性이라 經云 法性本空寂하니 無取亦無見이라하고 又云 一切法無性하니 是則佛眞體라하고 八地에 云 無性爲性이라하고 中論의 始末은 皆明無性하야 以顯眞空이라 】

위의 둘째 의문에 이르기를 "이는 가지가지 업보의 차별이 있는가. 이는 하나의 똑같은 마음의 자성인가?"를 물어왔기에, 여기에서 이에 대해 "언제나 가지가지 업보의 차별이며, 언제나 하나의 똑같은 마음의 자성이다."고 답하였다.

셋째 논란에 이르기를 "하나의 똑같은 마음의 자성이 가지가지 업보의 차별을 따른다면 眞諦를 잃게 되고, 가지가지 업보의 차별이 하나의 똑같은 마음의 자성을 따른다면 俗諦를 무너뜨리게 된

다."고 물어왔기에, 여기에서 이에 대해 다음과 같이 답하였다.

"이 2가지가 서로서로 성립되는 것인데 어떻게 서로 어긋남이 있겠는가.

하나의 자성이 현상 사물의 밖에 있는 게 아닌데 어떻게 가지가지 업보의 차별에 의해 어긋남이 있겠는가.

가지가지 업보에 차별의 자성이 공허한 것인데 어떻게 하나의 똑같은 마음의 자성에 어긋남이 있겠는가.

존재를 볼 수 없는 無에 의하여 비로소 현상의 존재가 있는 터라 하나의 똑같은 마음의 자성이 가지가지 업보의 차별을 이루고, 반연으로 생겨난 까닭에 공허한 것이라 가지가지 업보의 차별이 하나의 똑같은 마음의 자성을 이루는 것이다."

이로써 緣起의 법은 모두 4가지의 의의가 있다.

(1) 반연으로 생겨난 까닭에 존재가 있는 것이다. 곧 거짓 허망한 마음으로 분별하여 없는 것을 있게 만든 것과 모든 識의 훈습이 바로 그것이다.

(2) 반연으로 생겨난 까닭에 공허한 것이다. 곧 위에서 말한 "모든 법이 작용이 없으며, 또한 體性도 없다. 이 때문에 저 모든 것이 각각 서로 알지 못한다."고 함이 바로 그것이다.

(3) 자성이 없는 까닭에 있게 된 것이다. 논에 이르기를 "有와 空의 의의가 있기 때문에 모든 법이 성립된다."고 하며, 경에 이르기를 "머무름 없는 근본[無住本]으로부터 모든 법을 세웠다."고 하니 곧 위에서 말한 '반연을 따른다[隨緣].' 함이 바로 그것이다.

(4) 자성이 없는 까닭에 공허한 것이다. 곧 모든 것이 공허하여 자성이 없다는 것이 바로 그것이다. 【초_ '是以緣起之法' 이하는 4가지 의의 가운데 2가지 의의는 '空·有'라는 의의이다. 인연이 생긴 때문에 유이다. 이는 '有'의 의의이다. 자성이 없기 때문에 공이다. 이는 '空'의 의의이다. 2가지 의의는 공과 유의 그 所以然을 말한 것이다. 자성이 없기 때문에 유라 하는 것은 유의 所以이며, 인연이 생겨나기 때문에 공이라 하는 것은 공의 所以然이다. 所以라 하는 것은 곧 인연이다. "어찌하여 자성이 없는 것으로써 공의 의의를 성취하게 되는가."

이에 대하여 다음과 같이 해석하였다.

"인연을 따라 생겨난 까닭에 자성이 없는 것이다. 이 때문에 인연이 생겨난 것은 자성이 없는 공의 所以가 되는 것이다."

"어찌하여 인연이 생겨나는 것으로써 유의 의의라고 할 수 있는가."

이에 대하여 다음과 같이 해석하였다.

"특별히 일정한 자성이 없기 때문이니 바야흐로 비로소 인연을 따라서 환유를 이룬 것이다. 이 때문에 자성이 없는 것이니 이것이 유의 所以이다."

이 때문에 中論의 제24 觀四諦品에서 다음과 같이 말하였다.

"空을 모르는 사람은 空과 空인 까닭을 알지 못하고 空의 意義를 알지 못한 까닭에 스스로 고뇌를 낳는다. 이는 잘못된 주술이나 잘못 잡은 독사와 같다. 만약 4구를 들추어 '空·有'를 총체로 대조해보면 모두 *所以然*이라 명명할 수 있다."

이 때문에 "인연으로 생겨난 때문에 *有*라 이름하고 인연으로 생겨난 때문에 *空*이라 이름하며, 자성이 없기 때문에 *有*라 이름하고 자성이 없기 때문에 *空*이라 이름한다."고 하니 참으로 모든 법은 일어날 적에 반드시 인연을 따르는 것이다. 인연을 따라 있기 때문에 반드시 자성이 없는 것이며, 자성이 없음으로 말미암은 까닭에 인연을 따르게 된 것이다. 인연이 있고 자성이 없다는 것은 또한 2가지의 법이 없는 것인데 *幻有*로 말하면 만 가지의 유형으로 각기 다른 차별이 있다. 이 때문에 *俗諦*라 말한다. 자성이 없는 것은 한 가지이다. 이 때문에 *眞諦*라 말한다. 또한 4구는 오직 제3구에서 인증하여 이룬 것은 자성이 없기 때문에 있는 것이다. 이치는 밝히기 어려운 까닭에 구체적으로 이처럼 증명한 것이다.

"(1) 반연으로 생겨난 까닭에 존재가 있다."는 것은 법화경 안락행품에 이르기를 "다만 인연으로 있는 것이며, 뒤바뀌어 생기는 것이므로 이처럼 말하였다."고 하며, 유마경에 이르기를 "인연 때문에 모든 법이 생겨난다."고 하며, *中論*의 제3 *四諦品*에 이르기를 "일찍이 한 법도 인연으로부터 생겨나지 않음이 없다."는 등은 모두 인연 때문에 존재하는 '*有*'의 뜻을 말한다.

"(2) 반연에 의해 생겨난 까닭에 공허하다."는 것과 관련하여, 경문에 이르기를 "인연으로 생겨난 바는 생겨남이 없다."고 하였고, 논에 이르기를 "만약 법이 인연을 따라 생겨난다면 이는 자성이 없는 것이다. 만약 자성이 없다면 어찌하여 스스로 법이 있다고 하는가."라고 하였다.

"(3) 자성이 없는 까닭에 있다."는 부분에서 언급한 논에 이르기를 "有와 空의 의의가 있기 때문에 모든 법이 성립된다."는 것은 또한 중론의 제3 사제품도 앞의 모든 품을 따라 "空으로 有를 버리면 소승은 곧 보살보다 더 훌륭하다. 만일 모든 법이 空하다면 생겨남도 없고 사라짐도 없다. 그렇다면 四聖諦의 법도 존재하지 않는다."고 하였다. 보살이 이에 대해 반대로 대답하였다.

"만일 모든 법이 공하지 않다면 생겨남도 없고 사라짐도 없다. 그렇다면 사성제의 법도 존재하지 않는다."

이는 소승은 空이기 때문에 사성제가 없고, 보살은 공이 아니기 때문에 사성제가 없음을 말한 것이다. 만약 공의 이치가 있다면 사성제 등이 이뤄진다. 이 때문에 다음과 같은 게송이 있다.

"空의 이치가 있기 때문에 모든 존재가 이뤄지는 것이다. 만약 공의 이치가 없다면 모든 존재는 이뤄질 수 없다."

이는 곧 자성이 없기 때문에 현상의 존재가 있는 有를 말한다.

경문에 이르기를 "머무름 없는 근본[無住本]으로부터 모든 법을 세웠다."는 것은 앞에서 이미 모두 인용하였는데 여기에서 다시 인용한 것은 곧 유마경 제2에 善·不善의 근본을 미루어 말한 것이다. 이 때문에 유마경 제7 觀衆生品에서 다음과 같이 말하였다.

"선과 불선은 무엇을 근본으로 삼는가? 몸을 근본으로 삼는다. 몸은 무엇을 근본으로 삼는가? 욕심과 탐심이다. 욕심과 탐심은 무엇을 근본으로 삼는가? 허망분별이다. 허망분별은 무엇을 근본으로 삼는가? 전도망상이다. 전도망상은 무엇을 근본으로 삼는가? 머무름이 없는 자리가 근본이다. 머무름이 없는 자리는 무엇을 근본으로 삼는가? 머무름이 없는 자리는 곧 근본이 없다. 문수사리여, 머무름이 없는 자리로부터 모든 존재가 성립되는 것이다."

叡公이 이에 대해 다음과 같이 해석하였다.

"머무름이 없는 자리는 곧 實相의 다른 이름이며, 실상은 곧 性空의 다른 이름이다. 이 때문에 자성이 없는 자리로부터 모든 법이 있게 된 것이다. 나머지는 별도로 말한 바와 같다."

"(4) 자성이 없는 까닭에 공허하다."의 대목에서 유마경을 인용하여 "무엇 때문에 공이 되는가? 다만 이름뿐이고 실체가 없으므로 공이다. 이와 같은 2가지의 법은 결정된 성품이 없다."고 하며, 경문에서는 "법성이 본래 空寂하니 취함도 없고 또한 볼 수도 없다."고 하며, 또한 "모든 법은 자성이 없으니 이는 부처님의 참 본체이다."고 하며, 八地에 이르기를 "자성이 없는 자리로 자성을 삼는다."고 하였다. 中論의 처음부터 끝까지는 모두 자성이 없다는 점을 밝혀 眞空을 나타낸 것이다.】

是以'無性'·'緣生故空'인댄 則非'無見'·'斷見'之空이니 爲眞空也오 '無性'·'緣生故有'인댄 則非'常見'·'有見'之有니 是幻有也라 幻有는 卽是不有有오 眞空은 卽是不空空이라 不空空故로 名不眞空이오 不有有故로 名非實有니 非空非有 是中道義니라【鈔_ 會中道意니 明此中空有는 皆是中道니라】

이처럼 '자성이 없고' '반연에 의해 생겨나는' 까닭에 공허하다

405

고 한다면 '無見'과 '斷見'의 공허함이 아니기에 이를 眞空이라 하고, '자성이 없고' '반연에 의해 생겨나는' 까닭에 현실에 존재하는 有라고 한다면 '常見'과 '有見'의 有가 아니기에 이를 幻有라 한다. 환유는 곧 有가 아닌 有이며, 진공은 곧 空이 아닌 空이다. 공이 아닌 공이기 때문에 진공이 아니라 말하고, 유가 아닌 유이기 때문에 實有가 아니라고 말한다. 공도 아니요 유도 아님이 中道의 의의이다.【초_ 중도의 이치를 깨달음이니 여기에서 말한 공과 유는 모두 중도임을 밝힌 것이다.】

又開此空有면 各有二義니 一은 眞空必盡幻有니 以若不盡幻有면 非眞空故오 二는 眞空必成幻有니 以若碍幻有면 非眞空故일세니라

【鈔_ '又開此空有下는 二開義有二니 先은 正明이니 '一眞空必盡幻有'는 是相害義니 亦法界觀中 眞理奪事門이니 以事攬理成으로 遂令事相無不皆盡이니 唯一眞理 平等顯現하야 以離眞理外에 無有少事可得故니 如水奪波에 波無不盡이라 般若中에 云'是故空中에 無色無受想行識等'이라하니라

'二眞空必成幻有者는 是相作義와 及無碍義니 亦法界觀中 依理成事門이니 謂事無別體니 要因眞理而得成立이니 以諸緣起에 皆無自性이오 由無性理하야 事方成故로 如波攬水而成立이라 故로 亦是依如來藏하야 得有諸法일세 故大品에 云'若諸法不空이면 則無道無果'라고 又中論에 云'以有空義故로 一切法得成'이라하니라】

또한 그 진공과 환유를 나누면 각각 2가지의 의의가 있다.

먼저 진공의 2가지 의의는 다음과 같다.

⑴ 진공은 반드시 환유를 다한다. 만일 환유가 남아 있어 다하지 못하면 진공이 아니기 때문이며,

⑵ 진공은 반드시 환유를 성취한다. 만일 환유에 걸림이 있다면 진공이 아니기 때문이다.【초_ "또한 그 진공과 환유를 나누면" 이하는 '2가지의 의의로 나뉘는' 데에도 2가지가 있다. 먼저 바로 밝힘이다. "⑴ 진공은 반드시 환유를 다한다."는 것은 서로 해치는 뜻이다. 또한 법계관 가운데 진리가 사법계를 빼앗는 부분이다. '사물이란 이치를 가지고 이뤄지는 것'으로 마침내 사물의 모습으로 하여금 모두 다하지 않음이 없도록 한다. 오직 하나의 진리가 평등하게 나타나 진리의 밖을 떠나서 조그마한 일도 얻을 수 없기 때문에 이는 마치 물이 물결을 빼앗음에 물결이 다하지 않음이 없는 것과 같다. 반야경에서 말하기를 "이 때문에 공중에는 색이 없고 受想行識 등이 없다."고 하였다.

"⑵ 진공은 반드시 환유를 성취한다."에서 이것은 서로 만들어 준다는 뜻과 서로 장애가 없다는 뜻이다. 또한 법계관 가운데 이법계를 의지하여 사법계를 성취한 부분으로 사법계는 별개의 체성이 없다. 요컨대 진리로 인하여 성립하는 것이다. 모든 인연이 일어날 적에 모두 자성이 없고, 자성이 없는 이치로 말미암아 사물이 비로소 성취되기 때문에 마치 물결이 물에 의해 성립되는 것과 같다. 이 때문에 또한 여래장에 의지하여 유의 모든 법을 얻으므로 大品經에서 말하기를 "만약 모든 법이 空이 아니면 道도 없고 결과도 없다."고 하였고, 또한 중론에서 말하기를 "有와 空의 의의가 있기

때문에 모든 법이 성립된다."고 하였다.】

二 幻有二義者는 一은 幻有 必覆眞空이니 以空隱有現故오 二는 幻有 必不碍眞空이니 以幻有必自盡하야 令眞空徹現故일세니라【鈔_ '一幻有必覆眞空者는 卽相違義니 亦法界觀中 事能隱理門이니 謂眞理隨緣하야 能成事法이라 然此事法 旣違於理하야 遂令事顯理不現也라 以離事外에 無有理故니 如波奪水에 水無不隱이라 是則色中無空相也니라

'二幻有必不碍眞空'은 是不相碍義오 亦相作義니 亦法界觀中 事能顯理門이니 謂由事攬理故니 則事虛而理實이니 以事虛故로 全事中之理 挺然露現이니 如由波相虛하야 令水露現故로 論云若法從緣生인댄 是則無自性이라하니라 】

다음으로 환유의 2가지 의의는 다음과 같다.

(1) 환유는 반드시 진공을 뒤덮는다. 진공이 나타나지 않으면 환유가 나타나기 때문이며,

(2) 환유는 반드시 진공에 장애가 되지 않는다. 환유가 반드시 스스로 다하여 진공으로 하여금 막힘없이 나타나게 만들어주기 때문이다.【초_ "(1) 환유는 반드시 진공을 뒤덮는다."라는 것은 곧 서로 어긋난다는 뜻이다. 또한 법계관 가운데 사법계는 이법계를 덮어 보이지 않는다. 진리가 인연을 따라서 일과 법을 성취한다. 그러나 이런 일과 법이 이치에 어긋남으로써 마침내 일이 드러나면 이치가 나타나지 못하도록 만든다. 일을 벗어나 이치가 있을 수 없기 때문이다. 이는 마치 물결이 물을 빼앗음에 물의 존재가 숨겨

지지 않음이 없는 것과 같다. 곧 색 가운데 空의 모습은 없다.

"(2) 환유는 반드시 진공에 장애가 되지 않는다."는 것은 서로 장애가 없다는 뜻이며, 또한 서로 만들어준다는 뜻이다. 또한 법계관 가운데 사법계는 이치를 밝혀준다. 일은 이치를 취한 데에서 연유하기 때문이다. 사법계는 공하고 이법계는 진실하다. 사법계가 공허한 때문에 모든 일 가운데 이법계가 뚜렷이 나타난다. 이는 마치 물결이 서로 공허하여 물을 드러나게 만드는 것과 같다. 이 때문에 논에서 이르기를 "만약 법이 인연을 따라 생겨난다면 이는 자성이 없는 것이다."고 말하였다.】

文殊 各以初義致難이어늘 覺首 各以後義而答하니 以初二義는 空有異故오 以後二義는 空有相成故니라 然此二不二니 謂有非有 無二爲一幻有오 空非空 無二爲一眞空이오 又非空與有 無二爲一幻有오 空與非有 無二爲一眞空이오 又幻有與眞空 無二爲一味法界가 卽中道義라 離相離性하고 無障無礙하야 無分別法門이니 思以準之니라

문수보살이 각각 첫 번째, 바로 "이처럼 가지가지 업보의 차별이 있는가."라는 물음으로 논란을 일으켰는데, 각수보살은 각각 뒤이어서 말한 "무슨 연유로 서로 알지 못하는가."에 대하여 답하였다. "(1) 부질없이 잘못 분별"한 것과 "(2) 모든 識의 훈습"이라는 의의는 진공과 환유가 다르기 때문이며, "(3) 無性으로 말미암아 서로 알지 못한" 것과 "(4) 진여가 반연을 따른다."는 의의는 진공과 환유가 서로 조성하기 때문이다. 그러나 진공과 환유 2가지는 둘이 아니다. 有와 非有라는 둘의 차별이 없는 것이 하나의 환유가 되

고, 空과 非空이라는 둘의 차별이 없는 것이 하나의 眞空이 되며, 또 非空과 有라는 둘의 차별이 없는 것이 하나의 환유가 되고, 공과 非有라는 둘의 차별이 없는 것이 하나의 진공이 되며, 또 환유와 진공이라는 둘의 차별이 없는, 하나의 法界가 곧 중도의 의의이다. 현상의 모습도 여의고 근본의 자성도 여의며, 걸림도 없고 막힘도 없어 분별이 없는 법문이다. 깊이 생각하되 이에 준해야 한다.

次正釋文이라

다음은 바로 경문을 해석하다

經

眼耳鼻舌身과　　　　心意諸情根이
以此常流轉호대　　　而無能轉者니라

눈 귀 코 혀 몸
마음과 뜻에 의한 모든 정근이여
이런 정근에 의해 항상 육도(六道)에 돌고 돌지만
돌고 도는 주체가 없다

◉ 疏 ◉

且第一偈 答三問者는 初答何因種種이니 此具二意니라 一은 以八識熏習而成故니 初句는 五識이오 次句는 心是本識이니 集起義故오 意

는 通六七이니 七은 謂審思量故오 六은 謂意之識故며 了別義故로되 偈文이 窄故로 不立識言이라 亦諸情攝이니 此從別義어니와 通則八識이 皆得心意識名이라

諸情根者는 通於八種하야 類非一故오 五는 依色根하고 六은 依第七하고 七八은 互依하며 又第七識은 爲染汗根이오 第八은 又爲諸根通依일세 云諸情根이라하니라

言'以此'者는 以上八識이 爲能所熏하야 展轉爲因하야 而常流轉이오 無別我人일세 故云'無能轉'者라하니라 又識外無法일세 亦爲無者니라

【鈔】 '通則八識 皆得心意識名'者는 論云'聖敎正理 爲定量故'라하니 謂薄伽梵 處處經中說이라 心·意·識 三種別은 集起名心이오 思量名意오 了別名識이니 是三別義라 述曰 此上은 總解니 爲小乘은 謂未來名心이오 過去名意오 現在是識이라하니 種種分別이라 然無別體어늘 今顯經證論에 如是三義니 雖通八識이나 而隨勝顯인댄 第八은 名心이니 集諸法種하야 起諸法故오 第七은 名意니 緣藏識等이 恒審思量 爲我等故오 餘六은 名識이니 於六別境에 粗動間斷하야 了別轉故니라

諸情根者는 通於八識하야 皆有根義니 已成非一이온 況就八中에 復有二類하야 前五는 依色이오 後三은 依心이라 三依心中에 復有單雙互依之異니라

言'第七識爲染汚根'者는 第四論에 云'此意任運하야 恒緣藏識이 與四根本煩惱相應이라하니 其四者는 何오 謂我痴·我見·我慢·我愛니 是名四種이라 我痴者는 謂卽無明이니 愚於我相에 迷無我理일세 故名我痴니라 我見者는 謂我執於非我法하야 妄計爲我일세 故名我見이라

411

我慢者는 謂倨傲니 恃所執我하야 令心高擧라 故名我慢이라 我愛者는 謂我貪이니 於所執我에 深生耽著이라 故名我愛니 幷表慢愛하야 有見慢俱니 遮餘部師 不相應義니라 彼疏釋에 云餘部는 卽薩婆多니 見·愛·慢 三이 不得俱起故니라 論云 此四常起하야 擾濁內心하야 令外轉識하야 恒成雜染하니 有情이 由此하야 生死輪廻하야 不能出離일새 故名煩惱라하니 釋曰 由此四惑常俱等일새 故名染汚根이라 下論文中에 往往皆名爲染汚意니라

'第八又諸識通依'者는 卽根本依也라 言諸識者는 不唯第七識이라 心所等法은 皆依此故로 直就第七하야 名染汚根이라 若爲六依면 則通染淨일새 故名爲染淨依이라하니라

'以上八識等'者는 釋第三句니 前七은 爲能熏이오 第八은 爲所熏이라 故通云八識爲能所熏이라 七은 熏八種이오 七은 是八因이며 八은 含七種이오 八은 是七因이라 故云展轉이라하고 又依種起現하고 現復熏種이라 故展轉無窮이라 然此能熏·所熏은 通性·相二宗이니 成唯識·起信 二論中에 廣顯其義하니 玆不繁引이라

'無別我'下는 釋第四句라 然有二意하니 一은 破我執者니 卽人也오 二 '又識外'下는 破於法執이니 卽此言者는 通一切法이라】

또한 제2의 5수(제7~11) 게송의 첫 부분 가운데 첫째 제7게송에서 3가지의 물음에 대해 답함이란, 제7게송은 "무슨 인연으로 가지가지 업보의 차별이 있는가."에 대한 답이다. 여기에는 2가지의 뜻을 갖추고 있다.

(1) 이것은 八識으로 훈습하여 이런 업보의 차별이 이뤄지기 때

문이다. 제1구 眼耳鼻舌身은 五識이다. 제2구 心意諸情根에서 心이란 本識인바 모든 법을 모아 일으키는 의의[集起義]이기 때문이며, 意란 제6, 7식과 통한다. 제7식은 살펴보고 생각하고 헤아리고[審思量], 제6식은 意의 識이며, 了別義이기 때문이다. 하지만 게송의 지문에 의한 한계 때문에 識에 대해 말하지 않았다. 또한 모든 情을 받아들이는 것인바 이는 별개의 의의를 따른 것이지만 이를 총체로 보면 제8식이 모두 心·意·識의 이름을 가지고 있다.

제2구 '心意諸情根'의 '諸情根'은 8가지 식의 유를 통틀어 말한 것이기에 그 유가 한 가지가 아니다. 제5식은 色根을 의지하며, 제6식은 제7식을 의지하며, 제7, 8식은 서로 의지하며, 또 제7식은 染汚根이며, 제8식은 또한 모든 근기가 공통으로 의지한 까닭에 이를 '諸情根'이라 말하였다.

제3구 '以此常流轉'에서 '以此'라 말한 것은, 위에서 말한 八識이 훈습의 주체와 객체가 서로 전전하면서 원인이 되어 항상 흘러 전변하고, 나와 남의 차별이 달리 없는 까닭에 제4구에서 "돌고 도는 주체가 없다[而無能轉者]."고 말하였다. 또한 식의 밖에 법이 없기에 돌고 도는 주체가 없다고 말하는 것이다. 【초_ '通則八識 皆得心意識名'이란 논에 이르기를 "부처님의 가르침의 바른 이치는 정량이 되기 때문이다."고 하니 부처님이 곳곳의 경전에서 이를 말하고 있다. 心·意·識 3가지의 분별은 모든 법을 모아 일으키는[集起] 것으로 '心'이라 이름하고, 생각하고 헤아리는[思量] 것으로 '意'라 이름하고, 了別하는 것으로 '識'이라 말한다. 이것이 3가지 개별의 뜻

413

이다. 이에 대해 다음과 같이 서술하였다. 이상은 총체로 해석한 것이다. 소승은 "미래를 '心'이라 말하고, 과거를 '意'라 말하고, 현재를 '識'이라고 말한다."고 하였다. 이는 갖가지의 분별이다.

그러나 개별의 체성이 없는데 여기에서 경전의 뜻을 밝히고 논을 증명하는 데에 이와 같은 3가지 의의가 있다. 비록 八識과 통하지만 훌륭한 부분에 따라 그 뜻을 나타낸다면 다음과 같다.

제8식은 '心'이라 말한다. 모든 법의 종자를 모아서 모든 법을 일으키기 때문이다.

제7식은 '意'라 말한다. 藏識 등이 항상 살피고 생각하여 자아를 삼는 등으로 반연한 때문이다.

나머지 6식은 '識'이라 말한다. 6가지의 개별의 경계에 거칠게 움직이면서 간단이 있어 轉變을 알고 분별하기 때문이다.

모든 情의 근기는 八識에 통하여 모두 根이라는 뜻이 있다. 이미 이뤄진 것은 하나가 아닌데 더욱이 팔식 가운데 또한 2가지의 유가 있어 앞의 5가지는 색에 의지하고 뒤의 3가지는 마음에 의지한다. 3가지는 마음에 의지하는 가운데, 다시 單과 雙으로 서로 의지하는 차이가 있다.

"제7식은 染汚根이다."에 대하여 제4論에 이르기를 "이 뜻은 마음대로 운행하여 항상 藏識이 4가지 근본번뇌와 상응함으로 반연한다."고 하였다.

그 4가지는 무엇인가?

我痴·我見·我慢·我愛, 이를 4가지라고 말한다.

我痴라 하는 것은 곧 無明을 말한다. 我相에 사로잡혀 어리석은 나머지 혼미하여 나의 진리가 없기 때문에 아치라 말한다.

我見이라 하는 것은 자아가 아닌 법을 자아로 고집하여 부질없이 계탁하여 자아를 삼은 까닭에 아견이라 말한다.

我慢이라 하는 것은 거만함을 말한다. 자아에 집착한 바를 믿고서 마음을 드높이는 것이다. 이 때문에 아만이라 말한다.

我愛라 하는 것은 我貪을 말한다. 집착하는 자아에 깊이 탐착을 내는 것이다. 이 때문에 아애라 말한다.

아울러 慢愛를 나타내어 見慢이 함께함이 있다. 이는 遮餘部師가 말한 '서로 응하지 않는다.'는 뜻이다. 그들의 疏釋에 의하면 餘部는 곧 薩婆多[20]이다. 見·愛·慢 3가지가 함께 일어나지 않기 때문이다.

논에 이르기를 "이 4가지가 항상 일어나 나의 마음을 뒤흔들고 혼탁하게 하여 밖으로는 식을 전변하여 항상 잡염을 이루게 만드는 것이다. 중생이 이로 말미암아 끝없는 생사에 윤회하면서 이를 벗어나지 못하기 때문에 번뇌라 말한다."고 하였다.

이에 대해 다음과 같이 해석하였다.

"이 4가지의 미혹이 항상 함께함을 말미암은 것 등 때문에 染污根이라고 말한다. 아래의 논에서는 간혹 모두 染污意라 말하기

....

20 薩婆多: 薩婆는 중국에서는 一切를, 多는 중국에서는 相을 말한다. 따라서 살바다는 一切相을 말한다.

도 한다."

 '第八又諸識通依'라 하는 것은 곧 根本依이다. '모든 識[諸識]'이라 말한 것은 제7식만이 아니다. 心所 등의 법은 모두 이를 의지하기 때문에 제7식에서 染污根이라고 말한다. 만약 제6식에 의하면 오염과 청정이 모두 통하기 때문에 이를 染淨依라고 말한다.

 '以上八識' 등이라 하는 것은 제3구를 해석한 것이다. 앞의 7가지는 훈습의 주체[能熏]이며, 제8식은 훈습의 대상이다. 이 때문에 전체로 훈습의 주체와 대상이라고 말한다. 7식은 8가지를 훈습하고, 7식은 8가지의 원인이며, 8식은 7가지의 종자를 함유하고, 8식은 7가지의 원인이다. 이 때문에 展轉이라 말한다. 또한 종자에 의하여 현상이 일어나고 현상은 다시 종자를 훈습하는 것이다. 이 때문에 전전하여 다함이 없다. 그러나 이 훈습의 주체[能熏]와 훈습의 대상[所熏]은 性·相 2宗에 통한다. 성유식론·기신론에서 그 뜻을 자세히 밝힌 바 있기에 여기에서는 번거롭게 인용하지 않는다.

 '無別我' 이하는 제4구를 해석한 것이다. 그러나 여기에는 2가지의 뜻이 있다. 하나는 我執을 타파함이니 곧 사람[人]을 말하며, 다른 하나는 '又識外' 이하에서 法執을 타파함이니 여기에서 말한 것은 일체 법에 통틀어 말한 것이다.】

二는 明由不相知하야 方成種種이니 上半은 出種種이오 '以此'者는 以前不相知故로 擧體性空하야 方成流轉이니 卽此八識이 各無體性이라 故無實我法으로 而爲其主니 向若有性인댄 不可熏變이어니 安得流轉이리오【鈔_ 二明不相知 方成種種者는 卽第二段에 明前四因中 第

三因也라 但由偈中'以此'二字의 取義不同일세 故一偈文이 通於二義하야 取文全別이니라 前熏習義는 則'以此'二字 全指上半하야 爲流轉因이어니와 今顯無性은 則上半偈 爲流轉果니 '上半出種種'은 卽以此二字로 指前五偈法喩로 所明不相知義로 爲流轉因이니라

'卽此八識'下는 釋第四句니 旣所流無性인댄 何有能轉者耶아 其主者는 通於人法이라

'向若有性'下는 上來順釋이오 此下反釋이니 猶如金石이 各有堅性이라 不可令易이어니와 今此無性은 猶如於水 遇冷成氷이라가 逢火便暖이라 故로 中論에 云'集若有定性인댄 先來所不斷을 於今云何斷가 道若有定性인댄 先來所不修를 於今云何修오'等이라 故知若有定性이면 一切諸法이 皆悉不成이어니와 若無定性이면 一切皆成이라 故로 中論에 云'以有空義故로 一切法得成이어니와 若無空義者인댄 一切卽不成이라하니 無性이 卽空義也니라】

(2) 서로 알지 못함에 의하여 바야흐로 가지가지 업보의 차별을 이루게 됨을 밝힌 것이다. 제1, 2구의 '眼耳鼻舌身 心意諸情根'은 가지가지 업보의 차별을 내는 것이며, 제3구의 '以此'란 앞에서 서로 알지 못한 까닭에 온몸의 자성이 공허하여 바야흐로 생사에 돌고 돌게 된 것이다. 이는 곧 8식이 각각 體性이 없다. 이 때문에 實我의 법이 없는 것이 주가 된다.

앞서 만일 자성이 있다면 훈습에 의해 변화할 수 없는데 어떻게 생사의 바다에 돌고 돌 수 있겠는가.【초_"(2) 서로 알지 못함에 의하여 바야흐로 가지가지 업보의 차별을 이루게 됨을 밝혔다."

417

는 것은, 곧 제2단락에 앞의 4가지 원인 가운데 "(3) 無性으로 말미암아 서로 알지 못한 때문"임을 밝힌 것이다. 단 본 게송의 제3구에서 말한 '以此' 2글자에 대한 그 의의를 취한 것이 똑같지 않은 까닭에 하나의 똑같은 게송의 문장이 2가지의 의의에 통하여 문장을 취한 바가 전혀 다르게 된 것이다. 앞서 말한 '薰習'의 의의는 곧 '以此' 2글자가 아래 제1, 2구를 모두 가리키면서 생사 流轉의 원인으로 말했지만, 여기에서 자성이 없음을 밝힌 것은 곧 제1, 2구가 생사 유전의 결과로 말했다. "제1, 2구의 '眼耳鼻舌身 心意諸情根'은 가지가지 업보의 차별을 낸다."는 것은 곧 '以此' 2글자가 앞서 말한 5수(제2~6) 게송의 四大의 法喩로 밝힌 것이다. "서로가 서로를 알지 못한다."는 의의를 가리켜 생사 유전의 원인을 삼았다.

"이는 곧 8식[卽此八識]" 이하는 제4구 '而無能轉者'를 해석한 것이다. 이처럼 생사를 돌고 도는 것이 자성이 없음에 의한 것이라면 어떻게 이를 돌고 돌게 만드는 주체가 있겠는가. 그 주체란 사람과 법에 모두 통한다.

"앞서 만일 자성이 있다면[向若有性]" 이하는 위에서는 차례대로 해석[順釋]하였고, 그 아래에서는 반대로 해석[反釋]하였다. 이는 마치 쇠와 돌이란 각각 견고한 성질이 있기에 변할 수 없겠지만, 여기에서 말한 것처럼 자성이 없는 것은 마치 물이 차가운 기운을 만나 얼음으로 꽁꽁 얼었다가 뜨거운 불을 만나면 문득 녹아 따뜻하게 물이 데워지는 것과 같다. 이 때문에 中論에 이르기를 "集이 만일 결정된 자성이 있다고 한다면 이전에 끊지 못한 바를 오늘날 어떻게 끊을 수 있을까? 道가 만일 결정된 자성이 있다고 한다면 이전에 닦지 못한 바를 오늘날 어떻게 닦을 수 있을까?" 등이다. 이 때문에 만일 결정된 자성이 있다면 일체 모든 법이 모두 성립될 수 없지만, 결정된 자성이 없다면 일체 모든 법이 모두 성립될 수 있음을 알아야 한다. 이 때문에 중론에 이르기를 "공허한 의의[空義]가 있기 때문에 일체 모든 법이 성립되지만, 만일 공허한 의의가 없다면 일체 모든 법이 성립될 수 없다."고 하니, 자성이 없다[無性]는 것은 곧 '공허한 의의'이다.】

次遣疑者는 以虛妄中에 有二義故니 一은 虛轉이오 二는 無轉이라 故로 常種種이며 常一性也니라【鈔_ 次遣疑下는 卽釋第二番懷疑問也라 由前問云'爲是一性가 爲是種種가' 故로 今答云'常一常多'라하나라 '一虛轉者는 無性故有也오 '二無轉者는 無性故空也라 虛轉故로 常種種이오 無轉故로 常一性이니 勿滯二途也니라】

다음 의문을 떨쳐버린다는 것은 虛妄이라는 말 속에 2가지의 의의가 있기 때문이다.

(1) 공허한 유전[虛轉]이며,

(2) 유전이 없음[無轉]이다.

이 때문에 언제나 가지가지 업보의 차별이 있으며, 언제나 하나의 똑같은 마음의 자성[一性]이다.【초_ "다음 의문을 떨쳐버린다." 이하는 둘째 회의의 물음에 대한 해석이다. 앞서 "하나의 똑같은 마음의 자성인가, 가지가지 업보의 차별인가."라고 물은 까닭에 여기에서 "언제나 하나의 똑같은 마음의 자성이며, 언제나 가지가지 업보의 차별이 있다."라고 답하였다.

"(1) 공허한 유전[虛轉]"이란 자성이 없기 때문에 유전이 있고, "(2) 유전이 없음[無轉]"이란 자성이 없기 때문에 공이다. 공허한 유전인 까닭에 언제나 이 때문에 가지가지 업보의 차별이 있고, 유전이 없기 때문에 언제나 하나의 똑같은 마음의 자성이다. 이처럼 2갈래의 길에 걸림을 당하여 막혀서는 안 된다.】

次答難者는 虛轉故로 俗不異眞而俗相立이오 無轉故로 眞不異俗而眞體存이라 故互不相違也니라【鈔_ '次答難'下는 卽答第三番設難也라 謂前難云 '一性'이 隨於種種인댄 則失眞諦오 種種이 隨於一性인댄 則失俗諦라 故로 今意는 明不相違也니라 '虛轉'等者는 轉故是俗이오 虛故不異眞이니 旣言虛轉인댄 則俗相立이니라 '無轉'等者는 無轉은 卽眞也라 以卽轉言無일세 故不異俗이오 卽轉是空일세 故眞體存이라 俗法離眞而無別體일세 故云相立이오 眞不可見일세 但云體存이니 上句는 俗不違眞이오 下句는 眞不違俗이라 故로 疏結云 '互不相違'라하니라】

다음 논란에 답함이란, 공허한 생사의 유전이 있는 까닭에 俗諦의 모습이 眞體와 다르지 않으면서 속제의 모습이 성립하며, 생사의 유전이 없는 까닭에 眞諦의 본체가 속제의 모습과 다르지 않으면서 진제의 본체가 존재한다는 뜻이다. 이 때문에 속제와 진제는 서로 어긋나지 않는다.【초_ "다음 논란에 답함" 이하는 곧 셋째 논란의 물음에 대한 해석이다. 앞서 "하나의 똑같은 마음의 자성이 가지가지 업보의 차별을 따른다면 眞諦를 잃고, 가지가지 업보의 차별이 하나의 똑같은 마음의 자성을 따른다면 俗諦를 잃는다."는 懷疑의 물음을 따른 까닭에 여기에서는 "속제와 진제는 서로 어긋나지 않는다."는 뜻을 밝힌 것이다.

"공허한 생사의 유전" 등이란 생사의 유전이 있기 때문에 俗諦이며, 공허한 때문에 진제와 다르지 않다. 이처럼 "공허한 생사의 유전"이라 말한다면 속제의 모습이 성립된다.

"생사의 유전이 없다." 등은 생사의 유전이 없는 것이 곧 진제임을 의미한다. 생사 유전의 자리에서 유전이 없다고 말한 때문에 속제의 모습과 다르지 않고, 생사 유전의 자리에서 유전이 공허한 것임을 말한 때문에 진제의 본체가 존재하는 것이다. 속제의 법이란 진제의 본체를 여의고 별개의 체성이 없는 까닭에 "속제의 모습이 성립된다."고 말하고, 진제의 본체는 볼 수 없는 자리이기에 단 "진제의 본체가 존재한다."고 말하였다.

上句의 '俗不異眞而俗相立'은 속제가 진제와 어긋나지 않고, 下句의 '眞不異俗而眞體存'은 진제가 속제와 어긋나지 않음을 나타낸다. 이 때문에 청량소에 끝맺어 이르기를 "속제와 진제는 서로 어긋나지 않는다."고 말하였다.】

經

法性本無生호대   **示現而有生**하니
是中無能現이며   **亦無所現物**이니라

  법성의 실상은 본래 태어남이 없으나
  잠시 몸을 나타내어 보여주는 것으로 태어남을 삼나니

여기에는 나타내어 보여주는 주체도 없고
또한 나타내어 보여주는 대상의 존재도 없다

● 疏 ●

第二偈도 亦答三問이라 初는 明眞如隨緣 故成種種者는 答所以也라 初句는 印上心性是一이니 是不變義오 次句는 答上云'何見有種種'이니 是隨緣義라 唯心變現일새 全攬眞性이오 生非實生일새 故云示現이라 下二句는 印上業不知心'等은 以是隨緣이 不失自性義故니 是以로 諸趣種種을 了不可得하야 生卽無生이라 '無能現'者는 性不動故오 '無所現'者는 妄法虛故일새니라【鈔 唯心變現者는 正釋眞如隨緣之義니 謂卽依前諸識熏習之緣으로 所熏眞如 隨緣成法이라 故云'全攬眞成'이라하니 以離如來藏으로 無有實體 爲能所熏이라 故云'全攬眞成'이라하니 正揀法相 眞如之外에 有能所熏이라 眞性은 卽如來藏性이오 如來藏性은 卽生滅門中眞如니라

'生非實生'은 正釋示現字니 亦仍上起라 謂旣攬眞生인댄 生相이 卽虛라 故云'示現'이라

'以是隨緣'者는 如水遇風에 緣而成波浪이나 濕性不失이니 如來藏性은 雖成種種이나 而不失於自淸淨性이니라 此中隨緣은 卽是前經見有種種이오 此中'不失自性'은 卽前'業不知心'等이라】

제2의 5수(제7~11) 게송의 첫 부분 가운데, 둘째 제8게송 또한 3가지 의문에 대한 답이다. 먼저 첫 제7게송에서 진여가 반연을 따른 까닭에 가지가지 업보의 차별을 이루게 된 부분을 밝힌 것은

그에 대한 이유(所以)를 답한 것이다.

제1구 '法性本無生'은 위에서 말한 "마음의 자성이 하나로 똑같음"을 인증함이다. 이는 변치 않는 의의이다.

제2구 '示現而有生'은 위에서 말한 "어찌하여 가지가지 업보의 차별을 보게 되는가."에 대한 답이다. 이는 반연을 따른 의의이다. 오직 마음은 변화하여 나타난 까닭에 眞性을 모두 가지고, 이 세상에 태어남이 실재의 生이 아닌 까닭에 '示現'이라고 말한다.

아래의 제3, 4구 '是中無能現 亦無所現物'은, 위에서 말한 "업은 마음을 알지 못한다." 등을 인증한 것은 반연을 따름이 자성을 잃지 않는다는 의의이기 때문이다. 이로써 태어나는 여러 갈래의 세계에 가지가지 업보의 차별을 마침내 얻지 못하여 生이라 하지만 그것은 곧 生이 없는 것이다.

제3구의 '無能現'이란 자성이 동요하지 않기 때문이며, 제4구의 '無所現'이란 거짓 허망한 법이 공허한 때문이다.【초_ '唯心變現'이란 바로 진여가 인연을 따른다는 뜻을 해석한 것이다. 앞서 말한 모든 識의 훈습이 반연에 의하여 훈습한 바의 진여가 인연을 따라서 법을 이루는 것이다. 이 때문에 "온전히 진여를 가지고 이뤄진다."고 하였다. 여래장을 떠남으로써 실체가 없는 것이 훈습의 주체와 대상이 된다. 이 때문에 "온전히 진여를 가지고 이뤄진다."고 하였다. 이는 바로 법상이 진여의 밖에 훈습의 주체와 대상이 있다는 것과는 다르다는 점을 밝힌 것이다. 眞性이란 如來藏性이며, 여래장성은 곧 生滅門에서 말한 진여이다.

"이 세상에 태어남이 실재의 生이 아니다[生非實生]."는 것은 바로 示現 2글자를 해석한 것이니 또한 위로 인하여 일어난 것이다. 이미 진여를 가지고 발생한 것이라면 생겨난 모든 현상은 곧 공허한 것이다. 이 때문에 '示現'이라 말한다.

'以是隨緣'이란 물이 바람을 만나면 이런 반연으로 물결이 이뤄지지만 습기의 성질은 잃지 않음을 뜻한다. 이렇듯이 여래장성은 비록 갖가지를 이뤄주지만 자성의 청정을 잃지 않는다. 여기에서 '隨緣'이라 말한 것은 앞의 경전에서 말한 "見에 갖가지가 있다."는 것이며, 여기에서 말한 "자성을 잃지 않는다."는 것은 앞에서 말한 "업은 마음을 알지 못한다."는 등을 말한다.】

次遣疑者는 常生常無生이니라 上半은 卽無生之生이니 業果宛然이라 故勝鬘에 云'不染而染'이라 難可了知라하고 下半은 生卽無生이라 眞性湛然일새 故勝鬘에 云'染而不染'이라 難可了知라하다 又'法性本無生'은 不空如來藏也오 '此中無能現'은 空如來藏也니라【鈔_ '上半卽無生之生'者는 由上疑云'爲是種種'가 '爲是一性'가 故로 今答云'無生之生'이라 卽常種種이오 生卽無生이라 故云一性이라하니 本末染淨이 旣相交徹이어니 安可凡情而了知耶아

'又法性本無生'者는 上約不變隨緣이어니와 今約二空이니 卽以能隨緣者로 爲不空藏이라 故有種種이니 卽上半也오 隨緣不失自性이 名爲空藏이니 以妄法不染故니 卽是下半이니라

又約二藏體가 卽是一性이라 不碍隨緣일세 故有種種이니 不空은 卽是一性이오 空藏은 卽不相知니라 】

다음 의문을 떨쳐버린다는 것은 태어나되 언제나 태어남이 없음을 말한다.

제1, 2구는 곧 태어남이 없는 태어남이니 업보의 결과가 분명하다. 이 때문에 승만경에 이르기를 "물들지 않되 물든 터라 깨달아 알기 어렵다."고 하였다.

제3, 4구는 태어남이 곧 태어남이 없는 터라 眞性이 湛然함이다. 이 때문에 승만경에 이르기를 "물들되 물들지 않는 터라 깨달아 알기 어렵다."고 하였다.

또한 제1구의 "법성의 실상은 본래 태어남이 없다."는 것은 不空如來藏이며, 제3구의 "여기에는 나타내어 보여주는 주체도 없다."는 것은 空如來藏이다. 【초_ "제1, 2구는 곧 태어남이 없는 태어남"이라고 한 것은, 위에서 의심하여 이르기를 "이는 가지가지 업보의 차별인가, 이는 하나의 똑같은 마음의 자성인가."라는 물음을 따른 까닭에 여기에서 답하기를 "태어남이 없는 태어남이라 언제나 가지가지 업보의 차별이 있고, 태어남이 곧 태어남이 없는 터라 이 때문에 하나의 똑같은 마음의 자성이라고 말한 때문이다. 근본과 지말, 그리고 청정과 더러움이 이처럼 서로 통하는데, 어떻게 범인의 정식으로 이를 알 수 있겠는가."라고 말한 것이다.

"또한 제1구의 '법성의 실상은 본래 태어남이 없다.'"는 것에 대해서는, 위에서 不變과 隨緣으로 말하였지만 여기에서는 不變과 隨緣 2가지가 모두 공허하다는 것으로 말하였다. 이는 곧 반연을 따르는 주체로 불공여래장을 삼은 것이다. 이 때문에 가지가지 업보의 차별이 있는바 이는 곧 제1, 2구의 뜻이다. 반연을 따라서 자성을 잃는 것을 공여래장이라고 말한다. 거짓 허망한 법이 이를 더럽히지 못한 때문이다. 이는 곧 제3, 4구의 뜻이다.

또한 불공여래장과 공여래장의 본체가 곧 하나의 똑같은 마음의 자성이라 반연을 따르는 데에 걸리지 않기 때문에 가지가지 업보의 차별이 있음을 말한 것이다. 불공여래장은 곧 하나의 똑같은 마음의 자성이며, 곧 서로 알지 못함이다.】

答第三難者는 '此中無能現'은 性非性也오 亦無所現物은 相非相也라 又 '示現而有生'은 性不違相오 亦無所現物은 相不違性이니 無二爲二오 二卽無二라 無碍圓融이어니 豈有乖耶리오【鈔_ 答第三難者는 謂上難에 云'一性이 隨於種種이면 則失眞諦오 種種이 隨於一性이면 則失俗諦라 亦性相相違라하야늘 今答意는 明性相無違니라

然疏有二意하니 一은 明性相雙絶이라 故無可相違니 卽下半意니라 '又示現'下는 第二 明性相相成이라 故不相違니 卽是上半은 卽無生之性이 不違示生之相이라

言'亦無所現物'者는 雖牒第四句하야 連取第二句나 正示現生이니 卽無所現이라 故不違性이라

'無二爲二'者는 結也라 一體而分能現所現이 云無二而二오 性相無違는 爲二卽無二라 故云圓融이니 豈得種種이 乖於一心이며 心性이 乖於種種이리오】

셋째 논란의 물음에 대한 답이란 다음과 같다.

제3구의 "여기에는 나타내어 보여주는 주체도 없다."는 것은

근본의 성품이 본 성품이 아니라는 뜻이며,

제4구의 "또한 나타내어 보여주는 대상의 존재도 없다."는 것은 현상에서 보여준 그 모습이란 본모습이 아니라는 뜻이다.

또한 제2구의 "잠시 몸을 나타내어 보여주는 것으로 태어남을 삼는다."는 것은 근본의 성품이 현상의 모습을 어기지 않음을 나타내며,

제4구의 "또한 나타내어 보여주는 대상의 존재도 없다."는 것은 현상의 모습이 근본의 성품을 어기지 않음을 말한다. 현상의 모습과 근본의 성품이 둘의 차이가 없지만 둘의 차이가 있고, 현상의 모습과 근본의 성품이 둘의 차이가 있으면서 곧 둘의 차이가 없다. 이처럼 현상의 모습과 근본의 성품이 서로 걸림 없이 원융한데 어떻게 서로 어긋남이 있겠는가.【초_ "셋째 논란의 물음에 대한 답"에서, 앞서 "하나의 똑같은 마음의 자성이 가지가지 업보의 차별을 따른다면 眞諦를 잃고, 가지가지 업보의 차별이 하나의 똑같은 마음의 자성을 따른다면 俗諦를 잃는다. 또한 근본의 성품과 현상의 모습이 서로 어긋난다."는 懷疑의 물음이 있었기 때문에 여기에서 답한 뜻은 근본의 성품과 현상의 모습이 서로 어긋나지 않음을 밝힌 것이다. 그러나 청량소에는 2가지의 뜻이 있다.

① 근본의 성품과 현상의 모습이 모두 끊어짐을 밝힌 것이다. 이 때문에 서로 어긋남이 없다. 이는 곧 제3, 4구의 뜻이다.

'又示現' 이하는 ② 근본의 성품과 현상의 모습이 서로 성립함을 밝힌 것이다. 이 때문에 서로 어긋남이 없다. 이는 제1, 2구는

곧 無生의 자성이 示生의 자성에 어긋남이 없음을 말한다.

제4구에서 "또한 나타내어 보여주는 대상의 존재도 없다."고 말한 것은 비록 제4구를 이어서 제2구를 취한 것이나 바로 示現으로 이 세상에 태어난 것인바 곧 나타난 바가 없다. 이 때문에 자성에서 어긋남이 없다.

"현상의 모습과 근본의 성품이 둘의 차이가 없지만 둘의 차이가 있다."는 것은 끝맺음이다. 하나의 몸이지만 示現의 주체와 示現의 대상이 둘의 차이가 없으면서도 둘의 차이가 있음을 말한다. 현상의 모습과 근본의 성품이 서로 어긋남이 없다는 것은 곧 둘의 차이가 없다는 뜻이다. 이 때문에 圓融이라고 말한다. 어떻게 가지가지가 하나의 마음에서 어긋나며, 마음의 성품이 가지가지에서 어긋남이 있겠는가.】

言法性者는 法은 謂差別依正等法이오 性은 謂彼法所依體性이니 卽法之性일새 故名爲法性이니라 又性以不變爲義하나니 卽此可軌일새 亦名爲法이니라 此則性卽法故로 名爲法性이니 此二義는 並約不變釋也니라 又卽一切法이 各無性故로 名爲法性이니 卽隨緣之性이 法卽性也니라 本有二義하니 一約不變인댄 本謂源本이니 本來不生이로되 隨緣故生이오 二는 約隨緣인댄 有此法來 本自不生이라 非待滅無니라 卽示現生時에 本不生故니 故로 下云 '無能現也'라하나라【鈔_ 本有二義者는 釋本無生이니 由於法性이 有其 '不變·隨緣'義故로 令本亦二니라 本卽是性이오 末卽是相이니 前 不變의 本이 與末不卽하고 後 隨緣의 本이 與末不離하나니 不卽不離하야 融無障碍라야 爲眞本也니라】

法性이라 말하는 法이란 업보의 차별, 依報·正報 등의 법을 말하며, 性이란 그런 법들이 의지하는 대상의 體性을 말한다. 법과 하나가 되는 性이기에 이를 '법성'이라고 말한다. 또한 性이란 절대 변하지 않음으로 그 의의를 삼는다. 이러한 性과 하나가 되어 궤범이 되기에 또한 그 이름을 법이라 한다. 이는 곧 性이 바로 법인 까닭에 그 이름을 법성이라고 말한다. 이러한 2가지의 의의는 아울러 변하지 않는다는 측면에서 해석한 것이다. 또한 모든 법이 각각 자성이 없기 때문에 법성이 된다. 이는 곧 반연을 따른 자성[隨緣性]인바 법이 곧 性이다.

제1구 '法性本無生'의 '本' 자에는 2가지의 의의가 있다.

(1) 변하지 않는다는 측면에서 말하면 '본'이란 본원을 말한다. 본래 태어남이 없으나 반연을 따른 까닭에 잠시 태어남이며,

(2) 반연을 따른다는 측면에서 말하면, 이런 법이 본래 스스로 태어남이 없기에 사라져 없어짐을 기다리지 않는다. 곧 잠시 몸을 나타내어 보여주는 것으로 태어날 때에 본래 태어남이 아니기 때문이다. 이 때문에 제3구에서 "나타내어 보여주는 주체도 없다[無能現]."고 말하였다. 【초_ "'本' 자에는 2가지의 의의가 있다."는 것은 "본래 태어남이 없음"을 해석한 것이다. 법성에는 절대 변하지 않는 '不變'과 반연에 따라 무시로 변하는 '隨緣'의 의의가 있는 까닭에, 그 본래의 근본에 둘의 차이가 생긴 것이다. 근본은 곧 본질의 성품이요, 지말은 곧 현상의 모습이다. 앞서 절대 변하지 않는 근본이 지말과 하나가 되지 않고, 뒤의 반연에 따라 무시로 변하는 근본[隨

緣本]이 지말과 서로 여의지 않는다. 하나가 되지도 않고 여의지도 않으면서 서로 융통하여 걸림이 없어야만 참 근본[眞本]이 된다.】

經

眼耳鼻舌身과　　　　　心意諸情根이
一切空無性이어늘　　　妄心分別有니라

눈 귀 코 혀 몸
마음과 뜻에 의한 모든 정근이여
모든 것이 공하여 자성이 없는데
허망한 마음으로 분별의식을 내게 된다

◉ 疏 ◉

第三偈 答三問者는 初答所以者는 上三句는 種種이 卽一心性이니 亦印前文殊不相知等이오 下句는 出因이니 由妄分別일세 故有種種이니 正答前問이라 此復二意하니 一은 上二句는 依他起也오 次句는 圓成實也이오 後句는 徧計性也라 由徧計故로 能起依他하나니 依他無性이 卽圓成實이라 故唯識에 云依他起自性이 分別緣所生이니 圓成實은 於彼에 常遠離前性이라 故此與依他로 非異非不異니라하니라 【鈔_ 此復二意下는 上來는 總明이오 此下는 別釋이라 會性相宗이니 初三은 性釋이니 通於二宗이라 疏文에 有三하니 初는 直屬經文이니 是法性意니 依他無性하야 爲圓成故니라
'由徧計下는 二 正釋偈意니 由妄分別하야 有上眼等이 旣從緣生이라

故體卽空이오 空卽圓成이니라

故唯識下는 三 引文證成이니 二宗三性은 已見玄文일세 今此略引 依圓二性이라 初之二句는 是依他性이라 故彼釋云妄分別緣은 卽是 徧計나 然妄分別은 是能徧計오 眼等依他는 是所徧計니 計爲實故 로 成徧計性이니 由此能生染分依他라 故此徧計는 能起依他니 是彼 他故니라

圓成實下는 釋圓成性이니 一偈 分二라 上半은 正釋이오 下半은 明與 依他起性 非一異義어늘 彼論釋에 云謂圓滿成就諸法實性은 顯此 常徧이니 體非虛謬라 揀自共相이오 虛空我等은 此卽於彼오 依他起 上에 常遠離前은 徧計所執이라 二空所顯眞如爲性은 說於彼言인댄 顯圓成實과 與依他起는 不卽不離니라

故此與依他下는 釋非一異니 謂由圓成이 於依他起에 遠前性故로 成非一異일세 故云 故此'어늘 彼論釋에 云由前理故로 此圓成實과 與 彼依他는 非異不異라 異應眞如니 非彼所依오 不異此性이어니 應是 無常이라

彼此俱應 淨非淨境하니 則本後智 用應無別이라하니 釋曰 圓成은 唯 淨智境이오 依他는 通淨非淨이니 豈得全同이리오】

    제2의 5수(제7~11) 게송의 첫 부분 가운데, 셋째 제9게송에서 3가지 물음에 대해 답했다는 것은 첫째 제7게송에서 그 이유를 답한 뜻이다. 본 게송의 제1~3구는 가지가지 업보의 차별이 곧 하나의 똑같은 마음의 자성이다. 이는 또한 앞에서 문수보살이 말했던 "서로가 서로를 알지 못한다." 등을 인증함이며, 제4구는 그 원인을

밝힌 것이다. 헛된 분별심에 의한 까닭에 가지가지 업보의 차별이 생겨난 것이다. 이는 바로 앞의 물음에 대한 답이다.

여기에는 또한 2가지의 뜻이 있다.

⑴ 제1, 2구는 다른 것과 서로 의지하여 일어남[依他起性]이며,

제3구는 모든 법이 원만하게 이뤄진 진리[圓成實性]이며,

제4구는 일체 모든 법이 망념에 의해서 차별이 일어남[遍計所執性]이다. 無明의 無智로 잘못된 번뇌를 일으킨 까닭에 의타기성이 일어나게 된다. 의타기성의 자성이 없는 것이 곧 원성실성이다. 이 때문에 유식에 이르기를 "의타기성은 분별심의 인연에 의해 생겨나는 것이다. 원성실성은 언제나 의타기성과 멀리 떨어져 있다. 이 때문에 원성실성과 의타기성은 다른 것도 아니요, 다르지 않은 것도 아니다."고 하였다. 【초_ '此復二意' 이하는, 위에서는 총체로 밝혔고 이 아래에서는 개별로 해석한 것이다. 性宗과 相宗을 종합한 것이다. 初三은 자성을 해석함이니 성종과 상종에 모두 통한다. 청량소는 3가지로 말하였다.

① 직접 경문에 붙여 본 것이다. 이는 법성으로 말한 뜻이다. 그 자성이 없는 데에 의지하여 원만하게 성취한 때문이다.

'由偏計' 이하는 ② 바로 게송의 뜻을 해석한 것이다. 허망한 분별로 말미암아 위에서 말한 눈 등이 이미 반연을 따라 생겨난 것이다. 따라서 본체는 곧 空이요, 空은 곧 원만하게 성취된 것이다.

'故唯識' 이하는 ③ 문장을 인용, 증명하여 끝맺음이다. 二宗 三性은 이미 경문에 나타나 있기에 여기에서는 간단하게 依他起性과

圓成實性만을 인용한다. 처음 2구는 의타기성이다. 이 때문에 그에 대한 해석은 허망하게 분별한 인연이란 변계소집성이다. 그러나 허망한 분별은 변계소집성의 주체이며, 눈 등의 의타기성은 변계소집성의 대상이다. 遍計所執性의 '計'는 실상이 되기에 모든 일에 두루 헤아리는 자성을 이루는 것이다. 이로 말미암아 染分과 依他를 발생하는 것이다. 따라서 변계소집성은 의타기성을 일으키게 된다. 이는 그것의 他이기 때문이다.

'圓成實' 이하는 원성실성을 해석한 것이다. 1수의 게송은 2부분으로 나뉜다. 제1, 2구는 바로 해석한 것이며, 제3, 4구는 의타기성이 하나와 다른 의가 아님을 밝힌 것인데 그에 관한 논에서 다음과 같이 해석하였다.

모든 법을 원만하게 성취하는 實性은 두루 영원함으로 나타낸 것이니, 본체는 공허하거나 잘못된 게 아니다. 스스로 共相과는 차이가 있으며, 虛空我等은 저기에 나아가 말한 것이며, 의타기성 상에 항상 멀리 여의기 이전은 집착한 바를 두루 헤아리는 것이다. 二空으로 나타난 바의 진여로 자성을 삼은 것은 그가 말한 바로 말한다면 원성실성과 의타기성은 하나도 아니고 서로 여읨도 아님을 나타낸다.

'故此與依他' 이하는 하나도 아니고 차이가 있는 것도 아님을 해석한 것이다. 원성실성이 의타기성에 견주어보면 앞의 자성과 멀리 있기 때문에 하나도 아니고 차이가 있는 것도 아니다. 이 때문에 '故此'라고 말한다.

이에 관한 논에서 다음과 같이 해석하였다.

"앞의 이치로 말미암은 까닭에 원성실성과 의타기성은 다른 것이 아니요, 다르지 않은 것도 아니다. 다른 것이라면 당연히 진여이다. 진여는 의지의 대상이 아니며, 이 성품과도 다르지 않으니 당연히 無常하다."

"피차 모두 청정과 청정이 아닌 경계이다. 곧 根本智와 後得智의 작용은 당연히 차별이 없다."고 한다. 이에 대한 해석은 다음과 같다.

"원성실성은 오직 청정 지혜의 경계이며, 의타기성은 청정과 청정 지혜가 아닌 바를 모두 통하고 있다. 어떻게 모두 똑같다고 말할 수 있겠는가."】

二者는 上二句는 因緣所生法也오 次句는 我說卽是空也오 後句는 亦謂是假名이니 此二不二 是中道義니라【鈔_ 二者上二句下는 別會法性宗三觀하야 欲顯包含이니 取文이 小異니라 中論 偈云 因緣所生法을 我說卽是空이오 亦謂是假名이오 亦是中道義라하니 配經이면 可知니라 然中道言은 經文所無로되 但含下半空有爲中이니 若取別顯인댄 亦在前偈오 法性無生은 卽前偈中에 亦具三觀이라 初句는 中道오 次句는 假名이오 下半은 卽空이니 由前已配인댄 眞如는 隨緣이라 故不顯耳오 又眞如隨緣은 亦不殊三觀이라】

(2) 제1, 2구는 인연으로 발생하는 법이고, 제3구는 나의 말이 공이며, 제4구는 이는 또한 假名임을 말한다. 이처럼 둘의 차별이 없는 자리가 바로 中道의 의의이다.【초_ '二者上二句' 이하는 개별로 法性宗의 三觀을 종합하여 포괄적으로 나타내고자 함이기에 문

장을 취함이 다소 차이가 있다. 중론의 게송에서 이르기를 "인연으로 발생하는 법을 나는 空이라 말하고, 또한 假名이라고도 말하며, 또한 中道義라고 말한다."고 하였다. 경문과 짝지어 살펴보면 이는 말하지 않아도 알 수 있다.

그러나 '中道'라는 말은 경전에 없지만 단 제3, 4구에 空有는 중도가 된다는 뜻을 포괄하고 있다. 만일 별개로 취하여 나타낸다면 앞의 게송에 있고, 법성이 생겨남이 없다는 것은 앞의 게송에서 三觀을 갖추고 있다. 제1구는 中道, 제2구는 假名, 제3, 4구는 곧 空이다. 앞에서 이미 배대한 바를 따르면 진여는 인연을 따르는 것이다. 그러므로 여기에서 밝히지 않은 것이며, 또한 진여가 인연을 따른다는 것은 또한 삼관과 다르지 않다.】

又妄心分別有者는 情計謂有나 然有卽不有일세 故云'一切空無性'이라 常有常空이 是卽萬物之自虛어니 豈待宰割以求通哉아【鈔 _ 又妄心下는 二答懷疑問이니 謂上問言호되 爲是一性가 爲是種種가 故今答云'常空故常一性이오 常有故常種種也라

'是卽萬物下는 肇公不眞空論意也라 意云萬物自虛댄 則常一常多矣라 故彼論에 云尋夫不有不無者는 豈曰滌除萬物하고 杜塞視聽하야 寂寥虛豁이라야 然後爲眞諦者乎아 誠以卽物順通이라 故物莫之逆이오 卽僞而眞이라 故性莫之易이오 性莫之易이라 故雖無而有오 物莫之逆이라 故雖有而無니라 雖有而無일세 所謂非有오 雖無而有일세 所謂非無니라 如此則非無物也며 物非眞也라 物非眞故니 於何而物가 故經云色性自空이오 非色敗空이라하니 以明聖人之於物也에 卽萬

物之自虛니 豈待宰割以求通哉아하니 釋曰 此는 明體法卽空이오 非析法明空也니라 】

또한 제4구의 "허망한 마음으로 분별의식을 낸다."는 것은, 無明의 잘못된 번뇌 망상으로 이를 존재하는 有라고 말하지만 그것은 진정한 有가 아니라는 뜻이다. 이 때문에 제3구에서 "모든 것이 공하여 자성이 없다. 항상 있으면서도 항상 공적하다."고 하였다.

이는 곧 모든 존재가 스스로 공허한 것인데, 어떻게 이를 자르고 쪼개어 손질을 가하면서 부처님의 도에 통함을 추구할 수 있겠는가. 【초_ "또한 제4구의 허망한 마음" 이하는 둘째 물음에 대한 답이다. 앞서 "하나의 똑같은 마음의 자성인가, 가지가지 업보의 차별인가."라는 물음이 있었고, 여기에서 "항상 공적하기 때문에 언제나 하나의 똑같은 마음의 자성이며, 항상 있기 때문에 언제나 가지가지 업보의 차별이 있다."고 답하였다.

"이는 곧 모든 존재" 이하는 승조 법사의 不眞空論에서 말한 뜻이다. 즉 만물 자체가 공허하면 언제나 하나이기도 하고 언제나 많기도 한다. 그러므로 조론에서 다음과 같이 말하였다.

"有가 아니고 無가 아닌 것을 찾는다면 어찌 만물을 말끔히 쓸어버리고 보고 듣는 감각을 막아버린 채, 고요하고 텅텅 비어야만 진제라고 말할 수 있겠는가. 참으로 사물과 하나가 되어 순리대로 통한다. 그러므로 사물의 존재를 거스를 수 없고, 거짓과 하나가 되어 진실하다. 따라서 성품은 바뀌지 않는다. 성품이 바뀌지 않기 때문에 아무리 無라 하지만 有이며, 사물의 존재와 거스름이 없기 때문에 아무리 有라 하지만 無이다. 비록 有라 하지만 無인 까닭에 있는 게 아니라고 말하며, 비록 無라 하지만 있기 때문에 이른바 없는 것이 아니라고 말한다. 이와 같다면 사물의 존재가 없는 것도 아니고, 모든 존재는 진여가 아니다. 사물의 존재는 진여가 아니기 때문이다. 어떻게 사물의 존재라고 말하겠는가. 그러므로 경에서 말하기를 '色性은 스스로 空이요, 色이 空을 무너뜨리는 것이 아니다.'고 하였다. 성인이 사물의 현상에 대하여 밝힘에 있어 모든 존재가 스스로 공허한 것인데, 어떻게 이를 자르고 쪼개어 손질을 가하면서 부처님의 도에 통함을 추구할 수 있겠는가."

이에 대하여 다음과 같이 해석하였다.

이는 體法이 곧 空이라는 것이지, 법을 나누어서 공으로 밝힘이 아님을 밝혀준다.】

又前偈는 從本起末이라 末不異本이어니와 此偈는 攝末歸本이라 本不碍末이어니 豈相乖耶아【鈔_ '又前偈'下는 釋第三重하야 結成難이니 謂前偈는 法性爲本이오 示生爲末이로되 此偈는 以空無性으로 爲本이오 眼等으로 爲末이라

攝末歸本'은 種種이 不乖一性이니 非本無末이어니 一性이 豈乖種種가 欲顯起末攝末하고 逆順具足이라 故引前偈니 非獨此偈不能答難이라 若獨此偈答者는 謂眼耳等이 卽無性故로 種種이 不乖一性이오 無性要依眼等故로 一性이 不乖種種이오 又從本起末이 卽不動眞際 建立諸法이오 攝末歸本은 卽不壞假名而說實相이니 義理無妨이니라】

또한 앞의 제8게송은 법성실상의 근본으로부터 현상의 모습이

라는 지말의 입장에서 밝힌 터라 현상의 모습인 지말이 법성실상의 근본과 다르지 않지만, 이 게송에서는 육근의 지말을 모두 거둬 근본의 실상으로 귀결 지은 터라 근본의 실상이 육근의 지말에 걸림이 없는데 어떻게 서로 어긋남이 있겠는가.【초_ '又前偈' 이하는 제3중을 해석하여 논란을 끝맺음이다. 앞의 게송에서는 본성을 근본으로 삼고, 示現으로 이 세상에 태어난 것을 지말로 삼았지만, 이 게송에서는 공에 자성이 없는 것으로 근본을 삼고, 눈·귀 등으로 지말을 삼았다.

"육근의 지말을 모두 거둬 근본의 실상으로 귀결 지음"에서, 가지가지 업보의 차별은 하나의 똑같은 마음의 자성에 어긋나지 않는다. 근본이 아니면 지말이 없는 것이니, 하나의 똑같은 마음의 자성에 어떻게 가지가지 업보의 차별과 서로 어긋남이 있겠는가. 起末을 일으키고 기말을 받아들이며 逆順이 구족함을 밝히고자 한 때문에 앞의 게송을 인용한 것이다. 이는 유독 이 게송에서 논란에 대해 답하지 못했을 뿐만 아니라, 만약 홀로 이 게송의 답은 눈·귀 등이 곧 자성이 없기 때문에 가지가지 업보의 차별이 하나의 똑같은 마음의 자성에 어긋나지 않으며, 자성이 없는 것은 요컨대 눈·귀 등에 의지한 까닭에 하나의 똑같은 마음의 자성이 가지가지 업보의 차별과 어긋나지 않으며, 또한 근본을 따라 지말이 일어나는 것이 곧 동요가 없는 진제에서 모든 법을 세우는 것이며, 지말을 가지고 지말로 귀결 지은 것은 가명을 무너뜨리지 않고 실상을 말하는 것이니 의리에 어긋난 점이 없다.】

如理而觀察하면 一切皆無性이니
法眼不思議라 此見非顚倒니라

　이치대로 살펴보면
　모두 다 자성이 없다
　법안은 불가사의하다
　이렇게 보는 것이 바로 전도망상이 아니다

● 疏 ●

第二一偈는 釋成前義라 然有二義하니 一者는 云何得知無性가 以法眼觀이면 稱性非倒라 成淨緣起니 當知此理는 甚爲決定이니라 二者는 前偈에 訶其見有種種을 是妄分別이라하니 此不應依어니와 此偈는 印前觀察無性하야 各不相知니 斯爲法眼이니 固應依止니 卽依智不依識也니라

　제2의 5수(제7~11) 게송에서 제2부분의 제10게송은 앞서 말한 의의를 해석하였다. 그러나 2가지의 의의가 있다.

　(1) 어떻게 자성이 없는 줄을 아는가. 法眼으로 살펴보면 근본의 본성과 하나가 되어 전도망상이 아닌 청정한 緣起를 이루게 된다. 이 이치는 바뀔 수 없는, 지극히 결정된 것임을 알아야 한다.

　(2) 앞의 게송에서는 가지가지 업보의 차별이 있음을 보는 것은 허망한 분별심이라 꾸짖은 바 있다. 당연히 그러한 분별심에 의지해서는 안 되지만, 이 게송은 앞의 게송에서 말한 자성이 없다는

점을 관찰하여 각각 서로 알지 못함을 인증한 것이다. 이렇게 관찰하는 것이 법안이다. 이는 참으로 의지해야 할 부분이다. 곧 증득한 지혜를 의지할 뿐, 허망한 識을 의지해서는 안 된다.

經

若實若不實과 若妄若非妄과
世間出世間이 但有假言說이니라

　진실과 진실이 아닌 것
　허망과 허망이 아닌 것
　세간과 출세간이
　단 거짓된 말일 뿐이다

● 疏 ●

第三一偈 拂迹入玄者는 謂前法性無生과 一切皆空이 實也오 示現有生과 眼等差別이 非實也이며 妄心分別有는 妄也오 如理觀察은 非妄也라 以妄爲緣生일세 世間流轉이오 以如理觀일세 成出世間이어니와 非倒法眼은 皆是名言이오 而無眞實이니라 何者오 如言取故일세니라【鈔】第三一偈 拂迹入玄者는 先正釋偈文이라 然實·不實은 約事理說이오 '妄·非妄者는 約情智說이라 上卽如如及相이오 下卽妄想正智니 並屬於名하야 五法 具矣로되 而其疏文은 雙牒前二偈文이니 細尋可知니라
初略標도 亦約智說이라 故曉公云 如言而取인댄 所說皆非어니와 得意

而談이면 所說皆是라하고 十地論에 云如言取義면 有五過失이어니와 若不取著이면 實非實等이 並皆契理라 故中論云一切法은 眞實이오 一切法은 非實이며 亦實亦非實이오 非實非非實이라 是名諸佛法이라하니 則眞妄等을 一一例然에 無非當也니라 】

제2의 5수(제7~11) 게송에서 제3부분의 제11게송이 세간법의 모든 자취를 말끔히 떨쳐버리고 현묘한 진리의 근본자리에 들어간다고 한 것은, 앞서 말한 "법성은 태어남이 없다[法性無生]."와 "모든 것이 다 공이다[一切皆空]."는 부분은 實性(理法界)이요, "잠시 몸을 나타내어 보여주고자 태어남[示現有生]"과 "눈 따위의 육근 차별[眼等差別]"은 實性이 아니며(事法界), "허망한 마음으로 분별의식을 내는 것[妄心分別有]"은 허망함이요, 진리대로 관찰하는 것은 허망함이 아니다. 허망으로써 반연을 만들어내는 까닭에 세간에 流轉하고, 진리대로 관찰한 까닭에 출세간을 이루지만, 전도망상이 없는 법안으로 보면 모든 것이 거짓말일 뿐 진실이 없기 때문이다. 왜냐하면 말과 같이 취한 때문이다. 【초_ "제3부분의 제11게송이 세간법의 모든 자취를 말끔히 떨쳐버리고 현묘한 진리의 근본자리에 들어간다."는 것은 먼저 게송을 해석한 것이다. 그러나 實性과 실성이 아닌 것은 事法界와 理法界로 말함이며, 허망함과 허망함이 아닌 것은 情識과 지혜로 말함이다. 위에서 말한 實性과 실성이 아닌 것은 곧 如如 및 현상이며, 아래에서 말한 허망함과 허망함이 아닌 것은 곧 망상과 正智이다.

이는 아울러 모두가 이름[名]에 속한 것인바 5가지의 법이 갖춰져 있고, 청량소에서는 쌍으로 앞의 2게송을 이어 말한 것이다. 이는 자세히 살펴보면 말하지 않아도 알 수 있다.

첫째는 간단하게 밝힘이며, 또한 바른 지혜로 말함이다. 이 때문에 曉公이 다음과 같이 말하였다.

"말과 같이 취하면 말하는 대상이 모두 그릇되지만, 그 뜻을 얻어 말하면 말하는 대상이 모두 옳다."

십지론에서는 "말과 같이 뜻을 취하면 5가지의 잘못이 있다."고 하였다. 집착하지 않으면 實性과 실성이 아닌 것 등이 모두 다 이치에 부합된다. 이 때문에 中論에서 다음과 같이 말하였다.

"모든 법은 진실이다. 모든 법은 진실이 아니다. 모든 법은 진실이기도 하고, 모든 법은 진실이 아니기도 하다. 모든 법은 진실이 아니고, 모든 법은 진실이 아닌 것도 아니다. 이것이 바로 모든 부처님의 법이다."

곧 참된 진실과 허망한 것 등도 하나하나 이와 같은 예로 타당하지 않음이 없다.】

又欲言其實이나 而復示生이오 欲言不實이나 體性卽空이오 欲言是妄이나 妄不可得이오 欲言非妄이나 能令流轉이오 欲言世間이나 卽涅槃相이오 欲言出世나 無世可出이니 則染淨兩亡이라 是以로 物不卽名以就實하고 名不卽物而履眞이니라 然則實理獨靜於言敎之外어니 豈文言之能辨哉아 故但假說이니라 是以로 什公云唯忘言者는 可與道合이오 虛懷者는 可與理通이오 冥心者는 可與眞一이오 遺智者는 可與聖同耳라하니라

又後三偈는 亦如次明三無性觀이니라【鈔_ 又後三偈下는 第二襵疊重釋上之十偈니 從後漸收라 於中에 有二하니 先은 收中에 自有三重하니 第一收後三偈하야 爲三無性觀者는 唯識論에 云卽依此 三性하야 立彼三無性이니 初則相無性이오 次無自然性이오 後由遠離前所執我法性이니라 釋日 謂依徧計所執性하야 說相無自性性이니 由彼體相이 畢竟非有 如虛空華와 繩上蛇故니라 故今偈云 一切空無性이어늘 妄心分別有라하니라

次는 依依他起性하야 立生無自性性이니 此如幻事託衆緣生하야 無始妄執自然性故니라 故今偈云 如理而觀察하면 一切皆無性이라하니라 後는 依圓成實性하야 立勝義無自性性이니 謂卽勝義 由遠離前徧計所執我法性故니라 故今偈云 若實若非實과 若妄若非妄이 皆是假說이라하니 實은 卽圓成이오 非妄은 卽契圓成之智니 成於出世니 並是假名이니 實尙不實이온 何況非實가 擧況總結일새 故云非實이라하니 妄及世間을 一時總遣이니라】

또한 그것을 實性이라 말하고자 하나 또한 잠시 태어남으로 보여주고, 실성이 아니라고 말하고자 하나 體性이 곧 空이며, 이를 허망한 것이라고 말하고자 하나 허망함을 얻을 수 없고, 허망이 아니라고 말하고자 하나 세간에 流轉케 하며, 세간이라 말하고자 하나 곧 涅槃相이고, 출세간이라 말하고자 하나 세상에서 벗어날 게 없다. 染淨이 모두 사라진 것이다. 이로써 사물의 존재가 그 이름을 따라 나아갈 뿐 그 실상을 찾아나가지 않고, 이름은 사물의 존재를 따라 나아갈 뿐 그 진리를 밟아가지 않는다. 이렇게 보면 진

실한 이치란 말 밖에 고요히 존재하는데, 어찌 문장과 언어로써 이를 분별할 수 있겠는가. 이 때문에 "단 거짓된 말일 뿐이다."

따라서 구마라습(鳩摩羅什)이 다음과 같이 말하였다.

"오직 말을 잊은 자만이 도와 부합하고, 가슴을 비운 자만이 진리와 통하고, 마음을 고요히 한 자만이 진리와 하나가 되고, 지혜를 버린 자만이 성자와 함께할 수 있다."

또한 뒤의 3수(제9~11) 게송은 또한 차례와 같이 자성이 없다는 3가지 관점[三無性觀]을 밝히고 있다. 【초_ "또한 뒤의 3수 게송" 이하는 제2에 거듭 위의 10수 게송을 해석하고 있다. 뒤로부터 차츰차츰 거둬들인 것이다.

여기에는 2가지로 나뉜다.

① 거둬들인 가운데 그 나름 3重이 있다. 뒤의 3수 게송을 거둬들여 3가지 자성이 없다는 관점을 삼은 것은 유식론에서 말한 바와 같다.

"곧 이 3가지 자성을 의지하여 그 3가지 자성이 없다는 관점을 삼은 것이다. 첫째 모든 현상에 자성이 없고[相無性], 둘째 自然性이 없고, 셋째 앞서 말한 집착했던 我와 법의 자성[所執我法性]을 멀리 여읜 때문이다."

이에 대해 다음과 같이 해석하였다.

遍計所執性에 의하여 모든 현상에 있어 자성이 없는 性을 말하였다. 그 모든 현상의 체성과 모습이 결국 있지 않음이 마치 허공의 꽃과 노끈을 뱀으로 착각하는 것과 같은 이유이다. 이런 까닭에 이 게송에서 이르기를 "모든 것이 공하여 자성이 없는데 허망한 마음으로 분별의식을 낸다."고 하였다.

② 依他起性에 의하여 生의 자성이 없는 性을 세워 말하였다. 이는 허깨비와 같은 일들이 수많은 반연에 의탁하여 생겨남과 같다. 이는 거슬러 올라가도 처음 비롯한 곳이 없는 妄執의 自然性이기 때문이다. 이런 까닭에 이 게송에서 이르기를 "진리대로 살펴보면 모든 것이 다 자성이 없다."고 하였다.

③ 圓成實性에 의하여 勝義의 자성이 없는 性을 세워 말하였다. 이는 勝義가 앞서 말한 遍計所執의 我法性을 멀리 여읜 데에서 연유한 때문이다. 이런 까닭에 이 게송에서 이르기를 "실성과 실성이 아닌 것, 허망과 허망이 아닌 것이 모두 거짓된 말일 뿐이다."고 하니 '실성'은 곧 圓成實性이며, '허망이 아닌 것'은 곧 원성실성에 하나가 된 바른 지혜에 계합한 것이다. 출세간을 이뤘을지라도 이는 모두 거짓된 이름일 뿐이다. 실성이라 말해도 실성 그 자체가 아닌 터에 더더욱 실성이 아닌 것이야 오죽하겠는가. 비유를 들어 총체로 끝맺은 까닭에 "그것은 실성이 아니다."고 하였다. 이는 허망한 것과 세간의 모든 법을 한꺼번에 모조리 떨쳐버린 것이다.】

又此五偈는 合前四喩니 初는 以流轉으로 合水漂流오 次頌은 合火니 火本無生이나 隨緣生故오 次頌은 合風이니 風卽空無로되 因見物動하야 妄謂有故오 次頌은 合地니 法眼見理에 無分別故오 後一은 總顯이니 令亡言故니라

又前五偈는 是印成答이오 次四는 出所以答이오 後一은 奪令亡言이니

라 文殊一問은 以含多意하고 覺首縱答은 體勢無方일세 逆順硏窮하야 以顯深致하노니 幸諸學者는 不咎文繁이어다

또한 5수(제7~11) 게송은 앞에서 말한 地水火風 四大의 비유에 결합하여 말하였다.

첫 제7게송은 流轉(제3구 以此常流轉)으로 제3게송의 '물의 漂流'에 결합하였다.

다음 제8게송은 제4게송의 불의 비유에 결합하였다. 불이 본래 생겨남이 없으나 반연을 따라 생겨나기 때문이다.

다음 제9게송은 제5게송의 바람의 비유에 결합하였다. 바람은 곧 공허하여 존재가 없지만, 바람에 부딪힌 물체가 흔들리는 것을 보면서 이를 계기로 바람이 '있다'고 헛소리하기 때문이다.

다음 제10게송은 제6게송의 땅의 비유에 결합하였다. 法眼으로 이치를 보면 모든 것이 분별이 없기 때문이다.

맨 끝의 제11게송은 총체로 밝힘이다. 모든 것을 대상으로 말을 잊게 한 때문이다.

또한 앞의 5수(제2~6) 게송은 결성된 답을 인증하고, 다음 4수(제7~10) 게송은 그 이유가 나오게 된 것에 대한 답이며, 맨 뒤의 제11게송은 모든 것을 빼앗아 말을 잊도록 한다.

문수보살의 물음은 많은 뜻을 함축하고 있으며, 각수보살의 거침없는 답은 종횡무진하여 일정한 곳이 없기에 역으로 순으로 연구하여 깊은 의미를 밝혀놓은 것이니, 바라건대 모든 학자는 지나치게 번거로운 문장이라고 허물하지 않았으면 한다.

◉ 論 ◉

此十一行頌中은 義分爲三이니 一은 科頌義오 二는 釋菩薩名이오 三은 配隨位因果라 一科頌義者는 此十一行이니 一行이 是一頌이니 初行은 歎能問이며 及勸聽이오 次下十行文은 各自具明이니

初一行頌은 頌法無作無性이오 次一行은 擧喩水流不相知니 准意知之일새 不煩更科로라

이 11수 게송의 의의는 3부분으로 나뉜다.

(1) 게송의 뜻을 과목으로 나누고,

(2) 보살의 명호를 해석하며,

(3) 지위에 따른 인과에 짝하였다.

(1) 게송의 뜻을 과목으로 나눈다는 것은 11수의 게송으로, 1수의 게송마다 하나의 연기를 읊은 것이다.

제1게송은 문수보살의 물음에 대해 찬탄하며 자세히 듣기를 권하고, 아래의 10수(제2~11) 게송은 각각 하나의 의의를 갖추고 있음을 밝힌다.

제2게송은 법성의 실상이 지음이 없고 자성도 없음을 읊은 것이며, 다음 제3게송은 서로 알지 못함을 물이 흐르는 것으로 비유하였다. 이러한 뜻에 준해 보면 아래의 비유는 말하지 않아도 알 수 있기에 다시 구분 지어 말하지 않는다.

二는 釋菩薩名者는 爲明覺此隨流生死業體이 本性恒眞하야 而無流轉이라 眼耳鼻舌身意를 恆如法知하야 非流轉生死性故로 亦無虛妄이며 亦無眞實이오 但爲無貪瞋癡愛眞智慧故로 名之爲眞說如斯

法利衆生故니 名爲自覺覺他大道心衆生이니 爲以此當體無明諸
業因果上에 自覺覺他하야 令知法界自性眞理하야 眞妄兩亡이 名爲
覺首오 以信此法初를 名之爲首니 此는 明十信初心에 全信自身의
眼耳鼻舌身意와 及以一切衆生全體이 眞妄兩亡하야 唯佛智海故라
故以不動智佛十智如來로 爲十信位中自己果故며 金色世界와 妙
色世界와 蓮華色世界等十色世界는 是十信之中 所信之理며 文殊
師利와 覺首財首等十菩薩衆은 是十信之行이니 以行立名일세 得名
知行이라 一一菩薩이 倣行解上而立名故니 已下菩薩도 例然이라 世
界 名妙色은 卽是覺首菩薩의 所覺之理며 無碍智佛은 卽是覺首當
位의 所修佛果니 以此信心으로 明諸業因果이 眞妄兩亡하야 卽智用
無碍故라

(2) 보살의 명호를 해석함에 있어 흘러 전변함을 따르는 죽고
사는 업보의 체성이 있다지만 본성은 언제나 참다워 생사의 流轉
이 없다. 눈·귀·코·혀·몸·뜻을 언제나 여법하게 알아서 흘러 전
변하는 생사의 체성이 아닌 까닭에 허망함이 없고 진실함도 없다.
단 탐욕·성냄·어리석음·애욕이 없는 참된 지혜이다. 이로써 참됨
을 깨달은 때문이라고 말하며, 이와 같은 법을 설하여 중생에게 이
익을 주었기 때문에 이를 '스스로 깨닫고 남을 깨우쳐주는[自覺·覺
他] 大道心을 지닌 중생'이라고 이름 붙인 것이다.

이처럼 그 자체가 無明인 모든 업보의 인과 위에서 스스로 깨
닫고 남을 깨우쳐줌으로써, 모든 중생으로 하여금 법계의 자성인
진리를 알도록 주선하여 참과 거짓 2가지 모두가 없음을 覺首라

명명하고, 이러한 법을 믿는 첫 단계를 '首'라 명명한다.

이는 十信의 初心에 온전히 자신의 눈·귀·코·혀·몸·뜻 및 일체중생의 전체가 참과 거짓 2가지 모두 없고 오직 부처님의 지혜바다임을 믿음을 밝힌 때문이다. 따라서 不動智佛의 十智 여래로 十信位 가운데 자기의 결과를 삼은 때문이며, 금색세계, 묘색세계, 연화색세계 등의 10가지 색깔의 세계는 이 十信 가운데 믿어야 할 대상으로서의 진리이며, 문수사리보살, 각수보살, 재수보살 등의 십대 보살은 十信의 행을 갖춘 것이다. 각기 갖춘 행을 따라서 명호를 세운 까닭에 그 명호를 살펴보면 그 보살의 행을 알 수 있다. 한 분 한 분 보살들이 제각기 갖춘 덕행과 견해를 본받아 그에 따른 명호를 세웠기 때문이다. 아래의 보살도 그와 같은 예이다.

세계의 이름을 妙色이라 함은 곧 각수보살이 깨달아야 할 대상의 이치이며, 無碍智佛은 곧 각수보살의 해당 지위에서 닦아야 할 대상의 佛果이다. 이러한 신심 때문에 모든 업보의 인과가 참과 거짓 2가지가 모두 없어서 곧 바른 지혜의 妙用이 걸림 없음을 밝힌 때문이다.

三은 配隨位因果者는 常以自心本不動智佛로 爲本信心之因하야 以進修得此無碍智佛이 是隨位佛果니 此乃但依問答과 及菩薩名號와 佛名號와 世界形色하야 取其意趣하면 理自分明이니 勿須疑也니라

(3) 지위에 따른 인과에 짝하였다는 것은 언제나 자기 마음의 본래 부동지불로써 본 신심의 원인을 삼아 닦아나가서 '걸림 없는 지혜의 佛果'를 얻는 것이 '지위에 따른 불과'이다. 이는 다만 문답

및 보살의 명호, 부처님의 명호, 세계의 형색을 따라서 그 뜻을 취하면 그에 따른 이치를 절로 분명히 알 수 있을 것이다. 이 점을 반드시 의심해서는 안 된다.

第二 教化甚深이니 先問이라
    제2. 교화가 지극히 심오하다
    (1) 문수보살의 물음

經

爾時에 文殊師利菩薩이 問財首菩薩言하사대 佛子야 一切衆生이 非衆生인댄 云何如來가 隨其時하시며 隨其命하시며 隨其身하시며 隨其行하시며 隨其解하시며 隨其言論하시며 隨其心樂하시며 隨其方便하시며 隨其思惟하시며 隨其觀察하사 於如是諸衆生中에 爲現其身하야 教化調伏이니잇고

    그때 문수사리보살이 재수보살에게 물었다.
    "불자여, 일체중생이 중생이 아니라면 어찌하여 여래께서 그들의 때를 따르고, 그들의 명을 따르고, 그들의 몸을 따르고, 그들의 행을 따르고, 그들의 알음알이를 따르고, 그들의 언론을 따르고, 그들의 마음에 좋아함을 따르고, 그들의 방편을 따르고, 그들의 생각함을 따르고, 그들의 관찰함을 따라서, 이러한 모든 중생 가운데 여래의 몸을 나타내어 교화하고 조복하는 것입니까?"

● 疏 ●

文二니 初는 標告라 告財首者는 彼得此法財益生門故오 二는 正問中에 二라

初는 立宗이라 衆生卽非衆生은 彼此同許오 亦可躡前覺首八識皆空이라

二云何下는 設難이라 謂衆生旣空인댄 佛云何化오 若佛不見生空인댄 則無大智니 便成謗佛이오 若見空而化인댄 豈不違空이리오 空有相違하니 進退何據오 於中에 先明十隨하야 辨所化差別하고 後明三輪하야 顯能化不同이라 今은 初라

一은 隨根生熟時니 如是時中에 堪如是化니라 又此句는 爲總이니 謂隨何壽命時等이오 下九는 爲別이니 各有二義니 謂隨其壽命修短而化하며 又以無命者法而敎化之니라 '身'二義者는 謂隨其所受何等類身而受化故며 又宜以觀身空寂等而得度者는 以彼化故니 餘準此知니라 故下答中에 多說後意니라 行은 謂三業善惡이오 解는 謂識解差別이오 言論者는 國俗敎誨니 此六은 多約未發心前이니라【鈔_ 餘準此知者는 上三各顯二義로되 下七은 不欲繁文이라 故令例知니라 若具說者인댄 行二義者는 一은 隨修何行時오 二는 以何行化之니 其能化行과 與所行行이 未必全同이라 如行施行時에 或以施行化어나 或以禪慧行化故니라 解二義者는 一은 隨有深淺之解오 二는 說諸佛菩薩之解化故니라 言論二者는 一은 隨何國俗言說오 二는 宜用何等言辭化故니라】

경문은 2단락으로 나뉜다.

451

(1) 재수보살에게 고함을 밝혔다. 재수보살에게 이를 말한 것은 그가 법의 재물[法財]로 중생에게 이익을 주는 법문을 얻었기 때문이다.

(2) 바로 묻는 가운데 이는 다시 2부분으로 나뉜다.

① 종지를 세움이다. 중생이 곧 중생이 아니다는 것은 부처와 중생을 똑같이 인정함이며, 또한 앞서 "팔식이 모두 공하다."고 말한 각수보살의 말을 뒤이은 것이다.

② '云何' 이하는 논란을 가설함이다. 중생이 이미 팔식이 공했다면 부처님이 어찌하여 교화하고 제도하는 것일까? 만일 부처님이 중생이 공함을 보지 못했다면 그것은 곧 부처님에게 큰 지혜가 없음을 말하니 이는 곧 부처님을 비방하는 말이 된다. 만일 중생이 공한 것을 보고서도 교화하고 제도한다면 그것이 어찌 공에 어긋나는 일이 아니겠는가. 공과 서로 어긋난 바가 있으니 진퇴하는 데에 어떻게 의지의 근거가 되겠는가. 그중에 먼저 '10가지의 따름[十隨. 時·命·身·行·解·言論·心樂·方便·思惟·觀察]'을 밝혀서 교화할 대상인 중생의 차별을 분별하고, 뒤에 부처님 교화의 3가지를 일컫는[三輪] 身輪·口輪·意輪을 밝혀서 교화의 주체가 똑같지 않음을 밝힌 것이다. 이것이 첫 단락에서 말한 주된 뜻을 밝혀 고함이다.

(2) 바로 묻는 가운데 제1부분은 根機의 生熟時를 따른다. 이 같은 때에 따라 이 같은 교화를 감당한다. 또한 이 구절은 아래 9가지를 포괄하는 총체이다. 어떤 壽命의 때를 따라 교화하느냐 등을 말한다. 따라서 아래 9가지는 개별이다.

개별마다 각각 2가지 의의가 있다. 그 壽命의 장단을 따라 교화하고, 또한 無命者²¹의 법으로 교화한다. 몸에 2가지 의의가 있다는 것은 받아들일 수 있는 대상이 그 어떤 유의 몸인가에 따라서 교화를 받도록 하기 때문이며, 또한 몸이 空寂한 것임을 관한다는 등으로 제도할 수 있는 자는 그것으로 교화하기 때문이다. 나머지는 이에 준해 보면 말하지 않아도 알 수 있다. 이 때문에 아래의 대답에서는 대부분 뒤의 뜻으로 말한 부분이 많다.

行은 三業의 선악을 말하고,

解는 인식과 견해의 차별을 말하며,

言論이란 나라의 풍속에 따라 가르침이다.

이상의 6가지는 마음이 일어나기 이전의 자리로 말하였다.

【초_ "나머지는 이에 준해 보면 말하지 않아도 알 수 있다."는 것은 위의 3가지는 각기 2가지의 의의를 밝힌 것이지만, 아래의 7가지는 번거로운 문장을 쓰지 않고자 한다. 이 때문에 예로 알 수 있는 것이다. 만약 구체적으로 말한다면 2가지 의의를 행한 자는 ① 어떤 행을 닦아야 할 때인가를 따르고, ② 어떤 행으로 그들을 교화할 것인가이다. 그 교화할 주체의 행과 행할 대상의 행이 반드시 똑같은 것만은 아니다. 예컨대 보시행을 행해야 할 때에 혹은 보시행으로 교화하거나 혹은 禪慧行으로 교화하기 때문이다.

....

21 無命者: 범어 ajīva. 인도 耆那敎의 근본학설. 命(靈魂) 이외의 일체 총칭으로 命과 함께 우주를 구성하는 二大要素. 無命에는 4가지를 포괄하고 있다. ① 物質(pudgala). ② 法(dharma), 운동의 원리. ③ 非法(adharma), 靜止의 원리. ④ 虛空(ākāśa), 萬有가 존재하는 공간.

解의 2가지 의의는 ① 깊고 얕은 이해를 따르고, ② 제불보살의 이해 교화를 따른 때문이다.

言論의 2가지 의의는 ① 어떤 나라의 습속과 언어를 따르는가? ② 어떤 말을 사용하여 교화할까?라는 질문에 있다.】

後四는 多約發趣已去니 心樂者는 有所欣求오 方便者는 隨所進趣오 思惟者는 依法求義오 觀察者는 如說修學이니라【鈔_ 心樂二者는 一은 隨希求何法이오 二는 稱根爲說諸業故니라 方便二者는 一은 隨何進趣時오 二는 隨用何善巧等化故니라 思惟二者는 一은 隨思求何義오 二는 說云何思化故니라 觀察二者는 一은 如修學時오 二는 稱宜爲說觀察相故니라 】

아래 心樂 이하 4가지는 마음이 이미 일어난 이후의 자리로 말하였다.

心樂이란 기쁜 마음으로 추구하는 바가 있음이며,

方便이란 나아갈 바를 따름이며,

思惟란 법을 따라 의리를 추구함이며,

觀察이란 말씀하신 바와 같이 닦아 배워나가는 것이다.【초_ 心樂에 대한 2가지란, 첫째 어떤 법을 바라고 추구하느냐에 따르고, 둘째 근기에 맞추기 위하여 모든 업을 말한 때문이다.

方便에 대한 2가지란, 첫째 어떻게 進趣時를 따르는가 하는 것이고, 둘째 어떠한 훌륭한 방편 등으로 교화를 따를까 하는 문제 때문이다.

思惟에 대한 2가지란, 첫째 어떤 의의를 생각하고 추구하느냐를 따르고, 둘째 어떻게 교화를 생각할까에 따라 말해주기 때문이다.

　　觀察에 대한 2가지란, 첫째 修學時와 같고, 둘째 근기에 맞추기 위하여 觀察相을 말한 때문이다.】

二於如是下는 能化差別이니 先牒十隨하고 後現三業이니 教化調伏은 通於語意이라 爲以十隨化故로 衆生非空耶아 爲以衆生空故로 十隨虛設耶아

　　(2) 바로 묻는 가운데 제2부분의 '於如是' 이하는 교화의 주체에 대한 차별이다. 먼저 十隨를 따르고 뒤에 三業을 나타냄이니 教化調伏은 언론과 뜻에 통한다. 十隨로써 교화하는 까닭에 중생이 空이 아니라는 것일까? 중생이 공한 까닭에 十隨의 교화는 공연히 마련된 일일까?

二는 答이라

　　(2) 재수보살의 게송 대답

經

時에 財首菩薩이 以頌答曰

　　그때 재수보살이 게송으로 답하였다.

● 疏 ●

答中에 準諸深經과 及此偈文컨대 略有四意하니

一은 佛見衆生이 本來自空이라 非斷空故로 不碍隨化니 偈云諸法空無我로되 衆報隨業生故오

二는 佛知衆生不能自知眞空이라 故悲以隨化하나니 偈云隨解取衆相일새 顚倒不如實故오

三은 隨化卽空이 不異衆生空이라 故二不相乖니 偈云寂滅多聞之境故오

四는 融上諸義니 良以攬空爲衆生하야 生與非生이 唯一味故니라

不增不減經에 云卽此法身이 流轉五道일새 名曰衆生이오 法身卽衆生이오 衆生卽法身이라 法身衆生은 義一名異니라 以斯義故로 佛見衆生 擧體自盡하야 本是法身이라 不須更化는 大智現前이오 見於法身隨緣卽衆生故로 大悲攝化하나니 今以寂滅호되 非無之衆生이 恒不異眞而成立故로 是不動眞際하고 無化而化하며 以隨緣非有之法身이 恒不異事而顯現故로 不壞假名하고 化卽無化니 所化 旣空有不二인댄 能化도 亦悲智不殊니라

不碍有而觀空이라야 方能入理오 不動眞而隨化라야 方能究竟化他이어늘 衆生이 不知此理일새 故流轉無窮이어니와 今令衆生으로 悟如斯法이 是則眞實隨化니 非直十隨不違空理라 亦由此十하야 方契眞空일새 故淨名에 云當爲衆生하야 說如斯法하니 是卽眞實慈也라하니라

【鈔】 不碍有而觀空下는 結釋이라 於中에 有五하니

一은 旣云不碍有而觀空이라야 方能入理로 結成問意니 則前以空으로 難隨化는 非得意也오

二는 旣云不動眞而隨化로 結成答意오

三衆生'下는 結成化意오

四非直'下는 正結無違니 非但無違라 兼能相成이오

五故淨名'下는 引證이니 但證爲衆生하야 說如斯法이니라 卽觀衆生品에 維摩詰이 問文殊師利호되 云'云何觀於衆生고' 文殊 答言호되 '我觀衆生이 如第五大하며 如第六陰하며 如第七情하며 如十三入等이라하니 意明畢竟空故니라

次에 淨名이 問云'若爾인댄 云何行慈오' 答曰 '當爲衆生하야 說如斯法이 是卽名爲眞實慈也'라하니라 然上云'寂滅非無之衆生'者는 體雖寂滅이나 不無衆生之相이니 由寂滅故로 恒不異眞이오 由非無故로 而恒成立이니라 '是故不動眞際等者는 卽智論意니 謂不動眞際而建立諸法하고 不壞假名而說實相이라하니라 】

답에서 말한 부분을 모든 深經 및 게송에 준하면 간단하게 4가지의 뜻이 있다.

(1) 부처님께서 "중생이란 본래 스스로 공한 터라 斷空이 아님"을 보았던 까닭에 중생을 따라 교화하는 데에 걸림이 없다. 게송에 이르기를 "모든 법이 공하여 자아가 없으나 모든 과보는 업을 따라 일어나기 때문이다."고 하였다.

(2) 부처님께서 "중생이란 스스로 眞空을 알지 못한다."는 사실을 아신 까닭에 자비의 마음으로 중생을 따라 교화하신 것이다. 게송에 이르기를 "이해를 따라 수많은 모습을 취한 까닭에 전도되어 여실하지 못하기 때문이다."고 하였다.

(3) 중생을 따라 교화함에 있어 부처님의 공함이 곧 중생의 공

함과 다르지 않은 까닭에 중생과 부처님이 서로 어긋나지 않는다. 게송에 이르기를 "寂滅多聞의 경계이기 때문이다."고 하였다.

(4) 모든 의의를 원융함이다. 진실로 空을 가지고 중생이 되어 중생과 중생이 아닌 이들이 오직 하나로 똑같기 때문이다.

不增不減經에 이르기를 "곧 이 법신이 五道에 윤회한 까닭에 이를 명명하여 중생이라 하였다. 법신이 곧 중생이요, 중생이 곧 법신이다. 법신과 중생이 그 의의는 하나로 똑같지만 이름이 다르다."고 하였다.

이런 의의 때문에 부처님께서 "중생의 온몸이 스스로 다하여 본래 법신 그 자체라, 굳이 다시는 교화할 필요가 없다."는 사실을 보신 것은 바른 큰 지혜가 앞에 나타남이며, 법신이 반연을 따름이 곧 중생임을 보신 까닭에 큰 자비의 마음으로 붙들어 교화하신 것이다. 이제 寂滅하면서도 無가 아닌 중생이 언제나 眞身과 다르지 않고 성립한 까닭에 眞際의 자리에서 움직이지 않고 교화함이 없이 교화하며, 반연을 따르면서도 현상에 존재하는 有가 아닌 법신이 언제나 事法界와 다르지 않고 현상에 몸을 나타낸 까닭에 假名을 무너뜨리지 않고 교화하면서도 곧 교화의 자취가 없다. 교화의 대상인 중생에게 이미 空과 有가 둘의 차이가 없다면 교화의 주체 또한 大悲와 大智가 다르지 않다.

有에 걸리지 않고서 空을 보아야만 비로소 진리에 들어가며, 眞際에서 동요하지 않고 교화를 따라야만 비로소 결국 남들을 교화할 수 있다. 중생이 이런 이치를 알지 못한 까닭에 생사의 바다에서 끝없이 윤회하지만, 이제는 중생으로 하여금 이와 같은 법을 깨닫게 하는 것이 바로 진실하게 중생을 따라 교화함이다. 단 부처님께서 10가지로 중생을 따라 교화하심이 空의 도리에 어긋나지 않을 뿐 아니라, 또한 이 10가지를 따라야만 비로소 眞空에 하나가 되는 까닭에 유마경에 이르기를 "마땅히 중생을 위하여 이와 같은 법을 말씀하심이 곧 진실한 자비의 마음이다."고 하였다. 【초_ "有에 걸리지 않고서 空을 보아야만" 이하는 제2를 끝맺는 해석이다. 여기에는 5가지의 뜻이 있다.

① 앞서 "有에 걸리지 않고서 空을 보아야만 비로소 진리에 들어간다."는 말로 물어온 뜻을 끝맺었다. 이는 곧 앞에서 空으로써 중생을 따라 교화함을 따진 데 대하여 그 뜻을 제대로 말한 것이 아니다.

② 앞서 "眞際에서 동요하지 않고 교화를 따라야" 한다는 것으로 대답을 끝맺었다.

③ '衆生' 이하는 교화의 뜻을 끝맺었다.

④ '非直' 이하는 바로 어긋남이 없음을 끝맺었다. 단 어긋남이 없을 뿐 아니라 겸하여 서로 이뤄주는 것이다.

⑤ '故淨名' 이하는 引證이다. 단 중생을 위하여 이와 같은 법을 말씀하시게 됨을 인증하였다.

곧 觀衆生品에서 유마힐이 문수사리보살에게 물었다.

"어떻게 중생을 보는 것입니까?"

문수보살이 답하였다.

"나는 중생이 第五大와 같으며, 第六陰과 같으며, 第七情과 같으며, 十三入 등과 같다고 봅니다."

문수보살이 말한 뜻은 결국 空임을 밝힌 때문이다.

다음에 유마힐이 물었다.

"만일 그러하다면 어떻게 자비를 행하는 것입니까?"

"마땅히 중생을 위하여 이와 같은 법을 말씀하심이 곧 진실한 자비의 마음이라고 말합니다."

그러나 위에서 "寂滅하면서도 無가 아닌 중생"이라 말한 것은 본체가 비록 적멸하지만 중생의 모습이 없지 않다. 적멸한 까닭에 眞際와 다르지 않고, 無가 아닌 까닭에 언제나 성립되어 있다.

이 때문에 "眞際에서 동요하지 않고"라는 것은 곧 지도론에서 말한 뜻이다. 眞際에서 동요하지 않고 모든 법을 세우며, 거짓된 말을 무너뜨리지 않고 實相을 말할 수 있다.】

經

此是樂寂滅 多聞者境界라
我爲仁宣說호리니 仁今應聽受하소서

    이는 적멸을 좋아하면서
    많이 듣는 이들의 경계이다
    내, 보살을 위해 말하리니
    보살이여, 이제 잘 들으시오

◉ 疏 ◉

十頌은 分二니 初一은 擧法勸聽이니 上半은 以人顯法이니 已含答意니라 上句는 體深이오 下句는 用廣이니 卽聞之寂인댄 則聞無所聞일세 故無衆生이니라 大經에 亦云'若知如來常不說法인댄 是名具足多聞'이라하니 卽寂多聞이면 則善解藥病하야 不碍隨化니라 下二句는 許說勸聽이니라

10수의 게송은 2단락으로 나뉜다.

제1단락은 법을 들어 말하면서 자세히 듣기를 권함이다. 제1, 2구는 사람을 들어 법을 나타내니 벌써 여기에 답한 뜻이 담겨 있다.

제1구는 본체의 심오함이며, 제2구는 묘용의 광대함이다. 들으면서도 적멸하면 들으면서도 들은 바가 없기 때문에 중생이 없다.

또한 大經에서 이르기를 "만일 여래가 언제나 설법하지 않는 줄을 알면 그 이름을 구족하게 많이 듣는다[具足多聞]."고 한다. 적멸한 자리에서 많이 들으면 곧 약과 병을 잘 알아서 중생을 따라 교화하는 데에 걸림이 없다.

아래의 제3, 4구는 설법할 것을 허락하고 자세히 듣기를 권한다.

經

分別觀內身컨댄　　　　**此中誰是我**오
若能如是解하면　　　　**彼達我有無**니라

　　분별하여 이 몸을 살펴보건대
　　그 가운데 그 누가 '나'일까

461

만일 이와 같이 이해한다면
그는 '나'의 있고 없음을 알리라

◉ 疏 ◉

後九頌은 別答前問이니 文勢多含일세 略爲二釋하노라

一者는 一一別答이니 謂初三은 答隨身이오 次一은 隨命이오 三一頌은 答隨觀察이오 四一頌은 答隨行及方便이오 五一頌은 答隨心樂及解오 六一頌은 答隨言論이오 七一頌은 答隨思惟니 時通此九니라

二는 謂依前五隨하야 答後四隨니 亦時通於九니라 今依此消文인댄 文分爲六이니 初三은 頌教 依隨何身時하야 隨其心樂하며 修其方便하야 思惟·觀察이니 此四는 徧於五段이라 二有一頌은 依命時오 三二頌은 依行時오 四一頌은 依解時오 五一頌은 依言論時오 六一頌은 教離二取니 通結上文이니라

今初三頌은 若著我時엔 作界分別觀이니 分別觀身 皆無我故오 若愛染身時엔 作念處觀이니 觀於內身 及心法故니라 總相而言컨대 卽二空觀이니 初一은 我空이오 次一은 法空이오 後一은 類通一切니라

今初에 上半은 卽尋思觀이니 觀於內身 四大五蘊에 若卽若離하야 尋求主者로되 不可得故오 下半은 觀益이니 如實知於假我則有로되 計實我無니라【鈔_ 上半尋思觀者는 斯爲方便이니 卽顯下半이 是如實觀이니라】

뒤의 제2단락 9수(제2~10) 게송은 개별로 앞의 물음에 답한다. 문장의 맥락이 많은 뜻을 함축하고 있기에 여기에서는 간단하게 2

가지로 해석하겠다.

(1) 하나하나 개별로 답함이다.

첫 부분의 3수(제2~4) 게송은 어떤 몸인가를 따라 교화함에 답하며,

다음 제5게송은 어떤 命인가를 따라 교화함에 답하며,

셋째 제6게송은 觀察을 따라 교화함에 답하며,

넷째 제7게송은 隨行 및 方便을 따라 교화함에 답하며,

다섯째 제8게송은 心樂 및 이해를 따라 교화함에 답하며,

여섯째 제9게송은 언론을 따라 교화함에 답하며,

일곱째 제10게송은 思惟를 따라 교화함에 답한다.

'근기 生熟의 때[時]'는 이처럼 9가지 따름[隨]에 모두 통한다.

(2) 앞의 5隨(命·身·行·解·言論)에 의하여 뒤의 4가지 따름[隨: 心樂·方便·思惟·觀察]에 답한다. 또한 '근기 生熟의 때'는 9가지 따름에 모두 통한다.

여기에서 이를 따라 해석한다면, 게송은 6부분으로 나뉜다.

첫 3수(제2~4) 게송은 어떤 몸을 따를 때[時]인가에 의하여 그 중생의 마음에 좋아하는[心樂] 바를 따르며, 그 방편을 닦아서 思惟와 관찰을 가르친다. 이처럼 4가지(心樂·方便·思惟·觀察)는 나머지 5단락에 두루 통한다.

둘째 제5게송은 命의 時에 의하며,

셋째 제6~7게송은 行의 時에 의하며,

넷째 제8게송은 解의 時에 의하며,

다섯째 제9게송은 言論의 時에 의하며,

여섯째 제10게송은 能所 二取를 여윔에 대해 가르침이다. 이는 위의 게송 전체를 끝맺는다.

이의 첫 3수(제2~4) 게송은 만일 자아에 집착할 때에는 경계를 분별하는 관(界分別觀)이 일어난다는 뜻이다. 몸[身]이 모두 자아가 없음을 분별하여 보기 때문이다. 만일 몸에 애욕이 물들 때에는 念處觀을 일으킨다. 內身 및 心法을 보기 때문이다. 總相으로 말하면 곧 我空·法空의 觀이다. 첫 제2게송은 我空, 다음 제3게송은 法空, 뒤의 제4게송은 일체에 유별로 통한다.

이의 제2게송에서 제1, 2구는 곧 尋思觀이다. 內身의 四大五蘊이 하나인 듯하고 여읜 듯하여 주재자를 찾아 구하되 찾을 수 없음을 보았기 때문이다. 제3, 4구는 심사관을 얻은 이익이다. 如實하게 假我는 있으나 實我를 헤아려보면 없다는 것을 알기 때문이다. 【초_"제1, 2구는 곧 심사관"이란 방편이다. 이는 곧 제3, 4구가 如實觀임을 나타냄이다.】

此身假安立이라　　　　住處無方所하니
諦了是身者는　　　　　於中無所着이니라

  이 몸은 거짓으로 있는 존재
  머무는 곳도 일정한 자리 없으니
  이런 몸을 참으로 아는 이는

여기에 집착하지 않는다

● 疏 ●

次偈는 觀身實相이니 法無我觀이라 上半은 諦了身空이니 謂攬緣假立이라 來無所從일세 故本無住處오 緣盡謝滅이라 去無所至일세 無停積處니 虛假似立이나 實無所住니라 下半은 觀益이라

다음 제3게송은 몸의 實相을 봄이니 法無我觀이다.

제1, 2구는 몸이 공허함을 자세히 앎이다. 반연을 가지고 거짓으로 존재하는 것이어서 세간에 왔지만 온 곳이 없기 때문에 본래 머문 곳이 없고, 인연이 다하면 사라지는 터라 떠나가되 가는 곳이 없기 때문에 머물 곳이 없다. 거짓으로 있는 듯하나 실제로 머문 곳이 없다.

제3, 4구는 몸의 실상을 관한 데서 얻어지는 이익이다.

於身善觀察하야　　一切皆明見하면
知法皆虛妄하야　　不起心分別이니라

　이 몸을 잘 관찰하여
　모든 것을 밝게 보면
　법이 모두 허망함을 알고서
　분별의 마음을 일으키지 않는다

◉ 疏 ◉

後偈는 類通이라 以身觀身이니 旣明見自身 二我皆空이면 則知萬法이 皆是虛妄하야 此觀亦寂일새 故不起心이니라【鈔_ '以身觀身'者는 卽借老子之言이라 彼云 '以身觀身'이오 以家觀家오 以國觀國이오 以天下觀天下라하니라

'此觀亦寂'者는 此釋不起心分別이니 此句에 有二意라 一은 旣物我皆虛라 故不分別이오 物我皆異는 此意則淺이라 故略不出이오 今明知空之心이 卽是此觀이라 二는 我旣寂이면 觀何由生고 若觀不亡이면 非見空矣니 則空病亦空하야 能所雙寂矣라】

뒤의 제4게송은 유별로 통함이다. 나의 몸으로 남의 몸을 보는 것이다. 이미 나의 몸이 二我가 모두 공한 줄을 깨달으면 곧 모든 법이 모두 허망한 줄을 알아서 이러한 觀 또한 고요히 사라지기에 마음을 일으키지 않는다.【초_ '以身觀身'이란 노자의 말을 빌린 것이다. 도덕경에 이르기를 "몸으로 몸을 살펴보고, 집으로 집을 살펴보고, 나라로 나라를 살펴보고, 천하로 천하를 살펴본다."고 하였다.

'此觀亦寂'이란 마음에 분별을 일으키지 않음에 대한 해석이다. 이 구절에는 2가지의 뜻이 있다.

① 이미 객관의 사물과 주관의 자아가 모두 공허한 것이다. 그러므로 분별이 없으며, 객관의 사물과 주관의 자아가 모두 차이가 있는 것은 이 뜻이 얕은 것이다. 따라서 이를 생략하여 말하지 않았으며, 여기에서는 공을 아는 마음이 곧 이러한 관임을 밝힌 것이다.

② 주관의 자아가 이미 고요하면 관이란 어디에서 연유할까?

관이 사라지지 않으면 공을 볼 수 없다. 空病 또한 모두 비어 없어야만 주관과 대상이 모두 고요하게 된다.】

若作念處釋者인댄 內身이 揀於外器 及他身故니라 念處有二하니 一通二別이라 通則身等이 皆無我等이오 別則觀法無我니 今是通也니라 復有二種하니 一小二大니라 此中是大니 觀身性相이 同虛空故로 空無二我니라 誰是我言은 已兼二我니라

次偈는 觀受니 不在內外中間일새 故無方所니라 後偈는 觀心及法이니 不得善法及不善法일새 故云知法虛妄이오 心如幻故로 不起分別이니라 【鈔_ '內身'下는 然四地中에 有於三身이라 智論瑜伽에 各有解釋이어늘 今卽瑜伽意니라 一은 以自身爲內身이오 二는 以外器 瓶衣車乘等으로 爲外身이오 三은 以外有情 妻子男女等으로 爲內外身故니 今揀於後二니라

'念處有二'下는 釋此中誰是我句니 謂有問言호되 '準念處觀인댄 觀身不淨하며 觀受是苦하며 觀心無常하며 觀法無我어늘 今何觀身爲無我耶아 故今答云'有通有別이니 上以別難이어니와 今約通說일새 故於觀身에 得作無我 及苦無常不淨之觀이로되 今但擧無我耳니라

'復有二種'下는 通釋一偈며 以爲通妨이니 謂有問言호되 '下旣別觀受及心法인댄 法應無我어늘 何無不淨苦等觀耶아 故今答云 約大說故니라 然大乘中에 具有二觀이니 謂約世諦인댄 則觀身等이 爲不淨等이오 約第一義인댄 則觀身等이 同虛空等이어니와 今約大小對辨인댄 則不淨等이 唯屬小乘이오 觀身性相同虛空等이 唯屬於大니라

'誰是我'下는 上約界分別觀하야 釋誰是我할새 但遣人空이오 次第二

偈에 方遣法我어니와 今約大乘念處라 故兼二我니 謂於四大五蘊에 求其主宰라도 了不可得이니 但蘊等合은 則人無我오 觀蘊等相이 緣成故空은 則法無我니라】

만일 念處로 이를 해석한다면 내면의 몸이 외부의 감각기관 및 남의 몸과 다르기 때문이다.

念處에는 2가지가 있다.

(1) 總相念處觀이며,

(2) 別相念處觀이다.

총상념처관은 몸 등이 모두 無我 등이며, 별상념처관은 法無我를 관함이다.

이는 총상념처관이다. 여기에는 또다시 2가지가 있다.

(1) 작은 염처관이며,

(2) 큰 염처관이다.

이는 큰 염처관으로 말하였다. 몸의 性相이 허공과 같은 까닭에 공하여 二我가 없음을 본 것이다. "그 누가 '나'일까[誰是我]?"라는 말은 이미 二我를 겸하고 있다.

다음 게송은 '受'를 관함이다. 안에도 밖에도 그리고 중간에도 있지 않다. 이 때문에 일정한 곳이 없다고 말한다.

제4게송은 心 및 法을 관함이다. 善法 및 不善法을 얻지 못한 까닭에 "법이 모두 허망함을 안다."고 하였고, 마음이 허깨비와 같은 까닭에 "분별의 마음을 일으키지 않는다."고 하였다.【초_ '內身' 이하는 그러나 四地 가운데 3가지의 몸이 있다. 지도론과 유가경에 각각 이에 대한 해석이 있지만 여기에서는 유가경의 뜻으로 말하고자 한다.

① 자기의 몸으로 內身을 삼고,

② 바깥 기구, 병, 의복, 거마 등으로 外身을 삼으며,

③ 밖으로 有情, 처자, 남녀 등으로 內外의 몸을 삼았기 때문이다.

여기에서는 뒤의 2가지와 다르다.

"念處에는 2가지가 있다." 이하는 제2게송의 제2구 "그 가운데 그 누가 '나'일까?"를 해석하였다.

어떤 사람이 물었다.

"念處觀을 준해 보면 몸의 不淨을 살펴보고, 受가 괴로움임을 살펴보고, 마음이 無常함을 살펴보고, 법이 無我임을 살펴보는 것인데, 여기에서는 어찌하여 나의 몸이 無我임을 살펴보는가?"

이런 물음에 대해 여기에서 다음과 같이 답하였다.

"총상념처도 있고 별상념처도 있다. 위에서는 별상념처로 묻고 논란하였지만 여기에서는 총상념처로 말한 까닭에 몸의 無我 및 괴로움, 無常, 不淨을 살펴보는 것이다. 여기에서는 단 無我만을 들어 말했을 뿐이다."

"여기에는 또다시 2가지가 있다." 이하는 하나의 게송을 전체로 해석하고, 전체로 논란한 것이다.

어떤 사람이 물었다.

"아래에 이미 受 및 마음과 법을 개별로 살펴본다면 법이 응당

無我인데 어찌하여 不淨과 괴로움 등을 살펴봄이 없는 것일까?"

이런 물음에 대해 여기에서 다음과 같이 답하였다.

"큰 것을 들어 말한 때문이다."

그러나 대승에는 크고 작은 觀이 있다. 작은 世諦로 말하면 觀身 등이 不淨 등이 되고, 큰 第一義諦로 말하면 관신 등이 허공 등과 같지만, 여기에서 크고 작은 것을 상대로 논변하면 부정 등은 오직 소승에 속하고, 몸의 性相이 허공 등과 같은 것으로 보는 것은 오직 대승에 속할 뿐이다.

"그 누가 '나'일까?" 이하는 위에서는 界分別觀으로 "그 누가 '나'일까?"를 해석할 때에 단 人空만을 떨쳐버리고, 다음 제4게송에서 비로소 法我를 떨쳐버렸지만, 여기에서는 대승의 念處로 말한 까닭에 二我를 모두 겸하여 떨쳐버렸다. 四大五蘊에서 그 주재자를 아무리 찾더라도 결국 찾을 수 없다. 다만 오온 등이 합함은 곧 人無我이며, 오온 등의 모습이 반연으로 이뤄진 까닭에 공한 줄을 살펴보면 곧 法無我이다.】

又別則身受不同이어니와 通則受等皆身일새 是故로 三偈에 皆致身言이니라【鈔_ '又別則身受不同'下는 此亦通妨이니 謂有問言호되 '大小二觀이 皆觀身受心法이어늘 今何三偈에 皆有身言'고 故此通以身受心法이니 但合五蘊이면 五蘊皆身이니 亦猶淨名方便品에 云'是身如聚沫이라 不可撮摩오 是身如泡하야 不得久立이오 是身如燄하야 從渴愛生이오 是身如芭蕉하야 中無有堅오 是身如幻하야 從顚倒起'라하니 此則如次 喩於五蘊이니 皆名爲身이니라 若別說者인맨 應言'色如聚

沫이오 受如水上泡오 想如熱時燄이오 諸行如芭蕉오 諸識猶如幻이니 라 今皆言身은 明知四處皆得稱身이니 故云通則受等皆身이라하니라】

또 별상념처로 말하면 身과 受가 똑같지 않지만, 총상념처로 말하면 受 등이 모두 身이다. 이 때문에 3수 게송에서 모두 '몸[身]'을 말한 것이다. 【초_ "또 별상념처로 말하면 身과 受가 똑같지 않다." 이하는 또한 논란을 총괄하여 말한다. 어떤 사람이 "염처에 관한 크고 작은 관[大小二觀]이 모두 身·受·心·法을 관하는 것인데, 여기에서는 어찌하여 3수 게송에서 모두 身이란 말만 하였는가?"라는 물음을 던진 까닭에, 이에 대해 身·受·心·法을 모두 총괄하여 말한 것이다. 단 五蘊을 합하면 오온이 모두 몸이다.

또한 淨名方便品에서 "이 몸은 물거품이 모인 것과 같아서 잡거나 만질 수 없으며, 이 몸은 물거품과 같아서 오래 존재할 수 없으며, 불꽃과 같아서 목마른 사람이 물을 구하듯 오욕을 탐하는 데에서 나오며, 파초와 같아서 속에 견고함이 없으며, 허깨비와 같아서 전도망상으로부터 일어난다."고 말한 것과 같다. 이는 곧 차례차례 오온을 비유한 것으로 모두 그 이름을 '몸[身]'이라 말한다.

만일 별상념처로 말한다면 마땅히 "色은 물거품이 모인 것과 같으며, 受는 물 위의 물거품과 같으며, 想은 뜨거울 때의 불꽃과 같으며, 諸行은 파초와 같으며, 諸識은 마치 허깨비와 같다."고 말했어야 할 것이다. 그럼에도 여기에서 모두 '몸'이라고 말함은 色·受·想·行 4處를 모두 몸이라고 칭하고 있음을 분명히 알아야 한다. 이 때문에 "총상념처로 말하면 受 등이 모두 身이다."고 말한다.】

前問意에 云衆生旣空인댄 云何如來隨其身化오 今釋意云 以彼不
知身本空寂이라 敎如是觀故로 說如來隨衆生身而敎化也라하니 下
皆準之니라

앞의 물음에서 "중생이 이미 공했다면 어찌하여 부처님께서 그
처럼 공한 몸을 교화하는 것일까?"라는 회의가 있었기에, 여기에
서 그 의의를 해석하여 "그들은 몸이 본래 공적한 줄을 알지 못한
까닭에 이와 같은 觀을 가르친 것이다. 이 때문에 부처님께서 중생
의 몸을 따라 교화한다."고 말하였다. 아래는 모두 이에 준해 보아
야 한다.

經

壽命因誰起며　　　　復因誰退滅고
猶如旋火輪이　　　　初後不可知니라

　수명은 그 무엇으로 생겨난 것이며
　또 무엇으로 인하여 사라지는가
　마치 횃불을 돌리는 둥근 원처럼
　처음과 끝을 알 수 없어라

◉ 疏 ◉

二一頌은 令於壽命에 思惟觀察이라 命은 謂命根이니 能令色心連持일
세 故名爲命이오 壽는 謂壽限이니 卽命根體니라 實謂由業種力하야 引
一期報에 衆同分體의 住時 分限을 假立壽命이니라【鈔_ '命謂下는

先釋壽命二字니 先依小乘인댄 卽俱舍根品偈에 云'命根體卽壽라 能持暖及識'이라하고 論引對法云'云何命根고 謂三界壽'이오 謂有別法이며 能持暖識을 說名命根이니 此有三法하야 壽爲能持일새 故名爲體니라 疏云'色心'은 色卽是暖이니 暖必依色이라

'實謂由'下는 約大乘釋인댄 卽唯識第一로 廣破小乘 離色心外에 別有命根竟하고 示正義云'然依親生此識種子하야 由業所引功能差別이 住時決定을 假立命根'이라하야늘 而疏云'引衆同分體者는 通大小乘이라 大乘은 是假오 小乘은 有實이라 故俱舍云'依同分及命하야 令心等相續'이라하고 又云'同分有情等이 同謂身形等同하야 互相似故'라하니라 分者는 因義니 謂由此分하야 能令有情身形等同이오 言有情者는 同分所依오 揀非情也라 等者는 揀於不等이니 正顯能依同分義也라 論云'別有實物을 名爲同分'이라하니라 彼言衆同分者는 衆多同分故라 唯識廣破竟 示正義云'然依有情身心相似分位差別하야 假立同分'이니 卽大乘義 具如疏文이라 】

둘째 제5게송은 壽命에 대하여 思惟하고 觀察케 함이다. 命은 목숨[命根]을 말한다. 이는 色心을 줄곧 부지할 수 있도록 한 까닭에 그 이름을 목숨[命根]이라 하고, 壽는 타고난 목숨의 한도[壽限]를 말한다. 이는 곧 목숨의 본체이다. 실상으로 말하면 가지가지 다른 업보의 힘[業種力]에 따라 한 생애의 과보를 받음에 있어, '중생의 같은 인연의 체성[衆同分體]'으로 세간에 머문 시간의 분량과 한계를 壽命이라는 말로 임시 설정한 것이다. 【초_ '命謂' 이하는 먼저 壽命 2글자를 해석한 것이다. 먼저 소승에 의하여 말한다면 곧 俱舍

根品 게송에 이르기를 "命根의 본체는 곧 壽이다. 따뜻한 체온과 식을 가지고 있다."고 하였고, 논에서는 상대적인 법으로 인용하여 말하기를 "무엇을 命根이라 말하는가? 삼계의 수명을 말하며, 분별이 있는 법을 말하며, 따뜻한 체온과 의식을 가지고 있는 것을 명근이라 말한다. 이 3가지 법을 가지고서 수명이 부지되기 때문에 체성이라고 말한다."고 하였다. 청량소에서 말한 '色心'의 色이란 따뜻한 체온을 말한다. 따뜻한 체온은 반드시 색신에 의지하고 있다.

'實謂由' 이하는 대승의 견지에서 해석하면 유식론 제1로 소승에서 말한 '色身과 마음의 별개로 命根이 있다.'는 견지에 대해 자세히 타파하고서 이에 관한 正義를 보여 이르기를, "따라서 이 識을 직접 일으키는 종자에 의하여, 업에 따라 이끌어지는 功能의 차별이 이승에 머무는 시기를 결정하는 것을 命根이라고 임시로 세워 말한 것이다."고 하였는데, 청량소에서 '衆同分의 본체를 인용'한 것은 대승과 소승을 통틀어 말한 것이다. 대승은 假立이라 하고 소승은 실제라고 한다. 이 때문에 구사론에서는 "衆同分과 命根에 의해 마음 등이 서로 끊임없이 이어지게 된다."고 하였고, 또 "중동분의 有情 등이 다 함께 身形 등이 같아 모두가 서로 닮았기 때문이라 말한다."고 하였다.

分이라 하는 것은 '因' 자의 뜻이다. 이러한 분으로 말미암아 유정의 몸과 형체 등을 똑같게 만들어주는 것이며, 有情이라 말한 것은 同分으로 의지하는 바이지 정식이 아닌 것과는 차이를 둔 것이다. 等이라 하는 것은 대등하지 않은 것과는 다르다. 바로 同分을 의지하고 있다는 의의를 밝힌 것이다. 논에서 이르기를 "개별로 實物이 있는 것을 同分이라 말한다."고 하였다. 거기에서 말한 많은 사람의 同分이란 수많은 것이 그 분소를 함께하기 때문이다. 유식에서는 이를 널리 타파하고 마침내 정의를 보여서 말하기를 그처럼 유정의 몸과 마음의 서로 유사한 분위의 차별에 의하여 임시로 동분을 세우는 것이니, 곧 대승의 의의는 구체적으로 청량소에서 말한 바와 같다.】

從業緣起라 起卽無起오 業盡便滅이라 滅無所滅하야 本無主者은 況刹那生滅하야 實無自性가【鈔_ 從業緣起下는 通顯上半이니 先以因緣門으로 釋이오 後況刹那下는 以生滅門으로 釋이라】

　　업보로부터 인연이 일어나는 터라 인연의 일어남이 곧 일어남이 있다 말할 수 없고, 업보가 다하면 곧 사라지는 터라 사라지되 사라졌다고 말할 수도 없다. 본래 주재한 자가 없는데 하물며 찰나에 생겨나고 사라져 실로 자성이 없는 것이야 오죽하겠는가.【초_ "업보로부터 인연이 일어난다." 이하는 제1, 2구의 의의를 전체로 밝힌 것인바 앞서 因緣門으로 해석하였고, 뒤의 "하물며 찰나에" 이하는 生滅門으로 해석하였다.】

喩以火輪은 謂旋火速轉에 不見始終이라 生滅遄流어니 寧知本際아 又薪火不續이어늘 識鈍謂輪이오 命實遷流어늘 妄謂相續이라 又輪資火有하고 命假心明하야 待他而成일세 固無自體니라【鈔_ 生公云如杖薪之火를 旋之成輪하나니 輪必資火而成照라 有情도 亦如之라 必資心而成用也니라 以彼情依於心으로 類此命依於心이니라】

475

火輪(불의 테두리)에 비유함은 횃불을 빠르게 돌릴 때 그 시작과 끝을 찾아볼 수 없듯이 사람이 태어나고 사라짐이 워낙 빠르게 흐르니 어떻게 근본자리를 알 수 있겠는가.

또한 횃불은 서로 이어지지 않는 법인데 識이 우둔하여 이를 테두리[輪]라고 말하듯이, 사람의 목숨은 실로 변천하고 흘러가는 것인데 이를 망령되이 서로 이어간다고 잘못 말한다.

또한 횃불의 테두리는 횃불에 의해 존재하듯이 사람의 목숨은 마음을 가탁하여 밝혀진다. 다른 존재를 필요로 하여 이뤄지기에 진실로 그 자체가 없다.【초_ 生公이 다음과 같이 말하였다.

"횃불을 빙빙 돌리면 하나의 원형 테두리가 만들어진다. 그 원형은 반드시 횃불에 의해 비춰지는 것이다. 중생 또한 이와 같다. 그 情이 마음을 따르는 것은 이 목숨이 마음을 따르는 것과 같다."】

經

智者能觀察　　　　**一切有無常**하며
諸法空無我하야　　**永離一切相**이니라

　지혜로운 이는 관찰을 잘한다
　모든 것이 무상하고
　모든 법이 공하여 자아가 없음을…
　모든 형상을 길이 여읜다

◉ 疏 ◉

三二偈는 令依行時에 思惟觀察하야 成四種觀이니 一 無常觀이오 二 空觀이오 三 無我觀이오 四 無相觀이라 於中初偈는 略標其四니 一切有者는 三有也오 亦一切有爲니라 然無常等은 經論異說이어니와 今且依辨中邊論하야 以三性釋之호리라 初約徧計인댄 名無性無常이니 以性常無故오 約依他起인댄 名生滅無常이니 有起盡故오 約圓成實인댄 名垢淨無常이니 位轉變故니라

空亦有三이니 一 無性空이니 性非有故오 二 異性空이니 與妄所執自性異故오 三 自性空이니 二空所顯爲自性故니라

無我亦三이니 一 無相無我니 我相無故오 二 異相無我니 與妄所執我相異故오 三 自相無我니 無我所顯으로 爲自相故니라

無相亦三이니 一 相都無故오 二 相無實故오 三 無妄相故니라 然皆融攝이면 則此宗意어니와 而偈正意는 多約前二性辨이니라

셋째 제6, 7게송은 하여금 行(隨其行)의 時에 의하여 사유하고 관찰하여 4가지의 觀을 이루고 있다.

(1) 無常觀, (2) 空觀, (3) 無我觀, (4) 無相觀이다.

그 가운데 제6게송은 간단하게 그 4가지의 관을 밝히고 있다. 제2구의 '一切有'란 三有(三界)이자 또한 현상계에 존재하는 모든 것[一切有爲]이다. 그러나 無常觀 등은 경론에 異說이 있지만 여기에서는 또한 辨中邊論을 따라서 三性으로 해석하고자 한다.

제6게송은 변계소집성으로 말하면 그 이름을 無性無常이라 한다. 그 자성이 언제나 없기 때문이다. 의타기성으로 말하면 그 이

477

름을 生滅無常이라 한다. 다른 것에 의해 일어난 것은 다하기 때문이다. 원성실성으로 말하면 그 이름을 垢淨無常이라 한다. 지위가 전변하기 때문이다.

空 또한 3가지가 있다.

(1) 無性空이다. 모든 자성이 실제 존재하는 것이 아니기 때문이다.

(2) 異性空이다. 허망한 마음으로 고집한 자성과 다르기 때문이다.

(3) 自性空이다. 무성공과 이성공에 의해 나타난 것으로 자성을 삼기 때문이다.

無我 또한 3가지가 있다.

(1) 無相無我다. 我相이 없기 때문이다.

(2) 異相無我다. 허망한 마음으로 고집한 我相과 다르기 때문이다.

(3) 自相無我다. 無我에 의해 나타나는 것으로 自相을 삼기 때문이다.

無相 또한 3가지가 있다.

(1) 相이 모두 없기 때문이다.

(2) 相이 실상이 없기 때문이다.

(3) 妄相이 없기 때문이다.

그러나 이를 모두 원융하게 받아들이면 그것은 곧 宗의 뜻이지만 게송의 바른 뜻은 대부분 앞의 2가지 체성(無我觀, 無相觀)으로 논변하고 있다.

經

衆報隨業生이 　　　 如夢不眞實하니
念念常滅壞하야 　　 如前後亦爾니라

　　수많은 과보가 지은 업 따라 나옴이
　　꿈과 같아 진실하지 않다
　　한 생각 속에 항상 소멸하여
　　과거처럼 현재 미래 또한 그러하리라

● **疏** ●

後一偈는 略顯二觀이라 上半은 明空觀이니 報從業生이 如夢從思起하야 不實故空이오 下半은 明無常觀이니 由上不實故로 念念無常이니라 前은 卽過去니 已滅事顯으로 例後現未에 當滅不殊니라

　　다음 제7게송은 간단하게 2가지의 觀을 밝히고 있다.
　　제1, 2구는 空觀을 밝힘이다. 과보는 지은 業으로부터 생겨남이 마치 꿈이 생각에 따라 꾸어지는 것처럼 실상이 아니기 때문에 空이다.
　　제3, 4구는 無常觀을 밝힘이다. 위에서 말한 '실상이 아님[不實]'을 연유한 까닭에 모든 생각이 無常하다.
　　앞서 말한 '공관'은 곧 과거이니 이미 사라진 일을 나타낸 것이다. 뒤의 '무상관'은 현재와 미래를 예로 미뤄봄에 응당 사라지게

될 것임이 앞서 말한 과거와 다르지 않다.

經
世間所見法이　　　但以心爲主어늘
隨解取衆相일세　　顚倒不如實이니라

　　세간에서 보는 법은
　　단 마음으로 주재를 삼는데
　　망상의 이해 따라 수많은 모양 취하기에
　　전도되어 실상과 같지 못하다

● 疏 ●

四一偈는 依解令入唯識量觀이니 境卽心變일세 故心爲主니라 然此唯識은 略有二分이니 一相二見이라 今隨其見分之解하야 取其相分之相호되 心外取故로 爲顚倒也니라 【鈔_ 然此唯識者는 以唯識第二에 四師不同이라 謂安惠는 唯立一하니 自證分이오 難陀는 立二하니 謂相見二分이오 陳那는 立三하니 加自證分이오 護法은 立四하니 於前三上에 加證自證分이니 依彼論宗컨대 卽以四分으로 而爲正義니라 若通作喩者인댄 絹如所量이오 尺如能量이어늘 智爲量果니 卽自證分이어니와 若尺爲所使오 智爲能使면 何物用智아 卽是於人이니 如證自證分이니 人能用智오 智能使人이라 故能更證이니라 亦如明鏡이니 鏡像爲相이오 鏡明爲見이오 鏡面如自證이오 鏡背如證自證이니 面依於背오 背復依面이라 故得互證이니라 亦可以銅爲證自證이니 鏡依於銅

이오 銅依於鏡이라

此上四分은 卽護法之後에 方有此義어니와 論如是四分을 或攝爲三이니 第四攝入自證分故니 果體一故며 論或攝爲二니 後三이 俱是能緣性故니라 攝論爲二니 亦攝入見故며 論或攝爲一하니 體無別故니라 如入楞伽伽陀中說호되 '由自心執著하야 心似外境轉이나 彼所見非有일새 是故說唯心이라하니 如是處處에 說唯一心이라 此一心言이 亦攝心所라 故識行相이 卽是了別이오 了別이 卽是識之見分이라하니 釋曰 '此上論文은 釋偈了字니 雖開合不同이나 今但略擧相見二分이라 故彼論初에 便立二分이니 處處多說 相及見故니라 若了相分唯心所變이면 此非顚倒어니와 謂相爲外라하야 心外取故로 是名顚倒니라】

넷째 제8게송은 識解에 의해 하여금 唯識量觀에 들어가게 함이다. 경계[境]는 곧 마음의 변화이기에 마음[心]이 주체가 된다.

그러나 유식은 간단히 말하면 2가지의 분이 있다.

(1) 相分, (2) 見分이다.

여기에서는 見分의 識解를 따라서 相分의 相을 취하되 마음 밖에서 취한 까닭에 顚倒가 된다.【초_ "그러나 유식"이란 것은 유식 제2에 대해 네 명의 스님의 해석이 똑같지 않다.

安惠 스님은 오직 하나만을 세웠는데, 自證分이다.

難陀 스님은 2가지를 세웠는데, 相分·見分 2가지를 말하였다.

陳那 스님은 3가지를 세웠는데, 相分·見分에다가 自證分을 더하였다.

護法 스님은 4가지를 세웠는데, 앞의 相分·見分·自證分에다가 證自證分을 더하였다. 그 논의 종지에 의하면 곧 4分[相·見·自證·證自證分]으로 正義를 삼았기 때문이다.

만일 전체를 비유한다면, 비단 폭은 몇 자인가 헤아리는 대상[所量]이고 자[尺]는 헤아리는 주체[能量]의 도구와 같듯이 지혜는 헤아린 결과[量果]인바 이는 곧 自證分이라 하겠지만, 만일 자[尺]는 부리는 대상[所使]이 되고 지혜는 부리는 주체[能使]라면 어떤 존재가 그 지혜를 운용할까? 그것은 곧 사람인바 證自證分과 같다. 사람이 지혜를 운용하고 지혜가 사람을 부리기 때문에 지혜는 다시 證이 된다.

또한 거울과도 같다. 거울의 형상[鏡像]은 相分이 되고 거울의 맑음[鏡明]은 見分이 되며, 거울의 앞면[鏡面]은 自證分과 같고 거울의 뒤쪽[鏡背]은 證自證分과 같다. 거울의 앞면은 뒤쪽을 의지하고 뒤쪽은 다시 앞면을 의지한 까닭에 서로 증득하게 된다. 또한 거울을 만들어주는 구리로써 證自證分을 삼는다. 거울은 구리를 의지하고 구리는 거울을 의지하고 있다.

위에서 말한 4分[相·見·自證·證自證分]은 곧 護法 스님 이후로 비로소 이런 의의가 성립되었지만, 논에서는 이와 같은 4分을 혹은 3分으로 포괄하기도 한다. 제4의 證自證分을 제3의 自證分에 함께 넣었기 때문이다. 이는 證自證分과 自證分의 果體가 하나로 똑같기 때문이다.

논에서는 간혹 4分을 2分으로 포괄하기도 한다. 뒤의 3分[見·自

證·證自證分]이 모두 반연의 주체가 되는 체성[能緣性]이기 때문이다.

攝論에서는 2分으로 포괄하니 또한 見分에 함께 넣었기 때문이다.

논에서는 간혹 4分을 1分으로 포괄하기도 한다. 체성이 다름이 없기 때문이다. 저 入楞伽 伽陀中에서 말하기를 "내 마음의 집착으로 말미암아 마음이 바깥 경계에 전변함과 같으나 그러한 所見이 실제 있는 것이 아닌 까닭에 이를 唯心이라고 말한다고 하였다. 이와 같이 수많은 논에서 오직 '하나의 똑같은 마음[一心]'임을 말하였다. '하나의 똑같은 마음'이라는 말은 또한 心所를 포괄한 까닭에 識의 行相이 곧 了別이요, 요별이 곧 識의 見分이다."고 하였다.

이에 대해 다음과 같이 해석하였다.

이상에서 예시한 논의 문장은 게송을 해석하고 글자를 분별한 것이다. 비록 그 의의를 나눠보고 합해보는 관점이 똑같지는 않지만, 여기에서는 간단하게 相分·見分 2가지만을 들어 말했을 뿐이다. 이 때문에 그 논에서 처음 相分·見分 2가지만을 성립하였다. 이는 수많은 부분에서 대부분 相分 및 見分만을 말한 때문이다. 만일 相分이 오직 마음의 변화 대상임을 깨달으면 이는 전도망상이 아니겠지만, '相分은 바깥 경계이다.'고 인식하여 마음의 밖에서 취한 까닭에 이를 전도망상이라고 말한다.】

世間所言論이   **一切是分別**이니

未曾有一法도　　　　得入於法性이니라

　　세간에서 하는 말은
　　모두가 분별이다
　　일찍이 그 어떤 법도
　　진실한 법성에 들어가지 못한다

● 疏 ●

五一偈는 依言論時하야 令尋思名等하야 入如實觀이니 謂了名等이 唯意言分別이라 無別名等이니라 意는 卽意識分別이오 言은 卽名言이니 名言이 旣唯意之分別인댄 名下之義도 亦無別體라 故所言論으로 以兼名義니라【鈔_ '令尋思名等'者는 此借唯識加行位中에 四尋思觀과 四如實觀하야 以解經文이니 四尋思者는 一名 二義 三自性 四差別이어늘 今云名等은 等取下三이니라 謂了名等下는 卽以意言으로 釋尋思觀이니라 】

　　다섯째 제9게송은 言論時에 의하여 하여금 名 등을 생각하고 찾아서 如實觀에 들어가도록 한다. 名 등은 오직 意言分別일 뿐 별다른 名 등이 없음을 깨달음이다. '意言'의 意는 곧 의식분별이며, 言은 곧 명제와 언어[名言]이다. 명제와 언어가 이미 오직 의식의 분별이라면 명제와 언어 속에 담긴 의의 또한 별난 자체가 없기 때문에 말하고 논하는 대상으로 名義를 겸하였다.【초_ "하여금 名 등을 생각하고 찾는다."는 것은 유식의 加行位 가운데 4가지의 尋思觀과 4가지의 如實觀을 빌려서 경문을 해석한 것이다.

4가지의 尋思觀이란 ① 名, ② 義, ③ 自性, ④ 差別이다. 여기에서 '名 등'이라 말한 것은 아래의 3가지(義·自性·差別)를 똑같이 취한 것이다. "名 등은 오직 意言分別일 뿐" 이하는 곧 의식분별과 명제언어로써 심사관을 해석하였다.】

旣隨分別인댄 則妄計意流라 尙未了唯心이어니 安入法性이리오【鈔_ '尙未了唯心'者는 上躡前分別之義하야 爲不入法性之由오 此下는 擧況하야 釋不入義니라 然其要觀이 略有二種이니 一은 唯心識觀이오 二는 眞如實觀이니 唯心觀은 淺이로되 尙未能了인온 眞如觀은 妙커니 彼安能入이리오 法性은 卽是眞如異名이니라】

이미 의식분별을 따랐다면 그것은 곧 허망한 마음으로 헤아림이며, 의식이 흘러 전변함이다. 오히려 오직 마음도 깨닫지 못한 일인데, 어떻게 진실한 법성에 들어갈 수 있겠는가.【초_ "오히려 오직 마음도 깨닫지 못한 일이다."는 것은 위에서는 앞서 말한 분별의식의 의의를 뒤이어서 진실한 법성에 들어가지 못하는 원인을 삼았고, 이 아래에서는 비유를 들어 진실한 법성에 들어가지 못하는 의의를 해석하였다. 그러나 그 중요한 觀은 대략 2가지가 있다. ① 唯心識觀, ② 眞如實觀이다. 유심식관이란 얕은 의의의 관임에도 오히려 깨닫지 못하는데, 진여실관은 오묘한 경지이다. 그런 그가 어떻게 이런 경지에 들어갈 수 있겠는가. '法性'이란 眞如의 다른 이름이다.】

若能如是 自覺通達이면 是入唯識之方便也라 卽復此心 無相可得이니 妄想不生이면 便入法性이라 上約心乖니 體非不卽이니라 又不

485

入者는 妄想體虛라 無可入故니라【鈔_ '上約心乖'等者는 通難重釋이니 謂有難言호되 '如淨名等에 一切皆如하야 文字性離卽是解脫이라하며 下經에 亦云一切法皆如하고 諸佛境亦然이라 三毒四倒 皆亦淸淨이어늘 如何言說 不入法性가 今通有二하니 一은 約修人 心不入理라 非約法體 不卽法性이오 二는 約所觀 亦無可入이라 故下文云'如來深境界는 其量等虛空이라 一切衆生入호되 而實無所入이라'하니라】

만일 이와 같이 스스로 깨닫고 통달하면 이는 유식에 들어갈 수 있는 방편이다. 다시는 이런 마음도 相을 얻을 게 없다. 망상이 일어나지 않으면 곧바로 법성에 들어갈 수 있다.

위에서는 마음이 어긋남으로 말하였다. 체성이 나아가지 않음은 아니다. 또한 법성에 들어갈 수 없다는 것은 망상의 체성이 공허하여 들어갈 게 없기 때문이다.【초_ "위에서는 마음이 어긋남으로 말하였다." 등이란 논란을 통하여 거듭 해석하였다. 혹자가 논란하여 묻기를 "淨名 등에 '일체가 모두 여여하여 문자의 자체에서 벗어남이 곧 해탈이다.'고 하며, 아래의 경문에서 또한 '일체 법이 모두 여여하고 모든 부처님의 경계 또한 그렇다.'고 하니 三毒四倒가 모두 또한 청정한 것인데, 어찌하여 진실한 법성에 들어갈 수 없다고 말했는가."라는 회의를 가지고 있었기에, 이에 대한 답은 2가지가 있다.

① 수행하는 사람의 마음이 진리에 들어가지 못함으로 말한 것이다. 法體가 法性에 하나가 되지 못한 것으로 말함이 아니다.

② 觀하는 대상 또한 들어갈 게 없다는 것으로 말함이다. 이 때문에 아래의 경문에 이르기를 "여래의 심오한 경계는 허공처럼 드넓은 도량이어서 일체중생이 모두 들어가되 실제 들어갈 바가 없다."고 하였다.】

經

能緣所緣力으로　　　　種種法出生이니
速滅不暫停하야　　　　念念悉如是니라

　반연의 주체와 대상의 힘으로
　가지가지 법이 생겨나니
　빠르게 사라져 잠시도 멈추지 않아
　한 생각 한 생각의 찰나 모두 그와 같다

● 疏 ●

六一偈는 通結이라 亦近結次前二偈니 能緣所緣이 卽見相也라 又觀一切法이 唯是意言이라도 未能除遣此境일세 亦爲能所也니 以此爲方便하야 得入唯心이라 種種法出生者는 此相見二分이 由無始數習하야 有種種法相似生이니 謂能緣心生이면 則種種境生하고 所緣境起면 則種種心起라 起法必滅이어니 安得暫停이리오【鈔_ 六有一偈는 通結五段하야 令離能所라 '亦可近結前二偈'者는 能所相顯이니 初는 明前偈오 '又觀一切'下는 明結後偈니 以意言觀으로 縱成如實이나 亦有能所일세 云未除遣이니라 加行偈에 云現前立少物하야 謂是唯識性이

라 以有所得故로 非實住唯識이라하니 故로 但爲方便이니 得通達位라야 方入唯心이라

此相見二分等者는 卽唯識意어늘 而言'似'者는 顯其無眞이오 但似二相이니 若執有實이면 便成徧計니라 起法必滅下는 釋下半이라 然躡上半起니 上旣心境相藉인댄 則皆從緣生일새 生法必滅하야 一向絶故로 刹那不住라 故云'安得暫停'이라하니라 】

여섯째 제10게송은 전체를 끝맺는다. 또한 다음 앞의 2수(제8~9) 게송을 가까이 끝맺는다. 반연의 주체와 대상[能緣所緣]은 곧 제8게송에서 말한 見相이다. 또한 일체 법이 오직 이러한 意識分別과 名言임을 觀할지라도 이런 경계를 버리지 못한 까닭에 또한 주체와 대상이 된다. 이로써 방편을 삼아 오직 마음을 얻어 깨달아 들어가는 것이다.

"가지가지 법이 생겨난다."는 것은 相分·見分이 거슬러 올라가 처음 비롯한 곳이 없는 때부터 자주 익혀옴으로 말미암아 가지가지 法相이 생겨남과 같다. 반연의 주체가 되는 妄心이 생겨나면 가지가지 경계가 생겨나고, 반연의 대상인 경계[所緣境]가 일어나면 가지가지 허망한 마음이 일어나게 된다. 일어난 법은 반드시 사라지는 법, 어찌 잠시인들 멈추겠는가. 【초_ '여섯째 제10게송'은 5단락을 전체로 끝맺어 반연의 주체와 대상을 여의도록 함이다.

"또한 다음 앞의 2수 게송을 가까이 끝맺는다."는 것은 주체와 대상의 法相이 나타남이니 '初'란 앞의 제8게송을 밝힘이다.

"또한 일체 법" 이하는 뒤의 제9게송을 끝맺음을 밝힘이다. 의

식분별과 명언의 관[意言觀]이 비록 如實을 이룰지라도 또한 주체와 대상이 남아 있기에 이를 모두 없애지 못했다고 말한 것이다. 加行偈에 이르기를 "앞에 보이는 작은 존재를 내세워 이를 唯識性이라 말하지만 이는 얻은 바가 있기 때문에 실로 유식에 머묾이 아니다."고 한다. 이 때문에 단 방편일 뿐이다. 通達位를 얻어야 비로소 唯心에 들어갈 수 있다.

'此相見二分' 등이란 곧 유식으로 말한 뜻이다. '有種種法相似生'에서 '似'라 말한 것은 그 眞際가 없고 단 相分·見分 二相과 같음을 밝힌 것이다. 만일 실체가 있는 것으로 집착하면 그것은 곧 변계소집성을 이루게 된다.

"일어난 법은 반드시 사라진다." 이하는 아래의 제3, 4구를 해석함이다. 그러나 위의 제1~2구를 이어 말한 것이다. 위에 이미 허망한 마음과 경계가 서로 힘입고 있다면 이는 모두 반연에 따라 생겨난 것이기에, 일어난 법은 반드시 사라져 하나같이 끊어지는 까닭에 한 생각의 찰나도 머물지 않는다. 이 때문에 "어찌 잠시인들 멈추겠는가."라고 말하였다.】

若了相無相과 生無有生이면 名了種種이니 則了唯心이오 若了無性하야 心境兩亡이면 則住無分別自覺智境하야 不動法界니 名入法性이라 하니라【鈔_ 若了相下는 正顯偈意니 上順釋偈文하야 明二取之失이니 今令了之면 則令離二取니 是經之意라 是則反釋經文하야 而順經意니 則了唯心하야 成唯心識觀이니라

若了無性下는 成眞如實觀이니 心境兩亡이면 則住無分別은 如上所

引 通達位偈云若時於所緣에 智都無所得이면 爾時住唯識하야 離二取相故라하니라

自覺智境은 卽楞伽意오 不動法界는 卽大般若意니 文殊室利分에 云繫緣法界하며 一念法界면 不動法界하고 知眞法界하야 不應動搖라하니 謂若言我入法界면 已動法界어니와 能所兩亡하야 入相斯寂일새 故不動法界 是入法性이니라】

만일 相이 相이 없음과 生이 生이 없음을 깨달으면 이를 가지가지의 법을 깨달았다고 말한다. 이는 곧 마음을 깨달음이다. 만일 자성이 없음을 깨달아 마음과 경계가 모두 사라지면 곧 의식분별이 없는 自覺智의 경계에 머물러 법계에 흔들리지 않는다. 이를 "法性에 들어간다."고 말한다. 【초_ "만일 相이 相이 없음과 … 깨달으면" 이하는 바로 게송의 뜻을 밝힘이다. 위에서는 게송을 차례대로 해석하여 二取의 잘못을 밝혔고, 여기에서는 만일 깨달으면 하여금 二取를 여의게 함이니 이는 장항의 경문에 대한 뜻이다. 이는 곧 經文의 해석을 반대로 해석하여 장항의 경문 뜻을 따름이니 곧 마음을 깨달아 唯心識觀을 성취함이다.

"만일 자성이 없음을 깨달아" 이하는 眞如實觀을 성취함이다. 마음과 경계가 모두 사라지면 그것은 곧 의식의 분별이 없는 경계에 머문 것이다. 위에서 인용한 바와 같은 通達位의 게송에 이르기를 "만일 때로 반연의 대상에 지혜가 전혀 얻을 바가 없으면 그때에는 유식에 머물러 二取의 相을 여의었기 때문이다."고 하였다.

'自覺智의 경계'란 곧 능가경에서 말한 뜻이며, '不動法界'는 곧

대반야경에서 말한 뜻이다. 文殊室利分에 이르기를 "법계를 반연하며 법계를 한 번 생각하면 법계에 동하지 않고 참 법계를 알아서 응당 동요하지 않는다."고 한다. 만일 '내가 법계에 들어갔다.'고 말하면 이미 법계에 동함이라 하겠지만 주체와 대상을 모두 잊고서 들어가는 모습이 이에 空寂한 까닭에 법계에 흔들리지 않음이 법성에 들어감이다.】

故末後偈에 結上諸觀하야 令亡觀相也니라 佛如是化를 應如是知니 幻人化幻이라 皆無化化也니라【鈔_ 佛如是化下는 總顯答意라】

이 때문에 맨 끝의 게송은 위에서 말한 모든 觀을 끝맺어 觀했다는 상을 잊도록 함이다.

부처님께서 이와 같이 교화하심을 마땅히 이와 같이 알아야 한다. 요술쟁이가 요술을 부리는 일이라, 모두 부리는 것이 없이 부리는 것이다.【초_ '佛如是化' 이하는 답한 뜻을 총체로 밝힌 것이다.】

◉ 論 ◉

第二는 爾時文殊師利菩薩已下五行經은 是文殊師利이 問財首菩薩하사 如來十種方便隨時之法이시니 初擧非衆生은 卽約覺首所答 業體純眞이오 後問如來十種隨時之化이 何緣而有하신대 財首이 爲成信心하사 約實而答 隨時是假하시니 如下十行頌中具明이라 於此十行頌中에 義分爲三호리니 一은 科其頌意오 二는 釋菩薩名이오 三은 配隨位因果라

제2. 敎化甚深에서 '爾時文殊師利菩薩' 이하 5줄의 경문은 문

수사리보살이 재수보살에게 물어본 여래의 10가지 방편으로 때에 따르는 법을 말하였다. 처음에 중생이 아닌 이를 들어 말한 것은 각수보살이 답한 업보의 체성이 純眞함으로 말이며, 뒤에 "여래의 10가지 방편, 때에 따르는 교화가 무슨 인연으로 있는가."를 물었기에 재수보살이 信心을 이루기 위하여 實際를 들어 때에 따르는 교화가 거짓[假]이라고 답하였다. 아래 10수의 게송에서 구체적으로 밝힌 바와 같다.

이 10수 게송의 의의는 3부분으로 구분된다.

(1) 게송의 뜻을 과목으로 나누고,

(2) 보살의 명호를 해석하며,

(3) 지위에 따른 인과에 짝하였다.

一은 科頌意者는 此十行頌中에 一行一頌이니 初一行頌中에 初二句는 歎所問法이 非小器所堪이라 是多聞者之境界오 次兩句는 今如問當說과 及勸聽이라 已下九行頌은 是財首이 以實而答이니 如文具明이라

(1) 게송의 뜻을 과목으로 나눈다는 것은 10수의 게송으로, 1수마다 하나의 게송이란 뜻이다.

첫 제1게송의 제1, 2구에서 문수보살이 물어온 법은 근기가 낮은 이들이 감당할 수 있는 바가 아니다. 이는 견문이 많은 이의 경계임을 찬탄한다.

다음 제3, 4구는 여기에서 문수보살이 물은 바와 같이 마땅히 이에 대해 말하고 자세히 귀담아듣기를 권함이다.

이하 9수의 게송은 재수보살의 실제 답이다. 게송에서 말한 바와 같이 구체적으로 분명히 말하고 있다.

二는 釋菩薩名者는 爲將如下頌中에 善達眞假法財하야 而惠施衆生故로 名爲財首니 以十信心中에 法財初始益生之行을 名之爲首라 世界 名蓮華色者는 明此信中에 以法聖財로 饒益衆生하야 令其自他로 性無染著일새 號世界이 名爲蓮華色이오 以法施人하야 破迷成智이 名爲滅暗智佛이니 明當位信中에 自具法門의 理行智之因果故요 財首는 是當位之行이니 已下는 例然이라

(2) 보살의 명호를 해석함에 있어 아래와 같은 게송에서는 참된 法財와 거짓 法財를 잘 통달하여 이를 가지고서 중생에게 은혜를 베풀어준 까닭에 그 이름이 '財首보살'이라고 한다. 十信心 가운데 法財로 처음 중생에게 이익을 베푸는 행을 명명하여 '首'라 한다.

세계의 이름이 '연화색'인 것은 십신 가운데 法聖財로써 중생에게 큰 이익을 주어 나와 남으로 하여금 자성이 더러움에 물들게 하는 일이 없도록 한 까닭에 세계의 호칭을 '연화색'이라 하며, 사람들에게 법을 보시하여 그들의 혼미를 타파하고 바른 지혜를 성취시켜 주었기에 그 명호를 滅暗智佛이라 한다. 해당 지위의 십신 가운데 스스로 법문의 理行智 인과를 갖추고 있음을 밝힌 때문이며, 재수보살은 그 해당 지위에 부합한 行이다. 그 이하는 이의 예와 같다.

三은 配隨位因果者는 常以自心根本不動智佛인 文殊師利로 爲信心之因하야 進修得解脫智佛이니 財首菩薩은 是隨位之行果故요 佛是智果시니 餘者는 例倣此라

493

(3) 지위에 따른 인과에 짝하였다는 것은 언제나 자기 마음의 근본부동지불인 문수사리보살로 신심의 원인을 삼아 이에 닦아나가 해탈지불을 얻음이다. 재수보살은 지위에 따른 行果이기 때문이며, 佛은 지혜에 의한 果位이다. 나머지는 이의 예와 같다.

보살문명품 제10-1 菩薩問明品 第十之一
화엄경소론찬요 제24권 華嚴經疏論纂要 卷第二十四

화엄경소론찬요 제25권
華嚴經疏論纂要 卷第二十五

●

보살문명품 제10-2
菩薩問明品 第十之二

第三은 業果甚深이니 初는 問이라
   제3. 업과가 지극히 깊다
   (1) 문수보살의 물음

|經|

爾時에 文殊師利菩薩이 問寶首菩薩言하사대 佛子야 一切 衆生이 等有四大호대 無我無我所어늘 云何而有受苦受樂 과 端正醜陋와 內好外好와 少受多受와 或受現報와 或受 後報이닛고 然이나 法界中엔 無美無惡이니이다

   그때 문수사리보살이 보수보살에게 물었다.
   "불자여, 일체중생이 똑같이 사대의 몸을 가지고 있되 '나'도 없고 '나의 것[我所]'도 없는데 어찌하여 살아가는 데에 괴로움을 받고 즐거움을 받으며, 용모가 단정하고 누추하며, 안으로 좋아하고 밖으로 좋아하며, 적게 받고 많이 받으며, 혹은 현생의 업보를 받고 혹은 후생의 업보를 받는 것입니까? 그러나 법계 가운데는 아름다운 것도 없고 악한 것도 없습니다."

◉疏◉

文中亦二니 初는 標能所問人이니 以事中顯理 是可貴故로 問寶首也오 二佛子一切下는 正顯問端이니 中三이라
初는 擧法案定이니 謂諸衆生身이 但四大假名이오 四大無主인댄 身亦

無我어니 安有我所리오 彼此同許일새 以爲案定이라

二 '云何'下는 正設疑難이니 能造·能受는 是謂爲我오 所造·所受는 卽是我所니 以無我故로 無能造受어니 誰令苦樂가 無我所故로 無所造受인댄 何以現見而有苦等 十事五對아 一苦樂者는 約麤相說이니 三塗爲苦오 人天爲樂이며 二는 就苦中하야 各有妍媸오 三은 於其樂中에 有內身外境이며 四는 通於苦樂受中에 若時若事 皆有多少니라 此上은 皆約生報니 前生作故오 五는 現作現受를 名現報오 隔一生去受를 名爲後報니라

三 '然法界'下는 結難이니 謂二無我理는 卽眞法界中에 定無善惡이어늘 未知케라 苦樂은 從何而生고하니 此問所以也이오 爲無我故로 無我所耶아 爲有所受 亦有我耶아 此致疑也오 以聖言量과 及正理量이 違於現量하니 如何可通가 結成難也니라 【鈔_ 此問所以者는 此中取前緣起甚深三重問意하야 以釋今文이라】

물음 속에는 또한 2가지의 의의가 있다.

(1) 묻는 주체의 문수보살과 물음을 받은 대상으로서의 보수보살을 밝힘이다. 事法界 가운데에서 理法界를 나타냄이 고귀한 까닭에 그 명호에 걸맞은 보수보살에게 물었다.

(2) "불자여, 일체중생" 이하는 바로 물음의 실마리를 나타낸다. 여기에는 3가지의 뜻이 있다.

① 법을 들어 안건을 정한다. 모든 중생의 몸이 단 四大의 가명일 뿐이며, 사대가 주체가 없다면 몸 또한 '내'가 없는데, 어떻게 나의 것[我所]이 있겠는가. 피차가 똑같기에 이로써 안건을 정하였다.

② '云何' 이하는 바로 의문의 논란을 펼친다. 이를 만드는 주체[能造]와 이를 받아들이는 주체[能受]는 '我'이며, 이를 만드는 대상[所造]과 이를 받아들이는 대상[所受]은 곧 이 '我所'이다. 내가 없기 때문에 이를 만들거나 받아들이는 주체가 없는데, 그 누가 살아가는 데에 괴로움을 받고 즐거움을 받게 하는가. '나의 것'이 없기 때문에 이를 만들거나 받아들이는 대상도 없는데, 어떻게 반드시 살아가는 데에 괴로움 등의 10가지의 일, 5가지의 배대[十事五對]가 있는 것일까?

㉠ 살아가는 데에 괴로움을 받고 즐거움을 받는다는 것은 조악한 현상으로 말한 것이다. 三塗는 괴로움을 받는 곳이며, 人天은 즐거움을 받는 곳이다.

㉡ 괴로운 삶 속에 각각 용모가 단정하고 누추함이 있으며,

㉢ 그 즐거운 삶 속에 안으로의 몸과 밖으로의 경계가 있으며,

㉣ 살아가는 데에 괴로움과 즐거움을 받는 전체 가운데 이를 누리는 시간의 한계와 일의 한계에는 모두 많고 적은 차이가 있다.

이상은 모두 살아생전에 받는 업보로 말하니 전생에 지은 업장 때문이다.

㉤ 현재의 삶 속에 받는 것은 그 이름을 現報라 하고, 一生을 융합하여 받는 것은 그 이름을 後報라 한다.

③ '然法界' 이하는 앞의 논란을 해석하여 끝맺는다. "나와 나의 것이 없다는 2가지의 이치는 곧 참 법계 가운데 결코 선악이 없는 것인데, 알 수 없는 일이다. 살아가는 데에 괴로움과 즐거움을

받는 것은 그 어디에서 나온 것일까?"라는 의문은 그렇게 되는 이유를 물음이다. "'내'가 없는 까닭에 '나의 것[我所]'이 없다고 하는가. 받을 대상이 있기에 또한 '내'가 있다고 하는가?"라는 것은 의문을 불러들인다. "聖言量과 正理量이 現量에 어긋나니, 어떻게 하면 통할까?"라는 것은 물음과 앞의 논란을 해석하여 끝맺음이다. 【초_ "그렇게 되는 이유를 물음"이란 여기에서는 앞서 緣起가 지극히 심오하다는 3重의 물음을 취하여 본 경문을 해석하였다.】

第二答意에 云達體業亡이오 迷眞業起라 報因業起어니 何須我耶아 業報攬緣하야 虛無自體라 故無我所니라 由法無我 非斷滅故로 業果不亡이니 斯乃正理라 聖教所明이오 不違現事니라【 鈔_ 由法無我下는 上明二我俱空이오 此下는 明不壞業果之相이니 空有無碍하야 二諦雙存이 是正理量이라 聖教所明은 卽聖言量이라 故淨名에 云說法은 不有亦不無라 以因緣故로 諸法生이니 無我·無造·無受者로되 善惡之業 亦不亡이라하고 中論에 云雖空而不斷이오 雖有而不常이니 罪福亦不失일새 是名佛所說이라하니라

言'不違現事'者는 卽是現量이니 以現見苦樂等報 擧體卽空호되 不壞事也니라】

제2 "용모의 단정함과 누추함"에 대해 답한 뜻은 다음과 같다.

본체를 통달하면 업이 사라지고 진리를 모르면 업이 일어나게 된다. 과보는 업으로 인하여 일어나는 것인바, 어찌 '나[我]'를 필요로 하겠는가. 업보는 반연을 따른 것이기에 그 자체가 허무한 까닭에 '나의 것[我所]'이 없다. 法無我는 단멸이 아닌 까닭에 業果가 사

라지지 않는다. 이는 바른 진리라 성인의 가르침에서 밝힌 바이며, 현재의 일에 어긋나지 않는다.【초_ "법무아는 단멸이 아닌 까닭" 이하는, 위에서는 我와 我所가 모두 공함을 밝혔고, 이 아래는 업 과의 모습이 사라지지 않음을 밝힌 것이다. 空과 有가 걸림이 없어 眞諦와 俗諦가 모두 존재함이 '正理量'이다.

"성인의 가르침에서 밝힌 바"란 곧 '聖言量'이다. 이 때문에 유마경에서 "說法은 있는 것도 아니요, 또한 없는 것도 아니다. 인연 때문에 모든 법이 생겨나니 '나'도 없고 이를 조작함도 없고 이를 받은 이도 없으나 선악의 업이 또한 없지 않다."고 하며, 中論에서는 "비록 공하나 끊어짐이 아니요, 비록 있으나 떳떳함이 아니다. 죄와 복 또한 잃지 않기에 그것을 부처님께서 말씀하신 바라고 명명한다."고 말하였다.

"현재의 일에 어긋나지 않는다."고 말한 것은 곧 現量이다. 현재에 괴로운 삶과 즐거운 삶 등의 과보가 온통 공하면서도 일에 사라지지 않음을 본다.】

法若定有인댄 不可造受니 便違正理니라

법이 만일 반드시 있는 것이라면 조작하거나 받을 수 없다. 이는 곧 바른 이치를 어김이다.

二는 答이라

(2) 보수보살의 게송 대답

經

時에 寶首菩薩이 以頌答曰

그때 보수보살이 게송으로 답하였다.

隨其所行業하야　　　　　如是果報生이나
作者無所有니　　　　　　諸佛之所說이로다

　그들이 행한 업을 따라
　이와 같은 과보가 생겨나지만
　이를 만드는 이가 없으니
　모든 부처님이 말씀하신 바이다

⦿ 疏 ⦿

在文分二니 初一은 法說이오 餘九는 喩況이라
今初에 上半은 約俗諦緣生이 卽業報相이니 屬答前現見이오 次句는
勝義卽空으로 印其案定이니 此二不二라 故不相違니라
'無所有'言은 該上業果니 則亦無我所니라 後句는 是聖敎量이니 智論
第二에 云 有業亦有果나 無作業果者니 此第一甚深이 是諸佛所說
이라하니라

게송은 2부분으로 나뉜다. 제1게송은 법으로 말한 것이며, 나머지 9수(제2~10) 게송은 비유이다.

제1게송의 제1, 2구는 俗諦의 인연이 생겨남이 곧 業報의 현상임을 말한다. 이는 앞서 말한 現見(何以現見而有苦等 十事五對)에 대한 답에 속하고, 제3구는 勝義란 곧 空이라는 뜻으로, 앞서 그 안건을 정립한 부분을 인증한 것이다. 俗諦와 眞諦 2가지로 다르지만 둘의 차이가 없는 까닭에 서로 어긋나지 않는다.

제3구의 '無所有'란 위의 업과를 포괄하고 있다. 이는 또한 我所가 없다.

제4구는 聖敎量이다. 지도론 제2에 이르기를 "업도 있고 또한 과보도 있으나 업과 과보를 만들어내는 이가 없다. 제1의 지극히 심오한 부분이 여러 부처님께서 말씀하신 바이다."고 하였다.

譬如淨明鏡이 　　　　**隨其所對質**하야
現像各不同인달하야　　**業性亦如是**니라
　　비유하면 깨끗하고 맑은 거울이
　　그 앞에 상대하는 물질을 따라
　　나타나는 모습이 각각 다르듯이
　　업보의 자성 또한 이와 같다

●疏●

下九는 喩顯이니 通相而明인댄 喩於業果 從緣無性이나 不壞事相이오 別彰喩意인댄 喩各不同이라 初三頌은 喩業報無性이나 不壞虛相이오 次一偈는 喩無造受者오 三一偈는 喩性一相殊오 後四喩는 體無來處니라

初中 初偈는 雙喩業果 皆眞心現이니 雖無實體나 而相不同이오 次偈는 喩能生因緣相虛오 後偈는 喩所生業果無實이니 今은 初라 若法相宗인댄 唯以本識爲鏡이어니와 今依法性宗일세 亦以如來藏性而爲明鏡이니라【鈔 ˉ亦以藏性爲鏡者는 初辨定鏡體이니 言亦以者는 非揀本識이라 識亦喩鏡일세 故楞伽에 云譬如明鏡이 現衆色像이라 現識處現도 亦復如是니라 但法相宗은 不用如來藏爲鏡이어니와 今雙用二義일세 故致亦言이니라

言如來藏爲鏡者는 起信論에 釋本覺內 體相合明中에 云復次覺體相者는 有四種大義하야 與虛空等이며 猶如淨鏡이니라 云何爲四오 一者는 如實空鏡이니 遠離一切心境界相하야 無法可現일세 非覺照義故니라 二者는 因熏習鏡이니 謂如實不空이니 一切世間境界 悉於中現호되 不出不入하며 不失不壞하야 常住一心이라 以一切法이 卽眞實性이며 又一切染法의 所不能染이니 智體不動하야 具足無漏熏衆生故니라 三者는 法出離鏡이니 謂不空法이 出煩惱碍·智碍하야 離和合相하야 淳淨明故니라 四者는 緣熏習鏡이니 謂依法出離故로 徧照衆生之心하야 令修善根하야 隨念示現故라하니라

釋曰四鏡之名者는 一은 空鏡이니 謂離一切外物之體오 二는 不空鏡

이니 謂體不無하야 能現萬像故오 三은 淨鏡이니 謂已磨治하야 離塵垢故오 四는 受用鏡이니 置之高臺에 須者受用이니라 四中에 前二는 自性淨이오 後二는 離垢淨이라 又初二는 就因隱時說이오 後二는 就果顯時說이라 又前二는 約空不空爲二오 後二는 約體用爲二니라 又前二는 體오 後二는 相이라 故云'覺體相者'니라 今約衆生일세 卽前二鏡을 合而用之니 以第二爲能現하고 以第一顯本淨故며 後之二鏡은 旣在果位라 約佛爲鏡일세 故於福田甚深中用이니라 】

아래의 9수(제2~10) 게송은 비유를 들어 밝힌다. 전체의 현상으로 밝힌다면 업과가 인연을 따라 자성이 없으나 일의 현상을 무너뜨리지 않음을 비유함이요, 개별로 비유의 의의를 나타낸다면 비유가 제각각 똑같지 않다.

아래의 9수 게송 가운데, 첫 단락의 3수(제2~4) 게송은 업보가 자성이 없으나 虛相을 무너뜨리지 않음을 비유하며,

제2단락의 제5게송은 업보를 만든 자와 받는 자가 없음을 비유하며,

제3단락의 제6게송은 자성은 한 가지 똑같으나 현상이 다름을 비유하며,

제4단락의 4수(제7~10) 게송은 체성의 유래한 곳이 없음을 비유하였다.

아래의 9수 게송 가운데, 첫 단락의 첫째 제2게송은 쌍으로 업과가 모두 眞心에 의해 나타난 것인바, 비록 실체는 없으나 현상이 똑같지 않음을 비유하며,

다음 제3게송은 이를 발생해주는 주체[能生]의 因緣相이 공허함을 비유하며,

뒤의 제4게송은 발생의 대상[所生]이 되는 업과가 실상이 없음을 비유한다.

이는 첫 단락의 첫째 제2게송이다.

만일 法相宗으로 말한다면 오직 本識으로 거울을 삼지만 여기에서는 法性宗을 따른 까닭에 또한 如來藏性으로 거울을 삼았다.
【초_ "또한 여래장성으로 거울을 삼았다."는 것은 처음에 거울의 본체를 논변하여 정립한 것이다. '亦以[亦以如來藏性]'라 말한 것은 본식을 간별하려는 것이 아니다. 識 또한 거울에 비유한 까닭에 능가경에 이르기를 "비유하면 맑은 거울에 수많은 색상이 나타나는 것과 같아서 現識處에 나타난 것 또한 이와 같다."고 하였다. 단 법상종에서는 여래장으로 거울을 삼지 않지만 여기에서는 2가지 의의를 모두 사용하는 까닭에 '또한[亦]'이라 말한 것이다.

"여래장성으로 거울을 삼았다."고 말한 것은 기신론에서 本覺을 해석하면서 근본의 원리와 현상의 모습을 종합하여 밝힌 가운데 이르기를 "또한 覺의 體·相이란 4가지의 대의가 있어 허공과 같으며 마치 맑은 거울과도 같다. 그 무엇이 4가지의 대의일까?

① 如實空鏡. 일체 마음과 경계의 모습을 멀리 초탈하여 법 그 자체를 나타낼 게 없기에 覺照의 의의가 아니기 때문이다.

② 因熏習鏡. 如實하여 공허하지 않음을 말한다. 일체 세간의 경계가 모두 그 가운데 나타나지만 나오는 것도 아니요 들어가는

것도 아니며, 잃은 것도 아니요 무너지는 것도 아니다. 항상 하나의 마음에 머문 터라 모든 법이 곧 진실한 자성이며, 또 모든 오염의 법이 이를 물들이지 못하는 대상이다. 지혜의 본체가 흔들리지 않아 無漏가 구족하여 중생을 훈습하기 때문이다.

③ 法出離鏡. 공이 아닌 법[不空法]이 번뇌의 장애와 지혜의 장애[智碍]에서 벗어나 和合相을 여의어 淳厚淨明한 때문이다.

④ 緣熏習鏡. 법에서 벗어나고 여읨을 따른 까닭에 중생의 마음을 두루 관조하여 그들로 하여금 선근을 닦게 하여 생각을 따라 보여주기 때문이다."고 하였다.

이에 대해 다음과 같이 해석하였다.

四鏡의 이름이란 아래와 같다.

① 空鏡. 일체 외물의 체성을 여의었기 때문이다.

② 不空鏡. 체성이 없지 아니하여 삼라만상을 나타내주기 때문이다.

③ 淨鏡. 이미 갈고닦아 티끌과 때를 여의었기 때문이다.

④ 受用鏡. 높다란 경대 위에 놓아두면 이를 필요로 하는 이들이 받아 사용하기 때문이다.

4가지의 거울 가운데 앞의 ① 空鏡, ② 不空鏡 2가지는 자성이 청정함이며, 뒤의 ③ 淨鏡, ④ 受用鏡 2가지는 티끌과 때를 여읜 청정[離垢淨]이다.

또한 앞의 ① 공경, ② 불공경은 원인이 보이지 않을 때[因隱時]의 자리에서 말함이며, 뒤의 ③ 정경, ④ 수용경은 과보가 나타날 때[果顯時]의 자리에서 말함이다.

또한 앞의 ① 공경, ② 불공경은 空·不空 2가지로 똑같지 않음을 말하고, 뒤의 ③ 정경, ④ 수용경은 體·用 2가지로 똑같지 않음을 말한다.

또한 앞의 ① 공경, ② 불공경은 본체이며, 뒤의 ③ 정경, ④ 수용경은 현상이다. 이 때문에 '覺의 體·相'이라고 말하였다.

여기에서는 중생을 들어 말한 것이기에 곧 앞의 ① 공경, ② 불공경을 종합하여 사용한 것이다. ② 不空鏡으로 색상이 나타나는 주체[能現]를 삼고, ① 空鏡으로 근본 청정을 나타낸 때문이며, 뒤의 ③ 淨鏡, ④ 受用鏡은 이미 果位에 있는 자리라, 부처님을 들어 거울을 삼는다. 이 때문에 福田이 지극히 심오한 가운데 이를 인용한 것이다.】

然有二義하니 一은 隨境界質하야 現業緣影이라 故合云'業性亦如是'라하고 二는 隨業緣質하야 現果影像이라 故前偈에 云'隨其所行業하야 如是果報生'이라하니 二文影略하야 共顯業果 似有無體니라【鈔_ 然有二義下는 第二 顯喻相이라 喻有三事하니 一鏡·二本質·三影像이라 以喻就法인댄 鏡則無二나 質影各二니 謂一是因影이니 境界爲質일새故合云業性이오 二是果影이니 業緣爲質일새 故法說에 云'果報生也'라하니라 淨名에 云'是身如影이라 從業緣現'이라하니 是故로 結云'二文影略'이라하니라 下引中論重化之義하야 正顯因果 俱從緣空이니라】

그러나 여기에는 2가지의 의의가 있다.

(1) 경계의 바탕을 따라서 업보 인연의 그림자가 나타나는 까닭

에 이를 종합하여 "업보의 자성 또한 이와 같다."고 하였다.

(2) 업보 인연의 바탕을 따라서 과보의 그림자가 나타나는 까닭에 앞의 제1게송에 이르기를 "그들이 행한 업을 따라 이와 같은 과보가 생겨난다."고 하였다. 이처럼 두 인용문 가운데 한 부분의 설명을 줄여 나머지 부분을 미루어 알 수 있도록 말하여, 업과란 있는 듯하면서도 체성이 없다는 점을 똑같이 밝혀주었다.【초_ "그러나 여기에는 2가지의 의의가 있다." 이하는 ② 不空鏡으로 비유의 양상을 밝혀주었다. 비유에는 3가지의 일이 담겨 있다.

① 거울, ② 본질, ③ 영상이다.

이러한 비유로 법의 측면에서 나아가 말하면 거울은 곧 둘의 차이가 없으나 본질과 영상이란 각각 2가지이다.

㉠ 이는 원인의 영상[因影]이다. 경계가 본질이 되는 까닭에 이를 종합하여 '業性'이라 하였다.

㉡ 이는 과보의 영상[果影]이다. 업의 인연이 본질이 되는 까닭에 법으로 말하면 "과보가 생겨난다."고 하였고, 유마경에 이르기를 "이 몸은 그림자와 같아서 업의 인연에서 나타난다."고 하였다. 이 때문에 이를 끝맺어 이르기를 "두 인용문 가운데 한 부분의 설명을 줄여 나머지 부분을 미루어 알 수 있도록 말하였다."고 하였다.

아래에서는 中論에서 말한 重化의 의의를 인용하여 바로 인과가 모두 인연을 따라 공한 것임을 나타냈다.】

合云'業'者는 謂善惡等三이오 '性'者는 通性及相이니 謂此業體 以無性之法으로 而爲其性하고 不失業果之相으로 而爲其性이니라【鈔_ '合

云業者'下는 第三出業體니 等取無記와 及等不動하야 各成三類니라 言'不失業果'者는 上是理性이오 此卽事性이니 如火熱性等이니라】

제4구(業性亦如是)에서 종합하여 '業'이라 말한 것은 선악 등 3가지를 말하고, '性'이란 근본 원리의 性 및 현상 작용의 相을 통틀어 말함이다. 이 업보의 체성이 자성이 없는 法으로 그 자성을 삼고, 업보 결과의 모습을 잃지 않음으로 그 자성이 되는 것이다.【초_ "종합하여 '業'이라 말한다." 이하는 ③ 영상에 업보의 체성을 만들어내니 無記를 똑같이 취한 것과 不動을 똑같이 취하여 각각 3가지의 유를 형성한다.

"업보 결과의 모습을 잃지 않았다."고 말한 것은 위에서는 理性으로, 여기에서는 事性으로 말했는바, 불의 熱性 등과 같다.】

由無性故로 能成業果하고 由不壞相하야 方顯眞空이라 故中論에 云雖空亦不斷이오 雖有而不常이니 業果亦不失일새 是名佛所說이라하니 不失業果라야 方顯中道니라

又如鏡現穢像에 非直不污鏡淨이라 亦乃由此하야 顯鏡愈淨이니 如來藏現生死業果도 亦然이라 非直不損眞性平等이라 亦乃由此하야 知如來藏自性恒淨也니라

자성이 없는 연유로 業果를 이루고, 형상을 무너뜨리지 않는[不壞相] 연유로 바야흐로 眞空을 나타내게 된다. 이 때문에 중론에 이르기를 "비록 공하나 斷滅이 아니며, 비록 有라 하지만 떳떳함이 아니다. 업과 또한 잃지 않았기에 이를 '부처님께서 말씀하신 바이다.'로 명명하였다."고 한다. 업과를 잃지 않아야 비로소 중도를 나

510

타내게 된다.

또한 그 거울에 더러운 영상이 나타나게 되면 거울의 깨끗한 바를 더럽히지 못할 뿐만 아니라 이를 계기로 거울은 더욱 깨끗해지게 됨을 밝힌 것처럼, 여래장이 생사의 업과를 나타냄 또한 그와 같다. 眞性의 평등을 손상하지 못할 뿐만 아니라 이를 계기로 여래장의 자성이 항상 청정함을 알게 됨을 비유한 것이다.

經

亦如田種子가　　　各各不相知호대
自然能出生인달하야　　業性亦如是니라

　또 밭에 심는 종자처럼
　각각 서로가 알지 못하지만
　자연히 싹이 돋아나듯이
　업보의 자성 또한 이와 같다

◉ 疏 ◉

二 田種生芽로 喻能生者는 田은 喻業緣也오 種子는 喻於識이니 種은 因也라 此二相待無性이라 故不相知니라 由不相知하야 方能生於後有苦芽일새 故云自然能出生也니라 亦本識爲田이오 名言爲種이라 【鈔_ '田喻業緣者는 卽六地經에 云'業爲田이오 識爲種이어늘 無明所覆로 愛水爲潤하야 見網增長하고 我慢漑灌하야 生名色芽라하니 謂若不造業이면 識不成種이 如穀不入田하야 終不生故니라

'亦本識爲田'者는 上約因緣合辨일세 故以業爲田이어니와 今約本識含於種子하야 能起現行이라 故以本識爲田이니라 若初地中에 亦云於三界田中에 復生苦芽라하니 則約當果生處하야 亦得名田이니 顯義無方也니라 成不相知는 類前可解니라 】

아래의 9수 게송 가운데, 첫 단락의 둘째 제3게송에서 밭에 심는 종자에서 새싹이 돋아나는 것으로 '발생의 주체[能生]'에 비유한 것은 밭이란 업보의 인연을 비유함이며, 종자란 識을 비유함이니 종자는 因이다. 밭과 종자 이 2가지는 서로 필요로 하지만 자성이 없는 까닭에 서로 알지 못한다. 서로 알지 못한 연유로 바야흐로 뒤에 괴로운 삶의 싹이 발생한 까닭에 "자연히 싹이 돋아나듯이"라고 말하였다.

또한 근본식은 밭이고, 名言은 종자이다. 【초_ "밭이란 업보의 인연을 비유함"이란 곧 六地經에 이르기를 "업이 밭이 되고 識이 종자가 되는데 無明에 뒤덮이는 바로 애욕의 물이 촉촉하게 적셔주어 見識의 그물이 더욱 커나가고 我慢心이 물줄기를 대주어 名色의 싹을 틔운다."고 하였다. 만일 업을 짓지 않으면 識이 종자를 이루지 못한다. 이는 마치 곡식 종자를 밭에 뿌리지 않으면 끝까지 싹이 돋아나지 않는 것과 같기 때문이다.

"또한 근본식은 밭이다."는 것은, 위에서는 인연까지 종합하여 논변한 까닭에 업으로 밭을 삼았지만, 여기에서는 근본식이 종자를 함유하여 現行을 일으키게 된다는 것으로 말한 까닭에 근본식으로 밭을 삼았다. 예컨대 初地 중에서도 또한 이르기를 "삼계의 밭 가운데에서 또다시 괴로운 삶의 싹을 피워낸다."고 하였다. 이는 곧 해당 果位가 발생하는 곳을 가지고서 또한 밭이라고 명명한 것이다. 이처럼 그 의의를 밝힘이 일정하지 않다.

서로가 서로를 알지 못하게 됨을 형성함은 앞에서 말한 유에 따라 살펴보면 이는 말하지 않아도 알 수 있다.】

經

又如巧幻師가　　　　　在彼四衢道하야
示現衆色相인달하야　　業性亦如是니라

또한 재주 있는 요술쟁이가
저 사거리에서
온갖 모양을 보여주듯이
업보의 자성 또한 이와 같다

 疏 ●

三은 幻師現幻喩로 喩所生者니 若幻色喩報인댄 則幻師는 喩業이어니와 若幻色喩業인댄 則幻師喩業因이니 以業亦緣生이라 同報無體로되 而幻相不亡일세 故中論內에 以化復現化로 喩業果俱空이어니와 若幻唯喩報인댄 業則不空이라 四衢는 以喩四識住니 造業處故일세니라
【鈔】 幻師現幻者는 所生이 通因果어니와 從若幻色喩報下는 別釋이니 先은 明果爲所生이오 後若幻色喩業下는 辨業爲所生이니라
'業亦緣生者는 如受五戒爲人業에 必假戒師言教하나니 三業之具라

야 方成業故로 業亦緣生이니라

故中論 下는 義引論文하야 證業果俱空이니 彼論 偈에 云譬如幻化人이 復作幻化人이라 如初幻化人은 是則名爲業이오 幻化人所作은 則名爲業果라하니 旣業·果 皆幻일새 故知並空이니라

若幻喻報 下는 反成上義라

四衢喻四識住者는 瑜伽八十四에 云謂色受想行 此之四蘊은 是識蘊所住라하니라 】

아래의 9수 게송 가운데, 첫 단락의 셋째 제4게송은 요술쟁이가 요술을 부리는 것으로 발생하는 대상[所生]을 비유한 것이다. 만일 요술에서 보여준 色으로 과보를 비유한다면 요술쟁이는 업을 비유함이라 하겠지만, 만일 요술에서 보여준 색으로 업을 비유하면 요술쟁이로 業因에 비유할 수 있다. 업 또한 반연에서 생겨나는 터라 과보와 같이 체성이 없으나 허깨비와 같은 모습이 사라지지 않는다. 이 때문에 중론에서 요술쟁이가 요술 속에서 다시 요술쟁이를 나타내게 만든다는 것으로 業과 果가 모두 공허한 것임을 비유했지만, 만일 요술이 오직 과보의 비유에 국한된 것이라면 업은 곧 空이 아니다.

제2구에서 말한 '사거리[四衢]'는 四識住를 비유한 것이니 업을 짓는 곳이기 때문이다. 【초_ "요술쟁이가 요술을 부림"이란 발생의 대상이 인과에 모두 통하지만 "만일 요술에서 보여준 색으로 과보를 비유한다면" 이하는 개별로 해석한 부분이다. 앞에서는 果가 발생의 대상이 됨을 밝혔고, 뒤의 "만일 요술에서 보여준 색으로 업을 비유한다면" 이하는 업이 발생의 대상이 됨을 논변한다.

"업 또한 반연에서 생겨난다."는 것은, 저 五戒를 받아 사람으로 태어날 수 있는 업에는 반드시 戒師의 가르침을 빌린 것임을 뜻한다. 신·구·의 삼업이 구족해야 바야흐로 업을 이루는 까닭에 업 또한 반연에서 생겨나는 것이다.

"이 때문에 중론에서" 이하에서 말한 의의는 논을 인용하여 業과 果가 모두 공허한 것임을 증명한다. 중론의 게송에 이르기를 "비유하면 요술쟁이가 요술 속에서 다시 요술쟁이를 만들어내는 것과 같다. 그 처음 요술쟁이는 곧 업이라 이름하고, 요술쟁이가 요술을 부리는 대상은 곧 業果라 이름한다."고 하였다. 이처럼 업과 과가 모두 허깨비와 같은 까닭에 업과 과가 모두 공허한 것임을 알아야 한다.

"만일 요술이 오직 과보의 비유에 국한된 것이라면" 이하는 위에서 말한 의의를 반대로 끝맺는다.

"'사거리[四衢]'는 四識住를 비유한다."는 것에 관해서는 유가론 84에 이르기를 "色·受·想·行 4가지의 蘊은 識蘊이 머문 대상이다."고 하였다.】

經

如機關木人이   **能出種種聲**호대
彼無我非我인달하야   **業性亦如是**니라

    마치 기관으로 만든 허수아비가
    가지가지 소리를 내지만

그것은 나와 나 아닌 게 모두 없듯이
업보의 자성 또한 이와 같다

● 疏 ●

二 機關出聲으로 喩無造受者는 機關은 緣造라 體虛無人으로 喩業從緣일세 故無造者오 從機出聲이라 尤更非實로 喩報因業起어니 安有受人이리오 夫'無我'者는 因對我無니 旣無有我어니 何有非我리오 著無我者도 亦是倒故니라

아래의 9수 게송 가운데, 둘째 단락의 제5게송은 기관으로 만든 허수아비가 소리를 낸다는 것으로 이를 조작하거나 받은 자가 없음에 비유한 것이다. 이것은 기관으로 만든 허수아비란 반연으로 만들어진 것이라 체성이 공허하여 사람 자체가 없다. 업이 인연을 따른 까닭에 이를 조작한 자가 없음에 비유하였고, 기관으로부터 소리를 내는 터라 또한 더욱 실상이 아님으로 과보가 업을 따라 일어나는데 어찌 이를 받는 사람이 있겠는가라는 것을 비유하였다.

제3구에서 '無我'라 말한 것은 '나[我]'를 상대로 인하여 '내'가 없음이다. 이처럼 '내'가 없다면 어찌 내가 아닌[非我] 게 있겠는가. 無我에 집착하는 것 또한 전도망상이기 때문이다.

亦如衆鳥類가　　　　　從㲉而得出호대
音聲各不同인달하야　　業性亦如是니라

또한 온갖 새들이
모두 알에서 나왔으나
울음소리가 각기 다르듯이
업보의 자성 또한 이와 같다

◉ 疏 ◉

三 出轂音別로 喩性一相殊者는 如鳥在轂에 含聲未吐로 喩業同一性이오 出轂聲別은 猶感報無差니라 然鷄子之中에 終無鳳響이니 業雖無性이나 善惡冥熏이니라【鈔_ 如鳥在轂者는 轂謂鳥卵이니 爲母所附者라】

　아래의 9수 게송 가운데, 셋째 단락의 제6게송에서 똑같이 알에서 부화되지만 울음소리가 다른 것으로 본성은 하나로 똑같지만 모습이 각기 다름을 비유한 것은, 새가 알 속에 있을 때에는 소리를 머금은 채 울지 못하는 것으로 업이 하나로 똑같은 자성임을 비유함이며, 알에서 부화되어 나오면 울음소리가 각기 다른 것은 과보를 얻음이 조금도 어긋남이 없는 것과 같다. 그러나 새알 속에 있을 때에는 끝내 울음소리가 없다. 업은 비록 자성이 없으나 선악이 보이지 않은 가운데 훈습된다.【초_ "새가 알 속에 있을 때"에서 轂은 새알을 말한다. 어미 새의 곁에 붙어 있는 대상이다.】

經

譬如胎臟中에　　　　　諸根悉成就나

體相無來處인달하야　　　業性亦如是니라

　　또한 비유하면 태 속에서
　　육근이 모두 이뤄지지만
　　형체의 모습은 오는 곳이 없듯이
　　업보의 자성 또한 이와 같다

◉ 疏 ◉

四有四偈는 喻體無來處니 皆從緣來라 卽無來故니라 然亦不同이라
初一은 喻因含於果라 故無來處니라

　아래의 9수 게송 가운데, 넷째 단락의 4수(제7~10) 게송은 우리의 몸이 온 곳이 없음을 비유하였다. 모두 인연 따라 오는 터라 곧 온 곳이 없기 때문이다. 그러나 또한 모든 사람이 똑같지 않다.
　아래의 9수 게송 가운데, 넷째 단락의 첫째 제7게송은 원인이 결과를 함유한 까닭에 온 곳이 없음에 비유하였다.

經

又如在地獄에　　　　　種種諸苦事여
彼悉無所從인달하야　　業性亦如是니라

　　또한 지옥에
　　갖가지 고통스러운 일들이여
　　그 모두 오는 곳이 없듯이
　　업보의 자성 또한 이와 같다

◉ 疏 ◉

次偈는 果酬於因이라 故無所從이니 此二는 喻內異熟業果也니라

　　아래의 9수 게송 가운데, 넷째 단락의 둘째 제8게송은 결과는 원인에 의한 보답임을 뜻한다. 이 때문에 따라온 바가 없다. 제7, 8게송은 내면의 異熟業果에 비유하였다.

經

譬如轉輪王이　　　　　成就勝七寶나
來處不可得인달하야　　業性亦如是니라

　　비유하면 전륜왕이
　　아름다운 칠보를 가졌지만
　　어디서 온 것인지 찾지 못하듯이
　　업보의 자성 또한 이와 같다

◉ 疏 ◉

次偈는 轉輪王七寶로 喻外增上業果也니라【鈔_ 輪王七寶'者는 非在身內故니 言無來處者는 輪王登位하야 從空忽來니라 言七寶者는 一은 輪寶니 大如一由旬이라 或云'四俱盧舍'라하니 三輪이 各減一俱盧舍니라 二는 珠寶니 其狀八楞이오 大如人脾오 三은 象寶니 卽金脇山八千象中之最下者오 四는 馬寶니 卽帝釋厩中者오 五는 兵寶니 卽是夜叉오 六은 主藏臣寶니 卽是地神이오 七은 女寶니 上者는 帝釋賜하고 下者는 人間或犍闥婆女니라

輪은 卽北方天王이 令四夜叉持之라 歸則在門之上하야 一由旬住하나니 帝釋所賜니라 若依此說이면 則有來處니 多是約敎有殊故로 小乘中說호되 輪王歿後에 收在鐵圍山間이라하다
又有相似七寶 謂一 劍寶오 二 皮寶오 三 殿寶오 四 牀寶오 五 林寶오 六 衣寶오 七 履寶라 如智論 及薩遮尼犍經第三說이라】

아래의 9수 게송 가운데, 넷째 단락의 셋째 제9게송은 전륜왕의 7가지 보배로써 밖의 增上業果를 비유하였다. 【초_ "전륜왕의 7가지 보배"란 몸속에 있지 않기 때문이다. 그 어디에서 온 곳이 없다고 말한 것은 전륜왕이 왕위에 올라 허공에서 갑자기 내려온 것을 말한다.

七寶는 다음과 같다.

① 輪寶. 크기가 一由旬과 같다. 혹자는 말하기를 "4개의 俱盧舍 크기"라 한다. 三輪이 각각 한 구로사씩 줄어간다.

② 珠寶. 그 모습이 팔각이며, 크기는 사람의 넓적다리만큼 크다.

③ 象寶. 이는 金脇山의 8천 마리의 코끼리 가운데 가장 못난 것이다.

④ 馬寶. 이는 제석천왕의 마구간에 있다.

⑤ 兵寶. 이는 야차이다.

⑥ 主藏臣寶. 이는 地神이다.

⑦ 女寶. 가장 아름다운 자는 제석천왕이 내려준다. 가장 못난 것은 인간이며, 혹은 건달바 여인이다.

輪은 북방천왕이 4야차로 하여금 이를 지니고 다니도록 하였

다가 돌아오면 문 위에 놓아두어 1由旬 동안 그대로 두게 하였다. 이는 제석천왕이 내려준 것이다. 만일 그 말을 따른다면 그것은 곧 오는 곳이 있다. 각기 다른 교파의 이론에 따라 차이가 있다. 이 때문에 소승에서는 말하기를 "전륜왕이 죽은 뒤에 鐵圍山 속에 거두어 놓아둔다."고 하였다.

또한 이와 유사한 7가지의 보배가 있다.

① 劍寶, ② 皮寶, ③ 殿寶, ④ 牀寶, ⑤ 林寶, ⑥ 衣寶, ⑦ 履寶이다.

지도론 및 薩遮尼犍經 제3에서 말한 바와 같다.】

經

又如諸世界가　　　　大火所燒然이나
此火無來處인달하야　　業性亦如是니라

　또한 모든 세계가
　거센 불길에 모두 타버리지만
　그 불길이 온 곳이 없듯이
　업보의 자성 또한 이와 같다

●疏●

後偈는 喻無漏業果니 無漏智火 焚蕩有漏할새 智因漏發이라 故亦無來니 業果寂然이라야 方依幻住니라

아래의 9수 게송 가운데, 넷째 단락의 마지막 제10게송은 無漏

業果를 비유하였다. 無漏智의 불길이 有漏를 불태울 적에 무루지가 유루를 인하여 발생한 것이기에 또한 온 곳이 없다. 업과가 고요해야만 비로소 幻住에 의지할 수 있다.

◉ 論 ◉

第三은 爾時已下四行半經은 是文殊師利이 問寶首菩薩하사 先總擧衆生이 同有四大호대 無我無我所오 云何已下는 有十問業因果法이라 已下有十行頌은 是寶首菩薩이 答前十問이니 初는 明擧體無分別이오 二는 明受業之好醜이 由行所生이라 具如經說이니 大意이 達體業亡이오 迷眞業起故라 於此十行頌 中에 義分爲三호리니 一은 科頌意오 二는 釋菩薩名이오 三은 配隨位因果라

제3. 業果甚深에서 '爾時' 이하 4줄 반의 경문은 문수사리보살이 보수보살에게 물은 것으로, 먼저 모든 중생이 똑같이 四大를 지니고 있으나 '나'도 없고 '나의 것'도 없음을 들어 말했고, '云何' 이하는 10가지의 물음으로 업보의 인과법이 있다. 그 아래 10수의 게송은 보수보살이 앞의 10가지 물음에 대해 대답한 것이다.

경문의 첫 부분은 모든 중생의 몸이 똑같은 사대의 몸으로 분별이 없음을 밝히며,

경문의 둘째 부분의 '云何' 이하는 업보를 받은 용모의 단정함과 누추함이 行으로 말미암아 생겨남을 밝힌 것이다. 이는 구체적으로 경문에서 말한 바와 같다. 그 大意를 말하자면, 본체를 통달하면 업이 사라지고 진리를 모르면 업이 일어난다.

10수 게송의 의의는 3부분으로 구분된다.

⑴ 게송의 뜻을 과목으로 나누고,

⑵ 보살의 명호를 해석하며,

⑶ 지위에 따른 인과에 짝하였다.

一은 科頌意者는 初兩句는 是歎果報由行生이오 次兩句는 歎業體本眞하야 本無所有이 是諸佛所說이며 已下九行은 一行一頌이 擧喩顯法이니 達法無業이라 法業無二로대 由行不同이니 如文可知라

⑴ 게송의 뜻을 과목으로 나눈다는 것은 첫 제1, 2구는 이러한 과보가 행으로 말미암아 생겨남을 찬탄하고, 다음 제3, 4구는 업보의 체성이 본래 진실하여 본래 있는 바가 없다는 것으로, 이는 여러 부처님이 말씀하신 바임을 찬탄함이다. 이하의 9수 게송은 1수의 게송마다 비유를 들어 법을 밝혀주었다. 법을 통달하면 업이 없어지게 된다. 법과 업이 2가지로 차별이 없지만 행으로 말미암아 똑같지 않다. 게송에서 말한 바와 같이 말하지 않아도 이를 알 수 있다.

二는 釋菩薩名者는 明此信位에 達 業卽法體하야 不復有業을 名之法寶오 以法寶益生이 爲信首故니 故名寶首라 明此是北方이며 是師位니 以威儀軌則으로 以利衆生故로 佛號 威儀智佛이오 世界 名蕾蔔華者는 此華이 黃色이니 明是利衆生之福德色也라 黃者는 福慶之氣니 內應白淨에 外現黃相故오 如來이 爲人天之師에 衣緇衣는 像北方坎故라 內應白淨無染之理에 外現黃相은 卽明以利生白淨無染之福相으로 以爲世界之名이오 以利衆生에 德行庠序일세 佛號 威儀智佛이오 常以法寶利生하야 達業性眞이 名爲寶首菩薩이니 總是第四

523

信心의 自所得法인 因果理智之號라

(2) 보살의 명호를 해석한다는 것은 信位에 업이 곧 법의 본체인 줄을 통달하여 다시는 업이 있지 않음을 法寶라 명명하고, 이러한 법보로써 중생에게 이익을 주는 것이 信位의 첫머리이기 때문에 寶首보살이라 명명함을 밝힌 것이다. 이는 북방이며, 스승의 지위임을 밝힌 것이다. 따라서 위의와 규범으로 인하여 중생에게 이익을 주는 까닭에 佛號는 威儀智佛이며, 세계의 명호는 薝蔔華라 한다. 담복화는 노란색의 꽃이다. 이처럼 노란색이란 중생에게 이익을 주는 복덕의 색임을 밝힌 것이다. 노란색은 복덕과 경사의 기운이다. 안으로는 白淨에 부응하여 밖으로 노란 모습을 나타내기 때문이며, 여래께서 사람과 하늘의 스승이 되어 검은 옷[緇衣]을 입음은 북방의 坎卦를 상징하기 때문이다.

안으로 더럽힘이 없는 白淨의 이치에 부응하였기에 밖으로 노란 모습을 나타냄은 곧 중생에게 이익을 줌에 더럽힘이 없는 白淨의 복덕상으로 인하여 세계의 명호가 됨을 밝히고, 중생에게 이익을 주는 그 덕행에 스승의 규범이 있기에 불호는 威儀智佛이며, 언제나 법보로써 중생에게 이익을 주어 업보 자성의 진리를 통달하였기에 그 이름을 보수보살이라 한다. 총괄하면 이는 제4信心으로 스스로 얻은 법이기에 因果理智의 명호이다.

三은 配隨位因果者는 常以自心本不動智佛로 爲始信心之因하고 進修得威儀智佛로 爲第四精進波羅蜜中之果也라

(3) 지위에 따른 인과에 짝하였다는 것은 언제나 자신의 마음인

根本不動智佛로써 첫 신심의 원인을 삼고서, 여기에서 한 걸음 더 닦아서 威儀智佛을 얻었기에 제4 정진바라밀 가운데 결과를 삼은 것이다.

第四는 說法甚深이며 亦可名應現甚深이니 問及答中에 通三業故며 以說法化勝故로 從此立名이라 先은 問이라

제4. 설법이 지극히 심오하다

또한 應現이 지극히 심오하다고 명명하기도 한다.

문수보살의 물음 및 덕수보살의 게송 대답 가운데 三業을 통하여 말한 때문이며, 설법의 교화가 훌륭한 까닭에 이런 의의를 따라 명제를 세운 것이다.

(1) 문수보살의 물음

經

爾時에 文殊師利菩薩이 問德首菩薩言하사대 佛子야 如來所悟는 唯是一法이어늘 云何乃說無量諸法하시며 現無量刹하시며 化無量衆하시며 演無量音하시며 示無量身하시며 知無量心하시며 現無量神通하시며 普能震動無量世界하시며 示現無量殊勝莊嚴하시며 顯示無邊種種境界이닛고 而法性中엔 此差別相을 皆不可得이니이다

그때 문수사리보살이 덕수보살에게 물었다.

"불자여, 여래께서 깨달은 것은 오직 하나의 법인데, 어찌하여 이에

 한량없는 모든 법을 설하시며

 한량없는 세계를 나타내시며

 한량없는 중생을 교화하시며

 한량없는 음성을 연설하시며

 한량없는 몸을 보이시며

 한량없는 마음을 아시며

 한량없는 신통을 나타내시며

 한량없는 세계를 두루 진동하시며

 한량없이 훌륭한 장엄을 나타내 보이시며

 끝없는 가지가지 경계를 나타내 보이시는 것입니까?

그러나 법성 가운데 이러한 차별의 모습을 두루 찾을 수 없습니다."

● 疏 ●

初는 總標告니 問德首者는 顯佛德故오 二는 正顯問端中三이니 初는 擧法案定이니 謂佛證一味法界는 彼此共許오 二'云何下는 正設疑難이니 謂證悟旣一이어늘 說現乃多하니 爲一耶아 多耶아 偏取는 互妨이오 並立은 相違니 就法인댄 卽體用相違오 約佛인댄 是證敎相違니라 下는 辨十種違相이니 前九는 是別이오 後一은 總結이라

三'而法性下는 釋成前難이니 謂非唯佛悟於一이라 我觀法界컨대 亦

不有多니 能證·所證이 旣並不殊인댄 以何因緣으로 而現多種가 將無如來乖法界耶아【鈔_ 能證·所證等者는 能證은 卽前案定이오 所證은 卽釋成中法性이라】

(1) 총체로 덕수보살에게 고함을 밝힘이다. 덕수보살에게 물은 것은 부처님의 덕을 밝혀주는 보살이기 때문이다.

(2) 바로 물음의 실마리를 나타낸다. 여기에는 3가지의 뜻이 있다.

① 법을 들어 안건을 정한다. 부처님께서 하나의 법계를 증득하셨다 함은 피차가 모두 인정한 사실임을 말한다.

② '云何' 이하는 바로 의문의 논란을 펼친다. 부처님의 깨달음은 이처럼 하나의 진리인데 설법과 밝혀주심이 이처럼 많다. 하나의 진리라 해야 할까? 많다고 해야 할까? 그 가운데 어느 하나만 취하면 서로 방해가 되고, 모두 함께 정립하면 서로 어긋나게 된다. 법으로 말하면 곧 하나의 본체와 수많은 작용이 서로 어긋나고, 부처님으로 말하면 하나의 진리를 증득하심과 수많은 가르침이 서로 어긋난다.

이하는 10가지의 서로 어긋난 현상을 논변한다. 앞의 9가지는 개별이며, 마지막 한 가지는 총체로 끝맺는다.

③ '法性' 이하는 앞의 논란을 해석하여 끝맺는다. 부처님이 하나의 진리를 깨달았을 뿐 아니라, 내(문수보살)가 법계를 보아도 또한 수많은 유가 있지 않다. 증득의 주체[能證]와 증득의 대상[所證]이 이처럼 모두 다르지 않다면, 무슨 인연으로 수많은 가지가지를 나

타내는 것일까? 또한 여래께서 하나의 법계와 어긋난 것이 아닐까?【초_ '能證·所證' 등이란 能證은 곧 앞서 말한 법을 들어 안건을 정함이며, 所證은 곧 논란을 해석하여 끝맺은 가운데 法性이다.】
答有二意하니 一云所證雖一이나 隨機現多하니 多在物情이라 佛常無念이오 二者는 所悟一法이 卽無碍法界라 卽事之理 全在多中이오 所現이 乃卽理之事라 全居一內니 以卽多之一은 是所悟오 卽一之多는 是所說이니 旣無障碍인댄 何有相違리오【鈔_ 二者所悟等者는 上之一意는 以法就機일세 許其有一有多니 出多所以는 是答直爾問意也오 此下는 唯就法體常一常多하야 遣其第二懷疑 及第三難이니 上疑意云 '爲是一耶아 爲是多耶아'할세 今云 '亦一亦多'라하며 上第三難에 云 '並立相違'할세리 今云相卽이라 故不相違며 又不壞相이라 故有一多라하니라】

이에 관한 답에는 2가지의 뜻이 있다.

(1) 증득의 대상은 비록 하나이지만 중생의 근기에 따라 수많은 것을 나타낸 것이다. 이처럼 수많은 것을 나타냄은 중생의 실상에 따라 있을 뿐, 부처님은 언제나 無念이시다.

(2) 깨달음의 대상이 되는 하나의 법이 곧 걸림 없는 법계[無碍法界]이다. 俗諦의 사물과 하나가 된 理諦이기에 모두 수많은 속제의 사물 속에 있고, 나타내는 대상이 理諦의 眞空과 하나가 된 속제의 사물이기에 모두 하나의 법계 속에 있다. 수많은 것과 하나가 된 하나의 법계는 깨달음의 대상이요, 하나의 법계와 하나가 된 수많은 것은 설법의 대상이다. 이처럼 서로 걸림이 없는데 어찌 서로

어긋남이 있겠는가.【초_ "(2) 깨달음의 대상" 등이란 위에서 말한 "(1) 증득의 대상"은 하나의 법계로써 중생의 근기에 나아가 말한 바이기에, 그 가운데에는 하나가 있기도 하고 수많은 것이 있기도 함을 인정한 것이다. 수많은 가지가지를 나타내게 된 이유는 직접 물음에 대해 답함이며, 그 아래 부분은 오직 法體가 언제나 하나이기도 하고 수없이 많기도 하다는 측면에서 제2[② '云何' 이해]의 10가지 회의 및 제3[③ '法性' 이해]의 논란을 모두 떨쳐버린다.

위에서 "하나의 진리라 해야 할까? 많다고 해야 할까?"라는 회의를 가지고 물어왔기에 여기에서 "또한 하나이기도 하고 수없이 많기도 하다."고 답했으며, 제3의 논란에서 "모두 함께 정립하면 서로 어긋나게 된다."고 논란을 했기에 여기에서 "서로가 하나이다. 이 때문에 서로 어긋나지 않으며, 또한 相을 무너뜨리지 않는다. 이 때문에 하나이기도 하고 수없이 많기도 하다."고 답하였다.】
豈唯不違리오 亦由得一이라야 方能廣現이며 由多現故로 方令悟一이니라【鈔_ '豈唯不違'下는 重成第三答難之意니 尚能相成이어니 豈相違耶아】

어찌 오직 서로 어긋나지 않은 데에 그칠 뿐이겠는가. 또한 하나의 법계를 증득함으로 말미암아 비로소 널리 나타내고, 수많은 가지가지를 나타냄으로 말미암아 중생으로 하여금 하나의 법계를 증득하도록 마련해주는 것이다.【초_ "어찌 오직 서로 어긋나지 않은 데에 그칠 뿐이겠는가." 이하는 제3의 논란에 대해 답한 뜻을 거듭 끝맺는다. 오히려 하나와 수많은 것은 서로서로 이뤄주는 관

계인데 어찌 서로 어긋남이 있겠는가.】

二는 答이라

(2) 덕수보살의 게송 대답

經

時에 德首菩薩이 以頌答曰

그때 덕수보살이 게송으로 답하였다.

佛子所問義가　　　　　甚深難可了하니
智者能知此하야　　　　常樂佛功德이니라

　　불자여, 그대가 물은 뜻은
　　지극히 심오하여 알기 어렵다
　　지혜 있는 이는 이런 도리 알고서
　　부처님의 공덕 항상 좋아하네

◉ 疏 ◉

偈中分二니 初一은 歎問利益이니 上半은 歎深이니 但言一理에 深而非甚이어니와 今卽多是一이라 故曰甚深이오 卽一之多라 尤更難了니 不可但以一多知故일세니라 下半은 知益이니 知此甚深이라야 方知愛樂이니라 後九는 喩答이니 皆三句는 喩況이오 下句는 法合이라 喩中에 皆上二句

는 卽體之用이오 二三兩句는 卽用之寂이라

又初二句는 以一成多오 次句는 不碍常一이라 故不相違니라 然此九喩는 別答九種無量이오 總顯境界無量이라【鈔_ '然此九喩'等下는 上은 總顯偈意오 此下는 別釋偈文이니 古但直釋이어니와 今將配問하야 總答境界者는 下之九事 皆佛分齊之境故니 境界爲總句故일세니라】

10수의 게송은 2부분으로 나뉜다.

(1) 문수보살의 물음에 대한 이익을 찬탄함이다.

제1, 2구는 물음의 심오한 뜻을 찬탄함이다. 단 '하나의 이치[一理]'라고 말한다면 심오하기는 하지만 지극하지는 못하니, 여기에서는 수많은 현상 속에 하나가 된 '하나의 이치'이기에 이를 '지극히 심오하다[甚深].' 말하고, 하나의 이치와 하나가 된 수많은 현상이기에 더욱 깨닫기 어렵다. 단 하나와 수없이 많다는 이유로 이를 알지 못한 때문이다.

제3, 4구는 이익을 앎이다. 이는 지극히 심오한 이치를 알아야만 비로소 부처님의 공덕을 사랑하고 좋아할 줄 아는 것이다.

뒤의 9수(제2~10) 게송은 비유로 대답하였다. 모두 제1~3구는 비유이며, 제4구는 법으로 끝맺었다. 비유의 게송에서 모두 위의 제1, 2구는 본체와 하나가 된 작용이며, 제2, 3구는 작용과 하나가 된 空寂이다.

또한 제1, 2구는 하나의 이치로써 가지가지 수많은 것을 형성하고, 제3구는 언제나 하나의 이치에 걸림이 없다. 이 때문에 서로 어긋나지 않는다. 그러나 9가지의 비유는 9가지의 한량없는 도리를 개별로 답하며, 한량없는 경계[境界無量]는 총체로 밝힌다. 【초_ "그러나 9가지의 비유" 등 이하는, 위에서는 게송의 뜻을 총체로 밝혔고, 이 아래는 게송의 뜻을 개별로 해석하였다. 옛적에 직설적으로 해석했지만, 여기에서는 또한 물음에 짝하여 '境界'를 끝으로 총괄하여 답한 것은 아래의 9가지 일이 모두 부처님께서 하신 일의 부분과 한계의 경계이기 때문이다. 경계가 이처럼 총체의 구절이 되기 때문이다.】

經

譬如地性一에   衆生各別住호대
地無一異念인달하야   諸佛法如是니라

    비유하면 땅의 성품은 하나임에도
    중생이 각각 달리 살지만
    땅에는 하나다 다르다 생각 없듯이
    모든 부처님의 법도 이와 같다

亦如火性一이   能燒一切物호대
火燄無分別인달하야   諸佛法如是니라

    또한 불의 성품은 하나임에도
    온갖 사물 태우지만
    불꽃이야 그런 분별 없듯이
    모든 부처님의 법도 이와 같다

亦如大海一에   **波濤千萬異**나
水無種種殊인달하야   **諸佛法如是**니라

     또한 큰 바다는 하나임에도
     파도는 천만 가지로 다르지만
     바닷물은 가지가지 다름없듯이
     모든 부처님의 법도 이와 같다

亦如風性一이   **能吹一切物**호대
風無一異念인달하야   **諸佛法如是**니라

     또한 바람의 성품은 하나임에도
     온갖 모든 사물에 불어주지만
     바람은 하나다 다르다 생각 없듯이
     모든 부처님의 법도 이와 같다

亦如大雲雷가   **普雨一切地**호대
雨滴無差別인달하야   **諸佛法如是**니라

     또한 큰 구름이
     모든 땅에 널리 비를 내려주지만
     빗방울은 차별 없듯이
     모든 부처님의 법도 이와 같다

亦如地界一이   **能生種種芽**호대

非地有殊異인달하야　　　諸佛法如是니라
　　또한 땅은 하나임에도
　　가지가지 싹을 돋아내지만
　　땅이야 다름없듯이
　　모든 부처님의 법도 이와 같다

如日無雲曀에　　　　　普照於十方이나
光明無異性인달하야　　諸佛法如是니라
　　마치 구름이 가리지 않은 태양이
　　시방 널리 비춰주지만
　　햇살은 다르지 않듯이
　　모든 부처님의 법도 이와 같다

亦如空中月을　　　　　世間靡不見이나
非月往其處인달하야　　諸佛法如是니라
　　또한 하늘 높이 솟은 달을
　　세간 중생이 모두 바라보지만
　　달은 그곳에 간 것이 아니듯이
　　모든 부처님의 법도 이와 같다

譬如大梵王이　　　　　應現滿三千호대
其身無別異인달하야　　諸佛法如是니라

비유하면 대범천왕이
　　삼천대천세계 두루 나타나지만
　　그의 몸 다르지 않듯이
　　모든 부처님의 법도 이와 같다

◉ 疏 ◉

刹依住勝劣이나 地無異故오
二는 火一燒多로 答化無量衆이니 物從火化하야 不擇薪故오
三은 海一波異로 答說無量法이니 義海波濤 無窮盡故오
四는 風一吹異로 答震無量界니 隨物輕重하야 動有異故오
五는 雲雷普雨로 答無量音이니 圓音普震에 法雨無差故오
六은 地一芽異로 答無量莊嚴이니 芽莖華實로 爲藻飾故오
七은 廓日普照로 答知無量心이니 無私普照하야 窮皁白故오
八은 淨月徧見으로 答無量神通이니 不往而至하야 隨器現故오
九는 梵王普應으로 答現無量身이니 不分而徧하야 彌法界故니라【鈔 '不分而徧'等者는 卽出現品意니 彼身業中에 云 '譬如梵王住自宮할세 普現三千諸梵處하야 一切人天咸得見이나 實不分身向於彼라 諸佛現身亦如是하야 一切十方無不徧이라 其身無數不可稱이나 亦不分身不分別이라하니 略引一文에 餘可例取니라 故將頌文하야 別對前問이면 文理分明하다】

　(1) 찰토에 사는 곳이 좋고 나쁜 차이는 있으나 땅은 다름이 없기 때문이다.

(2) 불씨는 하나이지만 수많은 것을 불태운다는 것으로, 한량없는 중생을 교화함을 답하였다. 모든 사물이 불을 받으면 변화함에 있어 섶을 가리지 않기 때문이다.

(3) 바다는 하나이지만 파도가 각기 다른 것으로, 한량없는 법을 설하심을 답하였다. 의리의 바다에 파도가 그지없기 때문이다.

(4) 바람은 하나이지만 부는 것이 각기 다른 것으로, 한량없는 경계가 진동함을 답하였다. 물체의 경중을 따라서 진동하는 데에 차이가 있기 때문이다.

(5) 구름은 하나이지만 내리는 빗방울이 각기 다른 것으로, 한량없는 음성을 답하였다. 원만하신 법음이 때와 장소에 따라 널리 진동하는 차이가 있지만 法雨만큼은 차이가 없기 때문이다.

(6) 땅은 하나이지만 새싹이 각기 다른 것으로, 한량없는 장엄을 답하였다. 싹·줄기·꽃·열매로 장식을 삼기 때문이다.

(7) 찬란한 태양이 널리 비춰줌으로 한량없는 중생의 마음을 앎을 답하였다. 사심이 없이 널리 비춰주어 밝거나 어두운 곳을 모두 비춰주기 때문이다.

(8) 해맑은 달을 두루 바라볼 수 있는 것으로, 한량없는 신통을 답하였다. 가지 않고서도 이르러 근기를 따라 나타내기 때문이다.

(9) 대범천왕이 널리 감응하여 나타난 것으로, 한량없는 몸이 나타남을 답하였다. 구분하지 않고 두루두루 법계에 가득 계시기 때문이다.【초_ "구분하지 않고 두루두루 법계" 등이란 곧 여래출현품에서 말한 뜻이다. 여래출현품의 身業 부분에서 이르기를 "비

유하면 대범천왕이 자신의 궁전에 머물 적에 널리 삼천세계 모든 범천에 현신하여 모든 사람이나 하늘이 모두 대범천왕을 볼 수 있으나 실로 그 분신이 그곳을 찾아간 것이 아닌 것처럼 여러 부처님의 현신 또한 이와 같다. 일체 시방세계에 온통 나타나지 않은 곳이 없다. 그 몸이 헤아릴 수 없어 그 얼마라고 말할 수 없으나 또한 분신도 아니고 분별도 아니다."고 하였다. 간단하게 위 경문을 인증한 것으로 그 나머지 부분은 이의 예로 미뤄 알 수 있다. 이 때문에 게송에서 개별로 앞의 물음에 대비해보면 문맥이 분명하다.】

◉ 論 ◉

第四는 爾時已下六行經은 是文殊이 問德首菩薩하사대 如來所悟이 是一法이라하야 云何已下有十問이니 如文具明이오 已下有十行頌은 是德首菩薩答이라

於此說頌中에 義分爲三호리니 一은 科頌之意오 二는 釋菩薩名이오 三은 配隨位因果라

　　제4. 說法甚深에서 '爾時' 이하 6줄의 경문은 문수보살이 덕수보살에게 묻기를 "여래께서 깨달은 것은 오직 하나의 법"이라 하여, '云何' 이하에 10가지의 물음이 있다. 경문에 구체적으로 밝힌 것과 같고, 아래의 10수 게송은 덕수보살의 답이다.

　　이 10수 게송의 의의는 3부분으로 구분된다.

　　(1) 게송의 뜻을 과목으로 나누고,

　　(2) 보살의 명호를 해석하며,

(3) 지위에 따른 인과에 짝하였다.

一은 科頌意者는 此十行頌中에 初一行은 歎所問之義이 甚深하야 唯智所知오 次下九行頌은 一行一頌이 如文具明하니 大意이 明不異一法界코 修行無量法門이니 無量法門이 秪是一法界性이라 不可滯一不作多며 不可滯多不是一이니 如十玄義思之하야 以無依住智로 照之하면 可見이라

(1) 게송의 뜻을 과목으로 나눈다는 것은 10수의 게송 가운데 제1게송은 문수보살이 물어온 의의가 지극히 심오하여 오직 증득한 지혜를 얻은 자만이 알 수 있는 바임을 찬탄하였고, 아래의 9수(제2~10) 게송은 1수의 게송마다 하나의 물음을 답한 바가 경문에서 말한 것과 같이 구체적으로 분명하다. 게송에서 말한 大意는 하나의 법계와 다르지 않고 한량없는 법문 수행을 밝힌 것이다. 한량없는 법문이 단 하나의 法界性이라, 하나의 자리에 걸려 수많은 것을 만들어내지 못하지 않고, 수많은 자리에 걸려 하나의 법계가 아니라고 말하지 못한다. 10가지의 현묘한 뜻[十玄義]과 같이 생각하여 아무 데도 의지하지도 머물지도 않는 지혜[無依住智]로 비춰 보면 이를 볼 수 있다.

二는 釋菩薩名者는 名德首者는 爲明此位이 不離一法界性코 以消癡愛와 及一切煩惱하야 而常修習一切諸功德일세 名爲德首라 世界名靑蓮華者는 明此第五信心이 是禪波羅蜜로 心淨無染하야 無貪愛癡故니 此是東北方이오 佛號 明相智는 明此位進修之果이 得法心淨故로 如艮位니 寅丑兩間에 明相이 現故라 故로 佛號 明相智시니 用

此方隅하야 以表禪定法故라 以東北方이 是艮이니 艮爲山이며 山表安靜不動義니 是禪定義故라

(2) 보살의 명호를 해석한다는 것은 그 지위가 하나의 法界性을 여의지 않고 어리석음과 애욕 및 일체 번뇌를 녹여 없애어 언제나 일체 모든 공덕을 닦아 익혀온 까닭에 그 명호를 '德首'라 부르게 됨을 밝힌 것이다. 세계의 이름을 靑蓮華라 한 것은, 제5信心이 선정바라밀인 까닭에 마음이 청정하여 더러움에 물듦이 없어 貪愛癡가 사라졌음을 밝힌 것이다. 이는 동북방의 세계이다. 佛號를 明相智라 함은 그 지위에서 닦아나간 결과가 법을 얻어 마음이 청정한 까닭에 서북 艮位와 같음을 밝힌 때문이다. 寅·丑 2시간 사이에서 동이 터오는 모습이 나타나기 때문이다. 이런 이유로 불호를 '밝아오는 모습의 지혜'라는 뜻으로 明相智라 한다. 이는 방위의 개념에 따라 禪定法을 나타낸 때문이다. 동북방은 艮方이다. 艮은 卦象으로는 산이다. 산이란 고요히 움직임이 없다는 의의를 나타낸다. 이는 禪定의 의의가 되기 때문이다.

三은 配隨位因果者는 常以自心根本不動智佛로 爲所信之因하고 進修得明相智佛로 爲果也니라

(3) 지위에 따른 인과에 짝하였다는 것은 언제나 자기 마음의 根本不動智佛로써 믿음의 대상인 因을 삼고, 이를 토대로 닦아나가 明相智佛을 얻는 것으로 果를 삼은 것이다.

第五는 福田甚深이니 先은 問이라

제5. 복전이 지극히 깊다

(1) 문수보살의 물음

經

爾時에 文殊師利菩薩이 問目首菩薩言하사대 佛子야 如來福田이 等一無異어늘 云何而見衆生이 布施에 果報不同이니잇고 所謂種種色과 種種形과 種種家와 種種根과 種種財와 種種主와 種種眷屬과 種種官位와 種種功德과 種種智慧니 而佛於彼에 其心平等하야 無異思惟니이다

그때 문수사리보살이 목수보살에게 물었다.

"불자여, 여래의 복전이 평등하여 하나라 차이가 없는데 어찌하여 중생이 보시함에 과보가 똑같지 않음을 보게 되는 것입니까?

이른바 가지가지 빛, 가지가지 형상, 가지가지 집, 가지가지 근, 가지가지 재물, 가지가지 주인, 가지가지 권속, 가지가지 벼슬지위, 가지가지 공덕, 가지가지 지혜가 있는데, 부처님은 그에 대해 그 마음이 평등하여 다른 생각이 없습니다."

◉ 疏 ◉

初는 標告니 以福田是照導引生이며 又施爲諸度之前導일새 故問目首니라

二는 顯問端이니 分三이니 初는 擧法案定이니 佛爲生福之田일새 名爲福田이오 田·德無二일새 名爲等一이니 此理共許니라
'云何'下는 正顯疑難이니 謂田旣是一인댄 植福應齊어늘 施報有差는 由何而起오 前等此異는 卽緣果相違니 別顯十事는 文並可知니라
三은 釋成前難에 云田雖齊等이나 心有高下면 容可有殊어니와 旣心無異思어니 報云何異오 答有數意하니 一은 約衆生인댄 由器有大小하고 心有輕重이라 故得報有差니 非如來咎니라 二는 約佛徧인댄 稱差別之機라야 方稱平等이니 卽一之多라 差不乖等이오 卽多之一이라 等不碍差니 由心平等無私라야 方能隨現多果하야 終令解脫一味니 曾何異哉아

(1) 목수보살에게 고함을 밝힘이다. 복전은 중생에게 비춰주어 이끄는 것이며, 또한 보시는 모든 바라밀을 앞서 이끄는 역할을 한 까닭에 목수보살에게 이를 물은 것이다.

(2) 물음의 실마리를 나타낸다. 여기에는 3가지의 뜻이 있다.

① 법을 들어 안건을 정한다. 부처님은 복을 만들어 내주는 밭이 되기에 그 이름을 '福田'이라 한다. 밭과 덕이 2가지의 차이가 없는 까닭에 "평등하여 하나"라고 한다. 이러한 이치는 모두가 똑같이 인정하는 바이다.

② '云何' 이하는 바로 의문의 논란을 나타낸다. 복전이 이처럼 평등하여 하나라면 복을 심는 것도 응당 똑같아야 할 것인데, 과보에 차이가 있는 것은 무엇으로 연유하여 이처럼 일어나는 것일까? 앞서 복전은 이처럼 똑같은데 여기에서 과보의 차이가 있는 것은 곧 인연과 결과가 서로 어긋나기 때문이다. 10가지의 일을 개별로

밝힌 부분은 경문에 대해 아울러 말하지 않아도 알 수 있다.

③ 앞의 논란을 해석하여 끝맺기를 "밭은 비록 똑같으나 마음에 높낮이가 있으면 어쩌다 차이가 있겠지만, 이처럼 마음에 다른 생각이 없는데 어찌하여 과보는 다른 것일까?"라고 하였다. 이에 대한 답에는 여러 가지의 뜻이 담겨 있다.

㉠ 중생으로 말한다면 근기에는 크고 작은 도량의 차이가 있고, 마음에는 가볍고 무거운 무게의 차이가 있다. 이러한 연유로 인하여 중생이 과보를 받는 데에 차이가 있을 뿐, 여래의 잘못이 아니다.

㉡ 부처님으로 말한다면 두루 각기 다른 중생의 근기에 알맞게 맞추어야 비로소 평등하다고 말할 수 있다. 하나의 법계 자리와 하나가 된 수많은 차이의 현상이기에 차이가 있어도 평등하게 똑같은 데에 어긋나지 않고, 수많은 현상의 자리와 하나가 된 하나의 법계이기에 하나의 평등이 수많은 현상의 차이에 걸림이 없다. 마음이 평등하여 사심이 없어야만 비로소 수많은 과보를 따라 나타내어 마침내 중생으로 하여금 하나의 자리로 해탈할 수 있도록 마련해주는바, 어찌 차이가 있을 수 있겠는가.

二는 答이라

(2) 목수보살의 게송 대답

時에 目首菩薩이 以頌答曰

그때 목수보살이 게송으로 답하였다.

譬如大地一이　　　　隨種各生芽호대
於彼無怨親인달하야　佛福田亦然이니라

비유하면 대지는 하나로 평등한데
씨앗 따라 각기 다른 싹을 돋아주되
거기에는 원수와 친함이 없듯이
부처님의 복전 또한 그러하다

◉ 疏 ◉

十頌은 擧十喩하야 喩上諸義니 初一은 總喩印成이오 後九는 別顯所以니라
前中初句는 等是緣等이니 彼此共許오 次句는 異乃因異니 答別之由오 次句는 無異思惟니 誠如所見이오 下句는 總合이라

　10수의 게송은 10가지의 비유를 들어 위에서 말한 여러 가지의 의의를 비유한다.

　첫째 제1게송은 그러한 사실을 인증함을 총체로 비유하고, 뒤의 9수(제2~10) 게송은 그에 대한 이유를 개별로 밝힌다.

　제1게송의 제1구에서 말한 하나의 평등함이란 인연이 하나로 평등함이다. 이는 피차가 모두 인정하는 바이다.

제2구에 과보의 차이는 이에 원인의 차이 때문이다. 이는 개별의 차이가 생겨나는 연유에 대해 답한다.

제3구는 차이를 두는 생각이 없으니 진실로 보는 바와 같다.

제4구는 총체로 끝맺는다.

經

又如水一味가　　**因器有差別**인달하야
佛福田亦然하야　　**衆生心故異**니라

또한 물은 한가지이지만
그릇에 따라 차별이 있듯이
부처님의 복전 또한 그러하여
중생의 마음 따라 다르다

● 疏 ●

後九別中에 皆上半은 喩요 下半은 合이라
一은 水喩니 器有大小일세 方圓任器故니라

뒤의 개별로 비유한 9수의 게송은 모두 제1, 2구는 비유이며, 제3, 4구는 법으로 끝맺는다.

9수의 개별 비유 가운데, 첫째 제2게송은 물로 비유하였다. 그릇에 따라 크고 작은 크기가 다르기에 둥글고 모난 것은 그릇에 맡겨두기 때문이다.

經

亦如巧幻師가　　　　能令衆歡喜인달하야
佛福田如是하야　　　令衆生敬悅이니라

　또 재주 있는 요술쟁이가
　많은 사람의 마음을 기쁘게 하듯이
　부처님의 복전도 이와 같아
　중생을 기쁘게 한다

● 疏 ●

二는 幻喻니 體外方便이 貴且悅心이라【鈔_ 體外方便者는 無而假設이니 如無三說三等이라】

　9수의 개별 비유 가운데, 둘째 제3게송은 요술쟁이로 비유하였다. 본체 밖의 방편이 귀중하고 또 마음을 기쁘게 한다.【초_ "본체 밖의 방편"이란 없는 것을 임시 마련한 것이다. 예를 들면 삼승이란 본래 없는 것인데 삼승을 말한 따위와 같다.】

經

如有才智王이　　　　能令大衆喜인달하야
佛福田如是하야　　　令衆悉安樂이니라

　마치 지혜가 있는 왕이
　대중을 기쁘게 하듯이
　부처님의 복전도 이와 같아

대중을 모두 즐겁게 만든다

◉ 疏 ◉

三은 王喩니 體內方便이 終得實樂이니라 上二는 喩佛巧로 稱物機니라 【鈔_ 體內方便者는 卽佛權智로 鑒事差別이니 卽體上大用이 爲體內方便이라 】

9수의 개별 비유 가운데, 셋째 제4게송은 왕으로 비유하였다. 본체 안의 방편이 마침내 실제의 즐거움을 얻도록 한다. 제1, 2구는 부처님의 뛰어난 지혜로 중생의 근기에 맞춤을 비유로 표현하였다. 【초_ "본체 안의 방편"이란 곧 부처님의 방편지혜로 모든 사물의 차별을 굽어본다. 이는 곧 부처님의 몸에 지닌 큰 작용이 "본체 안의 방편"이다. 】

經

譬如淨明鏡이　　　隨色而現像인달하야
佛福田如是하야　　隨心獲衆報니라

　비유하면 해맑은 거울이
　사물 따라 그 모습 보여주듯이
　부처님의 복전도 이와 같아
　중생의 마음 따라 온갖 과보 얻게 한다

● 疏 ●

四는 鏡喻니 約衆生인댄 謂隨姸媸而影殊오 心高下而報別이니 與前鏡喻로 因緣不同이오 餘義는 無異니라

後五는 皆約佛明이라【鈔_ '與前鏡喻'者는 前業果中에 喻如來藏이니 約其自心일세 故是因也어니와 今將喻佛이니 是喻緣故니라 起信論云 '眞如內熏爲因이오 善友外熏爲緣이라'하니라 約四鏡中인댄 卽後二鏡이니 已出纏故니라 正取緣熏習鏡하고 義兼法出離鏡이니 以法出離 是緣熏習鏡之體故니 義如前引이라

餘義無別者는 亦有一異·染淨等義니 則以佛爲淨이오 以生爲染이며 自他相望하야 而論一異니 謂心·佛·衆生이 三無差別이니라】

9수의 개별 비유 가운데, 넷째 제5게송은 거울로 비유하였다. 중생으로 말한다면 예쁘고 미운 얼굴을 따라 비춰진 얼굴이 다르듯이 마음의 높낮이에 따라 받는 과보가 달라짐을 말한다.

앞서 말한 거울의 비유와는 因과 緣이 똑같지 않고, 나머지 의의는 차이가 없다.

아래의 5수(제6~10) 게송은 모두 부처님으로 그 의의를 밝혔다. 【초_ "앞서 말한 거울의 비유"란 앞의 業果에서는 여래장을 거울에 비유하였다. 그 자기의 마음으로 말한 때문에 因이지만, 여기에서는 또한 부처님을 비유하였다. 이는 緣을 비유한 때문이다.

기신론에 이르기를 "진여의 內熏이 因이 되고, 善友의 外熏이 緣이 된다."고 하였다. 4가지의 거울로 말한다면 곧 뒤에서 말한 2가지의 거울이다. 이미 속박에서 벗어난 때문이다. 바로 '연으로서

훈습하는 거울[緣熏習鏡]'의 의의를 취하고, 그 의의는 '법이 모든 장애에서 벗어난 거울[法出離鏡]'을 겸하고 있다. '법이 모든 장애에서 벗어난 거울'은 '연으로서 훈습하는 거울'의 본체이기 때문이다. 그 의의는 앞에서 인용한 바와 같다.

"나머지 의의는 차이가 없다."는 것은 또한 하나의 똑같음과 수많은 차이, 오염과 청정 등의 의미가 있다. 부처님으로 청정을, 중생으로 오염을 삼으며, 나와 남이 서로 바라보면서 하나의 똑같음과 수많은 차이를 논한다. 마음·부처·중생 그 3가지가 모두 차별이 없음을 말한다.】

經

如阿揭陀藥이　　能療一切毒인달하야
佛福田如是하야　　滅諸煩惱患이니라

　마치 아가타(Agada) 영약이
　모든 독을 치료하듯이
　부처님의 복전도 이와 같아
　모든 번뇌를 없애준다

● 疏 ●

五는 藥喻니 卽多之一이 具百味故로 普去一切煩惱毒故니라【鈔_普去一切者는 阿伽陁니 此云普去故니라】

9수의 개별 비유 가운데, 다섯째 제6게송은 약으로 비유하였다. 수많은 것과 하나가 된 그 하나가 모든 맛을 갖추고 있는 까닭에 널리 일체 번뇌의 독을 없애주기 때문이다.【초_ "널리 일체 번뇌의 독을 없애준다."는 것은 아가타이다. 이는 중국 말로 한다면 모든 독을 모두 없애주는 약이기 때문이다.】

經

亦如日出時에　　照耀於世間인달하야
佛福田如是하야　　滅除諸黑暗이니라

　또한 태양이 솟아오를 때에
　세상을 밝게 비추듯이
　부처님의 복전도 이와 같아
　모든 어둠을 없애준다

 疏

六은 日喩니 卽一之多 無幽不燭이라 大小之闇 竝除니라

　9수의 개별 비유 가운데, 여섯째 제7게송은 태양으로 비유하였다. 하나의 이치와 하나가 된 수많은 것이 어두운 곳을 밝게 비춰주지 않음이 없어 크고 작은 어둠을 모두 없애주었다.

經

亦如淨滿月이　　普照於大地인달하야
佛福田亦然하야　　一切處平等이니라

또한 휘영청 보름달이
대지를 널리 비추듯이
부처님의 복전 또한 그러하여
모든 곳에 평등하다

◉ 疏 ◉

七은 月光普照로 喻佛平等하야 拂上諸迹이니 雖隨機現이나 要且無私니라

9수의 개별 비유 가운데, 일곱째 제8게송은 달빛이 대지를 널리 비추는 것으로 부처님의 평등을 비유하여, 위에서 말한 모든 자취를 말끔히 떨쳐버렸다. 비록 機緣을 따라 몸을 나타내지만 요컨대 또한 사심이 없다.

經

譬如毘藍風이 普震於大地인달하야
佛福田如是하야 動三有衆生이니라

비유하면 거센 바람 태풍이
대지를 온통 진동시키듯이
부처님의 복전도 이와 같아
삼계 중생을 진동시킨다

◉ 疏 ◉

八은 大風普震으로 喩徧動羣機니라

9수의 개별 비유 가운데, 여덟째 제9게송은 우주 성립의 최초와 최후에 철위산 밖에서 불어온다는 거센 바람[毘藍風: vairambhaka. 迅猛 또는 旋風]이 널리 우주를 진동하는 것으로써 수많은 중생을 두루 진동시킴에 비유하였다.

經

譬如大火起에　　　　　　能燒一切物인달하야
佛福田如是하야　　　　　燒一切有爲니라

　　비유하면 큰 불길이 일어나
　　모든 물체를 태우듯이
　　부처님의 복전도 이와 같아
　　일체 유위법을 불태워준다

◉ 疏 ◉

九는 大火普燒로 喩終歸寂滅라
又此五喩는 喩滅惑智二障하야 至平等智地하고 普動諸有하야 皆證無爲니라 前四卽善巧隨機오 此五는 則終令造極이니 豈不等耶아
【鈔】 '又此五喩下는 覆躡重釋이라 於中有二니 先은 正釋五偈니 阿伽陁喩는 喩滅惑障이오 日破暗喩는 喩滅智障이오 月光普照喩는 喩至平等智地니 平等智地는 卽法華意라 故彼經에 云究竟至於一切

智地'라하니라 風喩普動諸有요 火喩皆證無爲라 至於智地는 卽是菩
提니 是滅智障果오 證無爲는 是證涅槃이니 是滅惑障果라 二因無碍
일세 二果亦融이라
'普動諸有'者는 卽所化生이니 普令衆生으로 滅二障之病하고 證菩提
涅槃之果니 是此意也라
前四已下는 總彰答意니라 】

    9수의 개별 비유 가운데, 아홉째 제10게송은 큰 불길이 모두 불태우는 것으로 끝내 적멸로 귀결됨을 비유하였다.
    또한 제6~10게송에서 말한 5가지의 비유는 惑障(煩惱障)·智障(所知障) 2가지를 없애어 平等智 지위에 이르며, 널리 모든 중생을 진동하여 그 모두에게 無爲를 증득케 하는 비유이다.
    앞의 4수(제2~5) 게송은 곧 훌륭한 방편의 가르침으로 중생의 근기를 따름이며, 뒤의 5수(제6~10) 게송은 곧 마침내 중생으로 하여금 極處에 나아가도록 함이다. 어찌 평등하지 않다고 하겠는가.
【초_ "또한 제6~10게송에서 말한 5가지의 비유" 이하는 거듭 뒤 이어서 다시 해석한 것이다. 여기에는 2단락이 있다. 앞에서는 제6~10게송을 바르게 해석하였다.
    아가타는 惑障을 없애줌에 대한 비유이며,
    태양이 어둠을 타파한다는 것은 智障을 없애줌에 대한 비유이며,
    달빛이 대지를 널리 비춰준다는 것은 平等智의 지위에 이름에 대한 비유이다. 평등지의 지위는 곧 법화경에서 말한 뜻이다. 이 때문에 법화경에서 이르기를 "결국에는 一切智의 지위에 이른다."

고 하였다.

바람은 모든 만물을 널리 진동시킴을 비유하며,

불은 모두 無爲를 증득하도록 함에 대한 비유이다.

평등지 지위에 이름은 곧 보리이다. 이는 智障(所知障)을 없앤 데에 대한 결과이며, 무위를 증득함은 열반을 증득함이다. 이는 惑障(煩惱障)을 없앤 데에 대한 결과이다. 2가지의 因이 걸림이 없기에 2가지의 果 또한 원융하다.

"널리 모든 중생을 진동한다."는 것은 곧 교화의 대상이 되는 중생을 말한다. 널리 중생으로 하여금 번뇌장과 소지장 2가지의 병폐를 없애고 보리열반의 果를 증득케 한다는 것이 여기에서 말한 뜻이다.

"앞의 4수(제2~5) 게송" 이하는 답한 뜻을 총체로 나타낸다.】

◉ 論 ◉

第五는 爾時已下五行半經은 是文殊이 問目首菩薩하사대 如來福田이 等一無異로 所謂已下에 有十問이니 具如經說이오 已下에 有十行頌은 是目首의 所答이니 三門은 如前하다

제5. 福田甚深에서 '爾時' 이하 5줄 반의 경문은 문수보살이 목수보살에게 묻기를 "여래의 복전이 평등하여 하나로 차이가 없다."는 것으로부터 '所謂' 이하에 10가지의 물음이 있다. 이는 구체적으로 경문에서 말한 바와 같고, 아래의 10수 게송은 목수보살이 답한 게송으로, 그 3부분은 앞에서 말한 바와 같다.

一을 科頌意者는 此十行頌은 一行一頌이니 其頌意는 答前所問佛福田이 是一이어늘 云何布施에 果報不同이라 其義이 有二하니 一은 明佛自福田이 不同이오 二는 明衆生所施福田이 不同이라 一은 明佛自福田不同者는 明如來身의 目髮紺靑과 身眞金色과 丹脣素齒이 一身之上에 色各不同이오 華藏世界의 莊嚴萬異는 總明法性理智中具有니 以法性理智中에 本具無量功德故오 有隨行報得莊嚴者는 如如來身에 有九十七種大人之相者는 是法身智體에 自具故로 如來이 有無量隨好功德莊嚴이니 是隨行報得故오 如外邊依正報中에 金剛地는 是法性身報得이니 是正報며 寶樹로 莊嚴世界는 是法性隨行報得이니 是依報오 宮殿樓閣은 是法性大智이 隨大慈悲하야 含育衆生業上報得이오 師子座는 是法性隨智하야 轉法輪報得이오 蓮華藏世界는 是法性隨行하야 敎化衆生호대 無染性報得이오 香水海는 是法性이 隨大悲心하야 謙下饒益行報得이오 香河右旋은 是隨順法性進修하야 敎化衆生報得이니 總不離法性大智로 隨行報殊라 一一行中에 皆有無量行門이 互爲主伴일세 以此로 莊嚴依報正報하야 一一境界中에 有無量同異니 此是觀因知果니 以此准知하면 總是一性中隨用不同故라 二는 衆生이 布施에 福田果報이 不同者는 此乃由心輕重과 有智無智와 謙下高心의 所求有異니 總是一心中隨用不同이라

(1) 게송의 뜻을 과목으로 나눈다는 것은, 10수 게송은 1수의 게송마다 하나의 의의를 읊은 것이라는 뜻이다. 게송에서 답한 뜻은 앞에서 물었던, "부처님의 복전이 평등하여 하나로 똑같은데 어찌하여 베푸는 과보가 똑같지 않을까?"라는 데에 대한 대답이다.

그에 대한 의의에는 2가지 똑같지 않은 점이 있다.

① 부처님 자신의 복전이 똑같지 않음을 밝힘이며,

② 중생에게 베푸는 복전이 똑같지 않음을 밝힌 것이다.

① 부처님 자신의 복전이 똑같지 않음을 밝힌다는 것은 여래의 몸에 눈과 머리털의 감청색, 몸의 眞金 빛, 붉은 입술, 하얀 치아가 한 몸의 위에 그 빛이 각각 똑같지 않음을 밝힘이며, 화장세계의 장엄이 1만 가지로 다른 것은 모두가 法性理智 가운데 갖춰져 있음을 밝힌 것이다. 이는 法性理智 가운데 본래 한량없는 공덕을 갖추었기 때문이다. 行을 따라 과보로 얻은 장엄이 있는 것은 여래의 몸에 97가지의 대인의 모습이 있음을 말한다. 법신의 지혜본체에 스스로 갖춘 까닭에, 여래께서는 한량없는 아름다움을 따른 공덕장엄[隨好功德莊嚴]이 계시다. 이는 行을 따라 과보로 얻었기 때문이며,

저 바깥의 依報·正報 가운데 金剛地는 法性身에 의한 과보로 얻은 것이며, 正報이다.

보배나무[寶樹]로 세계를 장엄함은 法性의 行을 따라 과보로 얻은 것이며, 依報이다.

궁전이며 누각은 法性의 대지혜가 大慈悲의 마음을 따라서 중생을 길러준 業의 측면에서 과보로 얻은 것이며,

사자법좌는 법성이 지혜를 따라서 법륜을 굴린 데에서 과보로 얻은 것이며,

연화장세계는 법성이 수행을 따라서 중생을 교화하되 물듦이

없는 법성에 의해 과보로 얻은 것이며,

香水海는 법성이 大悲心을 따라서 겸허하게 도움을 주는 행동에 의해 과보로 얻은 것이며,

香河가 우측으로 선회함은 법성을 순리대로 따라 닦아나가 중생을 교화한 공덕에 의해 과보로 얻은 것이며,

총체로 법성의 대지혜를 여의지 않고 행하는 데 따라서 얻어지는 과보가 다르게 된다. 하나하나의 수행에는 모두 한량없는 수행문이 있어 서로가 主와 伴이 되기에 이로써 依報와 正報를 장엄하여 하나하나의 경계 가운데 한량없는 차이와 같은 점이 있다. 이는 원인을 보면서 결과를 안 것이다. 이에 준해 보면 모두가 하나의 법성 가운데 작용을 따라서 똑같지 않다는 점을 알 수 있기 때문이다.

② 중생에게 베푸는 복전의 과보가 똑같지 않다는 것은 마음의 輕·重이라는 무게, 지혜가 있느냐 없느냐의 차이, 겸허와 자만의 차이에 의한 추구의 대상이 다른 데에서 유래한 것이다. 이는 모두 하나의 마음 가운데 작용을 따라서 똑같지 않다.

二는 釋菩薩名者는 名爲目首는 明此位이 是東南方辰巳之間이니 像此信心進修하야 智日漸高에 善知福田因果等報이 名爲目首라 是故로 如來이 常取辰巳하사 以爲齋戒之法則이시니 如前名號品已釋이니 准彼知之라

(2) 보살의 명호를 해석함에 있어 보살의 명호를 '目首'라 한 것은 그 지위가 이 동남방, 辰巳의 사이임을 밝힌 것이다. 신심을 닦아 지혜의 태양이 차츰차츰 높아감으로써 복전 인과 등의 업보를

잘 알고 있기에 그 명호를 '目首'라 하게 됨을 나타낸 것이다. 이 때문에 여래께서 항상 辰巳 방위를 취하여 재계의 법칙을 삼았다. 앞의 여래명호품에서 이미 해석한 것과 같으니 그 부분에 준해 살펴보면 이는 말하지 않아도 알 수 있다.

三은 配因果者는 還以自心本不動智佛로 爲因하고 此位究竟智佛로 爲進修之果라

(3) 지위에 따른 인과에 짝하였다는 것은 또한 자기 마음의 根本不動智佛로써 원인을 삼고 그 지위의 究竟智佛로 닦아나가는 결과를 삼은 것이다.

第六은 正敎甚深이니 先은 問이라

제6. 바른 가르침이 지극히 깊다

(1) 문수보살의 물음

經

爾時에 文殊師利菩薩이 問勤首菩薩言하사대 佛子야 佛敎가 是一이어늘 衆生이 得見에 云何不卽悉斷一切諸煩惱縛하고 而得出離이닛고 然其色蘊受蘊想蘊行蘊識蘊과 欲界色界無色界와 無明貪愛는 無有差別하니 是則佛敎가 於諸衆生에 或有利益이며 或無利益이니이다

그때 문수사리보살이 근수보살에게 물었다.

"불자여, 부처님의 가르침은 하나로 똑같은데, 중생이 부처님을 친견하고 법문을 들음에 있어 어찌하여 곧바로 일체 모든 번뇌의 속박을 끊고서 벗어나지 못하는 것입니까?

그러나 그 색온·수온·상온·행온·식온, 욕계·색계·무색계, 무명·탐욕·애욕은 모든 중생이 똑같아 차별이 없는데, 곧 부처님의 가르침이 모든 중생에게 어떤 이는 이익이 있기도 하고 어떤 이는 이익이 없습니다."

● 疏 ●

初는 標問人이니 以破懈怠일세 故問勤首라
二는 正顯問端中에 四니 初佛敎是一者는 擧法案定이라 一有二義하니 一은 謂斷煩惱集하고 證出離滅이니 此義不殊는 彼此共許요 二는 謂多人同見에 所見不異니라

(1) 묻는 보살을 밝힘이다. 게으름을 타파할 목적으로 가장 부지런한 근수보살에게 물은 것이다.

(2) 바로 물음의 실마리를 나타낸 가운데 4부분으로 나뉜다.

① "부처님의 가르침은 하나로 똑같다."는 것은 법을 들어 안건을 정함이다. 여기에는 2가지의 의의가 있다.

㉠ 번뇌의 '집적[集]'을 끊고 모든 번뇌에서 벗어난[出離] '滅', 즉 열반을 증득함을 말한다. 이런 의의가 다르지 않음을 피차가 모두 인정하는 바이다.

㉡ 수많은 사람이 똑같이 볼 적에 보는 대상이 부처님으로 똑

같아 다르지 않음을 말한다.

二 '衆生'下는 正設疑難이니 難亦有二하니 一은 對初義니 見教之後에 何以久而不脫가 故云 '云何不卽斷惑出離아라하다【鈔_ 一對初義者는 謂約一人豎論이니 教能斷惑인댄 一見에 卽合斷惑이어늘 何以久而不斷가】

② '衆生' 이하는 바로 의문의 논란을 펼친다. 논란에는 2가지의 의의가 있다.

㉠ 앞에서 말한 회의적인 물음(佛子佛教~而得出離)을 상대로 말하였다. "부처님의 가르침을 보고서도 어찌하여 오랜 시간이 흐르도록 해탈하지 못하는 것일까?"라는 점을 물어보려는 이유 때문에 "어찌하여 곧바로 모든 번뇌의 속박을 끊고서 벗어나지 못하는 것일까?"라고 말하였다.【초_ ㉠ 앞에서 말한 회의적인 물음을 상대로 말하였다."는 것은 한 사람을 대상으로 시간의 수직으로 말한 것이다. 부처님의 가르침이 미혹을 끊을 수 있다면 단 한 번 부처님을 보고서도 곧바로 미혹을 끊었어야 할 것인데 어찌하여 이처럼 오랜 시간이 흐르도록 끊지 못하는 것일까?】

二는 對後義니 多人同見일세 何以有脫不脫가 故言호되 '云何不悉斷惑而出가라하다【鈔_ 二對後義는 約多人橫說이니 同見斷惑之教인댄 何以一斷·一不斷耶아 悉者는 俱合斷故니라】

㉡ 뒤에서 말한 회의적인 물음(然其色蘊~無有差別)을 상대로 말하였다. 이는 수많은 사람이 다 함께 부처님의 가르침을 똑같이 보았음에도 어찌하여 번뇌의 속박에서 벗어나기도 하고 벗어나지 못하

기도 하는 것일까?"라는 점을 물어보려는 이유 때문에 "어찌하여 곧바로 모든 번뇌의 속박을 모두가 다 끊고서 벗어나지 못하는 것일까?"라고 말하였다.【초_ "ⓒ 뒤에서 말한 회의적인 물음을 상대로 말하였다."는 것은 수많은 사람을 들어 공간의 횡적으로 말한 것이다. 미혹을 끊을 수 있는 부처님의 가르침을 다 함께 똑같이 보고서도 어찌하여 어떤 사람은 끊고 어떤 사람은 끊지 못하는 것일까? '悉'이란 모든 사람이 모두 마땅히 끊어야 하기 때문이다.】

三'然其'下는 釋成前難하야 正釋後義니 多人苦集이 皆不殊故오 五蘊은 是正이오 三界는 通依니 此苦果也오 癡愛發潤은 爲集因也라 兼顯初義니 前後苦集이 亦不殊故니라

③ '然其' 이하는 앞의 논란에 대한 해석으로 끝맺어, 바로 뒤에서 말한 회의적인 물음(然其色蘊~無有差別)에 대해 해석하였다. 수많은 사람에게 있어 '인생의 고통[苦]'과 '번뇌의 집적[集]'은 모두 다르지 않기 때문이다. 五蘊은 正報요 三界는 依報에 통하니 이는 고통의 결과[苦果]이며, 어리석음과 애욕이 촉촉하게 적셔주어 발생함은 '집적의 원인[集因]'이 된다. 겸하여 '앞에서 말한 회의적인 물음(佛子佛敎~而得出離)'의 의의를 나타내주었다. 이는 앞과 뒤에서 말한 '인생의 고통'과 '번뇌의 집적' 또한 다르지 않기 때문이다.

四'是則'下는 結成相違라 出者有益이오 不出無益이니 佛教是一이 其義安在오 答意에 云修有勤惰오 障有淺深이오 機有生熟이오 緣有具闕이오 智有明昧오 功有厚薄이라 故成有遲速은 答初難也오 修與不修故로 見同益異는 答後難也니 上之別義는 不出勤惰二門故니라

④ '是則' 이하는 서로 어긋남에 대한 끝맺음이다. 번뇌의 속박에서 벗어난 사람은 이익이 있고 벗어나지 못한 사람은 이익이 없다. 부처님의 가르침이 하나로 똑같다는 그 의의는 어디 있는 것일까? 이에 관해 다음과 같이 답하였다.

수행에 부지런한 자와 게으른 자의 차이가 있고, 장애가 얕고 깊은 차이가 있고, 근기가 설거나 익은 차이가 있고, 인연이 갖춰지거나 없는 차이가 있고, 지혜가 밝거나 혼매한 차이가 있고, 공부를 많이 했느냐 적게 했느냐의 차이가 있다. 이 때문에 성취에 있어 빠르고 늦음이 있다는 것은 '앞에서 말한 회의적인 물음'에 대한 답이며, 수행을 하느냐와 하지 않느냐의 차이로 부처님의 가르침을 똑같이 보고서도 이익이 다르다는 것은 '뒤에서 말한 회의적인 물음'에 대한 답이다. 위에서 개별의 의의로 말한 뜻은 부지런한가, 게으른가라는 2가지의 수행문에서 벗어나지 않기 때문이다.

二는 答이라

(2) 근수보살의 게송 대답

經

時에 **勤首菩薩**이 **以頌答曰**

그때 근수보살이 게송으로 답하였다.

佛子善諦聽하소서　　我今如實答호리니
或有速解脫이며　　或有難出離니라

    불자여, 자세히 잘 들으시오

    내 이제 여실하게 말하리다

    어떤 이는 빨리 해탈하고

    어떤 이는 벗어나기 어렵다

◉ 疏 ◉

十頌分二니 初一은 開章許說이니 謂上半은 許稱實而說이오 下半은 開二章門이라

    10수의 게송은 2부분으로 나뉜다.

    제1게송은 첫 장으로 설법을 허락하였다.

    제1, 2구는 실상에 걸맞게 말할 것임을 허락하며,

    제3, 4구는 하느냐 못하느냐의 2가지 법문을 열어주었다.

經

若欲求除滅　　無量諸過惡인댄
當於佛法中에　　勇猛常精進이니라

    만약 한량없는 모든 허물을

    소멸하고자 한다면

    마땅히 부처님의 법에서

    항상 용맹정진해야 한다

◉ 疏 ◉

餘九는 別釋이니 初一은 釋速解脫이오 後八은 釋難出離라
今初에 上半은 牒疑오 下半은 爲釋이니 勤則通策萬行하야 離身心相일세 故能速出이라 然有五相하니
一은 有勢力이니 由被甲精進故니 謂於佛法中에 發大誓願이오
二는 勇捍이니 謂於廣大法中에 無怯劣精進故오
三은 堅猛이니 由寒熱蚊虻等所不能動精進故오
四는 常不捨善軛이니 由於無下劣하고 無喜足精進故오
五는 精進이니 由加行精進故니라
由斯五相하야 發勤精進일세 速證通慧하야 滅障解脫이라
下八은 以喩釋難出障이니 總相翻前에 皆名懈怠라【鈔_ '然有五相'等者는 卽瑜伽論八十五說이라 彼云 '又有五相하야 發勤精進일세 速證通慧니 謂有勢力者는 由被甲精進故오 有精進者는 由加行精進故오 有勇捍者는 由廣大法中에 無怯劣精進故오 有堅猛者는 有寒熱蚋虻等所不能動精進故오 有不捨善軛者는 由於無下劣無喜足精進故라'하니 今但次不同耳라】

나머지 9수 게송은 개별로 해석하였다. 이의 첫 제2게송은 '빠른 해탈'을 해석하였고, 뒤의 8수(제3~10) 게송은 '속박을 끊고서 벗어나기 어려움'을 해석하였다.

제2게송에서 제1, 2구는 의문을 이어 말하였고, 제3, 4구는 의문에 대한 해석이다. 부지런히 정진하면 모든 수행 전체를 경책하여 몸과 마음의 상을 여읠 수 있기에 빠르게 속박에서 벗어날 수

있다. 그러나 여기에는 5가지의 양상이 있다.

(1) 힘이 있음이다. 갑옷을 챙겨 입고 어떤 어려움도 두려워하지 않는 정진[被甲精進]에 의한 때문이다. 불법 속에서 큰 誓願을 일으켰기 때문이다.

(2) 용맹스럽게 막아냄이다. 광대한 불법 속에서 겁없이 정진[無怯劣精進]한 때문이다.

(3) 견고하고 용맹하게[堅猛] 물러서지 않음이다. 추위와 더위, 그리고 모기와 등에 따위가 귀찮게 할지라도 꼼짝하지 않는 정진[所不能動精進]에 의한 때문이다.

(4) 언제나 선의 멍에[善軛]를 버리지 않음이다. 속되고 비열함[下劣]도 없고 기뻐하거나 만족해함도 없는 정진[無喜足精進]에 의한 때문이다.

(5) 정진이니 加行精進에 의한 때문이다.

이 5가지의 양상을 따라서 부지런히 정진을 일으켰기에 빠르게 통달의 지혜를 증득하고 장애의 속박을 없애어 해탈하게 된다.

아래의 8수(제3~10) 게송은 비유를 들어 속박의 장애에서 벗어나기 어려움을 해석하였다. 總相으로 앞서 말한 용맹정진을 뒤집으면 모두 그것을 '게으름[懈怠]'이라고 말한다. 【초_"그러나 여기에는 5가지의 양상이 있다."는 것은 유가론 85의 말로서, 해당 경문은 다음과 같다.

"또한 5가지의 양상이 있어 부지런한 정진을 일으켰기에 빠르게 통달의 지혜를 증득하게 된다.

힘[勢力]이 있는 자는 갑옷을 챙겨 입고 어떤 어려움도 두려워하지 않는 정진[被甲精進]에 의한 때문이며,

정진이 있는 자는 加行精進에 의한 때문이며,

용맹스러운 자는 광대한 불법 속에서 겁없이 정진[無怯劣精進]한 때문이며,

견고하고 용맹[堅猛]함이 있는 자는 추위와 더위, 그리고 모기와 등에 따위가 귀찮게 할지라도 꼼짝하지 않는 정진[所不能動精進]에 의한 때문이며,

선의 멍에[善軛]를 버리지 않는 자는 속되고 비열함[下劣]도 없고 기뻐하거나 만족해함도 없는 정진[無喜足精進]에 의한 때문이다."

여기 단 5가지 양상은 차례가 똑같지 않다.】

經

譬如微少火에 **樵濕速令滅**인달하야
於佛教法中에 **懈怠者亦然**이니라

　　비유하면 작은 불씨는
　　땔감이 축축하면 빨리 꺼지듯이
　　부처님의 교법 가운데
　　게으른 이 또한 그와 같다

◉ 疏 ◉

一은 火微樵濕喻로 喻善根生과 及三障重이니 暫聞教코 纔少修行이

라도 而業惑內侵하야 令所聞速失하며 所行速廢일세 故成懈怠하야 難出離也라

뒤의 8수(제3~10) 게송 가운데, 첫 제3게송은 선근은 아직 설익었는데 三障의 무거움을 '작은 불씨에 젖은 섶'에 비유하였다. 잠시 부처님의 가르침을 듣고 겨우 조금 수행해보지만 業惑이 마음에 침입하여 잠시 들었던 부처님의 가르침을 단번에 잃도록 만들고, 조금 수행했던 것을 단번에 버리도록 만든 까닭에 게으름이 형성되어 속박의 고통에서 벗어나기 어렵다.

經

如鑽燧求火에　　　　　未熱而數息이면
火勢隨止滅인달하야　　懈怠者亦然이니라

　또한 나무를 비벼 불씨를 구할 때
　열이 나기도 전에 자주 쉬면
　불기운이 따라 사라지듯이
　게으른 이 또한 그와 같다

● 疏 ●

二는 鑽火數息喩로 喩修有懈退라 然此下喩는 多通三慧하야 以辨懈怠니
此喩約聞인댄 卽聽習數息에 明解不生이오
約思인댄 卽決擇數息에 眞智不生이오

約修인댄 卽定慧數息에 聖道不生이니

聖道如火하야 能燒惑薪이라 煖頂已前은 皆名未熱이니 已熱而息이라도 火尙不生이온 未熱數息이면 雖經年劫이라도 終無得理니라 故遺敎對此하야 明水長流면 則能穿石이라 禪宗六祖 共傳斯喩하니 願諸學者 銘心書紳이어다

若直就修行以釋인댄 當以智慧鑽으로 注於一境하고 以方便繩으로 善巧廻轉하야 心智無住하야 四儀無間이면 則聖道可生이니 瞥爾起心하야 暫時亡照를 皆名息也니라【鈔_ 若直就下는 四示不息相이라 以智慧鑽注於一境等者는 心一境性을 名之爲定이라하니 '一境之言은 通於事理라 故遺敎經에 云制之一處에 無事不辦이라하고 下經에 云禪定持心에 常一緣等이라하니라 如了法無生을 名爲般若니 無生은 卽境이오 此理一境을 了卽智慧니라 無住住故로 名注一境이니 則能入理라 言方便繩者는 帶空涉有하며 照事照理를 喩之以繩이니 有動用故니라 '善巧廻轉者는 若了無生而入理者는 或觀生法호되 求生不得하며 或忘能了하야 入無念門하며 或起大悲라야 方能入理하나니 如是種種若事若理를 名巧廻轉이니라

言'心智無住者는 亦通事理니 且約理者인댄 若以心知如면 是心住境오 若以智了心이면 是智住心이니 若內若外를 皆名爲住며 若住無住도 亦名爲住라 故經에 云若心有住면 則爲非住니 應無所住而生其心이라하니 謂生無所住心이면 則非有無住可生이니 不生於心이면 則無住心生이니 卽此契理를 亦名方便이라 故大品에 云以無所得으로 而爲方便이라하니 若不住事理生死涅槃이면 則事理無㝵之方便也라

567

'四儀無間'者는 設爾有斷이라도 亦須知斷이오 若不斷時라도 亦知無
斷이니 常無念知면 則無間矣라 瞥然起心은 即失止也오 又違北宗이며
暫時忘照는 即失觀也오 亦違南宗이니 寂照雙流면 即無斯過니라 】

　　뒤의 8수 게송 가운데, 둘째 제4게송은 '불씨를 구하면서 자주 쉬는' 격으로 수행에 있어서의 게으름과 물러섬이 있음을 비유하였다.

　　그러나 이 아래 게송에서 말한 비유들은 대부분 3가지 지혜[三慧: 聞·思·修]를 통하여 게으름을 논변한 것이다.

　　이 비유를 聞慧로 말한다면 곧 부처님의 법을 듣고 익히기를 자주 쉼으로써 밝은 이해가 일어나지 않고,

　　思慧로 말한다면 곧 決擇하기를 자주 쉼으로써 참된 지혜가 일어나지 않으며,

　　修慧로 말한다면 곧 定慧가 자주 쉼으로써 성인의 도가 일어나지 않는다.

　　성인의 도는 불길과 같아서 미혹의 섶을 태워준다. 煖頂位 이전은 모두 '열기가 없다[未熱].'고 말한다. 이미 열기가 생겼더라도 쉬면 오히려 불씨가 일어나지 않는 법인데 열기가 일어나기도 전에 자주 쉬면 아무리 수많은 세월이 흐른다 할지라도 끝내 불씨를 얻을 리가 없다. 이 때문에 부처님께서 열반 직전에 말씀하신 遺教經에서 이의 비유를 상대로 하여 "하찮은 물줄기라도 길이 흐르면 바위가 뚫린다."는 비유를 들어 밝힌 바 있다. 선종의 六祖 또한 똑같이 이런 비유를 전하였으니 바라건대 모든 학인들은 이를 마음

에 새기고 허리띠에 적어 항상 눈여겨보아야 한다.

만일 직접 수행으로 이를 해석한다면, 의당 '지혜의 부시 나무[智慧鑽]'로 한곳만을 주시한 채 '방편의 줄[方便繩]'로 잘 비비고 또 비비어 마음의 지혜가 머무는 바가 없어 걷거나 멈추거나 앉거나 눕거나 4가지 威儀에 언제든 끊임이 없으면 곧 성인의 도가 일어나게 될 것이다. 갑자기 마음을 일으켰다가 잠시 후 관조를 잊은 것을 모두 '쉬다[息]'고 말한다. 【초_ "만일 직접 수행으로 이를 해석한다면" 이하는 부시 나무, 한곳 주시, 방편의 줄, 비비고 또 비빔이라는 4가지 쉼이 없는 양상을 보여준다. "지혜의 부시 나무로 한곳만을 주시한다." 등에서 마음이 한곳에 집중하는[心一境性: cittaikagrata] 것을 禪定이라고 말한다. '一境'이란 말은 事와 理에 모두 통한다. 이 때문에 遺敎經에서 이르기를 "마음을 한곳으로 다스리면 모든 일마다 이뤄지지 못함이 없다."고 하였고, 아래의 경문에서 이르기를 "禪定으로 마음을 지니면 언제나 하나만을 반연한다." 등으로 말하였다.

법이 無生임을 깨닫는 것을 반야라고 말한다. 無生이 곧 경계이며, 이런 이치의 한 경계를 깨달으면 지혜이다. 머무는 것이 없이 머무는 까닭에 이를 '한곳' 즉 한 경계에 머문다고 말하는바, 그것은 곧 이치에 들어감이다.

"방편의 줄[方便繩]"이라 말한 것은 空을 띠고서 有에 관련하며 俗諦의 사물도 관조하고 眞諦의 이치도 관조함을 '줄[繩]'로 비유하였다. 動用이 있기 때문이다.

"잘 비비고 또 비빈다[善巧廻轉]."는 것은, 만일 無生의 도리를 깨달아 이치에 들어간 자는 혹 생겨나는 법을 살펴보되 생겨나는 곳을 찾으려고 해도 찾을 수 없으며, 혹 깨달음의 주체까지도 잊고서 아무런 생각이 없는 無念門에 들어가기도 하며, 혹 큰 자비의 마음을 일으켜 바야흐로 이치에 들어가기도 함을 뜻한다. 이와 같은 가지가지의 속제의 사물과 진제의 이치를 '잘 비비고 또 비빈다.'고 말한다.

"마음의 지혜가 머무는 바가 없다[心智無住]."고 말한 것 또한 事와 理에 모두 통한다. 다시 진제의 이치로 말한다면, 예컨대 마음으로 진여를 알면 마음이 경계에 머무는 것이며, 지혜로 마음을 알면 지혜가 마음에 머문 것이다. 안으로의 마음이든 밖으로의 경계이든 모두 머문 곳이 되며, 만일 머문 곳이 없는 데에 머물지라도 또한 이를 머물렀다고 말한다. 이 때문에 경에 이르기를 "만일 마음이 머문 곳이 있으면 그것은 곧 머문 것이 아니다. 마땅히 머무는 바가 없이 그 마음을 내어야 한다."고 하였다. 머무는 바가 없이 마음을 내면 곧 有와 無의 머문 데서 내는 것이 아니며, 마음을 내지 않으면 곧 머문 바가 없는 마음이 생겨난다. 이런 도리로 이치를 깨닫는 것을 또한 방편이라고 말한다.

이 때문에 대품경에 이르기를 "얻은 바가 없는 것으로 방편을 삼는다."고 하였다. 만일 事·理와 생사·열반에 머무르지 않으면 곧 事·理에 걸림이 없는 방편이다.

"걷거나 멈추거나 앉거나 눕거나 4가지 威儀에 언제든 끊임이 없다[四儀無間]."는 것은 설사 끊김이 있을지라도 반드시 끊김을 알 것이며, 끊기지 않을 때라도 또한 끊김이 없음을 알 것이다. 언제나 아무런 생각이 없이 알면 곧 끊임이 없는[無間] 것이다.

"갑자기 마음을 일으킨다[瞥然起心]."는 것은 禪定의 止를 잃는 것이며, 또 北宗의 종지를 어기는 것이다.

"잠시 후 관조를 잊다[暫時忘照]."는 것은 곧 지혜의 觀照를 잃는 것이며, 南宗의 종지를 어기는 것이다. 寂靜과 觀照가 모두 유행하면 곧 이러한 허물이 없다.】

經

如人持日珠호대　　　不以物承影이면
火終不可得인달하야　　懈怠者亦然이니라

　　마치 사람이 볼록렌즈를 가졌으나
　　햇빛을 받아들일 쑥 따위가 없으면
　　결국 불씨를 얻을 수 없듯이
　　게으른 이 또한 그와 같다

◉ 疏 ◉

三은 闕緣求火喩니 物者는 艾等也라 教詮聖道 等彼火珠하니 要持向智日하야 以行承之면 則聖道火生이어니와 空持文字하야 不能決擇이면 心·行乖越이어니 道何由生가

　　뒤의 8수 게송 가운데, 셋째 제5게송은 조건이 갖춰지지 못한 채 불씨를 구하려는 격이다.

제2구(不以物承影)에서 말한 物이란 쑥 따위이다. 부처님의 가르침에 성인의 도를 말함이 마치 볼록렌즈와도 같다. 반드시 이를 들고서 지혜의 태양을 향하여 수행으로 받들면 성인의 도의 불씨가 일어나겠지만, 부질없이 문자만을 가지고서 옳고 그름을 판단하여 결정하지 못하면 마음과 수행이 서로 어긋나거나 벗어나게 될 것인바, 성인의 도가 그 무엇으로 연유하여 생겨날 수 있겠는가.

經

譬如赫日照에 孩稚閉其目하고
怪言何不覩인달하야 懈怠者亦然이니라

    비유하면 밝은 햇살 아래
    어린아이가 제 눈을 가리고서
    왜 보이지 않지라고 말하듯이
    게으른 이 또한 그와 같다

● 疏 ●

四는 閉目求見喩니 智微識劣로 喩彼孩稚니라 約聞慧者인댄 雖對明師라도 不肯咨決이오 約思修者인댄 雖對敎日이라도 心眼不開하고 責聖道之不生이니 何其惑矣아

    뒤의 8수 게송 가운데, 넷째 제6게송은 눈을 가린 채 보이기를 바라는 격이다. 지혜가 적고 식견이 용렬한 것으로 어린아이에 비유하였다.

聞慧로 말하면 아무리 명철한 스승을 마주할지라도 기꺼이 여쭈어 의심을 풀어가지 못하고, 思慧·修慧로 말하면 아무리 태양처럼 밝은 가르침을 마주할지라도 마음의 안목이 열리지 못하고 성인의 도가 생겨나지 않음을 꾸짖음이다. 그 얼마나 혼미한 자인가.

經

如人無手足하고 **欲以芒草箭**으로
徧射破大地인달하야 **懈怠者亦然**이니라

　마치 손발도 없으면서
　억새풀로 만든 화살을 쏘아
　온 누리를 온통 깨뜨리려 하듯이
　게으른 이 또한 그와 같다

◉ **疏** ◉

五는 **闕緣心廣喻**니 **喻愚人 無淨信手**로 **以持定弓**하고 **復無戒足**으로 **以距惑地**하야 **以劣聞慧箭**으로 **欲徧射破業惑厚地**니 **空欲**은 **難遂**니라

뒤의 8수 게송 가운데, 다섯째 제7게송은 조건이 갖춰지지 못한 채 마음만 크다는 비유이다. 어리석은 사람이 청정한 신심이 없는 손으로 禪定의 활을 들고, 다시 계율이 없는 발로 인해 미혹의 땅에 떨어져 저속한 견문과 지혜의 화살로써 業惑의 두터운 땅을 두루 쏘아 깨뜨리고자 함에 비유하였다. 부질없는 욕망은 성공하기 어렵다.

經
如以一毛端으로　　　而取大海水하야
欲令盡乾竭인달하야　　懈怠者亦然이니라

　　마치 한 올의 털끝으로
　　큰 바닷물을 퍼내어
　　모두 말리려 하듯이
　　게으른 이 또한 그와 같다

◉ 疏 ◉

六은 毛滴大海喻니 謂以少聞思로 欲測法海하야 妄生希欲이니 懈怠
尤深이니라

　　뒤의 8수 게송 가운데, 여섯째 제8게송은 털끝으로 바닷물을
퍼내려는 격이다. 적은 견문과 얕은 생각으로 *法海*를 헤아리고자
하여 부질없는 욕구를 냄이니 게으름이 더욱 크다.

經
又如劫火起에　　　欲以少水滅인달하야
於佛教法中에　　　懈怠者亦然이니라

　　또한 겁화가 일어날 적에
　　적은 물로 끄고자 하듯이
　　부처님의 교법 가운데
　　게으른 이 또한 그와 같다

● 疏 ●

七은 少水滅火喻니 劫火偏熾로 喻觸境惑增이니 少分三慧로 安能都滅이리오

뒤의 8수 게송 가운데, 일곱째 제9게송은 적은 물로 거센 불을 끄려는 격이다. 겁화가 온통 치성하여 부딪치는 곳마다 미혹이 더해짐을 비유하였다. 하찮은 聞·思·修 三慧로 어떻게 이를 모두 없앨 수 있겠는가.

經

如有見虛空에　　　　**端居不搖動**하고
而言普騰躍인달하야　**懈怠者亦然**이니라

　　마치 허공을 보면서
　　단정히 앉아 꼼짝하지 않은 채
　　말로만 허공에 올랐다 하듯이
　　게으른 이 또한 그와 같다

● 疏 ●

八은 不動偏空喻니 喻雖知性空이라도 智未遊履코 而言徧證은 亦增上慢人也니라

뒤의 8수 게송 가운데, 여덟째 제10게송은 꼼짝하지 않은 채 허공을 두루 활보했다는 격이다. 비록 성품이 空한 줄은 알지만 지혜가 이를 밟아 실천하지 못한 채 말로만 모두 증득했다고 하는 것

을 비유하였다. 이 또한 增上慢을 가진 인물이다.

◉ 論 ◉

第六는 爾時文殊師利已下五行半經은 是文殊이 問勤首하사대 佛敎이 是一이어늘 衆生得見云何有斷煩惱不斷煩惱不同等과 然其十問이오 已下에 有十行頌은 是勤首菩薩의 所答이라 於中三門은 如前하니

제6. 正敎甚深에서 '爾時文殊師利' 이하 5줄 반의 경문은, 이 문수보살이 근수보살에게 "부처님의 가르침은 하나로 똑같은데 어찌하여 중생은 이런 가르침을 받고서도 번뇌의 속박을 끊거나 끊지 못하는 차이가 있는가."라고 한 질문과 '然其' 이하의 10가지 질문을 말하며, 아래의 10수 게송은 근수보살의 대답이다.

이의 3가지 부분은 앞서 말한 바와 같다.

一은 科頌意者는 此十行頌은 初一行은 勸聽이오 次一行頌은 勸聞法勤修오 已下八行은 責其懈怠니 如文具明이라

(1) 게송의 뜻을 과목으로 나눈다는 것은 10수의 게송에서 제1게송은 자세히 듣기를 권하고, 다음 제2게송은 법을 듣고 부지런히 닦기를 권하며, 아래의 8수(제3~10) 게송은 게으름을 꾸짖는다. 게송의 지문에서 구체적으로 밝힌 바와 같다.

二는 釋菩薩名者는 名爲勤首는 爲前明目首는 善示福田因果일세 佛號 究竟智어니와 此位는 當須勤而行之일세 故名勤首니 佛號 最勝智는 爲明勤修勝進일세 卽得最勝智爲果故라

(2) 보살의 명호를 해석함에 있어 勤首라는 명호를 붙인 것은,

앞의 목수보살은 복전의 인과를 잘 보았기에 불호는 究竟智이지만, 이 지위는 반드시 부지런히 수행해야 하는 까닭에 그 명호를 '勤首'라 하게 됨을 밝힌 것이다. 불호를 最勝智라고 한 것은 부지런히 수행하고 훌륭하게 정진한 까닭에 곧 最勝智를 얻음으로 果를 삼음을 밝히기 위함이다.

三은 配隨位因果者는 還以本不動智佛로 爲因하고 最勝智佛로 爲進修之果라

(3) 지위에 따른 인과에 짝하였다는 것은 또한 根本不動智佛로써 원인을 삼고 最勝智佛로 닦아나가는 결과를 삼은 것이다.

第七은 正行甚深이니 先은 問이라

제7. 정행이 지극히 깊다

(1) 문수보살의 물음

經

爾時에 文殊師利菩薩이 問法首菩薩言하사대 佛子야 如佛所說하야 若有衆生이 受持正法하면 悉能除斷一切煩惱어늘 何故로 復有受持正法호대 而不斷者니잇고 隨貪瞋癡와 隨慢과 隨覆와 隨忿과 隨恨과 隨嫉과 隨慳과 隨誑과 隨諂이 勢力所轉으로 無有離心하니 能受持法인댄 何故로 復於心行之內에 起諸煩惱니잇고

그때 문수사리보살이 법수보살에게 물었다.

"불자여, 부처님께서 말씀하신 바와 같이, 만약 어떤 중생이 바른 법을 받아 지니면 모두 일체 번뇌를 끊어 없앤다고 하셨거늘, 무슨 까닭에 다시 바른 법을 받아 지니고도 이를 끊지 못하는 자가 있는 것입니까?

탐욕·성냄·어리석음을 따르고, 아만을 따르고, 감춤을 따르고, 분심(忿心)을 따르고, 한(恨)을 따르고, 질투를 따르고, 인색을 따르고, 속임을 따르고, 아첨을 따르는 힘에 의해 전변됨으로 마음에 이런 것들을 여읨이 없습니다. 바른 법을 받아 지녔음에도 무슨 이유로 다시 마음속에 많은 번뇌를 일으키는 것입니까?"

● 疏 ●

問法首者는 以行法故니라 二는 顯問端中三이니 初는 出聖敎라 受는 謂心領義理요 持는 謂憶而不忘이라 二何故下는 申其所疑니 佛言能斷이나 今有不斷일세 卽敎行相違니 先標相違니라

隨貪已下는 出所不斷이오 勢力已下는 結成不斷이니 謂有持法호되 非唯不滅舊惑이라 亦乃隨解新增十一種惑이 勢力所轉이라 前四는 根本이오 後七은 隨惑이어늘 皆言隨者는 雜集第七에 說호되 諸煩惱 皆隨煩惱일세 有隨煩惱나 而非煩惱라하니 由此卽顯根本煩惱도 亦得名隨니 隨他生故니라

通釋貪等은 如九地中이어니와 今約依法新起者說인댄 卽貪求名利와 瞋所不解와 迷其自行과 恃法自高와 覆藏己短과 論難生忿과 結恨

揘揄와 嫉彼勝己와 慳自所知와 不解言解와 廢法逐情이라【鈔_ 雜集第七等者는 解妨이니 旣分根本隨惑인댄 何皆名隨오 故爲此通이라 故彼論에 云隨煩惱者는 謂所有諸煩惱 皆是隨煩惱일새 有隨煩惱로되 非是煩惱라하니라하니 釋曰 非煩惱者는 所謂忿等이 但隨大惑하야 名隨煩惱로되 而非根本일새 名非煩惱어늘 而貪嗔癡 名隨煩惱者는 心法이 由此隨煩惱故로 隨惱於心하야 令不離染하며 令不解脫하야 令不斷障일새 故名隨煩惱니 如世尊說호되 汝等이 長夜에 爲貪嗔癡隨所惱亂하야 心恒染污라하니 釋曰 謂諸行人이 人心隨貪等이라 通釋貪者는 指廣在餘라 然九地中에 釋其別相이라】

⑴ 법수보살에게 물은 것은 법을 행한 보살이기 때문이다.

⑵ 바로 물음의 실마리를 나타낸 가운데 3단락이 있다.

① 부처님의 가르침을 말하였다. '受持正法'의 受는 마음으로 이치를 이해함을 말하고, 持는 기억하여 지니고서 잊지 않음을 말한다.

② '何故' 이하는 그 의문이 되는 바를 펼친다. 부처님은 모든 번뇌를 끊을 수 있다고 말씀했지만 지금 중생 중에는 번뇌를 끊지 못한 이들이 있다. 이는 곧 부처님의 가르침과 중생의 행위가 서로 어긋난 것이다. 이 때문에 여기에서 먼저 서로 어긋남을 밝힌 것이다.

"탐욕·성냄·어리석음을 따른다." 이하는 번뇌를 끊지 못하는 바를 말하였고, '勢力' 이하는 번뇌를 끊지 못하는 바를 끝맺었다. 법을 받아 지닐지라도 오직 예전의 미혹을 없애지 못할 뿐 아니라 이에 견해를 따라 새롭게 미혹을 더해감을 말한다. 11가지의 미혹

[貪·瞋·癡·慢·覆·忿·恨·嫉·慳·誑·諂]이 전변시키는 힘이다.

앞의 4가지[貪·瞋·癡·慢]는 근본번뇌이며 뒤의 7가지[覆·忿·恨·嫉·慳·誑·諂]는 隨惑(隨煩惱)이지만 이를 모두 '…따르다[隨]'라고 말한 것은 雜集 제7에 말하기를 "모든 번뇌가 모두 隨煩惱이다. 수번뇌가 있으나 근본번뇌가 아니다."고 하였다. 이런 이유로 곧 근본번뇌 또한 이를 '…따르다[隨]'라고 말한 것을 나타낸 것인바, 다른 것을 따라서 나오기 때문이다.

탐진치 등을 전체로 해석함은 九地에서 말한 바와 같지만, 여기에서 법에 의해 새로 일어나는 것으로 해석하면, 공명과 이익에 대한 탐욕, 알지 못하는 일에 대한 성냄, 그 자신이 행해야 할 일을 알지 못하는 혼미, 법을 믿고서 스스로 잘난 체하는 교만, 자신의 단점을 감추는 일, 서로 이야기하면서 성내는 일, 한이 맺혀 그대로 앙갚음하는 일, 자기보다 더 나은 이를 질투하는 마음, 자기가 알고 있는 것을 남들에게 알려주지 않는 인색, 알지 못한 것을 아는 것처럼 말하는 것, 법을 저버리고 정욕을 따르는 등을 말한다.

【초_ '雜集 제7' 등은 논란에 대한 해석이다. 이미 근본번뇌와 수번뇌로 구분했다면 어찌하여 이를 모두 '…따르다[隨]'라고 말하는 것일까? 이러한 의문 때문에 이를 통틀어서 말한 것이다. 이 때문에 잡집에서 이르기를 "수번뇌란 존재하는 모든 번뇌를 말한다. 수번뇌가 있으나 이는 번뇌가 아니다."고 하였다.

이에 대한 해석은 다음과 같다.

'번뇌가 아니다.'는 것은 이른바 분심 등이 단 大惑을 따라서 수

번뇌라 말했지만 근본번뇌가 아닌 까닭에 '번뇌가 아니다.'고 말한 것이다.

　탐진치를 수번뇌라 말한 것은, 心法이 수번뇌를 따른 때문에 마음을 따라 번뇌케 하여 그로 하여금 오염을 여의지 못하게 하며, 해탈하지 못하게 하여 속박의 장애를 끊지 못하도록 한 까닭에 그 이름을 수번뇌라 한다. 세존이 말씀하시기를 "너희들이 긴긴 밤의 암흑 속에 탐진치가 있는 곳을 따라 고뇌와 번민이 일어나 마음이 언제나 더러움에 물든다."고 하였다. 이에 대해 해석하기를 "모든 수행인이 마음으로 탐진치 등을 따름을 말한다."고 하였다.

　"탐진치 등을 전체로 해석한다."는 것은 널리 여타 경전이 있음을 가리킨다. 그러나 九地에서는 개별의 양상으로 해석하였다.】

三能受持下는 結成難也라 佛言하사되 '受法이면 能斷煩惱'라하나 今受還起하나니 其故何耶아 答意云法是法藥이니 要在服行이라 服與不服에 有斷不斷하나니 非醫咎也니라 故十行品에 云如說能行이오 如行能說이라하며 智論에 云能行을 說爲正이어니 不行이면 何所說가 若說不能行이면 不名爲智者라하니 故如說行이라야 方得佛法이니 不以口言而可淸淨이니라【鈔_ 法是法藥等者는 淨名云 '應病與藥하야 令得服行'이라하고 '服與不服'等者는 卽遺教經 八大人覺後에 云汝等比丘는 於諸功德에 常當一心으로 捨諸放逸을 如離怨賊하고 大悲世尊 所說利益이 皆已究竟이니 汝等은 但當勤而行之니라 若於山間이어나 若空澤中이어나 若在樹下이어나 閑處淨室이라도 念所受法하야 勿令忘失하고 常當自勉하야 精進修之하라 無爲空死면 後致有悔라 我如良醫라 知病

581

說藥에 服與不服은 非醫咎也오 又如善導 導人善道에 聞之不行은 非導過也라하니 此皆勸所行이라 】

③ '能受持' 이하는 물음에 대한 논란을 끝맺는다. 부처님께서 "법을 받아 지니면 번뇌를 끊는다."고 말했으나 오늘날 "법을 받아 지니고서도 번뇌가 일어나니 무슨 까닭인가?"라고 의문을 가졌기에 답한 뜻은 다음과 같다.

法은 법의 약이다. 요컨대 이를 복용하여 행하는 데에 있다. 그가 이를 복용하느냐 않느냐에 따라서 끊어지고 끊어지지 않음이 있을 뿐 의원의 잘못이 아니다.

이 때문에 十行品에서는 "말처럼 행동하고 행동했던 것처럼 말한다."고 하였으며, 지도론에서는 "몸소 행동하고서 말하는 것이 바른 도이다. 행동하지 않으면 무얼 말할 수 있겠는가. 만일 말로만 할 뿐 행동하지 못하면 지혜로운 사람이라고 말할 수 없다."고 하였다. 이 때문에 말한 것처럼 실행해야만 비로소 불법을 얻게 된다. 입으로만 말하는 것은 청정함이 아니다.【초_"法은 법의 약이다." 등에 대하여 유마경에 이르기를 "병세에 따라 약을 처방하여 환자에게 복용하도록 하였다."고 하였다.

"복용하느냐 않느냐" 등에 대하여 遺敎經 제8에 부처님께서 다시 눈을 뜨신 후에 말씀하셨다.

"너희 비구들이여, 모든 공덕을 항상 한결같은 마음으로 방일하지 않기를 원수와 도둑을 멀리하듯 하라. 크게 자비하신 세존께서 말씀하신 이익은 모두 최고의 자리이다. 그대들은 오직 부지런히 행할 뿐이다.

　혹은 산간에서나 혹은 빈 늪에서나 혹은 나무 아래에서나 혹은 고요한 방에 한가히 있을 때라도 받은 바의 법을 생각하여 잊거나 잃지 말고 항상 스스로 힘써 정진수행하라.

　하릴없이 헛되이 죽는다면 훗날 반드시 후회하게 될 것이다. 나는 훌륭한 의사와 같다. 병세를 알고서 약을 일러준다 할지라도 그 약을 먹거나 안 먹는 것은 의사의 잘못이 아니다. 또 나는 좋은 길잡이와도 같다. 눈 먼 이들에게 좋은 길을 일러주어도 따르지 않는 것은 길잡이의 잘못이 아니다."

　이는 모두 정진수행을 권하는 말이다.】

二는 答이라

　(2) 법수보살의 게송 대답

時에 法首菩薩이 以頌答曰

　그때 법수보살이 게송으로 답하였다.

| 佛子善諦聽하소서 | 所問如實義니 |
| 非但以多聞으로 | 能入如來法이니라 |

　불자여, 자세히 잘 들으시오

물은 바가 여실한 이치이니
단 많은 견문만으론
여래의 법에 들어가지 못한다

● 疏 ●

十頌은 分二니 初一은 勸讚略說이라 初句는 勸聽이니 遠離貢高·輕慢·怯弱 三種雜染이라야 方名善聽이오 求悟解故로 專一趣心하며 聆音屬耳하며 掃滌其心하며 攝一切心이라야 方名諦聽이니라 次句는 讚問이니 顯行稱理일세 故名如實이오 下半은 略說이라

10수의 게송은 2부분으로 나뉜다.

첫 부분 제1게송은 권면과 찬탄이며 간단하게 말함이다.

제1구는 자세히 귀담아듣기를 권함이다. 貢高, 輕慢, 怯弱 3가지의 雜染을 멀리 여의어야 바야흐로 '잘 들었다.'고 말하며, 잘 이해한 까닭에 오롯한 마음으로 나아가며, 소리를 듣는 것은 귀에 속하며, 그 마음을 말끔히 씻어내며, 모든 마음을 조섭해야만 바야흐로 '자세히 들었다[諦聽].'고 말한다.

제2구는 물음에 대해 찬탄함이다. 행하는 바가 이치와 하나 됨을 밝힌 까닭에 이를 如實이라고 말한다.

제3, 4구는 간단히 말하였다.

言'非但'者는 要兼修行이니 獨用多聞이면 不能證入이라 故下諸偈에 皆云'於法不修行이면 多聞亦如是'라하니 此明不行之失은 非毁多聞이 若無多聞하야 行無依故니라 是以로 不行爲失은 如調達·善星이오

行之爲得은 如阿難·身子라 故自利利他之行을 竝須明達하야 誓窮法海로 爲種智因하야 但應善義언정 勿著言說이어다【鈔_ '言非但'等下는 此下牒經廣釋一句니 顯一章大意라

'此明不行'等下는 以人多言이니 此章은 毁於多聞하야 令人守愚오 不習敎理라 故爲此揀이니 初는 正揀이니 非毁多聞은 但責聞而不行이오 不令行而不聞이라

次若無多聞行者는 反立無聞無解면 依何而行고

後'是以不行爲失'下는 三 結成上義 多聞不行이라

'調達'等은 是是經所訶 多聞而行이오 '身子'等은 是經所不責이라 善星은 是佛之子오 調達은 是佛之弟니 竝解十二部經에 不依修行이라가 生身으로 陷入阿鼻地獄이오 阿難身子는 多聞行故로 親得授記니라

故'自利'下는 結要多聞이오 '但應'下는 通伏難이니 謂有難言 一切經論은 皆說無言이라 商主天子經에 云'無有不毁語言而得道者'라하고 涅槃二十六에 云'若知如來常不說法이면 是名具足多聞者'라하고 又 涅槃二十六에 云'寧願少聞코 多解義理언정 不願多聞코 於義不了라

故爲此通이니 涅槃은 但令解義로 不毁多聞이오 商主等經은 但令莫著이니 豈當不許衆生聞敎리오】

제3구에서 '非但'이라 말한 것은 요컨대 수행을 겸해야 한다. 유독 많은 견문만으론 불법을 증득할 수 없다. 이 때문에 아래의 여러 게송에서 모두 말하기를 "법을 수행하지 않으면 수많은 견문도 이와 같다."고 하였다. 이는 행동하지 않은 잘못은 수많은 견문이라도 견문이 없는 것과 같아서 행동에 의지할 데가 없기 때문임

을 밝힌 것이다.

　이 때문에 행동하지 않은 잘못은 순전히 악행을 범한 調達과 견고한 신심이 없는 善星비구와 같고, 행동함으로써 득이 됨은 다문제일의 아난과 지혜제일의 사리불과 같다. 이 때문에 自利·利他의 행을 아울러 반드시 밝게 통달하여 맹세코 法海를 모두 궁구함으로 種智의 원인을 삼아 단 善義에 응할지언정 말에 집착해서는 안 된다.【초_ '言非但' 등 이하는 아래로 경문을 이어서 한 구절을 자세히 해석한 것으로 1장의 대의를 밝히고 있다.

　'此明不行之失' 등 이하는 사람들이 말이 많기 때문이다. 이 장에서는 많은 견문을 훼손하여 사람으로 하여금 어리석음을 고수케 하고 교리를 익히지 못하도록 만든 까닭에 이를 타파하기 위해 가려서 말한 것이다. 첫 게송은 바로 揀別이다. 많은 견문을 훼손하지 않은 것은 단 견문만이 있고 이를 행하지 않으며, 행하지도 않고서 견문조차 없는 것을 꾸짖기 위함이다.

　다음 '若無多聞行'이라 하는 것은 도리어 견문이 없고 이해가 없음을 세운다면 무엇에 의지하여 행할 수 있겠는가라는 뜻이다.

　끝으로 '是以不行爲失' 이하는 위에서 말한 많은 견문으로 행동하지 않음을 끝맺은 것이다.

　'調達善星' 등은 이 경에서 꾸짖은 바는 견문이 많으면서 행해야 함을 뜻한다. '阿難身子' 등은 이 경문에서 꾸짖지 않은 대상이다. 善星은 부처님의 아들이며, 調達은 부처님의 아우이다. 그들은 모두 12부경에 귀의하여 수행하지 않다가 산 채로 아비지옥에 떨어졌다. 阿難身子는 견문이 많고 행동하였기 때문에 부처님으로부터 수기를 받았다.

'故自利利他之行' 이하는 견문이 많아야 함을 끝맺은 것이며, '但應善義' 이하는 논란의 굴복을 통틀어 말한 것이다. 논란하여 말하기를 "일체의 經論은 모두 無言을 말하고 있다. 商主天子經에 이르기를 '언어를 훼손하지 않고 도를 얻은 자가 없다.'고 하였고, 열반경 26에서는 '만약 여래께서 항상 설법하지 않음을 안다면 구족하게 견문이 많은 자라고 말할 것이다.'고 하였고, 또한 열반경 26에서는 '차라리 견문이 적고 많은 의리의 이해를 원할지언정, 견문이 많고 그 뜻을 깨닫지 못한 것을 원하지 않는다.'고 하였다. 이 때문에 여기에서는 전체를 들어 말한 것이다. 열반경은 단 그 이치를 이해하는 것으로써 견문이 많은 것을 훼손하지 않은 것이며, 상주천자경 등은 단 집착을 하지 않도록 한 것이니, 어찌 중생이 부처님의 가르침을 듣는 것을 허락하지 않음이 있겠는가?"라고 하였다.】

婆沙四十二에 云 多聞能知法이오 多聞能離罪오 多聞捨無義오 多聞得涅槃이라하고 淨名에 云 多增智慧하야 以爲自覺音이라하고 下經에 推度生之方便하야 乃至不離善巧多聞이라하다 上單顯聞 涅槃四事로 爲近因緣하고 卽雙美聞行이라 故智論에 云 多聞廣智美言語로 巧說諸法轉人心하며 行法心正無所依면 如大雲雷霆洪雨라하니 如是敎理 無量無邊이로되 恐繁且止니라【鈔 '上單顯聞下는 二雙引聞行이라 先引涅槃은 卽第二十五 高貴德王菩薩品 第七功德에 云 善男子여 菩薩摩訶薩이 修大涅槃微妙經典할세 作是思惟호되 何法이 能爲

大般涅槃而作近因이라하니 菩薩이 卽知有四種法이 爲大涅槃하야 而作近因이니 若言勤修一切苦行이 是大涅槃近因緣者인댄 是義不然이니라 所以者何오 若離四法이면 得涅槃者 無有是處니라 何等爲四오 一者는 親近善友오 二者는 專心聽法이오 三者는 繫念思惟오 四者는 如法修行이니라

智論者는 然彼論第六에 總有四偈하니 此第一偈이라

次偈에 云 '多聞辨慧巧言語로 美說諸法轉人心호되 自不如法行不正이면 譬如雲雷而不雨며

博學多聞有智慧로되 訥口拙言無巧便하야 不能顯發法寶藏이면 譬如有雲無雷雨며

不廣學問無智慧하야 不能說法無好行이면 是弊法師無慚愧니 譬如不雲無雷雨라하니

此上은 以行爲雨하고 以辨爲雲하고 以聞智爲雷어니와 合是以辨爲雷니라 初偈는 總具일세 故今引之라 次一은 闕行이오 次偈는 闕辨이오 後偈는 三俱闕이라 故云弊法師라하니

恐繁且止'者는 卽智論 次前에 云 '有智無多聞이면 是不知實相이라 譬如闇夜中에 有目無所見이며 多聞無智慧면 亦不知實相이니 譬如大明中에 有燈而無目이라 多聞利智慧는 是所說應受오 無聞無智慧는 是名人中牛'라하며 及餘諸經도 其文甚廣이라 】

바사론 42에 이르기를 "많은 견문이 있어야 법을 알 수 있으며, 많은 견문이 있어야 죄를 여읠 수 있으며, 많은 견문이 있어야 의리가 없는 것을 버릴 수 있으며, 많은 견문이 있어야 열반을 얻을

수 있다."고 하였고, 유마경에 이르기를 "지혜를 더해야 스스로 깨달은 음성이 된다."고 하였고, 아래 경문에서는 "중생 제도의 방편을 추구"하여, 내지 "훌륭한 많은 견문을 여의지 않는다."고 하였다.

위에서는 단 "열반에 4가지의 일로 가까운 인연을 삼는다."는 말만을 듣고서 곧 견문과 행동을 모두 찬미함을 밝혀주었다. 이 때문에 지도론에 이르기를 "많은 견문과 해박한 지혜에 의한 아름다운 언어로 모든 법을 잘 말하여 사람의 마음을 돌려주고, 법을 행하는 마음이 올바르기에 의지한 바 없으면 큰 구름 속에서 세찬 빗줄기가 내리는 것과 같다."고 하였다. 이와 같은 교리가 한량없고 그지없지만 문장이 지나치게 복잡할까 두려운 마음에 여기에서 멈춘다.【초_ "위에서는 단 열반에 4가지의 일" 이하는 견문과 행동을 2차례나 모두 인용하였다. 먼저 열반경을 인용하면, '제25 高貴德王菩薩品의 제7공덕'에 이르기를 "선남자여, 보살마하살이 대열반미묘경전을 편수할 적에 이런 생각을 했다. '그 무슨 법이 大般涅槃이 되어 가까운 인연을 만드는 것일까?'"라고 하였다. 보살이 곧 4가지의 법이 대열반이 되어 가까운 인연을 만드는 것임을 알았다. 만일 일체 고행을 부지런히 닦음이 대열반의 가까운 인연이라고 말한다면 이는 그 뜻이 그렇지 않다. 무엇 때문일까? 만일 4가지의 법을 여의면 열반을 얻을 수 있는 곳이 없다. 무엇이 4가지의 법인가. ① 착한 벗을 가까이함이며, ② 오롯한 마음으로 법문을 들음이며, ③ 생각을 집중하여 생각함이며, ④ 여법하게 수행함이다.

'지도론'이라고 한 것은 지도론 제6에 있는 4수의 게송 가운데 제1게송을 말한다.

이하 게송은 아래와 같다.

"(제2게송) 많은 견문과 해박한 지혜에 의해 뛰어난 말솜씨로 모든 법을 아름답게 말하여 사람의 마음을 돌려주더라도 자신은 여법하지 못하고 행실이 바르지 못하면, 비유하건대 하늘에 구름은 쫙 깔리고 천둥이 치지만 비가 내리지 않음과 같으며,

(제3게송) 해박한 학문, 많은 견문에다가 지혜가 있지만 어눌한 입과 졸렬한 언어로 방편이 없어 법보의 창고를 활짝 열어주지 못하면, 비유하건대 하늘에 구름은 쫙 깔렸으나 천둥소리와 비가 내리지 않음과 같으며,

(제4게송) 학문이 해박하지 못하여 지혜가 없고 설법하지 못하여 아름다운 행실이 없으면, 이는 못난 법사로 부끄러운 마음조차 없다. 비유하면 구름도 없고 천둥소리도 없고 비가 내리지 않음과 같다."

위에서는 행동으로 비를, 논변으로 구름을, 견문과 지혜로 천둥소리를 삼아 말했지만, 마땅히 논변으로 천둥소리를 삼아야 한다.

제1게송은 총체로 말한 까닭에 여기에서 인증하였다. 다음 제2게송은 행실이 없고, 다음 제3게송은 논변이 없으며, 맨 끝의 제4게송은 행실, 논변, 견문 지혜 3가지 모두가 없음을 말한다. 이 때문에 '못난 법사[弊法師]'라 말하였다.

"문장이 지나치게 복잡할까 두려운 마음에 여기에서 멈춘다." 에 관해서는, 지도론의 다음 앞부분에서 "지혜만 있고 많은 견문

이 없으면 이는 실상을 알지 못한 자이다. 비유하면 캄캄한 밤중에 두 눈이 있지만 전혀 보지 않는 것과 같다. 많은 견문이 있으나 지혜가 없으면 또한 실상을 알지 못한 자이다. 비유하면 훤한 대낮에 밝은 등불은 있으나 두 눈이 없는 것과 같다. 많은 견문과 예리한 지혜가 있으면 말한 바를 남들이 당연히 받아들일 것이며, 견문과 지혜가 없으면 그는 '사람 속의 소[人中牛]'라 말한다."고 하며, 이 밖의 나머지 경문에도 이와 관련된 문장이 아주 많다.】

經

如人水所漂에　　　　懼溺而渴死인달하야
於法不修行이면　　　多聞亦如是니라

　　마치 물에 떠내려가는 사람이
　　빠질까 두려워 목말라 죽듯이
　　법을 수행하지 않으면
　　많은 견문 또한 이와 같다

◉ 疏 ◉

九頌은 喩明이니 皆上半은 喩況이오 下半은 法合이라
初는 懼溺渴死喩로 喩貪隨文義失이니 謂義門波濤 漂蕩其心이라이라 慮
溺溺他하야 無暇修行이라 自絶慧命일세 故名渴死니라

　　9수(제2~10) 게송은 밝음을 비유하였다. 9수 모두 제1, 2구는 비유이며, 제3, 4구는 법으로 끝맺음이다.

591

9수 게송 가운데, 첫째 제2게송은 물에 빠져 죽을까 두려운 마음에 물을 마시지 못하여 목이 말라 죽는다[懼溺渴死]는 것은, 탐욕으로 문장의 의의를 따르는[貪隨文義] 잘못을 비유적으로 표현하였다. 의리 문장에 관련된[義門] 거센 파도가 그의 마음을 뒤흔들어 자신이 그곳에 빠지고 남들을 빠뜨릴까 염려한 나머지, 수행할 겨를이 없고 스스로 慧命을 끊은 까닭에 이를 '목이 말라 죽음에 이르렀다[渴死].'고 말한다.

經

如人設美饍호대   自餓而不食인달하야
於法不修行이면   多聞亦如是니라

　어떤 사람은 좋은 음식 늘어놓고도
　스스로 굶으며 먹지 않듯이
　법을 수행하지 않으면
　많은 견문 또한 이와 같다

◉ 疏 ◉

二는 設食自餓喩로 喩隨說廢思失이니 說法施人하야 多求名利오 不思法味면 損減法身이니라

9수 게송 가운데, 둘째 제3게송은 음식상을 차려놓고도 스스로 굶주리는 격으로 설법을 따라 생각하지 않는 잘못을 비유로 표현하였다. 설법하여 남들에게 보시해서 많이 명리만을 추구하고

法味를 생각지 않으면 법신을 손상하게 된다.

經

如人善方藥호대   自疾不能救인달하야
於法不修行이면   多聞亦如是니라

　　마치 약 처방을 잘 알면서도
　　자신의 병을 고치지 못하듯이
　　법을 수행하지 않으면
　　많은 견문 또한 이와 같다

◉ 疏 ◉

三은 醫不自救喩로 喩善知對治호되 而不自治니라

　9수 게송 가운데, 셋째 제4게송은 의원이 제 몸을 치료하지 못하는 격으로 잘 다스릴 줄을 알면서도 자신을 다스리지 못함을 비유하였다.

經

如人數他寶호대   自無半錢分인달하야
於法不修行이면   多聞亦如是니라

　　마치 남의 보물만 세면서
　　자기에겐 반 푼도 없듯이
　　법을 수행하지 않으면

많은 견문 또한 이와 같다

◉ 疏 ◉

四는 貧數他寶喩로 喩說佛菩薩功德이니 不能求諸身心이라 故無分也니라

9수 게송 가운데, 넷째 제5게송은 부처님과 보살의 공덕을 말로만 지껄이는 것을 가난한 사람이 남의 집 보물을 세는 데에 비유하였다. 자신의 몸과 마음에서 추구하지 않은 까닭에 자신에겐 한 푼도 없는 것이다.

經

如有生王宮호대　　而受餓與寒인달하야
於法不修行이면　　多聞亦如是니라

　마치 왕궁에서 태어난 몸으로
　배고프고 추위에 떨듯이
　법을 수행하지 않으면
　많은 견문 또한 이와 같다

◉ 疏 ◉

五는 王子饑寒喩니 謂王子 違王法敎하고 於內起過라 故受饑寒이니 學人亦爾라 生在法王敎法宮中이로되 行違佛敎하야 起惡惑業이라 故無慚愧忍辱之衣이니 寧餐法喜禪悅之味아 故饑寒也니라

9수 게송 가운데, 다섯째 제6게송은 왕자가 굶주림과 추위를 겪는 비유이다. 왕자가 왕의 말을 거스르고 궁궐 내에서 잘못을 일으킨 까닭에 굶주림과 추위를 겪는 것이다.

학인 또한 그와 같다. 법왕의 가르침이 가득한 궁중에 살면서도 그의 행동이 부처님의 가르침을 위반하여 악한 惑業을 일으킨 까닭에 부끄러워하는 마음과 인욕의 옷이 없다. 어떻게 法喜와 禪悅을 맛볼 수 있겠는가. 이 때문에 굶주림과 추위를 겪는 것이다.

經

如聾奏音樂에 悅彼不自聞인달하야
於法不修行이면 多聞亦如是니라

　마치 귀머거리가 음악을 연주함에
　남들은 기쁘게 하지만 정작 자신은 못 듣는 것처럼
　법을 수행하지 않으면
　많은 견문 또한 이와 같다

● **疏** ●

六은 聾樂悅彼喩로 喩不解自說失이니 謂夫眞說聞者는 必忘說聞하나니 逐語而說이 爲自不聞이니라

9수 게송 가운데, 여섯째 제7게송은 귀머거리의 음악이 남들의 귀를 즐겁게 해주는 비유로 자신이 알지 못하면서도 말을 하는 잘못을 말하였다. 참으로 설법하고 청법하는 자는 반드시 말하는

것도 듣는 것도 모두 잊는다. 언어만을 따라 말하는 것은 자신이 듣지 못함이다.

經

如盲繢衆像에 **示彼不自見**인달하야
於法不修行이면 **多聞亦如是**니라

    마치 맹인이 온갖 형상을 그리되
    남에겐 보여주면서도 자신은 못 보듯이
    법을 수행하지 않으면
    많은 견문 또한 이와 같다

◉ **疏** ◉

七은 **盲畫示彼喻**로 **喻不見自義失**이라

    9수 게송 가운데, 일곱째 제8게송은 자신의 의리를 보지 못하는 잘못을 맹인이 그림을 그려 남에게 보여주는 데에 비유하였다.

經

譬如海船師가 **而於海中死**인달하야
於法不修行이면 **多聞亦如是**니라

    비유하면 바다의 뱃사공이
    바다에서 죽는 것처럼
    법을 수행하지 않으면

많은 견문 또한 이와 같다

● 疏 ●

八은 船師溺海喩니 謂將導衆人하야 游佛法海호되 倚自所解하야 不愼身行이면 爲法所淪이니라

9수 게송 가운데, 여덟째 제9게송은 뱃사공이 바다에 빠져 죽는 비유이다. 장차 많은 사람을 인도하여 부처님의 법해에 노닐면서도 정작 자기가 아는 바에 의지하여 행실을 삼가지 않으면 법에 빠지게 된다.

經

如在四衢道하야　　　廣說衆好事호대
內自無實德인달하야　不行亦如是니라

　마치 사거리 길에서
　온갖 좋은 일을 널리 말하되
　자신에겐 실재 덕이 없듯이
　행하지 않으면 또한 이와 같다

● 疏 ●

九는 巧言無德喩니 謂亦說修行하고 或談己德이나 內無實德이오 但有虛言이라 獨此一偈는 三句是喩오 合文에 但云不行亦如是라하니 彌顯不毀多聞이라 又此九偈는 亦可別對隨貪等義니 如理應思어다

【鈔_ '又此九偈'者는 一 溺水는 喻隨貪愛水故오 二는 喻隨慳이니 不自食故오 三은 喻隨嫉이니 是內病故오 四는 喻隨諂이니 數他德故오 五는 喻隨嗔及忿이니 違王之法하야 受饑寒故오 六은 喻隨覆니 若掩耳盜鈴하야 欲人不聞故오 七은 喻隨痴니 盲無見故오 八은 喻隨慢이니 恃己慣故오 九는 喻隨誑이니 無德說德故니라 】

9수 게송 가운데, 아홉째 제10게송은 뛰어난 말솜씨에 덕이 없음을 비유하였다. 또한 수행을 말하고 혹은 자기의 덕을 말하지만 내면으로 실재의 덕이 없고 공허하게 말할 뿐이다. 유독 이 게송에서만큼은 3구가 비유이고, 제4구의 끝맺는 부분에서 단 "행하지 않으면 또한 이와 같다."고 말했을 뿐이다. 이는 더욱 많은 견문을 훼손치 않음을 밝혀준다. 또 9수의 게송은 또한 '隨貪' 등의 의의에 개별로 짝할 수 있는바 담겨 있는 이치와 같이 생각해야 한다.
【초_ "또 9수의 게송"이란 다음과 같이 짝할 수 있다.

① 물에 빠짐은 탐심을 따름을 비유함이니 애욕의 물이기 때문이며,

② 인색을 따름을 비유함이니 스스로 먹지 않기 때문이며,

③ 질투를 따름을 비유함이니 내심의 병이기 때문이며,

④ 아첨을 따름을 비유함이니 남의 공덕을 세기 때문이며,

⑤ 성냄 및 분심을 따름을 비유함이니 왕의 법을 위반하여 굶주림과 추위를 받기 때문이며,

⑥ 감춤을 따름을 비유함이니 제 귀를 막고 방울을 도둑질하면서 남들이 듣지 않도록 하는 것과 같기 때문이며,

⑦ 어리석음을 따름을 비유함이니 맹인이 볼 수 없기 때문이며,

⑧ 자만을 따름을 비유함이니 자기의 관습을 믿기 때문이며,

⑨ 속임을 따름을 비유함이니 공덕이 없이 공덕을 말하기 때문이다.】

◉ 論 ◉

第七은 爾時已下六行經은 是文殊 問法首하사대 如佛所說하야 若有衆生이 受持正法하면 悉能除斷一切煩惱어늘 何故로 有受持正法호대 而不斷者오하야 於中에 有十一問하니 如文具明이요 於中에 有十行頌은 是法首의 所答이라 三門義는 如前하니

제7. 正行甚深에서 '爾時' 이하 6줄의 경문은 문수보살이 법수보살에게 묻기를 "부처님께서 말씀하신 바와 같이, 만약 어떤 중생이 바른 법을 받아 지니면 모두 일체 번뇌를 끊어 없앤다고 하셨거늘, 무슨 까닭에 바른 법을 받아 지니고도 이를 끊지 못하는 자가 있는 것일까?"라고 하여, 그중에는 11가지의 물음이 있다. 경문에서 말한 바와 같이 구체적으로 명백하고, 그 가운데 10수 게송은 법수보살이 답한 것이다.

3부분의 의의는 앞에서 말한 바와 같다.

一은 科頌意者는 此十行頌中에 初一句는 勸聽이요 次一句는 歎能問이요 次兩句는 責多聞者不修行이며 已下九行頌은 一行一頌이 責多聞而心不精專하야 不能斷煩惱니 如文具明이라

(1) 게송의 뜻을 과목으로 나눈다는 것은 10수 게송 가운데 제

1게송의 제1구는 귀담아듣기를 권함이며, 다음 제2구는 물음의 주체를 찬탄함이며, 다음 제3, 4구는 견문이 많은 자가 수행하지 않음을 질책함이다.

아래의 9수(제2~10) 게송은 1수의 게송마다 하나의 의의를 읊은 것으로, 많은 견문을 가지고서도 오롯한 마음이 없어 번뇌를 끊지 못함을 꾸짖고 있다. 이는 게송에서 말한 바와 같이 구체적으로 명백하다.

二는 釋菩薩名者는 名爲法首는 爲明此是西北方戌亥兩間이니 明愚迷長夜中에 能以正法으로 自利利他하야 專求無懈이 名爲法首오 世界 名金剛者는 以堅精無怠이 是自世界일세 託西北方乾卦니 乾爲堅剛이오 佛號 自在智者는 以自精勤觀照하야 達理業亡이 名爲自在智佛이라

(2) 보살의 명호를 해석함에 있어 보살의 명호를 '法首'라 한 것은 서북방, 戌·亥 양쪽 사이임을 밝힌 것이다. 어리석고 혼미한 긴긴 밤에 바른 법으로 나와 남에게 이익을 주기를 오롯이 추구하여 게으름이 없는 보살이라는 의미에서 '법수보살'이라 부르게 되었으며, 세계의 이름이 金剛인 것은 견고하고 정밀하여 게으름이 없는 것이 그 자신의 세계이다. 서북방 乾卦에 기탁함이니 乾卦는 견고하고 강함이며, 불호를 自在智라 한 것은 스스로가 부지런히 관조하여 이치를 통달하여 업장이 사라졌기에 그 이름을 自在智佛이라 한다.

三은 配隨位因果者는 還以自心本不動智佛로 爲因하고 進修得自在

智佛로 爲果니라

(3) 지위에 따른 인과에 짝하였다는 것은 또한 자기 마음의 근본부동지불로써 원인을 삼고 닦아 나아가 자재지불을 얻음으로 결과를 삼은 것이다.

第八은 助道甚深이니 先은 問이라

제8. 도에 도움이 지극히 깊다

(1) 문수보살의 물음

經

爾時에 文殊師利菩薩이 問智首菩薩言하사대 佛子야 於佛法中에 智爲上首어늘 如來가 何故로 或爲衆生하사 讚歎布施하시며 或讚持戒하시며 或讚堪忍하시며 或讚精進하시며 或讚禪定하시며 或讚智慧하시며 或復讚歎慈悲喜捨니잇고 而終無有唯以一法으로 而得出離하야 成阿耨多羅三藐三菩提者니이다

그때 문수사리보살이 지수보살에게 물었다.

"불자여, 불법 가운데 지혜가 가장 으뜸임에도 여래께서 무슨 까닭에 혹은 중생을 위하여

보시를 찬탄하시며

혹은 지계를 찬탄하시며

혹은 인욕[堪忍]을 찬탄하시며

　　혹은 정진을 찬탄하시며

　　혹은 선정을 찬탄하시며

　　혹은 지혜를 찬탄하시며

　　혹은 자, 비, 희, 사를 찬탄하신 것입니까?

　그러나 마침내 오직 하나의 법으로 삼계를 벗어나 아뇩다라삼먁삼보리를 이루는 자가 없습니다."

● 疏 ●

問智首者는 以顯智爲正道之體하야 統其助故오 二는 正顯問端中三이니 初는 擧法案定이니 謂斷惑證理하며 導行得果 唯是大智는 彼此同許니라【鈔_ 謂斷惑等者는 謂以智慧劒으로 殺煩惱賊故며 無分別智라야 方證如故니라 言導行者는 智論云 五度如盲人이오 般若爲有目이라 故能明見夷途하야 開導萬行하며 御心中道하야 至一切智城이라 하니 故로 餘行得智라야 皆成彼岸이오 般若究竟에 成菩提果니라 】

　(1) 지수보살에게 물은 것은 지혜가 바른 도의 본체가 되어 그 보조를 거느리고 제어함을 나타내려는 때문이다.

　(2) 바로 물음의 실마리를 나타낸 가운데 3가지의 뜻이 있다.

　① 법을 들어 안건을 정한다. 미혹을 끊고 진리를 증득하며, 萬行을 인도하고 결과를 얻을 수 있는 것은 오직 이 큰 지혜이다는 것은 피차가 모두 인정하는 바임을 말한다.【초_ "미혹을 끊고 진리를 증득함" 등이란 지혜의 칼로써 번뇌의 적을 죽이기 때문이며,

분별의식을 초월한 절대적인 지혜[無分別智]만이 바야흐로 진여를 증득할 수 있기 때문이다.

"萬行을 인도한다."는 것과 관련하여 지도론에 이르기를 "5가지의 바라밀은 맹인과 같고 반야는 눈이다. 이 때문에 평탄한 길을 분명히 보고서 모든 행실을 인도하며, 마음을 중도로 다스려 一切智의 성에 이르게 한다."고 하였다. 이 때문에 나머지 행실은 지혜를 얻어야 모두 피안을 성취하고, 반야의 究竟에 보리과를 성취하는 것이다.】

二如來下는 正設疑難이니 謂旣智爲上首인댄 應唯讚智이어늘 那亦讚餘아 此是正助相違難이라

② '여래' 이하는 바로 의문의 논란을 펼친다. 이처럼 지혜가 가장 으뜸이라면 당연히 지혜만을 찬탄해야 할 일이거늘 어찌하여 또한 나머지를 찬탄하는가. 이는 주된 역할과 보조의 역할이 서로 어긋난다는 논란이다.

三而終下는 結成前難이니 前難에 云智爲上首인댄 已應不合讚餘이온 況非以一法成佛이니 固當不合偏讚이니라【鈔_ 結成前難者는 此下에 亦有三重問意니 初는 言前難에 云智爲上首나 及今에 非唯一法成佛인댄 不合偏讚이어늘 今有偏讚은 其故何耶아 此直問所以也라】

③ '而終' 이하는 앞의 논란을 해석하여 끝맺는다. 앞의 논란에서 이르기를 "지혜가 가장 으뜸이라면 당연히 나머지를 찬탄하지 않아야 하는데, 하물며 하나의 법으로 성불하는 일도 아니다. 그렇다면 참으로 치우쳐 찬탄할 일이 아니다."고 하였다.【초_ "앞의

논란을 해석하여 끝맺는다."는 것은 이 아래에 또한 3중으로 묻는 뜻이 있다. 첫째, 앞의 논란에서 "지혜가 가장 으뜸이라고 말했으나 여기에 미쳐 오직 하나의 법으로 성불한 것이 아니라면 당연히 치우쳐 찬탄할 일이 아님에도 여기에서 치우쳐 찬탄한 까닭은 무엇인가?"라고 하였다. 이는 바로 그 이유를 따지는 것이다.】

爲要假多아 爲唯用智아 爲隨一行하야 皆得佛耶아【鈔_ 二'爲要假多下는 帶疑問也라】

요컨대 많은 것을 빌린 것일까? 오직 지혜만 쓰는 것일까? 하나의 行을 따라서 모두 성불할 수 있는 것일까?【초_ 둘째, "요컨대 많은 것을 빌린 것일까?" 이하는 의심을 가지고 그 이유를 따지는 것이다.】

若隨一得成인댄 亦違智爲上首니 進退皆妨이라【鈔_ 三若隨一得成者는 結成相違難也니라】

만일 하나의 行을 따라서 성불한다면 이 또한 지혜가 가장 으뜸이라는 말에 위배된 것이다. 이러지도 저러지도 못하는 논란이다.【초_ 셋째, "만일 하나의 行을 따라서 성불한다면"이란 서로 어긋남의 논란을 끝맺음이다.】

下答意中에 印其初後하고 釋其中間이니 謂智爲上首는 誠如所言이라 智如明王하야 衆之御故니 大品에 云般若如目이오 五度如盲故라하니라 印後義云 終無唯以一法이니 實如來所歎 三世諸佛 皆具說故이며 以餘萬行으로 資於智故니라 釋其中間은 別讚에 乃有多意하니 謂隨心令喜故며 隨時生善故며 所治蔽殊故며 入門不同故며 衆生不能盡

受故라하니 下當屬文이니라 又智論에 云般若必具一切行일세 是故讚一이 卽是讚餘오 讚餘卽是讚智라하니라【鈔_ '釋其中間'下는 釋中間에 總有五意하니 前四는 卽四隨오 後一은 統攝이라 今初에 隨心令喜는 卽下隨樂이니 亦世界悉檀이오 二 隨時生善은 卽下隨宜니 亦爲人悉檀이오 三 所治蔽殊故는 卽下隨治니 亦名對治悉檀이오 四 入門不同은 卽下隨義니 亦名第一義悉檀이라 悉檀은 此云義宗이니 卽智論中意니 諸佛說法이 不離此四故니라 又智論下는 卽第五意니 般若統攝諸行일세 今에 讚一般若卽是讚餘오 餘는 是般若中餘일세 故但讚餘已讚般若니라】

아래 지수보살의 대답 속에서 그 처음과 끝을 인증하고 중간을 해석하였다.

지혜가 가장 으뜸이라는 것은 참으로 말한 바와 같다. 지혜는 명철한 대왕과 같아서 많은 사람을 거느리기 때문이다. 대품경에 이르기를 "반야는 눈과 같고 5가지의 바라밀은 맹인과 같기 때문이다."고 하였다.

뒤에서 말한 의의를 콕 찍어 이르기를 "결국은 오직 하나의 법으로 하는 사람이 없다. 이는 실로 여래께서 '삼세제불이 모두 구체적으로 말한 것'이라고 탄식한 때문이며, 나머지 모든 행이란 지혜를 힘입기 때문이다.

'그 중간을 해석하였다.'는 것은 개별로 찬탄한 데에 많은 뜻을 담고 있다.

(1) 마음을 따라 찬탄하고 기뻐하도록 하기 때문이며,

⑵ 때 따라 선을 내기 때문이며,

⑶ 다스리는 대상의 폐해가 다르기 때문이며,

⑷ 도에 들어가는 문이 똑같지 않기 때문이며,

⑸ 중생이 모두 다 받아들이지 못한 때문이다."고 하였다.

아래에서 마땅히 해당 경문에 배속해야 한다.

또 지도론에 이르기를 "반야가 반드시 모든 行을 갖추고 있기 때문에 하나의 지혜를 찬탄하는 것이다. 곧 나머지 모든 것을 찬탄하는 것과 같다. 곧 이것이 지혜를 찬탄한 이유이다."고 하였다.

【초_ "그 중간을 해석하였다."에서 중간을 해석한 데에는 5가지의 뜻이 담겨 있다. 앞의 4가지는 곧 4가지를 따름[四隨]이며, 뒤의 한 가지는 전체로 포괄[統攝]하였다.

"⑴ 마음을 따라 찬탄하고 기뻐하도록 한다."는 것은 곧 아래의 경문에서 말한 '즐거움을 따른[隨樂]' 것이니, 또한 世界悉檀이며,

"⑵ 때 따라 선을 내게 한다."는 것은 곧 아래의 경문에서 말한 '적절함을 따른[隨宜]' 것이니, 또한 爲人悉檀이며,

"⑶ 다스리는 대상의 폐해가 다르기 때문"이라는 것은 곧 아래의 경문에서 말한 '다스림을 따른[隨治]' 것이니, 또한 對治悉檀이며,

"⑷ 도에 들어가는 문이 똑같지 않기 때문"이라는 것은 곧 아래의 경문에서 말한 '의를 따른[隨義]' 것이니, 또한 第一義悉檀이다.

悉檀이란 중국 말로는 '義宗'이다. 이는 지도론에서 말한 의의이다. 모든 부처님이 하신 설법은 이 4가지에서 벗어나지 않기 때문이다.

"또 지도론에 이르기를" 이하는 곧 제5의 의의이다. 반야가 모든 행을 전체로 포괄한 까닭에 여기에서 하나의 반야를 찬탄함이 곧 나머지 모두를 찬탄함이다. 그 나머지는 반야의 나머지 대상이기 때문에 나머지를 찬탄하기에 앞서 반야를 찬탄한 것이다.】

二는 答이라

(2) 지수보살의 게송 대답

經

時에 智首菩薩이 以頌答曰

그때 지수보살이 게송으로 답하였다.

佛子甚希有하야　　　能知衆生心하시니
如仁所問義라　　　　諦聽我今說호리이다

　　불자여, 매우 찾아보기 어려운 분이어서
　　중생의 마음을 잘 아십니다
　　인자께서 물으신 뜻과 같으니
　　내 이제 말한 것을 자세히 들으시오

● 疏 ●

十頌은 分二니 初一은 歎問이오 許說이라

10수의 게송은 2부분으로 나뉜다.
앞부분의 제1게송은 물음을 찬탄하고 설법을 허락한다.

經

過去未來世와　　　　　**現在諸導師**가
無有說一法하야　　　　**而得於道者**니라

　과거세, 미래세
　현재세의 모든 부처님들이
　단 하나의 법만을 말씀하시어
　도를 얻도록 한 분이 없으셨다

佛知衆生心의　　　　　**性分各不同**하사
隨其所應度하야　　　　**如是而說法**하사대

　부처님은 중생의 마음과 성품이
　각각 똑같지 않음을 아시고
　그들을 제도할 적절한 방편을 따라
　이와 같이 법을 설하셨다

◉ 疏 ◉

餘九正答所難이라 略分爲二니 先二는 頌開二章門이오 後七은 雙釋二章이라

今初에 初偈는 標衆行成果章이니 謂正助相假하야 必萬行齊修일세 故

諸佛同說이니라

言無有說一者는 必具說也라

後偈는 標隨機別讚章이라 文具禪經四隨니 謂初句는 卽隨樂也니 將護彼意하야 稱悅其心故오 '性不同'者는 卽隨宜也니 附先世習하야 令易受行하야 習以成性故오 '分不同'者는 卽隨治也니 觀病輕重하야 設藥多少니 謂貪分多者는 教不淨等이오 隨其所應度者는 卽隨義也니 道機時熟에 聞卽悟故니라【鈔_ '稱悅其心'者는 謂前人樂行布施어든 卽勸布施하고 樂行持戒어든 卽勸持戒等이니 隨順世界하며 順意樂故니라 '附先世習'者는 心未必樂이라도 但宿世曾作인댄 勸則易成이니 如昔曾坐禪인댄 今勸修禪에 卽易得定이라 樂은 約現欲이오 宜는 約有根이니 亦猶鍛金之子를 宜令數息等이라 隨治는 可知라 隨義는 謂隨以何法 得入第一義故니 有人因禪悟道오 有人因慧悟道하야 六度萬行이 皆爲入理之門戶故니라】

나머지 9수(제2~10) 게송은 바로 논란의 대상을 답한 것으로 이를 간단하게 2부분으로 구분한다. 앞의 제2~3게송은 2章(衆行成果章·隨機別讚章)의 부분을 열어주었고, 뒤의 제4~10게송은 2章을 모두 해석하였다.

앞의 첫 제2게송은 '많은 행이 결과를 성취하는 장[衆行成果章]'을 밝혀주었다. 주된 역할과 보조 역할이 서로 힘을 빌려 반드시 만행을 모두 닦는 까닭에 삼세 제불이 똑같이 설법한 것임을 말한다.

제2게송 제3구에서 '단 하나의 법만을 말한 적이 없다.'고 말한 것은 반드시 8만 4천 법문을 모두 구족하게 설법하였음을 뜻한다.

뒤의 제3게송은 '중생의 근기에 따라 개별로 찬탄하는 장[隨機別讚章]'을 밝혀주었다. 이 게송은 禪經의 四隨(隨樂·宜·治·義)를 갖추고 있다.

제1구는 隨樂이다. 장차 중생의 뜻을 비호하여 그들의 마음에 알맞게 기쁨을 주기 때문이다.

제2구의 '性不同'은 곧 隨宜이다. 전생에 익혀온 업에 따라 중생이 쉽게 받아 행하여 익숙히 학습하여 자성을 성취하도록 하기 때문이다.

'分不同'은 곧 隨治이다. 병의 경중을 살펴서 약의 다소를 조절하는 것처럼 '탐욕의 성품[貪分]'이 많은 자에게는 不淨을 가르치는 것 등이다.

제3게송 제3구에서 '隨其所應度'란 곧 隨義이다. 도가 기연[道機]의 시기가 익으면, 이를 듣자마자 곧 깨닫기 때문이다.【초_"그들의 마음에 알맞게 기쁨을 준다."는 것은 어느 사람이 전생에 보시를 즐겨 행하였다면 곧 보시를 권하고, 持戒를 즐겨 행하였다면 곧 지계를 권하는 등을 의미한다. 과거 현재 미래의 세계를 따르며, 중생이 좋아하는 마음을 따르기 때문이다.

"전생에 익혀온 업에 따른다."는 것은 마음에 굳이 좋아하지 않을지라도 단 과거세에 일찍이 해본 적이 있다면 그에게 그 일을 권할 경우 곧 쉽게 성취할 수 있다는 뜻이다. 과거에 일찍이 좌선했다면 금생에 참선 수행을 권하면 곧바로 쉽사리 선정을 얻게 된다.

隨樂의 樂은 현세의 욕구[現欲]로 말함이며,

隨宜의 宜는 그런 근기가 있음을 말한다. 또한 대장간에서 쇠를 부렸던 사람에게 數息觀을 하도록 권하는 것과 같은 일이다.

隨治는 말하지 않아도 알 수 있다.

隨義는 무슨 법을 따라서 第一義諦를 증득할 수 있는가를 말한 때문이다. 어떤 사람은 禪을 인하여 도를 깨닫고 어떤 사람은 지혜를 인하여 도를 깨달아 六度와 萬行이 모두 진리의 증득으로 들어가는 문이 되기 때문이다.】

慳者爲讚施하고　　　毀禁者讚戒하며
多瞋爲讚忍하고　　　好懈讚精進하며
　　인색한 사람에겐 보시를 찬탄하고
　　계율을 훼손한 자에겐 계행을 찬탄하며
　　성낸 마음이 많으면 인욕을 찬탄하고
　　게으른 사람에겐 정진을 찬탄하며

亂意讚禪定하고　　　愚癡讚智慧하며
不仁讚慈愍하고　　　怒害讚大悲하며
　　마음이 산란하면 선정을 찬탄하고
　　어리석은 자에겐 지혜를 찬탄하며
　　어질지 못하면 자비를 찬탄하고
　　남을 괴롭히면 대비를 찬탄하며

憂感爲讚喜하고　　　　　曲心讚歎捨하시니

　근심이 있으면 환희를 찬탄하고
　굽은 마음이 있으면 버릴 것을 찬탄하니

◉ 疏 ◉

下別釋中에 二니 初三은 釋隨器別讚章이오 後四는 釋衆行成果章이라 前中에 二니 初 兩偈半은 別釋遵治오 後兩句는 結前生後니 今은 初라 然六度는 成其行이오 四等은 曠其心이며 四等은 多約利他오 六度는 多明自利니 六度는 如初會오 四等은 如下說이라 然並通四隨로되 略擧一治耳니 涅槃云 慳者之前에 不讚布施者는 卽隨樂意也라하니라

【鈔】然並通四隨者는 會經文也니 標章具四어늘 釋但有一者는 蓋是略耳라 故引涅槃하야 以證有四之義니 謂如一布施에 有樂施者勸之는 卽隨樂也오 昔曾修行인댄 能生度善은 卽隨宜也오 因施見理하고 解財如夢하야 心事俱捨는 卽隨義也라

涅槃云 慳者等은 卽三十四經 迦葉菩薩品에 佛告迦葉하사되 我於餘經中에 說五種衆生이나 不應還爲說五種法이니 爲不信者하야 不讚正信이며 爲毁禁者하야 不讚持戒며 爲慳貪者하야 不讚布施며 爲懈怠者하야 不讚多聞며 爲愚痴者하야 不讚智慧니라 何以故오 智者若爲是五種人하야 說是五事면 當知하라 說者 不得名爲具足知諸根力이며 不得名爲憐愍衆生이니라 何以故오 是五種人이 聞是事에 已生不信心·惡心·嗔心이라 以是因緣으로 於無量劫에 受苦果報라하니라 今疏 引之하야 以成今文에 應具四義라 言是隨樂者는 彼不樂故며

亦是不宜讚故니라 】

아래 개별로 해석한 가운데에는 2부분이 있다.

앞의 3수(제4~6) 게송은 '중생의 근기에 따라 개별로 찬탄하는 장[隨器別讚章]'을 해석하였고, 뒤의 4수(제7~10) 게송은 '많은 행이 결과를 성취하는 장[衆行成果章]'을 해석하였다. 앞의 3수 게송에서 제4~5게송과 제6게송의 제1, 2구는 근기를 따라 다스림을 별개로 해석하며, 제6게송의 제3, 4구는 앞의 게송을 끝맺으면서 뒤의 게송에 이어진다.

이는 앞의 제4~5게송과 제6게송의 제1, 2구이다. 그러나 6바라밀은 그 많은 행의 결과를 성취하며, 4무량심[四等]은 그 마음을 비워준다. 4무량심은 대부분 利他로 말하고, 6바라밀은 自利를 밝힌다. 6바라밀은 初會와 같고, 4무량심은 아래에서 말한 바와 같다.

그러나 아울러 4가지 따름[四隨]에 모두 통하지만 간단하게 그 중 하나의 隨台만을 들어 말하였다. 열반경에 이르기를 "인색한 이의 앞에서 보시를 찬탄하지 않는 것은 곧 그가 좋아하는 것을 따르는[隨樂] 뜻이다."고 하였다. 【초_ "그러나 아울러 4가지 따름에 모두 통한다."는 것은 경문을 회통함이다. 전체적으로 말한 2장에서는 四隨를 모두 말했는데, 청량소의 해석에서 하나의 隨台만을 들어 말한 것은 대체로 생략함이다. 이 때문에 열반경을 인용하여 四隨가 있다는 의의를 증명하였다. 예컨대 보시로 베푸는 것을 좋아하는 자를 권함은 곧 그가 좋아하는 일을 따름[隨樂]이며, 전생에 일찍이 수행했다면 바라밀의 선행을 내도록 함은 곧 그에게 알맞은 적절함을 따름[隨宜]이며, 보시로 인하여 진리를 보고 재물이 헛된 꿈과 같음을 깨달아 주체의 마음과 객관 세계의 사물을 모두 놓아버리는 것은 곧 의리를 따름[隨義]이다.

열반경에 이르기를 "'인색한 이의 앞에서 보시를 찬탄하지 않음'이란 곧 34經 迦葉菩薩品에서 부처님이 가섭 존자에게 말씀하신 바이다.

'내가 여타의 경전에서 5가지의 중생에 대해 말한 바 있다. 그러나 또한 그들을 위해 5가지의 법을 말하지 않을 것이다. 믿지 않은 자를 위하여 바른 신심을 찬탄하지 않으며, 계율을 훼손한 자를 위하여 계율을 찬탄하지 않으며, 탐욕스러운 자를 위하여 보시를 찬탄하지 않으며, 게으른 자를 위하여 견문이 많음을 찬탄하지 않으며, 어리석은 자를 위하여 지혜를 찬탄하지 않는다.

무엇 때문인가? 지혜로운 이가 만일 이런 5가지의 중생을 위하여 그와 같은 5가지의 일을 일러준다면 말하는 사람도 모든 根力을 잘 아는 자라고 말하지 못할 것이며, 중생을 가엾이 여기는 자비의 마음이라도 말하지 못한다는 사실을 알아야 한다.

무엇 때문인가? 이런 5가지의 중생에게 그와 같은 일들을 들어 말해주면 믿지 못하는 마음, 악한 마음, 성내는 마음을 낼 것이다. 이와 같은 인연으로 한량없는 세월에 괴로운 과보를 받게 된다.'"고 하였다.

그 청량소에서 이를 인용하여, 그 문장에 대해 4가지의 의의를 제대로 갖추게 되었다.

"그가 좋아하는 것을 따른다[隨樂]."고 말한 것은 그가 좋아하지 않기 때문이며, 또한 당연히 찬탄할 수 없기 때문이다.】

經

如是次第修하면　　　　　**漸具諸佛法**이니라

이와 같이 차례로 수행하면
모든 불법을 차츰차츰 갖추게 된다

● 疏 ●

二는 結前生後中에 上句는 結前이오 下句는 生後라
後四偈는 釋衆行成果中에 各上半喩오 下半合라 然有二義하니 一은 仍前漸具之義하야 便得釋成智爲上首오 二는 正明所用不同일새 故須兼具니라 然攝論第九에 明立六度 通有三意하니 一은 爲除惑故오 二는 爲生起佛法故오 三은 爲成熟衆生故니라 前段은 具初意오 此段은 通具三이니 謂二二合者는 對治別故오 先基後室等은 卽漸具故오 皆爲利他는 卽成熟故니라【鈔_ '一仍前等者는 卽前如是次第修면 漸具諸佛法이니 由仍此言하야 顯智得爲上首니라 '二正明等者는 行本防護일새 與樂別故니라 故須兼具니 前意는 釋印初義이오 此意는 釋印後義니라 '然攝論下는 引論成經하야 通於前後니라】

그다음 제6게송 제3, 4구는 앞의 게송을 끝맺으면서 뒤의 게송을 일으키고 있다. 그 가운데 제3구는 앞의 게송을 끝맺음이며, 제4구는 뒤의 게송을 일으킴이다.

뒤의 4수(제7~10) 게송은 '많은 행이 결과를 성취함'을 해석한 가운데 각각 제1, 2구는 비유이며, 제3, 4구는 법으로 끝맺음이다.

그러나 여기에 2가지 의의가 있다.

(1) 앞의 "불법을 차츰차츰 갖추게 된다."는 의의로 인하여 곧 지혜가 가장 으뜸이라고 해석하고,

(2) 바로 사용하는 대상이 똑같지 않은 까닭에 반드시 모두 갖춰야 함을 밝힌다.

그러나 攝論 제9에서 6바라밀을 성립한 데에는 모두 3가지의 뜻이 있음을 밝히고 있다.

(1) 미혹을 없애기 위한 때문이고,

(2) 불법을 일으키기 위한 때문이며,

(3) 중생을 성숙시키기 위한 때문이다.

앞의 단락에서는 (1) 미혹을 없애기 위한 뜻으로만 말했고, 이 단락에서는 3가지의 뜻을 모두 갖춰 말하였다. (2) 바로 사용하는 대상이 똑같지 않기에 2가지를 모두 종합한 것은 對治가 개별로 다르기 때문이며, '먼저 터를 다지고 뒤에 건물을 올린다.' 등은 곧 불법을 차츰차츰 갖춰야 하기 때문이며, 모두 이타행이 된 것은 곧 성숙한 때문이다. 【초_ "(1) 앞의 '불법을 차츰차츰 갖추게 된다.'는 의의로 인한다." 등이란 곧 앞서 말한 바와 같이 차례대로 닦아가면 모든 불법을 차츰차츰 갖출 수 있다. 이러한 말을 따라서 지혜를 얻어 가장 으뜸이 되었음을 밝혀주었다.

"(2) 바로 사용하는 대상이 … 갖춰야 함을 밝힌다."고 한 것은

行이란 본래 防護의 대상이기에 좋아하는 것과는 다르기 때문이다. 그러므로 반드시 모두 갖춰야 한다. "(1) 미혹을 없애기 위한"이란 뜻은 처음 말한 의의를 해석하여 인증함이며, 여기에서 말한 뜻은 뒤에서 말한 의의를 해석하여 인증하였다.

"그러나 攝論 제9" 이하는 섭론을 인용하여 게송의 경문을 끝맺어 전후 문장이 통하게 하였다.】

經

如先立基堵하고　　　**而後造宮室**인달하야
施戒亦復然하야　　　**菩薩衆行本**이니라

　마치 터전과 담장을 먼저 세우고
　그 뒤에 집을 짓듯이
　보시와 계행 또한 그러하여
　보살의 모든 행의 근본이다

◉ **疏** ◉

文中에 初偈二度는 爲治不發行因이라 故合云行本이니 謂著財不發施하고 著家不發戒故니라 基堵에 有二義하니 一은 基卽是堵니 卽施爲進善之首오 戒爲防惡之初라 竝稱基也니라 二는 堵爲環墻이니 卽檀爲萬行首는 基也오 戒防未非는 堵也니라 宮室者는 解脫이라

　뒤의 4수(제7~10) 게송 가운데, 첫째 제7게송에서 말한 보시바라밀과 지계바라밀은 이런 행을 일으키지 않는 원인의 뿌리를 다

617

스리기 위함이다. 이 때문에 이를 종합하여 '만행의 근본[行本]'이라
고 말했다. 재물에 집착하여 보시의 마음을 내지 못하고, 가정에
집착하여 지계의 마음을 내지 못함을 말한 때문이다.

터전과 담장[基堵]에는 2가지의 뜻이 있다.

(1) 터전이 곧 담장이다. 보시는 선을 닦아가는 첫머리가 되고,
지계는 악을 막아내는 시초가 되기에 이를 모두 '터전'이라 말한다.

(2) 堵란 둘러친 담장이다. 보시는 모든 행의 첫머리가 되기에
터전이고, 지계는 잘못을 범하기 이전에 막아주는 담장이다.

宮室이란 해탈이다.

經

譬如建城郭은　　　　　**爲護諸人衆**인달하야
忍進亦如是하야　　　　**防護諸菩薩**이니라

　비유하면 성곽을 세운 목적은
　백성을 보호하기 위함이듯이
　인욕과 정진 또한 이와 같아
　모든 보살을 보호해준다

◉ 疏 ◉

次偈二度는 已發修行心에 爲治退弱心因故니 謂不能忍生死苦事
하고 長時修助善品이면 有疲怠故어니와 今忍城은 防外惱之敵이오 進
郭은 長內行之衆이니 通說은 則此二 皆能防外養內니라【鈔_ 通說

則此二皆能防外養內者는 諦察法理는 養內德也오 進防懈怠하야 衆魔不入은 防外敵也니라 】

뒤의 4수 게송 가운데, 둘째 제8게송에서 말한 인욕바라밀과 정진바라밀은 앞서 말한 것처럼 이미 수행하려는 마음을 일으켰다면 물러서거나 나약해지려는 마음의 원인을 다스려야 하기 때문이다. 삶과 죽음의 괴로운 일을 참지 못한 채 장시간 선한 일을 닦아가면 반드시 피곤해하거나 게으름을 피우게 마련이다.

여기에서 말한 인욕의 성은 밖에서 들어오는 번뇌의 적을 막아내고, 정진의 성곽은 내면 행의 대중을 키워주는 것이다. 이를 전체로 통하여 말하면, 이처럼 인욕과 정진 2가지는 모두 밖의 적을 막고 내면을 길러주는 것이다. 【초_ "전체로 통하여 말하면, 이처럼 인욕과 정진 2가지는 모두 밖의 적을 막고 내면을 길러준다."고 한 것은, 법의 이치를 자세히 살펴보면 내면의 덕이 길러지고, 정진으로 게으름을 막아내어 수많은 마군이 쳐들어오지 못하게 함으로써 바깥의 적을 막는다는 뜻이다. 】

譬如大力王을　　　　率土咸戴仰인달하야
定慧亦如是하야　　　菩薩所依賴니라

비유하면 큰 힘을 지닌 제왕을
온 누리에서 모두 우러러 받들듯이
선정과 지혜 또한 이와 같아

보살들의 의지할 바이다

◉ 疏 ◉

次偈二度는 治壞失心因故니 謂散亂은 壞靜慮요 邪智는 壞正解故어니와 今菩薩은 定靜惑亂하고 慧鑑萬法하야 動寂自在라 故菩薩 依之以發通慧하고 賴之以證理果하나니 其猶有力之王이 澄淸四海하며 明鑑萬機일세 故率土戴恩하고 天下仰則이니라

뒤의 4수 게송 가운데, 셋째 제9게송에서 말한 선정바라밀과 지혜바라밀은 무너지거나 잃은 마음의 원인을 다스려야 하기 때문이다. 산란한 마음은 고요한 생각을 무너뜨리고 사악한 지혜는 바른 견해를 무너뜨리기 때문이다.

그러나 여기에서 보살은 선정으로 미혹과 산란의 마음을 고요하게 하고, 바른 지혜로 모든 법을 굽어보면서 움직일 적이나 고요할 적에 모두 자재한 까닭에, 보살이 선정과 지혜에 의하여 통달한 지혜를 일으키고, 이에 힘입어 진리의 결과를 증득하는 것이다. 마치 힘 있는 제왕이 사해 천하를 말끔히 다스리고 모든 일을 밝게 비춰 본 까닭에, 온 누리의 사람들이 제왕의 은택을 받들고 천하의 모든 백성이 우러러 법 받음과 같다.

亦如轉輪王이　　　　能與一切樂인달하야
四等亦如是하야　　　與諸菩薩樂이니라

또한 마치 전륜성왕이

모든 즐거움을 주듯이

자, 비, 희, 사 또한 이와 같아

모든 보살에게 즐거움을 준다

◉ 疏 ◉

後一偈는 四等爲因이라 自他安樂하야 招果無盡故니라【鈔_ 招果無盡은 如慈一定이 得十五果니 三地에 當明호리라】

뒤의 4수(제7~10) 게송 가운데, 뒤의 제10게송은 자, 비, 희, 사 4무량심으로 원인을 삼은 터라 나와 남이 모두 평안하고 즐거워 좋은 과보를 불러들임이 그지없기 때문이다.【초_ "좋은 과보를 불러들임이 그지없다."는 것은 慈無量心의 禪定이 15果를 얻음과 같다. 이는 三地에서 다시 밝힐 것이다.】

◉ 論 ◉

第八은 爾時已下에 有五行經은 是文殊이 問智首하사대 如來는 唯一法으로 而得出離시며 又於佛法中엔 以智爲首어늘 何故로 讚歎布施等이 總有十問하니 大意이 明十波羅密과 四無量心이 畢竟無體어늘 何須用爲오 已下에 有十行頌은 是智首菩薩答이시니 如文具明이라 於中 三門은 如前하니

제8. 助道甚深에서 '爾時' 이하 5줄의 경문은 문수보살이 지수보살에게 묻기를 "여래는 오직 하나의 법계로 삼계에서 벗어나셨

으며, 또한 불법 가운데 지혜를 가장 으뜸으로 삼는데, 무슨 까닭에 보시 등을 찬탄했는가."라고 하여, 여기에는 모두 10가지의 물음이 있다. 물음의 큰 뜻은 "10바라밀과 4무량심은 결국 체성이 없는데, 어찌하여 반드시 10바라밀과 4무량심을 필요로 하는 것일까?"라는 점을 밝히고 있다.

아래의 10수 게송은 지수보살의 대답이다. 게송에서 말한 바와 같이 구체적으로 명백하다.

그 가운데 3부분은 앞서 말한 바와 같다.

一은 科頌意者는 此十行頌中에 初一行頌은 歎能問이며 及勸聽이오 已下九行은 一行一頌이니 如文具明이라 智首答意는 明諸助道法으로 隨根遣病이시니 若不修學이면 無性菩提不成이니 如頌中分明擧喩況 說可知라 但須依法하야 有病에 卽治之면 如除堆阜에 道自無碍니 自病已除에 還與人服일세 故藥之與方은 終無捨離니라

(1) 게송의 뜻을 과목으로 나눈다는 것은 10수의 게송 가운데, 제1게송은 묻는 이의 주체인 문수보살을 찬탄하고 자세히 귀담아 듣기를 권하며, 아래의 9수(제2~10) 게송은 1수의 게송마다 각기 다른 뜻을 말하고 있다. 이는 게송에서 말한 바와 같이 구체적으로 명백하다.

지수보살이 게송으로 답한 것은 도에 도움이 되는 모든 법으로 중생의 근기를 따라 병을 없애주는 뜻을 밝히고 있다. 만일 수행하여 배우지 않으면 無性自性공의 보리를 성취할 수 없다. 게송에서 분명하게 비유로 말하였기에 이는 굳이 설명하지 않아도 알 수 있다.

단 법에 의하여 병이 생길 경우에는 곧 이를 다스리면 마치 가로막힌 언덕을 없애면 가는 길에 절로 아무런 장애가 없는 것처럼, 자기의 병을 이처럼 없애면 남들까지도 이런 약을 함께 먹게 되는 까닭에 약과 처방은 끝까지 버리지 않을 것이다.

二는 釋菩薩名者는 名爲智首는 以明智能知根하야 權施法藥호대 四攝과 四無量과 十波羅密과 三十七助菩提分으로 隨病生起增多之處하야 而令服之하야 顯發菩提無作之性하야 漸令依本이 名爲智首라 此是下方世界니 明以施戒忍進定等十波羅密門으로 如地能生發一切白淨之法故라 世界 名頗梨는 此是白色이니 如水精寶色이요 佛號梵智者는 明心如大地하야 荷負萬有호대 常安靜故니 梵者는 淨也라

(2) 보살의 명호를 해석함에 있어 보살의 명호를 '智首'라 한 것은, 보살의 지혜가 육근을 잘 알아서 방편으로 법의 약을 조제하되 四攝, 四無量, 十波羅密, 三十七助菩提分으로써 병이 생겨 더욱 심해가는 환부를 따라서 중생으로 하여금 그들에게 알맞은 처방의 약을 복용하도록 하여 보리지혜의 조작 없는 자성을 밝혀, 차츰차츰 중생으로 하여금 근본자리에 의지하도록 하였기에 그의 명호를 '지수보살'이라 부르게 된 것이다.

이는 중생이 머무는 아래 세계이다. 따라서 보시, 지계, 인욕, 선정 등 10바라밀 법문으로써 그 땅과 같이 일체 순백청정의 법이 발생하게 함을 밝힌 것이다. 세계의 이름이 '頗梨'임은 백색이기 때문이다. 이는 수정의 빛깔과 같다. 불호를 '梵智'라 한 것은 마음이 대지와 같아서 모든 것을 실어주면서도 언제나 평안하고 청정함을

밝힌 때문이다. 梵이란 곧 청정이다.

三은 配隨位因果者는 還以自心本不動智佛로 爲因하고 進修得心智寂靜으로 爲果하니 表地體安靜故라

(3) 지위에 따른 인과에 짝하였다는 것은 자기 마음의 근본부동지불로써 원인을 삼고, 이에 닦아나가 마음의 지혜에 寂靜을 얻음으로써 결과를 삼은 것이다. 이는 땅의 본체가 평안하고 고요하기 때문이다.

第九는 一道甚深이니
亦名一乘이라 先은 問이라

　　제9. 하나의 도가 지극히 깊다
　　또한 일승이 지극히 깊다고도 말한다.
　　(1) 문수보살의 물음

經

爾時에 文殊師利菩薩이 問賢首菩薩言하사대 佛子야 諸佛世尊이 唯以一道로 而得出離어시늘 云何今見一切佛土의 所有衆事가 種種不同이니잇고 所謂世界와 衆生界와 說法과 調伏과 壽量과 光明과 神通과 衆會와 敎儀와 法住가 各有差別이니 無有不具一切佛法하고 而成阿耨多羅三藐三菩提者니이다

그때 문수사리보살이 현수보살에게 물었다.

"불자여, 모든 부처님 세존께서 오직 한 가지 길로 삼계에서 벗어나셨는데 어찌하여 이제 보니 일체 부처님 국토에 있는 여러 가지 일들이 가지가지로 똑같지 않습니까?

이른바 세계, 중생계, 설법, 조복, 수명, 광명, 신통, 대중의 법회, 가르침의 의식, 불법의 머무름이 각각 차별이 있습니다. 모든 불법을 갖추지 않고서는 아뇩다라삼먁삼보리를 성취한 자가 없습니다."

● 疏 ●

問中에 標問賢首者는 至道柔順故라 又賢猶直善이니 佛佛皆同 一直道故오 二는 正顯問端中에 三이니 初는 標宗案定이니 謂佛佛所乘이 同觀心性하고 萬行齊修하야 自始至終히 更無異徑일세 故云一道니 此理共許니라
二 '云何下'는 正設疑難이니 先總後別이라 前中에 謂因道旣一인댄 果應不別이어늘 云何現見佛刹等殊아 爲果異故로 因非一耶아 爲因一故로 無異果耶아 若雙存者인댄 卽因果相違니라

(1) 현수보살에게 질문을 한 것은 지극한 도가 유순한 때문이다. 또한 賢은 直善이라는 말과 같다. 하나하나 부처님들이 모두 똑같이 直道이기 때문이다.

(2) 바로 물음의 실마리를 나타낸 가운데 3가지의 의의가 있다.

① 종지를 나타내어 안건을 정립한다. 하나하나 부처님들이 지

닌 바는 똑같이 心性을 관하고 만행을 닦아 처음부터 끝까지 다시는 다른 길이 없기 때문에 이를 '一道'라 말한다. 이러한 이치는 모두가 다 인정하는 바이다.

② '云何' 이하는 바로 의문의 논란을 펼친다. 앞[云何今見…種種不同]에서는 총체로, 뒤[所謂世界…各有差別]에서는 개별로 말하였다.

앞에서 말한 가운데 원인이 되는 도가 그처럼 하나라면 결과도 당연히 차이가 없어야 하는데 어찌하여 현재 부처님의 세계에 온갖 차이를 볼 수 있는 것일까? 이러한 의문 때문에 원인이 한 가지가 아닐까? 원인이 하나로 똑같기 때문에 다른 결과가 없는 것일까? 만일 2가지를 모두 함께 말한다면 곧 因果가 서로 어긋남이 있다.

下는 別辨十事니 一은 界有染淨等殊요

아래는 10가지의 일을 개별로 논변함이다.

㉠ 세계에 오염과 청정 등의 차이가 있다.

二는 居人善惡等異요【鈔_ '二居人'者는 等取或唯地上이며 或有地前이며 或通此二며 或三乘一乘等也니라】

㉡ 거주하는 사람들의 선악 등의 차이가 있다.【초_ "㉡ 거주하는 사람"이란 혹은 오직 地上에 있으며, 혹은 地前에 있으며, 혹은 지상과 지전 2가지를 모두 통하며, 혹은 삼승과 일승 등을 똑같이 취한다.】

三은 諸乘等別하고 廣略等殊요【鈔_ '三諸乘等別은 或有國土說一乘하고 或二或三하고 或四五하고 如是乃至無有量이요 或廣略者는 如釋迦如來는 廣制戒學하고 迦葉即略하며 乃至有佛夢中說法이라】

㉢ 여러 승들의 차별이 있고 자세하고 간략함 등의 차이가 있다.【초_ "㉢ 여러 승들의 차별"이란 어떤 국토에서는 一乘을, 어떤 국토에서는 二乘, 三乘, 四乘, 五乘을 말씀하셨고 내지 이와 같이 한량없는 乘에 이르렀음을 말한다.

혹은 "자세하고 간략함 등의 차이가 있다."고 말한 것은 석가여래는 널리 戒學을 제정한 반면, 가섭 존자는 이를 생략하였고 내지 어떤 부처님은 꿈속에서 설법하기도 하였음을 말한다.】

四는 或三學調伏하고 或强頓折伏이오【鈔_ '四或三學調攝'은 卽用前乘教等하야 調攝衆生호되 或戒調練하고 或定以柔伏하고 或慧以攝御니라 言'强軟者'는 卽勝鬘意니 已如上引이라 淨名에 亦云此土衆生이 剛强難化일새 故佛爲說剛强之語하사 以調伏之하시니 言是地獄이오 是畜生이오 是餓鬼오 是愚人行이오 是身邪行이오 是身邪行報等이라하니 譬如象馬 懭悷不調어든 加諸楚毒하야 乃至徹骨이라야 然後調伏이니라】

㉣ 혹은 三學으로 조복하기도 하고, 혹은 강경하고 유연함으로 중생을 겪어 굴복시켰다.【초_ "㉣ 혹은 三學으로 조복했다."는 것은 곧 앞서 말한 乘과 敎 등을 사용하여 중생을 조복하고, 혹은 계율로 조복하고, 혹은 선정으로 부드럽게 조복하고, 혹은 지혜로써 다스리는 것이다.

"강경하고 유연함"이라 말한 것은 승만경에서 말한 뜻으로, 이는 위에서 인용한 바와 같다. 유마경에 또 이르기를 "이 땅에 사는 중생이 뻣뻣하여 교화하기 어려운 까닭에 부처님이 그들을 위해 강한 어조로 말하여 그들을 조복시켰다. 이는 지옥이며, 이는 축생이며, 아귀이며, 어리석은 이의 행동이며, 자신의 삿된 행동이며, 자신의 삿된 행동에 의한 과보 등이라 말하였다. 이를 비유하면 코끼리와 말의 성질이 사나워서 말을 듣지 않으면 온갖 혹독한 고초를 가하거나 뼛속까지 사무친 고통을 통하여 길들이는 것과 같다."고 하였다.】

五는 壽有修短이오【鈔_ '五或壽有修短者는 如佛名經第七에 說호되 '梵聲佛은 壽十億歲오 月面佛은 壽一日一夜'라하고 智度論에 說호되 '須扇多佛은 朝現暮寂하고 阿彌陀佛은 壽命無量無邊阿僧祇劫이오 釋迦壽命은 不滿百年'等이라】

㉤ 수명에는 장수와 단명의 차이가 있다.【초_ "㉤ 수명에는 장수와 단명의 차이가 있다."는 것은 불명경 제7에 말하기를 "범성불의 수명은 10억 세이지만 월면불의 수명은 하루 밤낮이다."고 하며, 지도론에서는 "수선다불의 수명은 아침에 나왔다가 저녁이면 사라지고, 아미타불의 수명은 한량없고 그지없는 아승기겁이요, 석가모니의 수명은 백 년이 채 되지 않는다." 등을 말한다.】

六은 光明或色相不同이며 或常放具闕이며 或照有遠近이오

㉥ 광명의 색상이 똑같지 않기도 하고, 혹은 항상 방광하거나 전혀 없기도 하고, 혹은 광명의 비춤에 원근의 차이가 있다.

七은 隨染淨土하야 居人異故로 現通亦殊오

㉦ 오염된 국토와 청정한 국토에 따라서 거주하는 사람이 다른 까닭에 신통을 나타낸 바 또한 차이가 있다.

八은 衆會異者 此有三種하니 一 多少오 二 會數오 三 凡聖大小오【鈔_ '一多少'者는 或菩薩多 聲聞少하고 或反此하고 或俱多俱少라 故世界成就品에 明佛出호되 云'或化多衆生하고 或調伏少衆生'等이라하며 佛名經에 說호되 彌留勝王佛은 初會聲聞이 八十億百千那由他'等이라하니 斯卽多也니라

'二會數者'는 如佛名經第七에 云彌留勝王佛은 四會說法하고 華勝佛은 一會說法하고 聲德佛은 三會說法하고 放燄佛은 十會說法이라하고 或一經多會說은 如華嚴般若오 或一會說多經은 如無量義 法華오 彌勒世尊의 龍華三會와 七佛說法이 會數不同이라

'三凡聖大小'는 或集聲聞等이오 或唯菩薩이오 或三乘同會等이라 】

◎ 여러 법회에 차이가 있는 것은 여기에 3가지가 있다.

첫째, 많고 적은 대중의 차이,

둘째, 법회의 수효 차이,

셋째, 범인, 성인, 대인, 소인의 차이이다.【초_ "첫째, 많고 적은 대중의 차이"라는 것은, 혹은 보살이 많고 성문이 적으며, 혹은 이와 반대이며, 혹은 모두 많거나 모두 적기도 함을 말한다. 이 때문에 세계성취품에서 부처님이 나오심을 밝혀 이르기를 "혹은 많은 중생을 교화하고 혹은 적은 중생을 조복하는" 등이라 하며, 불명경에서 말하기를 "미류승왕불은 첫 법회에 성문이 80억 백천 나유타" 등이라 하였다. 이는 많음을 말한다.

"둘째, 법회의 수효 차이"에 관하여 불명경 제7에 이르기를 "미류승왕불은 4會 설법하고, 화승불은 1회 설법하고, 성덕불은 3회

설법하고, 방염불은 10회 설법했다."고 하며, 혹은 하나의 경전을 여러 법회에서 설법한 것으로는 화엄경, 반야경 등과 같고, 혹은 한 법회에서 여러 경전을 설법한 것으로는 무량의경, 법화경 등과 같으며, 미륵세존의 龍華 3회와 七佛 설법이 법회 수효가 똑같지 않다고 하였다.

"셋째, 범인, 성인, 대인, 소인의 차이"란 혹은 성문 등이 모였고, 혹은 오직 보살만, 혹은 삼승이 다 함께 법회에 참석한 등이다.】

九는 敎儀者는 如此土에 以音聲爲敎이어니와 香積에 以衆香敎化等이오

㉛ 가르침의 의식이란 이 국토에서는 음성으로 가르쳤지만, 향적국에서는 여러 가지의 향기로 교화하는 등의 차이가 있다.

十은 法住者는 有久近故라

各有差別者는 通上十位니라【鈔_ '十法住久近者'는 如法華說호되 '華光佛은 正法住世 三十二小劫이오 像法住世 亦三十二小劫이오 若光明佛은 正像 各二十小劫이오 山海慧自在通王佛은 壽無量千萬億阿僧祇劫이오 正法住世는 復倍壽命하고 像法住世는 復倍正法이라하니 則正法은 二無量千萬億阿僧祇劫이오 像法도 亦爾니라】

㉜ 불법의 머무름에 있어 장기간과 단기간의 차이가 있기 때문이다.

'各有差別'이란 위의 10位에 모두 통한다.【초_ "㉜ 불법의 머무름에 있어 장기간과 단기간의 차이가 있다."는 데 대하여 법화경에 말하기를 "화광불은 정법의 세계에 32小劫을 머물렀고 像法의 세계에서도 또한 32소겁을 머물렀으며, 광명불의 경우 정법과 상

법의 세계에 각각 20소겁을 머물렀으며, 산해혜자재통왕불의 수명은 한량없는 천만억 아승기겁이며, 정법의 세계에 머물 때에는 다시 그 수명이 곱절이나 많았고, 상법의 세계에서는 다시 정법 세계의 곱절이나 많았다."고 하였다. 정법이 곧 2무량 천만억 아승기겁이요, 상법도 또한 그와 같다.】

然이나 若約一佛十事各不同者인댄 德首已明이어니와 今問諸佛十事互望不同耳라【鈔_ 然若約一佛下는 二揀濫也니 恐人誤謂호되 一佛一因而有多果일새 故爲此揀이니 明此是多佛同修一因이어늘 何以見果種種差別가 一佛證一而果異者는 如前已明이니 謂文殊問德首云如來所悟는 唯是一法이어늘 云何乃說無量諸法하며 現無量刹이며 化無量衆等이라 故云德首已明이라하니라】

그러나 한 분 부처님의 10가지 일이 각기 다른 것으로 말하면 덕수보살이 이미 밝혔지만, 여기에서는 여러 부처님의 10가지 일이 서로서로 똑같지 않은 점을 물은 것이다.【초_ "그러나 한 분 부처님의 10가지" 이하는 둘째, 잘못된 부분을 가려낸 것이다. 사람들은 이렇게 잘못 말을 한다.

"한 분 부처님이 하나의 원인으로 많은 과보가 있다."

이처럼 잘못 말할까 두려운 마음에 이를 분별한 것이다. 이는 많은 부처님이 똑같은 하나의 원인을 닦았음에도 어찌하여 가지가지 다른 과보를 얻은 것일까? 이런 점을 밝힌 것이다.

한 부처님이 증명한 것은 하나이지만 과보가 다른 것은 앞에서 이미 밝힌 바와 같다. 문수보살이 덕수보살에게 묻기를 "여래의 깨달은 바가 오직 하나의 법인데 어찌하여 이에 한량없는 수많은 법을 말씀하시며, 한량없는 국토에 몸을 나타내시며, 한량없는 중생을 교화하는가." 등이다. 이 때문에 "덕수보살이 이미 밝혔다."고 말한 것이다.】

第三 '無有 下는 結成前難이니 謂若諸佛於因行法에 有具不具인댄 可有刹等不同이어니와 今皆同具어늘 刹等那別고 同具는 卽是一道니라 第二答中에 意云 非唯因同이라 果德亦同이니 而見異者는 隨機感耳오 非佛自位而有差別이니라 何者오 諸佛因果는 具同異故니 謂同滿行海는 是同因也오 將此同因하야 隨所調伏種種廻向應機之果는 是異因也라 由此異因하야 感差別果하고 由上同因하야 同感眞應身土等果라 是則約佛인댄 卽同能隨異오 約機인댄 同處而見異니 以生就佛이면 雖異而常同이오 以佛就生이면 雖同而見異오 以佛望佛이면 能異之必同이니 其猶錦窠 常同常異니라

③ '無有' 이하는 앞의 논란을 끝맺는다. 만일 제불이 因行法을 갖추었느냐, 갖추지 못했느냐에 차이가 있다면 국토 등이 똑같지 않겠지만, 여기에서는 모두 함께 똑같이 갖췄음에도 국토 등이 어찌하여 개별로 다르냐는 점이다. 모두 함께 똑같이 갖췄다는 것은 곧 하나의 도이다.

②의 대답에서 말한 뜻은 오직 원인만 같을 뿐 아니라 과보의 덕 또한 같다. 차이가 난 것이라면 기연의 감촉을 따른 것이지, 부처님의 그 자체 지위에 차별이 있는 게 아니다.

왜냐하면 제불의 인과는 같고 다른 점을 모두 갖추고 있기 때

문이다. 하나의 行海가 완성되어 원만함은 똑같은 원인이다. 이처럼 똑같은 원인을 가지고서 조복할 바를 따라서 가지가지 다른 방편으로 중생의 근기에 상응하는 결과에 회향함은 각기 다른 원인이다. 이처럼 각기 다른 원인에 의하여 차별의 결과를 얻게 되고, 위의 똑같은 원인에 의하여 똑같은 眞身, 應身, 국토 등의 과보를 받는 것이다.

 이는 부처님으로 말하면 똑같은 데에서 차이점이 따르고, 근기로 말하면 같은 곳에서 차이점을 볼 수 있다. 중생으로서 부처님의 자리를 말하면 비록 다르지만 언제나 똑같고, 부처님으로서 중생의 입장에서 말하면 비록 똑같지만 차이점이 있으며, 부처님으로서 부처님을 바라보면 다르기도 하지만 반드시 똑같다. 마치 비단 뭉치가 언제나 똑같기도 하고 언제나 각기 다른 것과 같다.

二는 答이라

 (2) 현수보살의 게송 대답

經

時에 賢首菩薩이 以頌答曰

 그때 현수보살이 게송으로 답하였다.

文殊法常爾하야   法王唯一法이니

一切無碍人이　　　　一道出生死니라

　문수여, 법이란 항상 그러하여
　법왕은 오직 하나의 법
　모든 것에 걸림 없는 사람이
　한길로 생사에서 벗어나느니

一切諸佛身이　　　　唯是一法身이며
一心一智慧니　　　　力無畏亦然이니라

　일체 제불의 몸이
　오직 하나의 법신
　하나의 마음, 하나의 지혜이니
　힘과 두려움 없음 또한 그와 같다

● 疏 ●

偈中에 義理多含故로 文勢非一이어니와 且分爲二니 初二偈는 印其立宗하야 明眞身無二오 餘偈는 答其疑難하야 辨應有異同이라
今初 初句는 總印이니 先標文殊者는 警其聽受오 法常爾者는 明因果無異 法爾常規오 餘顯一相이라 略明四一이니 初句는 法一이니 以法常故로 諸佛亦常이오 次句는 人一이오 次句는 因一이오 後偈는 果一이라
略擧其五니 一者는 身一이니 此有二義니 謂若約所證法界爲身인댄 則體同爲一이어니와 若兼能證無㝵碍智爲身인댄 卽相似名一이라 下에 旣別明心智니 則正當初意나 然體同義異라 二는 心一이니 八識心

王을俱不可知故니라 三은智慧一이니四智·三智·二智·一智皆無別故니라 四는十力一이오 五는無畏一이니此五亦略攝諸德이니라 【鈔 '略明四一'者는上以因一로難於果異어니와今此且明因果一相이라 '然體同義異'者는通妨이니恐有難云旣取初義體同爲一인댄則一佛證時에一切皆證이 若約出現인댄實如所難이라佛見衆生皆已證竟이어니와今約現事일새故爲此通이니以體就能에有證未證이라千燈一室에所照同空이니以燈就空이면空體無二어니와以空就燈이면有照未照오隨燈各取면各屬本燈이니佛義亦爾니라 '八識心王'等者는以非佛無心이라但深妙玄奧하야難知相耳라故出現品에云如來心意識을俱不可得이로되但以智無量故로知如來心이라하니旣云知如來心인댄則非無心矣니라彼有十相하야一一皆云'是爲如來心第一相'等이니諸菩薩摩訶薩은應如是知니라하니今取佛佛之心皆不可知라故名一耳니라】

게송은 여러 가지의 이치를 함축하고 있기에 문맥이 한 가지가 아니지만 2부분으로 나누어 말하고자 한다.

첫 부분의 2수(제1~2) 게송은 내세운 종지를 인증하여 眞身이 둘의 차이가 없음을 밝히고, 나머지 8수(제3~10) 게송은 문수보살이 물었던 의문에 답하여 應身의 다르고 같은 점이 있음을 논변하였다.

첫 부분의 2수 게송 가운데, 첫째 제1게송의 제1구는 총체로 인증한다. 먼저 문수보살을 나타낸 것은 문수보살에게 잘 귀담아 들어야 함을 경계하고, '法常爾'란 인과에 차이가 없는 법이 그처럼 일정한 법임을 밝힌 것이며, 나머지 구절은 一[法一·人一 등]의 양상을 밝힌 것이다.

간단하게 4가지의 一[法·人·因·果]을 밝히면 다음과 같다.

제1구는 법이 하나[法一]이다. 법이 영원한 까닭에 제불 또한 영원하다.

제2구는 사람이 하나[人一]이며,

제3구는 원인이 하나[因一]이며,

제4구는 과보가 하나[果一]이다.

간단하게 그 5가지를 들어 말하면 다음과 같다.

(1) 몸의 하나. 여기에는 2가지의 의의가 있다. 만일 증득할 대상의 법계를 자아의 몸으로 삼으면 곧 몸이 똑같아서 하나가 되지만, 만일 증득의 주체인 걸림 없는 지혜를 겸하여 나의 몸을 삼는다면 곧 똑같이 되어 '하나[一]'라고 말한다. 아래에 이처럼 마음과 지혜를 개별로 밝히고 있다. 이는 곧 제1게송의 뜻에 해당된다. 그러나 몸은 같지만 그 뜻은 다르다.

(2) 마음의 하나. 八識心王을 모두 알 수 없기 때문이다.

(3) 지혜의 하나. 四智, 三智, 二智, 一智가 모두 차별이 없기 때문이다.

(4) 十力의 하나,

(5) 無畏의 하나이다.

이 5가지 또한 간단하게 모든 덕을 포괄하고 있다. 【초_ "간단하게 4가지의 一을 밝힌다."는 것은, 위에서는 인연이 하나[因一]로써 과보의 차이를 논란하였지만 여기에서 이는 또한 인과가 하나의 양상임을 밝힌 것이다.

"그러나 몸은 같지만 그 뜻은 다르다."는 것은 전체의 논란이다. 어떤 사람이 묻기를 "앞서 처음 말한 의의가 몸이 똑같아 하나임을 취했다면, 그것은 곧 한 분의 부처님이 증득할 때에 일체중생이 모두 증득했다."고 말할까 두렵다. 만일 부처님의 출현으로 말한다면 실로 논란한 바와 같다. 부처님은 중생이 모두 이미 증득한 사실을 보았겠지만, 여기에서는 현재의 일을 가지고 말한 때문에 이처럼 통하여 말한 것이다. 몸의 입장에서 말하면 증득과 증득하지 못함이 있다. 1천 개의 등불이 하나의 방을 비추는 바는 한 가지 똑같은 허공이다. 등불로써 허공에 나아가 말하면 허공 자체는 둘의 차이가 없겠지만, 허공으로써 등불의 입장에 나아가 말하면 비추는 곳과 비추지 못한 곳이 있고, 등불을 따라 각각 취하면 각각 本燈에 속한다. 부처님과 의리 또한 이와 같다.

'팔식심왕' 등이란 부처님의 무심함이 아니라 매우 미묘하고 몹시 심오하여 알기 어려운 모습이다. 이 때문에 여래출현품에서 이르기를 "여래의 心意識을 모두 알 수 없으나 단 지혜가 한량없기 때문에 여래의 마음을 안다."고 하였다. 이처럼 "여래의 마음을 안다."고 말한 것으로 보면 이는 무심이 아니다. 부처님께는 10가지의 모습이 있어 하나하나 모두 이르기를 "이는 여래 마음의 제1의 모습 등이다. 모든 보살마하살이 마땅히 이처럼 알아야 한다."고 하였다. 여기에서는 부처님과 부처님들의 마음을 모두 알 수 없다

는 점을 취한 까닭에 '마음의 하나[心一]'라고 명명하였다.】

經
如本趣菩提에　　　　　所有廻向心하야
得如是刹土와　　　　　衆會及說法이니라

　　처음 보리지혜 나아갈 때에
　　지녔던 회향심처럼
　　이와 같은 세계와
　　대중법회와 설법을 얻느니

一切諸佛刹이　　　　　莊嚴悉圓滿이나
隨衆生行異하야　　　　如是見不同이니라

　　일체 모든 부처님의 세계가
　　장엄이 모두 원만하지만
　　중생의 수행 차이에 따라
　　이와 같이 보는 것이 똑같지 않다

● 疏 ●

二答疑難中에 分二니 初二偈는 總明隨機見異라 於中에 前偈約佛이오 後偈約機니
前中은 卽隨本異因하야 爲物廻向 各得差別일세 故云如是라하니 如是는 卽差別之義也니라 略擧十中三事耳니 卽隨所化衆生而取佛土니라

後偈約機者는 約佛인댄 則刹等皆圓이어니와 約機인댄 隨行見別이니 如直心爲行이면 則見不諂之國이라 故衆生之類 是菩薩佛土니라

나머지 8수(제3~10) 게송 가운데, 둘째 의문에 답한 것은 다시 2부분으로 나뉜다. 처음 제3~4게송은 총체로 근기에 따른 견해의 차이를 밝힌다. 그 가운데 제3게송은 부처님으로 말하였고, 제4게송은 중생의 근기로 말하였다.

앞에서는 본래 원인의 차이에 따라서 중생을 위해 회향함이 각각 차별이 있다. 이 때문에 '이와 같다[如是]'고 말하였다. '이와 같다'는 것은 곧 차별의 의의이다.

간단하게 10가지 가운데 3가지 일만을 들어 말한 것이다. 곧 교화의 대상인 중생을 따라서 제4게송 제1구에서 '부처님의 세계[佛土]'를 취한 것이다.

"제4게송은 중생의 근기로 말하였다."는 것은 부처님으로 말하면 부처님의 세계 등이 모두 원만하지만, 중생으로 말하면 중생의 수행을 따라 차별을 볼 수 있다. 정직한 마음으로 수행하면 곧 아첨하지 않는 나라에 태어나게 되는 것과 같다. 이 때문에 중생의 무리가 머문 땅이 보살불국토이다.

佛刹與佛身과　　　　衆會及言說이여
如是諸佛法을　　　　衆生莫能見이니라

　부처님 세계와 부처님 몸

대중법회와 그 말씀이여
이와 같은 모든 불법을
중생은 보지 못한다

⦿ 疏 ⦿

餘六偈는 展轉釋疑니 分四라 初一偈는 有疑云若皆圓滿인댄 何以不見고 答意云衆生不見이나 豈得云無리오 然有三義하니 一은 約他受用이면 則地前凡小衆生不見이오 二는 約自受用이면 則等覺·衆生 亦皆不見이오 若約卽應同眞이면 權敎菩薩 不見이라【鈔_ 答意云衆生不見者는 卽同淨名經에 云爾時에 舍利弗이 承佛威神하야 作是念호되 若菩薩心淨하면 則佛土淨者인댄 我世尊 本行菩薩道時에 意豈不淨이완대 而是佛土不淨 若是아 佛知其意하고 卽告舍利弗하사되 日月이 豈不淨耶완대 而盲者不見가 對日 不也니이다 世尊하 是盲者過오 非日月咎니라 舍利弗이여 衆生罪故로 不見如來佛國嚴淨이니 非如來咎니라 舍利弗이여 我此土淨이어늘 而汝不見가하니 卽其義也니라】

둘째 의문에 답한 중에 나머지 6수(제5~10) 게송은 줄곧 이리저리 굴려가면서 의문을 풀이하였다.

나머지 6수 게송은 4부분으로 구분된다. 이의 첫 제5게송은 의문을 가지고서 "만일 모두 불국토의 장엄이 원만하다면 어찌하여 중생이 이를 보지 못한 것일까?"라고 말한 까닭에 이에 대해 답하기를 "중생이 보지 못할지라도 어떻게 이런 원만 장엄이 없다고 말할 수 있겠는가."라고 하였다.

그러나 여기에는 3가지 의의가 있다.

(1) 타수용신으로 말하면 곧 地前의 범인과 중생이 보지 못한다.

(2) 자수용신으로 말하면 곧 等覺과 중생 모두 보지 못한다.

(3) 응신과 하나가 된 진신으로 말하면 權敎菩薩이 보지 못한다. 【초_ "답하기를 '중생이 보지 못할지라도'"와 관련 지어 유마경에서 다음과 같이 말하였다.

"그때 사리불이 부처님의 위신력을 받들어 이런 생각을 하였다.

'만일 보살의 마음이 청정하면 곧 부처님의 세계가 청정하다 할 경우, 우리 세존께서 본래 보살도를 행할 때에 그 마음이 어찌 청정하지 못했을까? 그럼에도 부처님의 세계가 그처럼 청정하지 못했던 것은 무엇 때문일까?'

부처님께서 사리불의 의심하는 마음을 아시고 곧 그에게 말씀하셨다.

'태양과 달이 어찌 밝지 않겠는가? 그럼에도 맹인은 왜 보지 못한 것일까?'

'아닙니다. 세존이시여, 이는 맹인의 잘못이지, 태양과 달의 잘못이 아닙니다.'

'사리불이여, 중생이 업보의 죄 때문에 여래의 장엄 청정한 불국토를 보지 못하는 것이지, 여래의 잘못이 아니다. 사리불이여, 나의 이 국토가 청정함에도 그대가 이를 보지 못한 것이다.'"

곧 이와 같은 의의이다.】

其心已淸淨하고　　　　諸願皆具足한
如是明達人이라야　　於此乃能覩니라

그 마음이 이미 청정하고

많은 서원이 모두 구족한

이처럼 밝게 통달한 사람만이

이를 볼 수 있으리

● 疏 ●

次偈 有疑云 若皆不見인댄 何以知有오 釋云 有見者故니라 亦有三義하니 初는 則淨意樂地已去에 由願自在力故로 見他受用이오 二는 淨無塵習하고 普賢願滿이라야 方見自受用이오 三은 圓解之人을 則名心淨이라 卽應見眞이니 意在初後오 義兼中間이니라

나머지 6수(제5~10) 게송의 4부분 가운데, 다음 제6게송은 "만일 모두 보지 못한다면 어떻게 이런 것이 있는 줄을 아는 것일까?"라고 의심하여 물어왔기에 이에 대해 "이를 볼 수 있는 명철한 자가 있기 때문이다."고 풀이하였다.

여기에는 또한 3가지의 의의가 있다.

(1) 淨意樂地를 증득하여 들어간 이후 서원의 자재력으로 말미암아 타수용신을 볼 것이며,

(2) 청정하여 번뇌의 습기가 없고 보현보살의 서원이 원만해야 비로소 자수용신을 볼 것이며,

(3) 원만한 견해를 지닌 사람은 곧 마음이 청정하다고 말할 수 있다. 應身에서 眞身을 볼 것이다.

여기에서 말한 뜻은 '(1) 淨意樂地'와 '(3) 원만한 견해'에 있고, 그 의의는 '(2) 청정하여 번뇌…'까지 겸하였다.

經

隨衆生心樂과　　　　及以業果力하야
如是見差別하니　　　此佛威神故니라

　중생이 좋아하는 마음과
　할 수 있는 업, 받을 수 있는 과보의 역량에 따라서
　이와 같은 차별을 보여주니
　이것이 부처님의 위신력이다

● 疏 ●

三有一偈는 疑云 '若應由物見인댄 何名佛土오' 釋云 佛威神故라하니 則知生佛共成이니 旣攬同成異인댄 亦稱體成益이니라【鈔_ '旣攬同成異'等者는 旣是如來 將其同因하야 以取異果라 故令圓機로 卽應見眞이라 故云 '稱體成益'이라하니라】

　나머지 6수 게송의 4부분 가운데, 셋째 제7게송은 의심하여 "만일 응신이 중생을 어떻게 보느냐에 따른 것이라면 어떻게 부처님의 세계라고 말할 수 있을까?"라고 물어왔기에 이에 대해 "부처님의 위신력 때문이다."고 풀이하였다. 그것은 중생과 부처님이 함께 성취한 것이다. 이처럼 똑같은 것을 가지고서 차이점을 형성했다면 또한 본체에 걸맞은 이익을 성취하였다는 점을 알아야 한다.【초_ "이처럼 똑같은 것을 가지고서 차이점을 형성했다." 등에서, 이미 여래께서 중생과 똑같은 원인을 가지고서 남다른 과보를 얻은 때문에 원활한 機鋒[圓機]으로 應身에서 眞身을 본 것이다. 이 때문에 "본체에 걸맞은 이익을 성취하였다."고 말하였다.】

經

佛刹無分別이며 　無憎無有愛로대
但隨衆生心하야 　如是見有殊니라

　부처님의 세계는 차별이 없으며
　미움도 사랑도 없지만
　단 중생의 마음을 따라서
　이와 같이 차이가 있음을 볼 수 있다

以是於世界에 　所見各差別이니
非一切如來 　大仙之過咎니라

　이 때문에 세계 일체중생의
　보는 바가 각각 다르다
　모든 여래와
　부처님[大仙]의 잘못이 아니다

一切諸世界에 　　　　所應受化者는
常見人中雄하나니　　諸佛法如是니라

　일체 모든 세계에
　교화를 받을 수 있는 사람은
　사람 중의 영웅이신 부처님을 항상 보나니
　모든 부처님의 법이 이와 같다

◉ 疏 ◉

四有三偈는 釋疑云'上云衆生不見淨刹'이라하고 又云'佛神力令異'라하니 爲刹體處別가 佛有分別耶아 故釋云'刹實同處오 佛亦無心이로되 物自見異耳'라하니라 於中初半은 顯實云'刹無分別이오 佛無憎愛'라하니 分別은 卽差別義라 故晉經云'佛刹無異相이오 如來無憎愛'라하니 若順今經인댄 亦可此二는 通佛及刹이니라
次半偈는 明異自在物이오 次半偈는 明正見刹異오 次半偈는 彰非佛咎니라 次三句는 釋佛無憎愛니 有感便現이라 非佛有愛오 無感不見이라 非佛有憎이니라 末後一句는 總結이니 一切諸佛 法皆如是라 隨機隱顯이나 眞體常存이니 亦通結一段이니라

　나머지 6수 게송의 4부분 가운데, 넷째 제8~10게송의 3수는 의문에 대해 다음과 같이 해석하였다.

　위에서 "'중생이 청정세계를 보지 못한다.'고 하였고, 또한 '부처님의 위신력 때문에 중생에 따라 차이를 두어 교화하였다.'고 하였다. 세계 자체의 장소에 차별이 있는 것일까? 부처님이 분별을

두신 것일까?"라고 의문을 가졌기에 이에 대해서 "세계는 실로 똑같은 곳이요, 부처님 또한 무심하지만 중생이 스스로 달리 보는 것이다."고 해석한 것이다.

그중에 제8게송의 제1, 2구는 실상을 밝혀 이르기를 "부처님의 세계는 분별이 없고, 부처님은 미움도 사랑도 없다."고 하였다. '분별[佛刹無分別]'이란 차별이라는 뜻이다. 이 때문에 晉經에 이르기를 "부처님의 세계는 다른 모습이 없고, 부처님은 미움도 사랑도 없다."고 말하였다. 지금의 화엄경을 따른다면 또한 이 2가지는 부처님과 부처님의 세계에 모두 통한다. 제3, 4구는 차별이 자재한 존재임을 밝힌 것이다.

제9게송의 제1, 2구는 바로 세계의 차별이 있다고 보는 중생의 입장을 밝혀주었고, 제3, 4구는 그것은 부처님의 잘못이 아님을 밝혀주었다.

제10게송의 제1~3구는 부처님은 미움도 사랑도 없다고 해석하였다. 불러주면 곧 몸을 나타내어 보일 뿐이어서 부처님의 마음에 사랑이 있는 것이 아니요, 불러주지 않으면 몸을 나타내어 보여주지 않기에 부처님의 마음에 미움이 있는 것도 아니다. 제4구는 총체로 끝맺는다. 일체 제불의 법이 모두 이와 같다. 機緣에 따라 몸을 보여주기도 하고 숨기기도 하지만 眞體는 언제나 존재한다. 이 또한 1단락을 전체로 끝맺음이다.

◉ 論 ◉

第九爾時已下는 是文殊이 問賢首하사대 一切諸佛이 一道而得出離어시늘 云何今見種種不同고하야 所謂已下에 有十問이오 下有十行頌은 是賢首의 答이라 於中에 三門은 如前하니

제9. 一道甚深에서 '爾時' 이하는 문수보살이 현수보살에게 묻기를 "일체 제불이 하나의 道로 삼계에서 벗어나셨는데 어찌하여 여기 세계에서는 가지가지의 차별이 있어 똑같지 않은 모습이 보이는 것일까?"라고 하여, '所謂' 이하에 10가지의 물음이 있고, 아래에 10수의 게송은 현수보살의 게송 대답이다. 그 가운데 3부분은 앞서 말한 바와 같다.

一은 科頌意者는 此十行頌中에 初兩行은 歎法王唯一法이며 一身一智오 已下八行頌은 於中大意이 有四하니 一은 歎差別佛土因本廻向心所成이니 爲明廻向心으로 就根益物일세 身土敎儀이 悉皆就根이오 二는 明諸佛自報之境은 非是行因所見이오 三은 明衆差別之事이 皆由衆生之心行이 異故로 隨自心見別이라 非佛之異오 四는 明佛神力으로 能就根現法이라

(1) 게송의 뜻을 과목으로 나눈다는 것은 10수 게송 가운데 첫 단락의 제1~2게송은 법왕이 오직 하나의 법, 하나의 몸, 하나의 지혜임을 찬탄하는 것이고, 이하 8수 게송에는 4가지의 大意가 있다.

① 불국토의 차별이 본래 회향심으로 인하여 이뤄진 바임을 찬탄하였다. 회향심으로 근본을 삼아 중생에게 이익을 주는 까닭에 부처님의 몸, 국토, 가르침의 의식이 모두 회향심의 뿌리에 의한

것임을 밝혀주었다.

　② 제불 스스로 받아온 과보의 경계는 行因으로 볼 수 있는 게 아님을 밝혀주었다.

　③ 수많은 차별의 일들이 모두 중생의 마음이 다르기 때문에 중생이 자기 마음을 따라 달리 보는 것이지, 부처님이 차별하는 것이 아님을 밝혀주었다.

　④ 부처님의 위신력으로 회향심의 근본 입장에서 법을 나타냄을 밝혀주었다.

二는 釋菩薩名者는 名爲賢首는 爲明得此十種信心에 信佛果德이 與自心體一하야 善諧疑滯通塞하야 入其賢位일새 故名賢首라 此是上方位也니 意明此信位에 心智及境이 悉如虛空하야 無所不含하야 皆無妨碍이 是賢仁之德일새 故名賢首라 又世界이 名平等色은 爲明旣是上方인댄 明身心이 與空合일새 故로 世界 名平等色이오 佛號 觀察智는 明以其自心空智慧門으로 善能觀察諸法皆空하야 無所染著일새 是故로 名觀察智佛이라

　(2) 보살의 명호를 해석함에 있어 보살의 명호를 '賢首'라 한 것은 10가지의 信心을 얻었기에 부처님의 果德이 그 마음과 더불어 본체가 하나임을 믿고서 의문이 통하고 막힘을 잘 알아서 그와 같은 현자의 지위에 들어갔기 때문에 그렇게 명명하게 되었음을 밝힌 것이다. 이는 上方의 자리이다. 그 뜻은 이와 같은 信位에 마음의 지혜와 경계가 모두 위 허공과 같아서 모든 만물을 감싸주지 않은 바가 없다. 이처럼 두루 걸림 없음이 '賢仁'의 덕이기에 그 명호

를 '현수보살'이라 부르게 됨을 밝힌 것이다.

또한 세계의 이름을 '平等色'이라 한 것은 이처럼 위에 있는 방위라면 몸과 마음이 허공과 하나가 됨을 밝힌 까닭에 세계의 이름을 그렇게 부르게 되었음을 밝힌 것이며, 불호를 '觀察智'라 함은 그 자신의 마음이 空智慧門으로 모든 법이 모두 공허하여 물들었거나 집착한 바가 없음을 잘 관찰한 까닭에 그렇게 부르게 됨을 밝힌 것이다.

三은 配隨位因果者는 還以自心根本性空無分別不動智佛로 爲因하고 以進修至此法空觀察智佛로 爲果니 明不動智는 是體요 觀察智佛은 是用이니 至此에 明同體用圓滿하야 因果一性이라 以是義故로 還說如來一身一心一智慧法門이시니 明契果會因에 始末無二하야 總以一爲根本故니라

(3) 지위에 따른 인과에 짝하였다는 것은 또한 자기 마음의 근본 자성이 공하여 분별이 없는 부동지불로써 원인을 삼고 닦아나가 이와 같은 法空에 이른 관찰지불로써 결과를 삼은 것이다. 不動智는 본체요, 觀察智佛은 작용임을 밝혀주었다. 이런 지위에 이르면 본체와 작용이 원만하여 인과가 하나의 자성임을 밝힌 것이다. 이러한 의의에 따라서 또한 여래의 하나의 몸, 하나의 마음, 하나의 지혜 법문을 말하였다. 결과에 합하여 원인을 이해하면 처음과 끝 사이에 차이가 없어 모두 하나로 근본이 됨을 밝힌 때문이다.

問曰 何故로 頌初에 云文殊法常爾니잇고 答曰爲文殊는 是諸佛之慧라 不動智는 是體요 文殊는 是用이니 以將此一切諸佛과 一切衆生의

根本智之體用門하야 與一切信心者로 作因果體用故며 使依本故며
迄至究竟果滿히 與因不異하야 無二性故로 方名初發心이 畢竟心이
二種不別이니 明此十信心이 難發難信 難入이어늘 聞之者이 皆云我
是凡夫이니 何由可得是佛이리오할새 故로 說少分信者면 卽贊神通道
力하나니 是故當知하라 且須如是正信하야사 方始以正信正見으로 法力
加行하야 如法進修에 分分無明薄하고 解脫智慧明하야 依自得法淺
深하야 漸當神通德用을 隨自已得이어니와 信猶未得이어니 何索神通이
리오 說言漸漸者는 不移一時 一法性一智慧한 無依住無所得中漸
漸故니 以十玄六相義로 圓之라 法性理中엔 無有漸頓이로대 但爲無
始無明이 慣習習熟하야 卒令契理에 純熟難故로 而有漸漸이니 其漸
漸者는 畢竟無始終延促長短等量故로 名爲漸漸이니라

"무슨 까닭에 제1게송에서 '문수여, 법이란 항상 그러하다.'고 말했을까?"

"문수보살은 여러 부처님 가운데 지혜가 가장 뛰어나신 보살이다. 不動智는 본체이며, 문수는 작용이다. 이처럼 일체 제불과 일체중생의 근본지혜인 본체와 작용의 법문을 가지고서 신심이 있는 모든 이들과 함께 인과의 본체와 작용을 얻도록 해주기 때문이며, 근본을 의지하도록 해주기 때문이며, 究竟果가 원만함에 이르기까지 원인으로 더불어 다르지 아니하여 2가지의 자성이 없는 까닭에 바야흐로 初發心과 畢竟心 2가지가 차별이 없다.

이처럼 10가지의 신심은 일으키기 어렵고 믿기 어렵고 들어가기 어려움을 밝힌 것인데, 이 말을 들은 이들은 모두 이렇게 말

을 한다.

'나는 범부이다. 어떻게 부처님이 될 수 있겠는가.'

이 때문에 조그마한 신심을 말하는 자들이라면 곧 신통의 道力을 찾는다. 이 때문에 알아야 한다. 반드시 이와 같이 바른 신심이 있어야 비로소 바른 신심, 바른 견해로 법력을 더욱 행하여 여법하게 닦아나갈 수 있다. 이처럼 닦아나가면 한 푼 한 푼 無明이 엷어지고 해탈지혜가 밝아져 자기가 수행하여 얻은 법의 깊고 얕음에 의하여 '차츰차츰[漸漸]' 신통의 덕용을 그의 몸에 얻겠지만, 신심도 오히려 제대로 얻지 못한 처지에서 어떻게 신통을 찾을 수 있겠는가.

'차츰차츰[漸漸]'이라 말한 것은 一時·一法性·一智慧의 자리에서 떠나지 않은, 無依住와 無所得 속에서 차츰차츰 얻어가기 때문이다. 화엄학에서 말하는 十玄門과 六相義[總·別·同·異·成·壞相]는 원융하기에 법성의 진리에는 漸修·頓修의 차이가 없지만, 단 거슬러 올라가도 처음 비롯한 곳이 없는 그때로부터 無明 속에 관습이 되고 숙련되어 왔기에 갑자기 본성의 진리와 하나로 계합하여 純熟하려고 해도 그처럼 되기 어렵다. 이런 이유 때문에 차츰차츰 닦아나가는 것이다. '차츰차츰'이란 결국 始終, 延促, 長短 등의 한량이 없는 까닭에 이를 '차츰차츰'이라고 말한다."

第十은 佛境界甚深이니 十信觀圓이라 便造佛境이니 於中에 亦先問이라
제10. 부처님의 경계가 지극히 깊다

10가지 신심의 觀이 원만하여 곧 부처님의 경계에 나아감이다.
그중에 또한 (1) 모든 보살의 물음이다.

經

爾時에 諸菩薩이 謂文殊師利菩薩言하사대 佛子야 我等所解를 各自說已로소니 唯願仁者는 以妙辯才로 演暢如來의 所有境界하소서 何等이 是佛境界며 何等이 是佛境界因이며 何等이 是佛境界度며 何等이 是佛境界入이며 何等이 是佛境界智며 何等이 是佛境界法이며 何等이 是佛境界說이며 何等이 是佛境界知며 何等이 是佛境界證이며 何等이 是佛境界現이며 何等이 是佛境界廣이니잇고

그때 모든 보살들이 문수사리보살에게 말하였다.

"불자여, 우리들이 아는 바를 각자 말하였으니 원컨대 어진 이께서는 미묘한 변재로 여래께서 지니신 경계를 말해주소서.

어떤 것이 부처님의 경계이며,

어떤 것이 부처님 경계의 인(因)이며,

어떤 것이 부처님 경계로 제도함이며,

어떤 것이 부처님 경계에 들어감이며,

어떤 것이 부처님 경계의 지혜이며,

어떤 것이 부처님 경계의 법이며,

어떤 것이 부처님 경계의 말씀이며,

어떤 것이 부처님 경계의 알음알이며,

어떤 것이 부처님 경계의 증득함이며

어떤 것이 부처님 경계의 나타남이며,

어떤 것이 부처님 경계의 넓음입니까?"

◉ 疏 ◉

問中分二니 初標能所問人이라 大衆同問者는 攝別歸總故로 總別無礙하야 六相圓融이라 問文殊者는 佛境甚深하야 除般若妙德코 無能達故니 始信終智 皆託佛境故니라 無案定結難者는 表尊敬故니 若人若法을 難致詰故니라【鈔_ '十信觀圓'等者는 此明來意며 亦辨在後之義아 始信終智'等者는 文殊 主二法門하니 一 主信故로 善財初見에 便發信心하고 二 主智故로 善財後見하고 便見普賢이니 始人之信도 亦信佛境이오 能度之智도 亦證佛境이라 故文殊說이니라】

보살의 물음은 2부분으로 나뉜다.

(1) 물음의 주체인 보살들과 물음의 대상인 문수보살을 나타냈다. 여러 보살이 함께 물은 것은 앞서 개별의 문답을 모두 거둬 문수보살의 답으로 총체를 삼아 귀결 지으려는 까닭에 총체와 개별에 걸림이 없어 六相義[總·別·同·異·成·壞相]가 원융함이다.

문수보살에게 이를 묻게 된 이유는 부처님의 경계가 지극히 깊어서 문수보살의 반야의 미묘한 덕이 아니고서는 통달할 수 없기 때문이다. 처음의 신심과 끝부분의 지혜가 모두 부처님의 경계에 맡겨 있기 때문이다.

앞서 말한 바와 달리 안건의 정립과 논란의 끝맺음이 없는 것은 문수보살에게 존경을 표한 때문이다. 부처님과 부처님의 법을 지혜로 따져 묻기 어려운 때문이다.【초_"10가지 신심의 관이 원만하다[十信觀圓]." 등은 본 품이 여기에 유래하게 된 의의를 밝히며, 또한 在後의 義를 辨한다.

"처음의 신심과 끝부분의 지혜" 등은 문수보살은 2가지의 법문을 주재하고 있다.

① 신심을 주재한 때문에 선재동자가 처음 친견하고서 바로 신심을 일으켰고,

② 지혜를 주재한 때문에 선재동자가 뒤에 친견하고 바로 보현보살을 친견하였다.

첫 사람이 믿었던 것도 부처님의 경계를 믿음이며, 제도의 주체인 지혜 또한 부처님의 경계를 증득한 것이다. 이 때문에 문수보살이 말하였다.】

二佛子我等下는 正申請問이라 分爲二니 初는 結前標後라 讚妙辯者는 敬上首故오 二는 何等下는 別顯問端이라

句有十一이니 初總餘別이라 初境界有二니 一은 分齊境界니 謂從十地因後로 果位之法이 是佛所有오 二는 所緣境界니 謂佛所知之境은 竝非餘測이니 總爲佛境이라 二는 請問佛境 以何爲因이오 三은 請佛境度生儀式이오 四는 應機普入世間이오 五는 能知之智오 六은 所知之法이오 七은 圓音起說이오 八은 明知體相이오 九는 內證平等이오 十은 顯現何法이오 十一은 量之大小니 竝非因位作用所及이오 亦非下位能知일새 故云佛境이라하니라 若約能知·能度等인댄 卽是分齊오 約所

知等인댄 名曰所緣이니 能所雙融하야 異卽非異라 言思道斷이 是佛境也니라

(2) '佛子我等' 이하는 바로 청하여 물음이다. 또한 2부분으로 나뉜다.

① 앞을 끝맺고 뒤를 나타낸다. '미묘한 변재'라 찬탄한 것은 상수보살을 존경한 때문이다.

② '何等' 이하는 물음의 실마리를 개별로 나타낸다. 이는 11구이다. 제1구[佛境界]는 총체이며, 나머지 10구는 개별이다.

제1물음: 경계에는 2가지가 있다.

㉠ 分齊境界. 十地 因後로부터 果位의 법이 부처님의 소유이고,

㉡ 所緣境界. 부처님의 所知의 경계는 아울러 나머지 사람들로서는 헤아릴 수 있는 게 아니기 때문에 이 모두가 부처님의 경계이다.

제2물음: 부처님의 경계는 무엇이 因이 되었는가를 물음이며,

제3물음: 부처님의 경계에 의한 중생 제도의 의식에 관한 물음이며,

제4물음: 중생의 근기에 응하여 널리 세간에 들어감이며,

제5물음: 앎의 주체인 지혜이며,

제6물음: 앎의 대상인 법이며,

제7물음: 圓音으로 설법을 일으킴이며,

제8물음: 앎의 體相을 밝힘이며,

제9물음: 안으로 평등함을 증득함이며,

제10물음: 무슨 법을 나타냄이며,

제11물음: 도량의 크기에 대해 물었다.

아울러 이는 因位의 작용으로 미칠 바가 아니며, 아래 지위의 사람으로서는 알 수 있는 것이 아니기에 이를 '부처님의 경계'라고 말하였다.

만일 앎의 주체와 제도의 주체 등으로 말하면 곧 '分齊경계'이며, 앎의 대상과 제도의 대상 등으로 말하면 이를 '所緣경계'라 말한다. 주체와 대상이 모두 원융하여 다른 것이 곧 다르지 않다. 언어와 생각의 길이 끊어진 것이 부처님의 경계이다.

二는 答이라

(2) 문수보살의 게송 대답

經

時에 文殊師利菩薩이 以頌答曰

그때 문수사리보살이 게송으로 답하였다.

● 疏 ●

答中에 十頌은 次第而答이오 唯廣一義 獨在於初하야 與總合辨은 欲顯分量이 偏於總故니 卽深而廣故니라

대답 속에서 10수의 게송은 순차적 대답이다. 오직 '부처님 경

계가 광대함'에 대한 의의가 홀로 제1게송에 있어 총체인 '何等是 佛境界'와 종합하여 논변한 것은, 광대한 분량이 총체의 '부처님 경 계'에 두루 함을 나타내고자 한 때문이다. 깊음과 하나가 된 광대 함이기 때문이다.

如來深境界여   **其量等虛空**하시니
一切衆生入호대   **而實無所入**이니라

    여래의 깊은 경계여
    그 양이 허공 같으시니
    일체중생이 모두 들어가되
    실은 들어감이 없다

● 疏 ●

初句는 總標體深이오 次句는 分量廣大라 故佛地論에 引經釋云諸佛 境界는 唯除虛空코 無能爲喻니라 次句는 釋上廣이오 後句는 釋上深이 라 然有三義하니 一은 約一切衆生 卽如來藏이니 更何所入고 翻迷之 悟일새 故云證入이오 二는 約理니 非卽非異일새 故云入無所入이오 三 은 約心境이니 心冥眞境일새 故說爲入이어니와 若有所入이면 境智未亡 이니 豈得稱入이리오 實無所入이라야 方名眞如니 卽廣之深이라 本超言 念이며 卽深之廣이라 安測其涯리오

    제1구는 경계 자체가 깊음을 총체로 밝힘이며,
    제2구는 경계의 분량이 광대함이다. 이 때문에 불지론에서 경

문을 인용하여 해석하기를 "제불의 경계는 오직 허공을 제외하곤 그 어느 것에도 비유할 수 없다."고 하였다.

제3구는 위에서 말한 광대함을 해석하였고,

제4구는 위에서 말한 자체가 깊음을 해석하였다.

그러나 여기에는 3가지의 의의가 있다.

(1) 일체중생이 곧 여래장임을 말하였다. 중생이 다시 그 어디로 들어갈 곳이 있겠는가. 혼미함을 뒤집어서 깨달은 까닭에 '증득하여 들어간다[證入].'고 말하였다.

(2) 이치로 말하였다. 하나가 된 것도 아니요, 다른 것도 아니기 때문에 "들어가되 들어간 바가 없다."고 말하였다.

(3) 마음의 경계로 말하였다. 마음이 진공의 경계에 보이지 않게 하나가 된 까닭에 '들어갔다[入]'고 말했지만, 만일 '들어간' 바가 있으면 경계와 지혜를 잊지 못한 것이다. 어떻게 '들어갔다'고 말할 수 있겠는가. 실로 들어가는 바가 없어야 바야흐로 '진여'라 명명할 수 있다. 광대함과 하나가 된 깊음이라 본래 언어와 생각마저 초월하고, 깊이와 하나가 된 광대함이라 어찌 그 끝을 헤아릴 수 있겠는가.

經

如來深境界의
億劫常宣說하야도
   여래의 깊은 경계의
   수승하고 미묘한 원인은

所有勝妙因은
亦復不能盡이니라

억겁 동안 줄곧 연설할지라도
또한 다할 수 없다

● 疏 ●

二는 答因問이니 謂此因無限일세 略示三義하노니 一은 殊勝이니 以行超絕하야 無等等故오 二는 微妙니 以證理深玄하야 盡法源故오 三은 廣大니 以多劫說少이라도 亦不盡故일세니라

제2게송은 '부처님 경계의 因'에 대한 물음에 답하였다.

부처님 경계의 因이 한량없지만 여기에서는 간단하게 3가지의 의의만을 말하고자 한다.

(1) 殊勝. 부처님의 만행이 뛰어나 더할 나위 없는 최상이기 때문이다.

(2) 微妙. 부처님의 증득한 이치가 심오하고 현묘하여 법의 근원자리를 다한 때문이다.

(3) 廣大. 부처님의 연설은 억겁을 두고 조금만 말하려 해도 다 할 수 없기 때문이다.

經

隨其心智慧하야　　誘進咸令益케하시니
如是度衆生이　　　諸佛之境界니라

중생의 마음과 지혜를 따라서
나아가도록 권하여 모두 도움 되게 하시니

이처럼 중생을 제도하심이

모든 부처님의 경계이다

● 疏 ●

三은 答度問이니 謂隨其心器의 意樂不同이며 隨其智力의 解悟差別하야 誘引進修하야 令各獲益호되 以徧法界 委悉無謬하야 差別難知일세 故云佛境이라하니라

제3게송은 '부처님 경계로 제도함'에 대한 물음에 답하였다.

중생이 마음과 근기의 생각과 좋아하는 것을 따름에 있어 똑같지 않아, 중생이 지혜와 역량을 이해하고 깨달음의 차별을 따라서 닦아나가도록 이끌어, 중생으로 하여금 각각 이익을 얻게 하되 법계를 두루 알고서 착오가 없게 하여 차별을 알기 어렵다. 이 때문에 '부처님의 경계'라고 말한 것이다.

世間諸國土에　　　　　**一切皆隨入**하사대
智身無有色하시니　　　**非彼所能見**이니라

　　세간의 모든 국토에
　　일체 어느 국토이든 모두 중생 따라 들어가지만
　　지혜의 몸은 색상이 없으시니
　　중생이 부처님을 볼 수 없다

● 疏 ●

四는 答入間이니 謂世間은 卽是衆生世間이오 國土는 卽器世間이오 一切者는 徧法界故니라 入有二義하니 一은 以智身潛入하야 密益衆生故오 二는 以色身現入하야 顯益衆生이니 智身難知일세 文中偏顯이라

제4게송은 '부처님 경계에 들어감'에 대한 물음에 답하였다.

세간이란 곧 중생의 세간이며, 국토는 곧 器世間이며, 一切는 법계에 두루 하기 때문이다.

'부처님 경계에 들어가는 데'에 2가지의 의의가 있다.

⑴ 智身으로써 보이지 않게 들어가 은밀히 중생에게 이익을 주기 때문이다.

⑵ 色身으로써 보이게 들어가 뚜렷하게 중생에게 이익을 주는 것이다.

智身은 알기 어렵기 때문에 게송에서 유독 이것만을 밝힌 것이다.

經

諸佛智自在하사　　　三世無所㝵하시니
如是慧境界가　　　　平等如虛空이니라

　　모든 부처님의 지혜 자재하사
　　삼세에 걸림 없으시니
　　이와 같은 지혜의 경계가
　　평등하여 허공과 같다

◉ 疏 ◉

五는 答智問이니 上半은 權智니 橫無不知라 故云自在오 豎達三際라 故無所碍니라 下半은 實智니 故云慧境이라 平等如空은 無若干也오 虛空之言은 亦兼喩上無罣碍也니 權實無碍라야 方爲佛境이니라

제5게송은 '부처님 경계의 지혜'에 대한 물음에 답하였다.

제1, 2구는 權智이다. 공간을 橫으로 알지 못함이 없는 까닭에 '自在'라 말하였고, 시간이 수직으로 과거 현재 미래를 통하는 까닭에 "걸린 바가 없다[無所碍]."고 말한 것이다.

제3, 4구는 實智이다. 이 때문에 '지혜의 경계[慧境]'라고 말하였다. "평등하여 허공과 같다[平等如空]."는 것은 그 어느 것도 없음을 말한다. '허공'이란 말은 또한 겸하여 위에서 말한 '걸린 바가 없음[無所碍]'을 비유한 것이다. 權智·實智가 서로 걸림이 없어야만 비로소 부처님의 경계라 할 수 있다.

◉ 經 ◉

法界衆生界가　　　　究竟無差別을
一切悉了知하시니　　此是如來境이니라

　　법계와 중생의 세계가
　　결국 차별이 없음을
　　일체 모두 밝게 아시니
　　이것이 여래의 경계이다

● 疏 ●

六는 答法問이니 法界는 是理요 生界는 是事니 攬理成事라 理徹事表일세 故云無別이라하니라 是故로 事則不待壞而恒眞이오 理則不待隱而恒俗이니 非直廣大無限이라 亦乃甚深無際니 究盡了知일세 故稱佛境이니라 又法界는 是所證이오 生界는 是所化오 了知는 是能證·能化라 究尋其本컨대 亦無差別이니 是難知之佛境也니라

제6게송은 '부처님 경계의 법'에 대한 물음에 답하였다.

법계는 眞諦의 이치요, 중생계는 俗諦의 현상이다. 진리를 가지고서 현상의 세계를 이루기에 진리는 현상의 세계 밖까지 통하는 까닭에 "차별이 없다."고 말한 것이다. 이 때문에 현상 세계의 일은 곧 무너지지 않고 그 자체로 언제나 진리이며, 진리는 곧 보이지 않아도 그 자체가 언제나 속제의 현상이다. 단 광대하여 한량이 없을 뿐만 아니라, 또한 지극히 깊어서 끝이 없다. 이를 모두 깨달아 알기에 '부처님의 경계'라 말하였다.

또한 법계는 증득의 대상이고, 중생계는 교화의 대상이며, 깨달아 아는 것은 증득의 주체이자 교화의 주체이다. 그 근본을 탐구해보면 또한 차별이 없다. 이것이 알기 어려운 부처님의 경계이다.

經

一切世界中에 所有諸音聲을
佛智皆隨了하사대 亦無有分別이니라

　일체 세계 가운데

세계의 모든 음성을
부처님의 지혜로 모두 따라 아시지만
또한 분별심이 없다

● 疏 ●

七은 答說問이니 一切言音에 隨性隨相하야 皆悉了知호되 未曾起念일새 故無分別이니라 以一切差別言音이 卽是如來 法輪聲攝故로 以斯答說이니 音聲實相이 卽法輪故니라【鈔_ 以一切下는 通妨이니 謂有問云上問說法이어늘 今答智了하니 豈得同耶아 故今答云所了之聲이 是佛法輪聲攝故로 隨其類音하야 爲說法故로 出現品에 云音聲實相이 卽法輪故라하며 賢首品에 亦云 能令三界所有聲聞者이 皆是如來音이라하니 故上疏에 云隨性隨相하야 皆悉了知라하니 了相差別은 隨宜之用이오 了性體融은 一攝一切니라】

　제7게송은 '부처님 경계의 말씀'에 대한 물음에 답하였다.
　모든 세계의 언어와 음성에 대해 그 내면의 성질을 따르고 외적인 양상을 따라서 모두 알지만 일찍이 알고자 하는 생각을 일으킨 적이 없기에 분별심이 없다. 모든 세계의 각기 다른 언어와 음성이 곧 여래 법륜의 음성 속에 들어 있기 때문에 이로써 '부처님 경계의 말씀'에 대해 답하였다. 음성의 실상이 곧 법륜이기 때문이다.【초_ "모든 세계의 언어와 음성" 이하는 논란에 대한 답이다. 어느 사람이 묻기를 "위에서 부처님 경계의 말씀에 대해 물은 것인데 여기에서 지혜의 깨달음으로 답하였는바, 어떻게 같은 문제라고 말할 수 있겠는가?"라고 의문을 제기하였기에 아래와 같이 답하였다.

　이해의 대상인 모든 세계의 언어와 음성이 여래 법륜의 음성 속에 들어 있기 때문에 그들 세계의 언어 유형에 따라서 그들을 위해 설법하였다. 이 때문에 여래출현품에 이르기를 "음성의 실상이 곧 법륜이기 때문이다."고 하며, 현수품에서 또한 이르기를 "삼계에 있는 음성으로 중생들이 듣도록 하는 것이 모두 여래의 음성이다."고 하였다. 이 때문에 위의 청량소에서 이르기를 "그 내면의 성질을 따르고 외적인 양상을 따라서 모두 알고 있다."고 하였다. 언어의 갖가지 다른 양상을 아는 것은 時宜를 따르는 작용이며, 언어 내면의 성질이 원융함을 아는 것은 하나의 진리가 그 모든 것을 지니고 있기 때문이다.】

非識所能識이며　　　　亦非心境界라
其性本淸淨을　　　　　開示諸群生이시니라

　　식으로 알 바가 아니며
　　마음의 경계도 아니다
　　지혜의 본성이 본래 청정함을
　　모든 중생에게 보여주심이다

◉ 疏 ◉

八은 答知니 卽心體라【鈔_ 知卽心體者는 此句는 標示라 上智는 卽對所證之法하야 明能證之智어니와 今은 直語靈知眞心 異乎木石者니 通能所證也니라】

제8게송은 '부처님 경계의 알음알이'에 대한 물음에 답하였다. 곧 마음의 본체이다.【초_ "알음알이가 곧 마음의 본체"라는 이 구절은 종지를 밝힌다. 위 제5게송에서 말한 '부처님 경계의 지혜'는 곧 증득해야 할 대상의 법을 상대로 하여 증득할 수 있는 주체로서의 지혜를 밝혔지만, 여기에서는 바로 靈知의 眞心이 목석과 다름을 말해주는 것이니 증득의 주체와 대상에 모두 통한다.】

了別은 卽非眞知일새 故非識所識니라【鈔_ '了別'下는 雙會南北宗禪하야 以通經意니 此句는 卽遣南宗病也라 謂識以了別爲義니 了見心性이 亦非眞知니라 淨名에 云'依智不依識'하라하니 謂分別名識이오 無分別名智라 今有了別之識일새 故非眞知니 眞知는 唯無念이라야 方見이니라】

알고 분별하는 것은 곧 眞知가 아니다. 이 때문에 識으로 알 바가 아니다.【초_ "알고 분별하는 것" 이하는 남종·북종의 선을 모두 회통하여 이로써 게송의 뜻을 통해주었다. 이 구절은 곧 남종의 병폐를 버림이다. 이르기를 "식은 알고 분별하는 것으로 의를 삼는다. 알고 분별하는 것으로 心性을 보는 것 또한 眞知가 아니다."고 하였고, 유마경에서는 "지혜를 따라야지, 識을 따르지 마라."고 하였다. 분별을 識이라 명명하고, 분별심이 없는 것을 智라 명명한다. 여기에서는 알고 분별하는 識이 있기 때문에 眞知가 아니다.
眞知는 오직 無念이어야 비로소 사물의 실체를 볼 수 있다.】

瞥起도 亦非眞知라 故非心境界니라【鈔_ 瞥起亦非者는 此釋第二句니 遺北宗之病이라 北宗은 以不起心으로 爲玄妙故로 以集起名心이라하니 起心看心이 是卽妄想이라 故非眞知니라 是以眞知는 必忘心遺照하야 言思道斷이라 故勝天王般若에 問云云何菩薩修學甚深般若하야 通達法界이닛가 佛告勝王言하사되 大王이여 卽是如實이니라 世尊이시여 云何如實고 大王이여 卽不變異니라 世尊이시여 云何不變異오 大王이여 所謂如如니라 世尊이시여 云何如如오 大王이여 此可智知오 非言能說이라 離相無相하고 遠離思量하야 過覺觀境이니 是謂菩薩修行甚深般若하야 了達甚深法界니라하니 釋曰 但以無念心으로 稱此而知면 卽同佛知見이라 經云如實은 卽無念이니 是用無念心으로 見聞覺知一切事法에 心常寂靜이 卽如來藏이니라】

　갑자기 일어나는 것 또한 眞知가 아니다. 이 때문에 마음의 경계가 아니다.【초_ "갑자기 일어나는 것 또한 眞知가 아니다."는 것은 제2구에 대한 해석이다. 이는 북종의 병폐를 버리는 것이다. 북종은 마음을 일으키지 않는 것으로써 현묘하다고 생각한 까닭에 '모아서 일으키는[集起]' 것으로 마음이라고 명명한다. 마음을 일으켜 마음을 보는 것이 곧 망상이다. 이 때문에 眞知가 아니다. 따라서 眞知는 반드시 마음을 잊고 비춰 보는 것을 버려서 언어와 의식의 길이 끊어진 자리를 말한다.

　이 때문에 승천왕반야경에서 다음과 같이 말했다.

"어떻게 보살이 지극히 심오한 반야를 닦아 법계를 통달하는 것입니까?"

부처님께서 승천왕에게 말씀하셨다.

"대왕이여, 곧 如實이니라."

"세존이시여, 어떤 것이 여실입니까?"

"대왕이여, 곧 변하지 않는 것이다."

"세존이시여, 어떤 것이 변하지 않는 것입니까?"

"대왕이여, 이른바 如如니라."

"세존이시여, 어떤 것이 여여입니까?"

"대왕이여, 이는 지혜로써만 알 수 있는 것이지 말로써 말할 수 있는 게 아니다. 형상이 있는 것과 형상이 없는 것을 여의고 사량분별을 멀리 여의어서 覺觀의 경계를 초탈함이다. 이러할 때 보살은 지극히 심오한 반야를 닦아 지극히 심오한 법계를 통달했다고 말한다."

이에 대해 다음과 같이 해석하였다.

단 無念의 마음으로 이에 맞게 알면 곧 부처님의 지견과 같다. 승천왕반야경에서 '如實'이라 말한 것은 곧 無念이다. 무념의 마음으로 보고 듣고 느끼고 아는[見聞覺知] 모든 현상의 일과 법에 대해 마음이 언제나 고요한 것이 곧 여래장이다.】

心體離念하야 卽非有念可無일세 故云性本淸淨이라하니라【鈔_ 心體離念者는 雙會二宗하야 釋第三句니 以北宗宗於離念일세 南宗 破云 離念則有念可離어니와 無念은 則本自無之니 離念은 如拂鏡이오 無念

은 如本淨이라하야늘 今爲會之니라 起信에 旣云心體離念인댄 亦本自離라 非有念可離니 亦同無念可無일세 卽性淨也오 非看竟方淨이니 若無看之看인댄 亦猶無念이니 念者는 則念眞如니라】

마음의 본체가 생각을 여의어 곧 생각 자체를 없앨 게 남아 있지 않기 때문에 "본성이 본래 청정하다."고 말한 것이다.【초_ "마음의 본체가 생각을 여읜" 것은 남종·북종을 모두 회통하여 제3구를 해석하였다. 북종은 생각을 여읜 것으로 종지를 삼은 까닭에 남종에서 이를 타파하여 이르기를 "생각을 여읜 것은 곧 생각 자체를 여읠 것이 남아 있지만 생각이 없다는 것은 곧 본래 그 자체가 없는 것이다. 생각을 여읜 것은 거울 위의 먼지를 털어내는 것과 같고, 생각이 없는 것은 본래 청정과 같다."고 하였다. 여기에서는 이를 위하여 회통하였다.

기신론의 앞부분에서 이르기를 "마음의 본체가 생각을 여읜 것이라 한다면 또한 본래 그 자체가 여읜 것이다. 생각을 여읠 게 있다는 게 아니다. 또한 생각 그 자체를 없앨 게 없는 것과 같기 때문에 곧 본성이 청정한 것이며, 간파하고서야 바야흐로 청정해지는 게 아니다. 만일 간파할 게 없는 것을 간파한다면 또한 생각이 없는 것과 같다. 생각[念]이란 곧 진여를 생각함이다."라고 하였다.】

衆生等有나 惑翳不知라 故佛開示하사 皆令悟入이니라【鈔_ 衆生等有下는 釋第四句니 卽用法華開示悟入佛知見意니 謂開除惑障하야 顯示眞理하고 令悟體空하야 證入心體也니라】

중생도 평등하게 소유하고 있으나 미혹에 가려 알지 못한 까닭에 부처님이 이를 보여주어 중생 모두가 깨달아 들어가도록 함이다.【초_ "중생도 평등하게 소유하고 있다." 이하는 제4구를 해석한것이다. 이는 곧 법화경에서 말한 "열어 보여주어 부처님의 지견을 깨달아 들어가도록 하였다."는 뜻을 인용한 것이다. 미혹의 장애를 없애어 진리를 보여주고 마음의 본체가 공한 것임을 깨달아 마음의 본체를 증득케 함이다.】

卽體之用이라 故問之以知오 卽用之體라 故答以性淨이니라 知之一字는 衆妙之門이니 若能虛己而會면 便契佛境이니라【鈔_ '卽體之用'下는 會違니 謂前問 問知어늘 今答性淨이오 都無知言이니 何以會通가 故爲此會니라 故水南이 知識에 云'卽體之用'이 名知오 卽用之體이 爲寂이라 如卽燈之時에 卽是光이오 卽光之時에 卽是燈이라 燈爲體오 光爲用이니 無二而二也라하니 知之一字 衆妙之門도 亦是水南之言이니라 '若能虛己'下는 勸修니 卽可以神會오 難以事求也니 能如是會면 非唯空識而已라 於我有分也니라】

본체와 하나가 된 작용이기에 知로 물었고, 작용과 하나가 된 본체이기에 본성의 청정으로 답하였다. '知'라는 한 글자는 수많은 미묘함의 문이다. 만일 몸을 비워 회통하면 바로 부처님의 경계와 하나가 된다.【초_ "본체와 하나가 된 작용" 이하는 서로 어긋남을 회통함이다. "앞의 물음에서 知를 물었는데 여기에서 본성의 청정함으로 답하였다. 도무지 知라는 말이 없는데 어떻게 이를 회통이라 말하는가?"라는 의문 때문에 이를 회통하였다.

이 때문에 水南智昱禪師의 知識에 관해서 다음과 같이 말했다.

"본체와 하나가 된 작용을 知라 하고, 작용과 하나가 된 본체를 寂이라 한다. 마치 등불과 하나가 될 때에 광명이라 하고, 광명과 하나가 될 때에 등불이라 하는 것과 같다. 등불은 본체가 되고 광명은 작용이 된다. 둘의 차이가 없으나 둘이다."

"'知'라는 한 글자는 수많은 미묘함의 문"이라는 것은 수남 선사의 말이다.

"만일 몸을 비워 회통하면" 이하는 수행을 권면한다. 이는 신명으로 회통하는 것이며, 현상의 사물로 추구하기 어렵다. 이와 같이 회통하면 오직 부질없이 알 뿐만 아니라 나도 어느 정도 가질 수 있다.】

經

非業非煩惱며　　　　**無物無住處**며
無照無所行일세　　　**平等行世間**이시니라

　　업도 아니고 번뇌도 아니며
　　사물도 없고 머물 곳도 없으며
　　비춤도 없고 행한 바도 없이
　　평등하게 세간에 행하였다

 疏 ◉

九는 答證問이니 卽證大涅槃 三德圓也니라 非業繫故로 解脫也오 非煩惱者는 轉煩惱卽菩提니 是般若也오 無物者는 虛相盡故로 法身

顯也오 無住處者는 成上法身 無所在也오 無照者는 成上般若 能證相寂也오 無所行者는 成上解脫의 無業行之用也니라 由無用故로 用彌法界오 由無照故로 無所不知오 由無在故로 無所不在라 故結句에 云'平等行世間也'니 是謂三德祕藏이니 佛之境也니라

제9게송은 '부처님 경계의 증득'에 대한 물음에 답하였다. 이는 곧 大涅槃의 3가지 덕이 원만함을 증득함이다.

업장에 얽매인 바가 아니기 때문에 해탈이다.

"번뇌도 아니다."는 것은 번뇌를 전변하면 곧 보리임을 뜻한다. 이는 반야이다.

"사물도 없다."는 것은 공허한 형상이 다한 까닭에 법신이 나타남을 뜻한다.

"머물 곳도 없다."는 것은 위에서 말한 법신이란 존재한 바가 없다는 점을 끝맺은 것이다.

"비춤도 없다."는 것은 위에서 말한 반야의 '증득 주체가 되는 형상[能證相]'이 고요함을 끝맺은 것이다.

"행한 바도 없다."는 것은 위에서 말한 해탈의 '業行의 작용'이 없음을 끝맺은 것이다.

작용이 없음을 따른 까닭에 작용이 법계에 가득하고, 비춤이 없음을 따른 까닭에 알지 못하는 바가 없고, 머문 곳이 없음을 따른 까닭에 있지 않은 바가 없다. 이 때문에 끝맺은 구절에서 "평등하게 세간에 행하였다."고 말하였다. 이를 '3가지 덕의 비장[三德祕藏]'이라 말하니 부처님의 경계이다.

一切衆生心이 　　普在三世中이어늘
如來於一念에 　　一切悉明達이시니라

　　일체중생의 마음이
　　삼세에 널리 있는데
　　여래는 한 찰나에
　　일체를 모두 밝게 통달하였다

◉ 疏 ◉

十은 答現問이니 上半은 所現이니 初句는 橫盡十方이오 次句는 豎窮三際며 下半은 能現이니 竝於如來圓鏡智中에 無念頓現故로 出現品에 云菩薩普現諸心이 行卽斯義也니라 上來는 辨十甚深이니 卽問答竟하다

　　제10게송은 '부처님 경계의 나타남'에 대한 물음에 답하였다.
　　제1, 2구는 나타난 대상이다. 제1구는 공간의 횡으로 시방세계를 다하였고, 제2구는 시간의 수직으로 과거 현재 미래세를 다하였다.
　　제3, 4구는 나타남의 주체이다. 아울러 여래의 大圓鏡智 속에서 갑자기 나타남이다. 이 때문에 여래출현품에서 "보살이 널리 모든 心行을 나타낸다."고 한 것이 곧 이런 뜻이다. 위에서는 10가지의 '지극히 깊음[甚深]'을 논변하였다. 여기에서 문답을 마친다.

◉ 論 ◉

第十은 爾時已下는 明諸菩薩이 共問文殊師利한 十一種佛境界오 已下十行頌은 是文殊師利의 答이라 於中三門은 如前하니

제10. 佛境界甚深에서 '爾時' 이하는 여러 보살이 똑같이 문수사리보살에게 물은 11가지의 '부처님의 경계'를 밝혔고, 아래의 10수 게송은 문수사리보살의 게송 대답이다.

그 가운데 3부분은 앞서 말한 바와 같다.

一은 科頌意는 此十行頌은 一行一頌이라 其頌文이 答前所問이니 頌文이 自具일세 不煩更釋이로라

(1) 게송의 뜻을 과목으로 나눈다에서 10수의 게송은 1수의 게송마다 하나의 부처님 경계를 읊고 있다. 문수보살의 게송은 앞에서 물은 것에 대해 답하고 있다. 게송에서 구체적으로 말하고 있기에 번거롭게 다시 해석하지 않는다.

二는 釋菩薩名者는 名文殊師利는 此云妙德이니 以妙慧로 善揀正邪自在일세 故云妙德이라 此是東方卯位也니 明卯主東方震卦라 震爲雷動하야 啓蟄發生之始니 明此妙慧이 是震動發生信心之始일세 是故로 亦云妙生菩薩이시니 爲明一切諸佛이 從此慧生十信解故며 乃至滿足菩提의 一切願行海故라 世界 名金色者는 明擧因果體의 白淨無染法故며 又明金胎二月이니 表十信이 爲聖胎故오 一切處 金色世界며 一切處 文殊師利는 明無性淨慧 徧故오 佛號 不動智는 爲無明本空하야 無體可動이 不動智故니 但有應境知法하고 應器知根이 如響應聲하야 無有處所形體可得일세 名之爲智며 無可取捨故로

674

名爲不動이라

(2) 보살의 명호를 해석함에 있어 보살의 명호를 '문수사리'라 말한 것은 중국 말로 '미묘한 덕[妙德]'이라는 뜻이다. 미묘한 지혜로써 바른 도와 삿된 도를 잘 가려내는 데 자재한 까닭에 '미묘한 덕'이라고 말한다.

이는 동방의 卯位이다. 묘위는 동방의 震卦를 주로 함을 밝힌 것이다. 우레[震]는 천둥이 쳐서 겨울잠 자는 벌레들을 일깨워주는 시초이다. 이처럼 미묘한 지혜는 신심을 진동, 발생하게 해주는 시초라는 점을 밝혀주는 까닭에 '妙生보살'이라고도 말한다. 일체 願行의 바다를 만족케 해준다는 의의를 밝히려는 데에서 붙여진 명호이기 때문이다.

세계의 이름을 金色이라 말한 것은 인과의 본체가 白淨無染法이라는 의의를 들어 밝히려는 데에서 붙여진 명호이기 때문이며, 또한 金은 2월에 胎가 이뤄진다는 의의를 밝힘이니 十信이 聖胎가 된다는 점을 밝히기 위한 때문이다. 모든 곳이 금색세계이며 모든 곳이 문수사리라 한 것은 無性淨慧가 두루 가득함을 밝히기 위함이다. 불호를 '不動智'라 한 것은 無明이 본래 공허하여 본체가 동할 게 없음을 '부동지'라고 말하기 때문이다. 단 경계에 응하는 것과 같아서 처소와 형체를 찾아볼 수 없기에 이를 '智'라 말하고, 취사선택할 그 자체가 없기 때문에 '不動'이라고 말한다.

三은 配當位因果者는 妙慧 爲因이오 不動智 爲果며 亦互爲因果니 若以妙慧善揀擇法顯智故인댄 卽以妙慧로 爲因이오 不動智로 爲果

어니와 若以慧由智起인댄 卽不動智로 爲因이오 妙慧文殊로 以爲果故라 或智之與慧 總因總果니 明體用一眞이라 無二法故며 亦智之與慧 總非因非果니 爲體無本末依住所得故라 是性法界自在知見이니 非如世間因果比對可得故니라 此文殊師利와 不動智佛은 初起信心에도 亦從此起며 乃至信終에도 亦不離之故며 迄至自行圓滿하야 成示成正覺에도 亦不離之故니 此는 明以佛智慧로 示悟衆生하야 欲令衆生으로 入佛知見이라 佛知見者는 文殊師利妙慧와 不動智佛이 是니 此是凡聖이 等共有之일세 佛示凡夫하사 使令悟入이니라

(3) 지위에 따른 인과에 짝하였다는 것은 미묘한 지혜가 원인이 되고 부동지가 결과가 되며, 또한 서로 인과가 되기도 함을 뜻한다. 만일 미묘한 지혜로 법을 잘 가려서 지혜를 나타내는 일로 말한다면 곧 미묘한 지혜로 원인을 삼고 부동지로 결과를 삼지만, 慧가 智를 따라 일어나는 것으로 말한다면 곧 부동지로 원인을 삼고 미묘한 지혜의 문수사리보살로 결과를 삼기 때문이다.

혹은 智와 慧가 모두 원인이자 결과이니, 본체와 작용이 하나인 진리라 2가지의 법이 없음을 밝히고자 한 때문이며, 또한 智와 慧가 모두 원인도 아니요 果도 아니니, 본체가 본말과 依住하는 데에 얻은 바가 없기 때문이다. 이는 性法界의 자재한 지견이다. 세간인과의 대비로 말할 수 있는 것과 똑같지 않기 때문이다.

문수사리보살과 부동지불이 처음 신심을 이로부터 일으킬 적에도 또한 이로부터 일으켰고, 마지막에 이르러서도 이를 여의지 않았기 때문이며, 自行이 원만하여 正覺의 성취를 보임에 이르기

까지도 이를 여의지 않았기 때문이다. 이는 부처님의 지혜로써 중생에게 깨달음의 세계를 보여주어 중생으로 하여금 부처님의 지견에 들어가게 함을 밝히려는 것이다.

　부처님의 지견이란 바로 문수사리보살의 미묘한 지혜와 부동지불을 말한다. 범부와 성인이 평등하게 하나로 똑같이 지닌 것이기에 부처님이 범부에게 이를 보여주어 그들로 하여금 부처님의 지견으로 깨달아 들어오도록 한 것이다.

自下는 第二에 現事結通이라 於中二니 先現事오 後結通이라 今은 初라

　이 아래는 2) 사법계를 밝힌 부분을 총체로 끝맺는다.

　이는 다시 2부분으로 나뉜다. (1) 사법계를 밝힌 부분이며, (2) 모두 끝맺은 부분이다.

　(1) 사법계를 밝히다

經

爾時에 此娑婆世界中에 一切衆生의 所有法差別과 業差別과 世間差別과 身差別과 根差別과 受生差別과 持戒果差別과 犯戒果差別과 國土果差別을 以佛神力으로 悉皆明現하며

　그때 이 사바세계 가운데 일체중생이 가지고 있는, 법의 차별,

677

업의 차별, 세간의 차별, 몸의 차별, 근기의 차별, 생을 받는 차별, 계를 지니는 과보의 차별, 계를 범하는 과보의 차별, 국토의 과보 차별 들을 부처님의 위신력으로 모두 다 분명하게 나타내 보여주었다.

◉ 疏 ◉

因何而現가 上來十首 法光이 開曉衆生身心이라 故佛力暫現하야 示相而答하야 令其自驗而欣厭故니라 所現有十하니 第一은 法이니 卽所行之法이니 謂三學等殊오 二는 業이니 謂正行漏無漏等이오 三은 集因苦果오 四는 身類不同이오 五는 根機差別이오 六은 四生非一이오 七은 持戒니 則人生勝劣이오 八은 犯戒니 則三塗重輕이오 九는 國土니 則依處染淨이오 十은 說法이니 則近報淨居와 聰明利智로 速具佛法이니라 此經文 闕이어늘 晉本에 具之니라【鈔_ '七持戒'者는 如第二地中이라 說法者는 皆智論文이니 論第十三에 引育王經하야 云 育王이 常供養衆僧이러니 有一比丘 口內馨香이어늘 育王이 懷疑하야 試而驗之코사 方知本有하고 問其所因이러니 比丘 答云 迦葉佛時에 說法之果니라 復問호되 說法果唯爾耶아 答此是華報니라 問云 果報云何오 因說偈云 大名聞端正과 得樂及恭敬이니 威光如日月하야 爲一切所愛라 辯才有大名하야 能盡一切結하며 苦滅得涅槃하니 如是名爲十이라하니라】

무엇으로 인하여 나타내 보여주었는가? 위에 十首 보살의 법광명이 중생의 몸과 마음을 깨우쳐준 까닭에 부처님의 힘으로 잠시 모습을 나타내 보여주는 것으로 답하여 중생으로 하여금 스스로 증험하여 좋아하고 싫어하도록 한 때문이다.

나타내 보여준 바에는 10가지가 있다.

⑴ 法이다. 이는 행한 바의 법이다. 三學 등의 차이를 말한다.

⑵ 業이다. 正行, 有漏, 無漏 등을 말한다.

⑶ 集因과 苦果이다.

⑷ 몸의 유형이 똑같지 않다.

⑸ 근기의 차별이다.

⑹ 四生이 하나로 똑같지 않다.

⑺ 持戒이다. 이의 과보로 좋고 나쁜 人天에 태어나게 된다.

⑻ 犯戒이다. 이는 죄업의 경중에 따른 三塗의 차이이다.

⑼ 국토이다. 이는 의지하고 사는 곳이 오염과 청정의 차이이다.

⑽ 설법이다. 이는 가까이 받는 과보로는 청정한 곳에 거주함, 그리고 총명과 예리한 지혜로 남보다 빠르게 불법을 갖춤이다.

이 부분의 경문은 누락되어 사라졌는데 晉本에 잘 갖춰져 있어 여기에 轉載한 것이다. 【초_ '⑺ 持戒'란 第二地와 같다.

'⑽ 설법'은 모두 지도론에서 인용한 문장이다. 지도론 제13에서 育王經을 인용하여 다음과 같이 말했다.

아육왕(Ashoka)이 항상 대중스님에게 공양을 올렸는데, 그중에 한 비구스님의 입에서 남다른 향기가 뿜어져 나왔다. 아육왕이 그를 의심하였는데 정작 시험해 보고서야 비로소 본래 지닌 향기임을 알았다. 그 원인이 무엇인가를 묻자, 그 비구스님이 "가섭불 당시 설법한 과보이다."고 대답하였다.

"설법의 과보가 오직 그와 같을 뿐인가?"

"이는 華報[22]이다."

"과보는 어떠한가?"

이를 계기로 게송을 읊었다.

"큰 명성, 단아한 용모, 즐거운 생 및 존경을 받음이다. 위엄의 광명이 일월과 같아서 모든 중생의 사랑을 받는다. 辯才로 큰 명성이 있어서 모든 맺힌 원한을 다하며, 괴로움이 사라지고 열반을 얻는다. 이와 같은 것을 10가지의 과보라 말한다."】

又此亦可配十甚深이니 以是示相答故니라 一 法首는 正教甚深이오 二 寶首는 業果오 三 勤首는 懈怠難出이오 四 財首는 觀內身等이오 五 德首는 佛法一味로 隨根異說等이오 六 覺首는 往善惡趣오 七 智首는 六度順行하야 通爲持戒之果오 八 目首는 佛田平等이나 但犯戒布施로 得果差別이오 九 賢首는 隨心하야 世界有差別等이오 十은 晉經에 既有說法하니 即是說佛境界法也니라【鈔_'又此亦可者는 重會前文이니 不爲此釋은 則現事無由라 理必合爾로되 但文影略이라 故致亦可之言이니라】

또한 이를 다시 10가지 甚深과 짝할 수 있다. 이는 모습을 보여준 데 대한 답이기 때문이다.

(1) 법수보살은 正教甚深이며,

. . . .

22 華報: 미래의 업보를 받기 전에 현세에서 비슷한 업보를 받는 것. 꽃은 열매에 앞서 피므로 과보보다 먼저 받는 것을 華報라 한다.

(2) 보수보살은 業果甚深이며,

(3) 근수보살은 게으르면 삼계에서 벗어나기 어렵기 때문이며,

(4) 재수보살은 內身을 살펴보는 등이며,

(5) 덕수보살은 하나같은 불법으로 중생의 근기를 따라 각기 달리 설법하는 등이며,

(6) 각수보살은 선악의 길에 따라 태어남이며,

(7) 지수보살은 6바라밀을 따라 행함이 모두 持戒의 결과가 됨이며,

(8) 목수보살은 부처님의 복전은 평등하지만 다만 계율을 범하느냐 보시를 하느냐에 따라 얻어지는 과보에 차별이 있음이며,

(9) 현수보살은 중생의 마음을 따라서 세계의 차별이 있는 등이며,

(10) 晉經에는 이미 설법 부분이 있다. 이는 곧 부처님의 경계를 말한 법이다.【초_ "또한 이를 다시 10가지 甚深과 짝할 수 있다."는 것은 거듭 앞의 문장을 회통함이다. 이에 대해 해석하지 않은 것은 현재의 일이 원인의 이유가 없다. 이 때문에 그 이치가 반드시 그와 같지만 단 문장 한 부분의 설명을 줄여서 나머지 부분을 미뤄 알 수 있도록 말하고 있다. 이 때문에 '또한…[亦可]'이라 말하였다.】

一

第二 結通廣徧이라

(2) 두루 널리 함을 모두 끝맺다

經

如是東方百千億那由他와 **無數無量無邊無等**과 **不可數不可稱不可思不可量不可說**인 **盡法界虛空界一切世界中**에 **所有衆生**의 **法差別**과 **乃至國土果差別**을 **悉以佛神力故**로 **分明顯現**하시니

이와 같이 동방의 백천억 나유타와 수없고 한량없고 끝없고 같을 이 없고 셀 수 없고 일컬을 수 없고 생각할 수 없고 헤아릴 수 없고 말할 수 없는 온 법계와 허공계의 일체 세계 가운데, 머물고 있는 중생의 법의 차별과 내지 국토의 과보 차별을 모두 부처님의 위신력으로 분명하게 나타내 보여주었다.

● 疏 ●

於中二니 初結東方이라

여기에서는 2단락으로 나눈다. 처음은 동방을 끝맺는다.

經

南西北方과 **四維上下**도 **亦復如是**하니라

남, 서, 북방과 네 간방, 상방과 하방 또한 이와 같다.

◉ 疏 ◉

後南西下는 類餘九方 亦現十事라 以此處說法이 則現事通於十方인댄 餘處說法도 亦應類此니라 總爲一法界大會니 思之어다
問明品辨信中解 竟하다

뒤의 '남, 서, 북방' 이하는 나머지 9지방 또한 10가지의 나타남이 같음을 말해주었다.

이곳에서의 설법이 이처럼 시방세계에 통함을 나타냈다면 여타의 다른 곳에서의 설법 또한 응당 이와 같을 것이다. 총체로 하나의 법계대회이다. 이것은 생각하면 말하지 않아도 알 수 있다.

보살문명품에서 말한 신심에 관한 해석의 논변을 끝마치다.

◉ 論 ◉

第十一은 爾時已下에 有八行經은 是都擧娑婆의 九種差別이며 幷都擧十方一切差別이 悉皆以佛神力으로 無不明現이니 如文可知라 已上은 但隨文殊師利의 所問하야 隨位菩薩 答이니 依所說頌하야 取其意趣하면 理自分明이며 及以世界佛號菩薩名號로 卽知進修因果니 總是前莊嚴法性과 淸淨佛刹의 四種佛刹中에 金色世界와 及不動智佛은 是佛住佛刹이오 餘九世界와 及九箇智佛은 是莊嚴法性佛刹이니 及十地已來이 總是오 如來出現品은 是示成正覺佛刹이오 淸淨佛刹은 四諦品이是라

此之一品에 大意有六하니 一은 菩薩은 以名表行이오 二는 以世界之色으로 表所得之理오 三은 以佛名號로 表所得之智오 四는 以方隅로

表所得之法이오 五는 成其十信의 所行之行이오 六은 明十信의 進修同異니 如上已述可知라

제11. '爾時' 이하 8줄의 경문은 사바세계의 9가지 차별을 모두 들어 말하고, 아울러 시방세계의 모든 차별이 모두 부처님의 위신력으로 분명하게 나타나지 않음이 없다는 사실을 모두 열거한다. 이는 경문에서 보는 바와 같이 말하지 않아도 알 수 있다.

이상은 단 문수사리보살의 물음에 따라서 지위에 따른 보살들이 답한 것이다. 보살들이 대답한 게송에 따라 그 뜻을 이해하면 이치가 저절로 분명하고 세계의 명호, 부처님의 명호, 보살의 명호로써 곧 닦아나갈 인과를 알 수 있다.

이를 총괄하면, 앞에서는 장엄한 법성, 청정한 불찰토의 4가지 불찰토 가운데 금색세계 및 부동지불은 부처님이 불국토에 머문 것이며, 나머지 아홉 세계 및 아홉 智佛은 장엄한 법성, 청정한 불찰토 및 十地 이후가 바로 전체이며, 여래출현품은 정각 성취를 보여준 불찰토이며, 청정한 불찰토는 바로 四諦品이다.

보살문명품에는 6가지의 大意가 있다.

(1) 보살은 명호로써 그에 따른 行을 밝혔다.

(2) 세계의 색상으로써 얻은 바의 이치를 밝혔다.

(3) 부처님의 명호로써 얻은 바의 뜻을 밝혔다.

(4) 방위로써 얻은 바의 법을 밝혔다.

(5) 十信의 행을 성취하였다.

(6) 十信을 닦아나가는 데 있어 차이점과 같은 점을 밝혔다.

위에서 서술한 것과 같이 말하지 않아도 알 수 있다.

보살문명품 제10-2 菩薩問明品 第十之二
화엄경소론찬요 제25권 華嚴經疏論纂要 卷第二十五

화엄경소론찬요 ⑤
華嚴經疏論纂要

2018년 5월 31일 초판 1쇄 발행

편저자 혜거
발행인 박상근(至弘) • 편집인 류지호 • 상무 이영철
책임편집 양동민 • 편집 김선경, 이상근, 주성원, 김재호, 김소영 • 디자인 쿠담디자인
제작 김명환 • 마케팅 허성국, 김대현, 최창호, 양민호 • 관리 윤정안
펴낸 곳 불광출판사 03150 서울시 종로구 우정국로 45-13, 3층
　　　　대표전화 02) 420-3200 편집부 02) 420-3300 팩시밀리 02) 420-3400
　　　　출판등록 1979. 10. 10 (제300-2009-130호)

ISBN 978-89-7479-408-8　04220
ISBN 978-89-7479-318-0　04220 (세트)

이 도서의 국립중앙도서관 출판예정도서목록(CIP)은
서지정보유통지원시스템 홈페이지(http://seoji.nl.go.kr)와
국가자료공동목록시스템(http://www.nl.go.kr/kolisnet)에서 이용하실 수 있습니다.
(CIP제어번호: 2018015082)

잘못된 책은 구입하신 서점에서 바꾸어 드립니다.
독자의 의견을 기다립니다. www.bulkwang.co.kr
불광출판사는 (주)불광미디어의 단행본 브랜드입니다.